우편·예금·보험일반

파이널 동형 모의고사
7 회차

하종화 편저

도서 출판 **오스틴북스**

목차
contents

03 보험일반

04 정답 및 해설

하종화 계리직

우편,예금,보험일반
파이널 동형 모의고사

01 우편일반

01 다음은 국내우편에 관한 설명이다. 다음 중 옳은 것은 모두 몇 개인가?

> ㉠ 서신이나 물건 등의 실체를 전달한다는 점에서 전기 통신과 동일하다.
> ㉡ 방문 접수는 영수증을 교부한 때가 계약의 성립시기 가 되고, 집배원이 접수한 경우에는 우체국 창구에 서 직원이 접수한 때가 계약 성립시기가 된다.
> ㉢ 신문, 정기간행물, 서적, 상품 안내서 등 대통령령으 로 정하는 것은 서신 독점에서 제외된다.
> ㉣ 서신송달업을 하려는 자는 신고서를 우정사업본부 장에게 제출한다.
> ㉤ 국가기관이나 지방자치단체에서 보내는 등기 취급 서신은 서신 독점에서 제외된다.

① 1개   ② 2개
③ 3개   ④ 4개

02 다음 밑줄 중 옳은 것은 모두 몇 개인가?

> (1) 손실보상의 청구서와 의견서를 받은 ㉠우정사업본 부장은 그 내용을 심사하여 청구내용이 정당하지 아 니 하다고 인정하는 때에는 그 사유서를 청구인에게 보내고, 청구내용이 정당하다고 인정하는 때에는 청 구한 보수나 손실 보상금을 청구인에게 지급하여야 한다.
> (2) 과오취급우편물 발견국에서 잘못 도착한 우편물이 너무 많아 입증자료의 확보가 곤란하거나, 과오취급 에 대한 입증자료에 대하여 과오취급국과의 분쟁이 있을 경우에는 발견국과 과오취급국의 ㉡관할 우체 국장 간 협의하여 조치한다.
> (3) 우편물의 안정적인 운송을 위하여 ㉢관할 지방우정 청장이 운송구간, 수수국, 수수시각, 차량톤수 등을 우편물 운송방법 지정서에 지정하고 정기운송을 시 행한다.
> (4) ㉣지방우정청장은 예산의 범위에서 관할 지역 내 운 송선로를 합리적으로 신설・폐지・변경을 할 수 있 으며 그 내용을 우정사업본부장에게 보고한다.
> (5) 특수지 배달지역은 ㉤우정사업본부장이 고시로 지 정한다.
> (6) 보관교부지는 교통이 불편하여 통상의 방법으로 우 편물 배달이 어려운 지역을 ㉥관할 지방우정청장이 지정하여 공고한 곳이다.

① 없음   ② 1개
③ 2개   ④ 3개

03 다음은 계약등기 우편제도에 대한 설명이다. 다음 중 옳은 것은?

① 맞춤형 계약등기의 요금체계 중 중량 구간별 요금은 100g까지 취급상품별 표준요금을 적용하고, 100g부터 초과 100g마다 240원씩 추가한다.

② 계약등기 우편제도의 계약체결관서는 우편집중국이나 5급 이상 공무원이 우체국장으로 배치된 우체국이고, 계약기간은 1년이고 계약 만료 전까지 계약체결 관서나 이용자가 계약 해지·변경에 관한 의사표시가 없을 경우에는 1년 단위로 자동 연장된다.

③ 일반형 계약등기는 한 발송인이 1회에 500통 이상이거나 월 10,000통 이상 발송하는 등기통상 우편물이어야 한다.

④ 반송수수료 사전납부에서 반송률 산정 시 최초 1년은 등기우편물 반환율에 0.5%를 가산하여 적용하고, 반송수수료 재산정 적용시 계약 우편물의 최근 1년 간 반송률에 0.5%를 가산하여 적용한다.

04 다음은 우표가 떨어진 우편물의 처리에 대한 설명이다. 다음 중 옳은 것은?

① 떨어진 우표가 있으면 해당 우편물을 확인하여 원상태로 붙여서 발송하고, 해당 우표가 없을 때에는 발송국에 사고를 알린 후 송달한다.

② 취급부서 간에 우편물을 주고받을 때 우표가 떨어지거나 일부러 떼어낸 것을 발견하였을 때에는 그 내용을 우편물수수부에 기록한다.

③ 외국에서 도착한 우편물 중 우표가 떨어지거나 파손된 우편물을 국제우편교환 우체국이나 통관우체국에서 발견하였을 때에는 '취급 중 발견'을 날인한 후 우체국명 밑에 취급 직원의 도장을 찍거나 서명한 후 송달한다.

④ 우표가 떨어진 우편물이 있는 경우에는 해당 우편물을 확인하여 떨어진 상태로 우표를 다시 붙이지 않고 송달한다.

05 다음은 국제우편 전반에 대한 설명이다. 다음 중 옳은 것은?

① EMS는 모든 우체국과 우편취급국어서 발송 가능하고, 행방조사 결과 우체국의 잘못으로 송달예정일보다 지연배달된 것으로 판정되 경우 납부한 우편요금을 환불한다.

② 국제소포우편물에서 발송인이 작성 제출한 주소기표지(운송장)에는 드착국가명, 중량, 요금, 접수우체국명/접수일자 등을 접수담당자가 명확히 기재하고, 운송장의 제2면은 접수우체국 보관용이고, 제3면은 발송인 보관용이다.

③ 우편자루배달인쇄물(M bag)의 경우 통관회부대행 수수료 4,000원을 우편요금과 별도로 징수하고, 항공편일 경우 국제우편물류센터로 탈송하고, 선편일 경우 인천해상교환우체국으로 탈송한다.

④ 배달불능 시 처리사항과 관련하여 국지소포우편물에서 발송인의 선택사항이 없거나 선택사항이 모순되는 경우에는 발송인에게 통보한 후 소포우편물을 반송 조치한다.

06 다음은 준등기에 관한 설명이다. 다음 중 옳은 것은 모두 몇 개인가?

┌─────────────────────────────────────┐
│ ㉠ 2kg 이하의 국내 통상우편물만을 대상으로 한다. │
│ ㉡ 준등기 우편물은 배달의 우선순위에서 2순위이다. │
│ ㉢ 준등기란 우편물의 접수에서 배달단계까지 등기우편으로 취급하고 손해배상을 하는 서비스이다. │
│ ㉣ 준등기는 첫째 자리가 "5"로 시작하는 13자리 번호체계로 구성된다. │
│ ㉤ 준등기는 손실과 분실에 대하여 우체극 접수 시부터 배달국에서 배달중 생성 시까지만 5만원의 손해배상을 제공한다. │
└─────────────────────────────────────┘

① 1개 ② 2개
③ 3개 ④ 4개

07 다음은 요금 미납·부족 우편물의 처리에 대한 설명이다. 다음 중 옳은 것은?

① 요금 미납·부족 우편물을 수집우체국에서 발견한 경우 'T' 처리하여 발송인에게 반송한다.

② 국제우체국에 보내진 발송우편물 중 요금 등의 전부나 일부가 납부되지 아니한 우편물 중 발송인 주소·성명이 기록된 우편물에 대하여는 해당 우편물에 '요금미납' 등의 표시를 하여 발송인에게 반송한다.

③ 발송인의 주소가 없는 우편물은 수집우체국에서 국제우체국으로 별도 송부하고 국제우체국에서는 'T' 처리하여 발송한다.

④ 등기우편물, 통상우편물, 특급우편물 등의 요금이 부족하게 납부되거나 미납된 사실을 발견한 경우 우편물은 정당 수취인 앞으로 우선 발송하고, 접수 우체국에서는 관서장 판단으로 종결 처리한다.

08 다음은 외화등기에 대한 설명이다. 다음 중 옳은 것은?

① 외화등기우편물로 접수되는 외화의 가액은 배달할 때의 국내통화 기준 환산금액으로 한다.

② 외화등기란 우체국과 금융기관과의 계약을 통해 외국통화(현물)를 고객에게 직접 배달하는 맞춤형 우편서비스이다.

③ 외화등기는 맞춤형 계약등기로 취급하며, 보험취급, 본인지정, 전자우편의 부가서비스가 가능하다.

④ 외화등기는 전국 우체국에서 익일특급 배달 불가능지역을 제외하고 접수가 가능하다.

09 다음은 우편법 시행령에 대한 규정이다. 다음 중 옳은 것은 모두 몇 개인가?

> ㉠ 기본통상우편요금이란 통상우편물요금 중 중량이 5그램 초과 25그램 이하인 규격우편물의 일반우편요금을 말한다.
>
> ㉡ 과학기술정보통신부장관이 우편물의 운송을 요구할 때에는 필요한 사항을 기재한 우편물 운송요구서를 운송개시 7일전까지 운송을 하는 자에게 교부하여야 한다.
>
> ㉢ 과학기술정보통신부장관은 우편물의 배달지역을 구분하는 우편구 및 우편번호를 정하여야 한다.
>
> ㉣ 우편물의 외부에는 발송인 및 수취인의 성명·주소와 우편번호를 기재하여야 하지만, 취급과정을 기록하는 우편물은 수취인의 성명을 생략할 수 있다.
>
> ㉤ 군사우편물의 요금은 과학기술정보통신부 장관이 부담한다.
>
> ㉥ 보편적 우편서비스와 달리 선택적 우편서비스의 이용 시 수수료를 납부해야 한다.

① 없음   ② 1개
③ 2개   ④ 3개

10 다음은 발송작업에 대한 설명이다. 다음 중 옳은 것은?

① 발송 또는 운송할 우편물량이 많아서 일시에 발송 또는 운송할 수 없을 경우 EMS와 익일특급우편물을 1순위로 발송해야 한다.

② 규격 외 소포나 취약소포와 같은 수구분우편물은 전량 직접 교환할 수 있도록 생산한다.

③ 일반우편물은 형태별로 분류하여 해당 우편상자에 담되, 우편물량이 많을 경우에는 형태별로 묶어 담고 운송용기 국명표는 혼재 표시된 국명표를 사용한다.

④ 배달국 단위로 묶여진 운반차는 도착장에서 전동견인차를 이용하여 교환을 실시한다.

11 다음은 국내우편의 손해배상에 대한 설명이다. 다음 중 옳은 것은?

① 손해배상은 등기취급한 우편물을 대상으로 하고, 등기소포우편물이 운송 도중 분실된 경우 50만원을 손해배상한다.

② 국내우편의 지연배상은 납부한 우편요금만을 손해배상액으로 한다.

③ 손해배상금을 지급한 후 우편물을 발견한 경우 발견통보를 받은 날로부터 1개월 이내에 배상금 수령자로부터 우편물의 교부청구가 없을 경우에는 반송불능우편물의 처리 예에 의하여 취급한다.

④ 우체국에 손해배상 청구를 한 경우 자국 처리가 가능한 건은 손해배상 접수우체국에서 손해배상을 결정하지만, 자국 처리가 어려운 경우에는 우편고객센터에서 손해배상을 결정한다.

13 다음은 등기취급 우편물의 배달에 대한 설명이다. 다음 중 옳은 것은?

① 수취인과 같은 집배구에 있고 발송인의 배달동의를 받은 무인우편물 보관함은 등기취급 우편물의 정당 수령인에 해당한다.

② 물품등기 우편물 배달 시 수취인에게 봉투와 포장 상태의 이상유무만 확인하도록 하면 되며, 우편물을 개봉하여 내용물을 확인할 필요는 없다.

③ 등기취급우편물의 수령인이 본인이 아닌 경우에는 수취인과의 관계를 정확히 기록하여야 하고, 실제 우편물을 받게되는 수취인을 반드시 입력해야 한다.

④ 등기취급우편물의 배달 시 수령인이 한글해독 불가능자 또는 기타의 사유로 서명이 불가능한 경우에는 수령인이 될 수 없으므로 다른 수령인에게 배달한다.

12 다음은 우편물의 배달에 대한 설명이다. 다음 중 옳은 것은?

① 동일건물 내의 일괄배달 시 관리사무소, 접수처, 관리인 등이 없는 경우에는 일반우편물은 우편함에 배달하고 우편함에 넣을 수 없는 우편물(소포·대형·다량우편물)과 부가취급 우편물, 요금 수취인 부담 우편물은 반송처리한다.

② 등기우편물 대리수령인 신고서를 접수할 때 수취인이 지정하는 등기우편물 대리수령인이 수취인 주소지와 같은 집배구 (인접 집배구 가능) 내에 거주하고 성년인지 여부를 확인한다.

③ 배달증명과 달리 내용증명은 대리수령인에게 배달할 수 있는 우편물이다.

④ 보관우편물의 보관기간은 우편물이 도착한 다음 날부터 계산하여 10일로 하며, 20일의 범위 안에서 교부기간을 연장할 수 있지만, 보관교부지의 보관기간은 우편물이 도착한 다음 날부터 30일이다.

14 다음은 배달하지 못한 우편물의 처리에 대한 설명이다. 다음 중 옳은 것은?

① 우편물 반송 시 발송인의 주소가 명확하지 않더라도 그 지역적 사정이나 발송인의 신분 등으로 보아 접수국에서 발송인에게 배달할 수 있다고 판단될 때에는 접수국 관할 우편집중국으로 송부한다.

② '반송불필요' 표시의 표준(권장) 크기는 가로 2.5㎝ × 세로 0.7㎝이다.

③ 우편물을 반송하는 경우 발송인이 배달우체국과 우편요금 후납을 계약하였더라도 다른 우편물 요금과 함께 후납 요금으로 징수할 수 없다.

④ 발송인이 반송되어 온 우편물의 수취를 거부할 때에는 규정을 제시하고 수취할 것을 권유하여야 하며 그래도 수취하지 않으면 반송불능처리방법에 의한다.

15 다음은 우편물의 전송에 대한 설명이다. 다음 중 옳은 것은?

① 준등기의 전송은 준등기우편물로 처리하지만, 반송과 반환은 일반우편물로 처리한다.

② 주거이전을 신고한 날부터 3개월이 경과하거나 우편물 전송시 상당한 비용이 소요되는 경우 우정사업본부장이 정하여 고시하는 수수료를 수취인에게 내게하고 우편물을 전송한다.

③ 주거이전을 신고한 날부터 3개월이 경과하거나 우편물 전송시 상당한 비용이 소요되는 경우 과학기술정보통신부장관이 정하여 고시하는 수수료를 발송인에게 내게하고 우편물을 전송한다.

④ 무인우체국 배달함에 배달한 후 3일 이내에 우편물을 받지 않았을 때에는 '반송' 처리하는 것이 원칙이지만, 고객의 요청시 1회에 한하여 재배달 전송·보관기간 연장이 가능하다.

16 다음은 한일해상특송우편물과 한중해상특송우편물에 대한 설명이다. 다음 중 옳은 것은?

① 한일해상특송우편물은 한중해상특송우편물과 달리 개별 고객과 계약고객 모두 이용가능하며, 상품은 유팩(Yu-Pack)과 유패킷(Yu-Packet)으로 구성된다.

② 일본 현지 소포상품인 유팩과 저중량·저부피 물품을 위한 유패킷을 동시에 운영하고 있다.

③ 한일해상특송우편물은 한국에서 국내소포 접수하여 가격 경쟁력을 높이고 통관 서비스를 부가한 일본행 전자상거래 전용 상품이다.

④ 한중해상특송우편물은 인천-위해간 운항하는 페리노선을 이용하고, 한일해상특송우편물은 부산항-하카타항 간 운항하는 여객선 및 화물선을 활용한다.

17 다음은 국제우편 전반에 대한 설명이다. 다음 중 옳은 것은?

① 국제소포우편물에서 발송인이 작성 제출한 주소기표지(운송장)에는 도착국가명, 중량, 요금, 접수우체국명/접수일자 등을 접수담당자가 명확히 기재한다.

② 국제일반통상우편물, 소포우편물, 특급우편물 등의 요금이 부족하게 납부되거나 미납된 사실을 발견한 경우 우편물은 정당 수취인 앞으로 우선 발송하고, 접수우체국에서 접수담당자 책임으로 미납·부족 요금을 즉납 처리한다.

③ 국제보험소포우편물은 소포우편물 내용물의 실제 가격보다 높은 가액을 보험가액으로 할 수 있지만, 보험가액 최고한도액인 4,000SDR를 넘을 수는 없다.

④ 다른 법령에 따른 수출금지 대상이거나 그 밖의 부득이한 사유로 발송인에게 반환된 경우 납부한 국제우편요금을 반환하지만, 발송인의 고의 또는 과실이 있는 경우에는 반환하지 아니한다.

18 다음은 우편물의 수집에 대한 설명이다. 다음 중 옳은 것은?

① 수집이란 배달할 우편물을 우편집중국 등에서 배달국으로 보내는 운송 형태를 말한다.

② 우체통마다 갖추어 놓은 수집확인증 중 수집을 완료하지 않은 수집편의 확인증은 우체통에 넣어두고 나머지 확인증은 책임자가 보관한다.

③ 우체통의 열쇠는 책임자가 일정한 장소(함)에 보관하고 집배원이 출발할 때마다 내어준다

④ 수집업무 확인용 바코드는 등기용 국기호 3자리와 우체통 번호 5자리로 구성되어 있다.

19 다음은 우편물의 구분에 대한 설명이다. 다음 중 가장 옳은 것은?

① 우편집중국에서는 우편물을 담은 우편상자는 우편운반차를 이용하여 발송장으로 이동시켜 종류별로 구분한다.

② 우편집중국의 주요 기능으로 관할지역 내 접수우편물의 발송구분과 배달우편물의 도착구분을 함, 다량우편물 접수, 전국 운송망의 운송거점 구실, 운송용기 수급관리 주관 등이 있다.

③ 수작업 구분 시 구분칸의 경우 최적의 작업동선을 고려하여 배열해야 하지만, 숙련자는 우편번호 순서에 따라 배열할 수 있다.

④ 우편집중국에는 집배원별 구분선반과 우편집중국별 구분선반을 비치해야 한다.

20 다음은 우편국제기구 전반에 대한 내용이다. 다음 밑줄친 것 중 옳은 것은 모두 몇 개인가?

○ UPU의 공용어는 프랑스어(만국우편연합헌장 제6조)이며, 국제사무국 내에서는 업무용 언어로 프랑스어 및 영어 사용(만국우편연합총칙 제154조). 따라서 조약문의 해석상 문제가 있을 때에는 프랑스어 기준이지만 UPU에서 1개 언어만을 사용하면 불편이 많으므로 각종 회의와 문서 발간을 위하여 ㉠프랑스어, 영어, 아랍어, 스페인어, 러시아어, 중국어, 일본어, 포르투갈어를 함께 사용한다.

○ 아시아·태평양우편연합은 ㉡한국과 필리핀이 공동 제의하여 1961년 1월 23일 마닐라에서 ㉢한국, 태국, 중국, 필리핀 4개국이 협약에 서명함으로써 창설하였다.

○ 카할라 우정연합은 아시아·태평양 연안 지역 내 ㉣6개 우정당국(한국, 미국, 일본, 중국, 호주, 홍콩)이 국제특송시장에서의 주도권 확보 및 국제특급우편(EMS) 경쟁력 향상을 목적으로 2002년 6월에 결성하여 회원국을 유럽까지 확대하고 있으며, 사무국은 ㉤홍콩에 소재하고 있으며, 회원국은 10개국('24.12월 현재)이 가입되어 있다.

○ 카할라 우정연합의 회원국은 ㉥한국, 미국, 일본, 중국, 호주, 홍콩, 스페인, 영국, 프랑스, 태국, 캐나다이다.(영국은 논외로 함)

① 2개 　　　　② 3개
③ 4개 　　　　④ 5개

01 다음은 우편서비스와 배달기한에 대한 설명이다. 다음 중 옳은 것은?

① 우편서비스는 통상 우편서비스와 소포 우편서비스로 구분한다

② 배달기한이란 관할지방우정청이 약속한 우편물 배달에 걸리는 기간을 말하며, 일반통상과 일반소포는 접수한 다음 날부터 4일 이내가 배달기한이다.

③ 총 무게 17kg의 백지노트 1박스는 보편적 우편서비스에 해당한다.

④ 가로, 세로, 높이의 합이 50cm이며, 중량이 15킬로그램의 인형을 보내는 경우 이는 선택적 우편서비스의 대상이 된다..

02 다음은 국내우편에 대한 설명이다. 다음 중 옳은 것은?

① 통신사무 우편물이란 우정사업본부와 그 소속기관이 발송하는 것으로 '우편사무'와 관련있는 우편물을 말한다.

② 무료 우편물은 정확하고 신속한 배달을 위해서 부가취급하고 일반우편물은 발송인 요구에 따라 제한적으로 허용한다.

③ 이용자 실비지급제도는 부가취급 여부·재산적 손해 유무를 요건으로 하지 않고 실비를 보전하는 점에서 손해 배상과 성질상 차이가 있다.

④ 미사용 우표는 오염되거나 훼손되지 아니하여 판매 가능한 경우 교환이 가능하지만, 우표책과 국제반신권은 교환 대상에서 제외된다.

03 다음은 국내우편물의 부가서비스에 대한 설명이다. 다음 밑줄 중 옳은 것은 모두 몇 개인가?

- 선택등기 서비스는 손실, 분실에 한하여 ㉠최대 5만 원까지 손해배상을 제공하며, 배달완료(우편함 등) 후에 발생된 손실, 분실은 손해배상 대상에서 제외한다.
- 일반형 계약등기의 반송수수료 일부 면제를 위한 조건은 면제적용 ㉡월 직전 3개월의 평균물량이 1만 통 이상이고, 해당 월 접수물량이 1만 통 이상인 경우이어야 한다.
- 선납 라벨 서비스의 공통사항으로 유효기간(권장 사용 기간)은 구입 후 ㉢1년 이내 사용해야 한다는 것이다.
- 내용증명 재증명 우편발송서비스 요금은 ㉣내용증명 재증명 수수료(내용증명 수수료 1/2) + 우편요금(규격외 중량별 요금) + 익일특급수수료 + 복사비(장당 50원) + 대봉투(100원)이다.

① 0개　　　　　② 1개
③ 2개　　　　　④ 3개

04 다음은 창구접수 및 방문접수 소포우편물의 감액 범위에 대하여 정리한 표이다. 다음 중 옳은 것은?

구 분		3%	5%	10%	15%
창구접수	요금 즉납		㉠ 10개 이상		
	요금 후납			㉡ 100개 이상	
방문접수	접수 정보 사전 연계	㉢ 개당 2,000원 감액 (접수정보 입력, 사전결제, 보관장소 지정 시)			
분할접수		분할 전 20~30kg 고중량소포 요금을 기준으로 ㉣2,000원 감액			

① ㉠　　　　　② ㉡
③ ㉢　　　　　④ ㉣

05 다음은 국제소포우편물에 대한 설명이다. 다음 중 옳은 것은?

① 국제보험소포우편물은 운송장의 구성, 통관에 필요한 첨부서류 추가, 배달이 불가능할 때의 처리방법에 관한 지시사항 표시, 중량의 표시 방법 등에 관하여는 국제보통소포우편물 접수 예와 같다.

② 국제소포우편물 접수 시 소포 표면에 붙인 주소기표지는 전산 처리되므로 운송 도중 탈락되지 않도록 부착하여야 하므로 바코드 부분을 제외하고 기표지 가장자리에 투명테이프를 사용하여 부착한다.

③ 국제소포의 접수검사 시 중계국가와 우리나라의 소포 교환 여부, 접수 중지 여부를 확인한다.

④ 국제소포우편물 운송장은 접수우체국에서 작성하며, 소포우편물 외부에 떨어지지 않도록 투착한다.

06 다음은 EMS 프리미엄 서비스에 대한 설명이다. 다음 설명 중 옳은 것은?

① EMS 프리미엄 주요 부가서비스 중 고중량화물 서비스는 30kg 초과 70kg 이하의 고중량우편물을 해외로 배송하는 서비스를 말한다.

② 음식물, 스킨, 향수, 합성수지는 EMS 프리미엄 서비스로 발송할 수 없는 품목이다.

③ EMS 프리미엄 서비스로 발송하려는 우편물의 길이와 둘레의 합이 400cm를 초과 할 수 없고, 최대 길이는 274cm 이하이어야 하고 둘레가 300cm가 넘어서는 안된다.

④ 고중량화물 서비스는 전국 총괄 우체국(5급 이상)에서 접수하고, EMS 계약고객을 대상으로 한다.

07 다음은 국제특급우편(EMS)에 대한 설명이다. 다음 중 옳은 것은?

① 수시국제특급우편의 감액률을 적용받기 위해서는 방문접수여야 하고, 창구접수의 경우에는 감액률을 적용받을 수 없다.

② EMS는 우편물 발송의 우선순위에서 익일특급우편물과 함께 1순위에 해당한다.

③ 국제특급(EMS)의 한 발송인에게 월 2회 이상 손실이나 분실이 생긴 대에는 사유가 발생한 날로부터 15일 이내 기명으로 신고할 경우 보험가입여투와 관계없이 1회 10kg까지 무료발송권이 지급된다.

④ 국명표의 작성 시 우편물형태에 따라 일반, 등기, 국내특급, 국제일반, 국제등기, EMS, EMS프리미엄 등을 정확히 선택한다.

08 다음은 인터넷우표에 대한 설명이다. 다음 중 옳은 것은?

① 일반통상 인터넷우표와 등기통상 인터넷우표 두 종류가 있으며, 등기우편물인 경우 익일특급을 부가할 수 있다.

② 요금을 결제한 우표 중 일부 출력 우표가 있는 경우에는 출력하지 않은 우표에 대해서만 구매 취소가 가능하다.

③ 인터넷우표가 정상 발행된 경우 출력일 포함 10일 이내에 사용하여야 하며, 만약 유효기간이 경과한 인터넷우표를 사용하려고 할 경우 유효기간 경과 후 20일 이내에 재출력을 신청하여야 사용이 가능하다.

④ 종류로는 기본형, 홍보형, 시트형, 카드형이 있다.

09 다음은 발착업무에 대한 설명이다. 다음 중 옳은 것은?

① 도착우편집중국(도착집중국)은 우편물을 배달하는 우체국(배달국)을 관할하는 우편집중국으로서 접수된 우편물은 도착집중국으로 운송된다.

② 등기통상구분기가 설치된 우편집중국과 권역국에서는 규격의 소형 등기통상(익일특급, 등기우편)우편물에 한해서 수구분우편물로 분류할 수 있다.

③ 우편물을 우편상자에 넣을 때에는 주소가 기재된 면을 동일한 방향으로 정리하고, 개인정보 보호를 위해 수취인 주소는 아래쪽으로 향하도록 담는다.

④ 봉투색상이 짙은 우편물과 주소와 우편번호 주위에 다른 문자가 표시된 우편물은 수구분으로 분류한다.

10 다음은 우편물의 운송에 대한 설명이다. 다음 중 옳은 것은?

① 우편물의 안정적인 운송을 위하여 우정사업본부장은 운송 구간, 수수국, 수수 시각, 차량 톤수 등을 우편물 운송 방법 지정서에 지정한다.

② 우편물 보호, 차량적재, 발송·도착, 운반 작업을 효율적이고 원활하게 할 수 있도록 만든 규격화된 용기를 운송용기라고 하는데, 운송용기 중 소형통상 다량우편물 접수나 소형통상우편물을 담기위한 용도로 사용하는 것을 접수상자라고 한다.

③ 해당 편을 운행하지 않는 것을 감편이라고 하고, 우편물의 발송량이 적어 정기편을 운행하지 아니하는 것을 결편이라고 한다.

④ 우정사업본부장은 예산의 범위에서 관할 지역 내 운송선로를 합리적으로 신설·폐지·변경을 할 수 있으며 그 내용을 지방우정청장에게 전달한다.

11 다음은 국내우편의 손해배상 등에 대한 설명이다. 다음 중 옳은 것은?

① 인터넷우체국 서비스를 통해서 우편물 손해배상 신청은 가능하지만, 모바일에서만 제공한다.

② 등기취급한 통상우편물과 소포는 분실과 훼손의 경우에만 손해배상의 대상이 되고, 지연배달 시 손해배상의 대상이 되지 않는다.

③ 선택등기 서비스에 대해서는 손실, 분실에 한하여 10만원의 손해배상을 제공하며, 배달완료(우편함 등) 후에 발생된 손실, 분실은 손해배상 대상에서 제외된다.

④ 준등기 우편은 우체국 접수 시부터 접수국에서 송달중 생성 시까지만 최대 5만원까지 손해배상을 제공하며, 배달완료 후에 발생된 손실·분실은 손해배상 제공대상에서 제외된다.

12 다음은 우편물의 배달에 대한 설명이다. 다음 중 옳은 것은?

① 착불배달우편물이라도 수취인에게서 착불요금을 받을 수 있는 경우에는 무인우편물보관함에 배달할 수 있고, 상하기 쉬운 소포우편물도 수취인의 동의를 받은 경우 무인우편물보관함에 배달이 가능하다.

② 3층 이상인 건축물의 소유자나 관리인은 해당 건축물의 출입구에서 가까운 내부의 보기 쉬운 곳에 그 건축물의 주거시설, 사무소, 사업소별로 규격에 맞는 우편수취함을 설치할 수 있다.

③ 무인우체국의 취급가능 대상 우편물로는 수취인 주소가 무인우체국 배달함으로 기록된 우편물과 수취인이 부재할 때는 무인우체국에 배달하기로 수취인에게서 배달 동의를 얻은 일반통상과 일반소포우편물이다.

④ 무인우체국 우편물을 배달할 경우 부재중 우편물 배달과 달리 서비스 미가입자인 경우 비회원배달을 선택한다.

13 다음은 등기취급 우편물의 배달에 대한 설명이다. 다음 중 옳은 것은?

① 특별송달의 배달에서 수취인이 고용한 경비원, 수위, 관리인, 청소부, 가정부, 운전기사는 보충송달의 정당한 수령인이다.
② 특급우편물을 전송하거나 반송하는 경우에는 전송 또는 반송하는 날의 근무일까지 배달한다.
③ 등기우편물의 반송사유와 다른 것은 수취인부재와 폐문부재로 일반 등기우편물에서는 수취인부재를 더 좁은 의미로 사용하나, 특별송달우편물에서는 '폐문부재'를 더 좁게 사용한다.
④ 계약등기에서 우편물 배달명세는 반드시 고객에게 제공해야 하는 정보이므로 결과를 반드시 등록하고 우편물류시스템에 전송해야 한다.

14 다음은 배달하지 못한 우편물의 처리에 대한 설명이다. 다음 중 옳은 것은?

① 담당 집배원은 주거이전신고목록(또는 주거이전스티커)을 보관하며 출력하여 사용하며, 주거이전신고서는 따로 보관한다.
② 주거이전신고 철회 신청이 가능한 관서는 주거이전신고를 접수한 우체국이나 신주소지 배달우체국이다.
③ 반송일자는 수취인에게 배달할 수 없었던 날짜를 표시한다.
④ 주거이전 신고처리절차는 ① 신고사항 접수 ⇒ ② 우편물류시스템 등록 ⇒ ③ 우편물 전송(접수단계 또는 배달단계) ⇒ ④ 우편물 배달이다.

15 다음은 국제우편물의 반송에 대한 설명이다. 다음 중 옳은 것은?

① 인쇄물의 첨부물에는 반송을 위하여 원래 우편물 배달국가의 우표나 우편요금선납인, 우편요금선납 도장으로 요금 선납을 하는 것이 가능하다.
② 국제소포우편물 운송장에는 도착국가에서 필요한 서식(송장·세관신고서)이 포함되어 있는데, 이것은 소포우편물이 반송되는 경우에 발송인으로부터 반착료(반송료)를 징수하는 근거가 되므로 매우 중요하다.
③ K-Packet 접수 시 반송 등의 업무처리를 위하여 반드시 모든 발송인의 주소와 성명을 기재하도록 한다.
④ EMS 우편물 발송 후 도착국가에서 수취인 부재, 주소 불명확 등으로 반송 시 발송인에게 반송료를 부과한다.

16 다음은 우편물의 반송에 대한 설명이다. 다음 중 옳은 것은?

① '반송불필요' 우편물은 배달국에서 접수국으로 송부하여 보관한다.
② 배달증명, 특별송달, 민원우편물, 회신우편물의 반송수수료는 징수하지 말고 배달증의 적요란에 '배증반송', '특송반송', '민원반송', '회신반송'이라고 기록한 후 처리한다.
③ 반송수수료를 징수할 우편물의 배달증의 적요란에 '반송수수료 ○○원'이라 기록한다.
④ 반송 시 요금 미납이나 부족의 일반통상우편물을 배달할 때에는 미납이나 부족 요금의 10배에 해당하는 금액을 현금으로 받고 미납부족 우편요금영수증과 해당 우편물을 함께 교부한다.

17 다음은 국제특급(EMS)에 대한 설명이다. 다음 중 옳은 것은?

① 미국행 국제특급(EMS)은 상대국가에서 제공하는 종추적정보외의 행방조사, 손해배상 등 기타 청구는 할 수 없다.
② 국제특급(EMS) 계약자가 최근 1년간 후납요금을 체납하지 않은 경우 담보금 면제의 대상이 될 수 있다.
③ 국제특급우편(EMS) 서비스 품질 향상을 위해 아시아·태평양 연안 지역 내 6개 우정당국(한국, 미국, 일본, 중국, 프랑스, 홍콩)이 2002년 6월에 카할라 우정연합을 결성하였다.
④ 서류와 상품의 우편으로써 실물 수단에 따른 국제우편물 중 다른 우편물보다 최우선으로 취급하는 가장 신속한 우편업무이다.

18 다음은 발송작업에 대한 설명이다. 다음 중 옳은 것은?

① 차량용적을 초과하지 않는 범위 내에서 우편자루가 적재된 운반차 윗부분에 우편상자를 적재할 수 있다.
② 교환절차를 거친 경우 운송용기 단위로 발송 처리한다.
③ 취급표시에서 자청이란 발송하는 우체국이 속한 우편집중국을 말하고, 타청이란 발송하는 우체국이 속한 우편집중국이 아닌 그외의 우편집중국을 말한다.
④ 국명표 작성 시 우편물 형태에 따라 일반, 등기, 국내특급, 국제일반, 국제등기, EMS, EMS프리미엄으로 분류할 수 있다.

19 다음은 우편사업의 보호에 대한 설명이다. 다음 중 옳은 것은?

① 서신독점권은 서신에 대해 국가의 독점권을 인정하는 것이므로 다른 사람의 서신을 보내는 것 뿐만 아니라 자기의 서신을 직접 송달하는 행위도 법령 위반이 된다.
② 서신송달업을 신고하지 않은 경우 뿐만 아니라 휴·폐업 또는 휴업 후 재개업 시 신고하지 않은 경우 3년 이하의 징역 또는 3천만원 이하의 벌금이 선고된다.
③ 우편물의 발송·수취나 그 밖에 우편 이용에 관하여 미성년자가 법정대리인의 동의를 받지 않았다는 이유로 취소할 수 없지만, 착오를 이유로는 취소할 수 있다.
④ 거짓으로 작성된 사업계획서 제출 시 뿐만 아니라 사업개선명령에 따르지 아니한 경우에는 1차 위반으로 영업소를 폐쇄한다.

20 다음은 국제우편 전반에 대한 설명이다. 다음 중 옳은 것은?

① 소형포장물(Small packet)은 성질상으로는 그 내용품이 소포우편물과 다른 것이지만, 일정한 조건에서 간편하게 취급할 수 있도록 통상우편물의 한 종류로 정하고 있다.
② 유럽연합의 ICS2에서 의무적으로 입력해야 하는 3단 주소는 성명, 물품 크기 및 무게, 물품명이다.
③ 보험소포의 보험가액은 'Insured Value-words 보험가액-문자' 칸과 'Figures 숫자' 칸에 영문과 아라비아 숫자로 원화(KRW) 단위로 기재한다.
④ EMS에 대하여 만국우편협약에서 정한 공통로고가 있지만, 그 명칭은 나라마다 다른데, 미국은 Express Post International이라고 명칭한다.

01 다음은 통상우편물에 대한 설명이다. 다음 중 옳은 것은?

① 봉투에 넣어 봉함하거나 포장하여 발송하는 우편물의 경우 가로 길이가 240mm가 된다면 이는 규격요건을 위반한 것이다.

② 우편물의 앞면이나 우편엽서의 허락되지 않은 부분에 광고를 기재하였다면 규격 외 요금이 부가된다.

③ 통상우편물은 봉투에 넣어 봉함하여 발송하는 것을 원칙으로 하지만, 예외적으로 우정사업본부장이 발행하는 우편엽서와 사제엽서 제조요건에 적합하지 않게 제조한 사제엽서 및 전자우편물은 그 특성상 봉함하지 아니하고 발송할 수 있다.

④ 우정사업본부에서 발행하는 우편엽서의 세로 크기가 110㎜를 넘거나 가로 크기가 153㎜를 넘는 경우에는 중량이 2g이면 규격 외 요금이 적용된다.

02 다음은 국내우편 제한 부피 및 무게에 대한 설명이다. 다음 중 옳은 것은?

① 통상우편물에서 요금감액을 받지 않는 서적과 달력의 경우 1,200g의 무게 제한이 있지만, 국내특급은 30kg이 최대 무게이다.

② 서신 등 의사전달물 및 통화, 소형포장우편물의 최소부피는 평면의 길이 14cm, 너비 9cm이지만, 소포우편물의 경우에는 가로는 16cm 이상, 세로는 11cm 이상이어야 한다.

③ 소형포장우편물의 원통형은 "지름의 2배"와 길이를 합하여 35cm를 초과할 수 없으나, 서신 등 의사전달물 및 통화와 소포우편물의 경우 원통형은 "지름의 2배"와 길이를 합하여 1m를 초과할 수 없다.

④ 60%의 반사율을 가진 흰색의 봉투는 규격 외 요금이 적용되고, 우표를 수취인 성명 아래에 붙인 경우에는 규격 외 요금이 적용되지 않는다.

03 다음은 국내우편 요금에 대한 설명이다. 다음 설명 중 옳은 것은 모두 몇 개인가?

> ㉠ 우편요금 별납우편물은 발송인이 우편물 표면에 '요금별납'을 표시해야 한다.
>
> ㉡ 요금후납우편물의 발송표는 발송 부서에서 접수통지서는 접수 부서에서 보관하고, 영수증은 발송인에게 내어준다.
>
> ㉢ 요금표시기사용 우편물에는 우편날짜도장의 날인을 생략하지만, 요금이 부족하여 추가로 우표나 요금증지를 붙인 경우에는 우표와 요금증지에 소인한다.
>
> ㉣ 요금수취인부담 우편물에서 계약등기는 통신판매 등을 하는 상품 제조회사가 주문을 받기 위한 경우 또는 자기 회사의 판매제품에 관한 소비자의 의견을 알아보기 위한 경우 등에 많이 이용되고 있다.

① 1개   ② 2개
③ 3개   ④ 4개

04 다음은 국제우편 전반에 대한 설명이다. 다음 중 옳은 것은?

① 인쇄물로 접수할 수 있는 것은 서적, 홍보용 팸플릿, 상업 광고물, 도면, 포장박스 등이다.

② 우편자루배달인쇄물(M-bag)은 동일인이 동일수취인에게 한꺼번에 다량으로 발송하고자 하는 인쇄물 등을 넣은 우편자루를 한 개의 우편물로 취급하고, 10kg 이상 인쇄물에 한하여 접수하며, kg 단위로 요금을 계산한다.

③ 소형포장물은 발송 절차가 소포에 비해 간단하고, 개인적인 통신문 성격의 서류를 동봉할 수 없다.

④ 특정인에게 보내는 통신문(Correspondence)을 기록한 우편물을 서장이라고 하는데, 이때 타자한 것은 포함되지 않으며, EMS에서 서류, CD, 달력 등은 비서류로 취급하여 운송한다.

05 다음은 생활정보홍보우편서비스에 대한 설명이다. 다음 중 옳은 것은?

① 생활정보홍보우편물의 전단지형과 책자형은 모두 1회에 발송할 최소 우편물 수는 100통 이상이다.

② 전단지형으로 분류되는 카탈로그형은 중량 1,200g를 초과하지 않은 규격 외의 일반통상우편물로 취급한다.

③ 접착형 뿐만 아니라 브로마이드형의 물량(기본) 감액률은 모두 30%를 적용한다.

④ 기본형의 경우 홍보우편물에 표시하는 요금별납인에는 신청인명을 표시하는 것이 원칙이다.

06 다음은 국제우편물의 손해배상에 대한 설명이다. 다음 중 옳은 것은?

① 등기우편물, 보험우편물(보험서장, 보험소포), 보통통상우편물은 분실·도난·파손에 대하여 배상하지만, 지연배달 등에 대하여는 배상하지 않는다.

② 내용품이 서류가 아닌 10kg의 내용품의 가액이 14만원인 국제특급우편물이 분실·도난 또는 훼손된 경우 납부한 국제특급우편요금이 2만원이라면 16만원의 손해배상금액을 지급받을 수 있다.

③ K-Packet은 보험 등 부가서비스를 취급할 수 없으므로 분실에 대해서 손해배상의 대상이 되지 않는다.

④ 판매된 전자제품을 국제우편으로 배달한 경우 포장상자가 파손되었다면 직접적인 손해로 보아 손해배상의 대상이 된다.

07 다음은 국제특급우편(EMS)에 대한 설명이다. 다음 중 옳은 것은?

① EMS에 대하여 만국우편협약에서 정한 공통로고가 있지만, 그 명칭은 나라마다 다른데, 호주는 Express Mail International라고 한다.

② 서류와 비서류로 구분하여 취급하며, 통신문, 서류, 물품을 매우 짧은 시간 내에 접수·운송·배달하며, 서류와 달리 비서류는 세관검사 대상에 해당한다.

③ 보험취급 우편물과 마찬가지로 EMS는 무인우편물 보관함에 배달할 수 없다.

④ 카할라 우정연합은 아시아·태평양 연안 지역 내 6개 우정당국(한국, 미국, 일본, 중국, 호주, 홍콩)이 국제특송시장에서의 주도권 확보 및 국제특급우편(EMS) 경쟁력 향상을 목적으로 2002년 6월에 결성하여 회원국을 유럽까지 확대하고 있으며, 사무국은 방콕에 소재하고 있으며, 회원국은 10개국('24.12월 현재)이 가입되어 있다.

08 다음은 국제우편물의 부가서비스 및 제도에 대한 설명이다. 다음 중 옳은 것은?

① EMS 배달보장 서비스는 카할라우정연합체 국가로 발송하는 EMS에 대해 배달보장일자를 고객에게 제공하며, 제공한 배달예정일보다 하루라도 지연 배달된 경우 실제 발생한 손해를 배상해주는 고품질 서비스이다.

② 수출우편물 발송확인 서비스에서 '수리일로부터 30일내에 선(기)적 하여야 하며, 이 기일까지 선(기)적하지 아니한 경우에는 3년 이하의 징역이나 물품원가 이하에 상당하는 벌금에 처한다'고 규정되어 있다.

③ 유럽연합의 ICS2의 시행관서는 전국 우체국(우편취급국 포함)이고, 물품(Goods)을 포함한 모든 비서류 우편물을 대상으로 한다.

④ 최근 많은 국가에서 국제우편물이 배달국가에 도착한 뒤 HS 코드를 포함한 통관정보를 제공해야 하는 '사전통관정보제공' 제도 시행을 공포하고 있다.

09 다음은 우편물의 구분에 대한 설명이다. 다음 중 옳은 것은?

① 우편물은 운송용기에 직접 구분하나 형태상 불가피한 경우 구분칸을 이용하여 구분할 수 있다.

② 접수우편물을 행선지별로 구분하는 작업을 발송구분이라고 하고, 배달우편물을 구분하는 작업을 도착구분이라고 한다.

③ 우편집중국에는 집배원별 구분선반과 우편집중국별 구분선반을 비치해야 한다.

④ 발송구분은 배달별로 구분하며, 다만 같은 지방우정청 내에 있는 배달국은 관할 지방우정청장이 지역 특수성, 물량 등을 고려하여 달리 구분할 수 있다.

10 다음은 국명표에 대한 설명이다. 다음 중 옳은 것은?

① 국명표 바코드는 앞에서 도착국 번호, 발송국 번호, 용기종류, 서비스 종류, 우편물의 종류(형태), 발행기 번호의 순서로 나타낸다.

② 국명표는 18자리 체계로 구성되어 있고 국명표를 사용할 때에는 기존에 부착(삽입)되어 있는 국명표를 제거하고 새 국명표를 삽입한 후 발송우편물의 행선지와 일치 여부를 반드시 확인한다.

③ 국명표 작성 시 우편물 형태에 따라 일반, 등기, 국내특급, 국제일반, 국제등기, EMS, EMS프리미엄으로 분류할 수 있다.

④ 국명표는 우편물류시스템이 아닌 국명표 발행기에서 발행하여 사용하고 발행할 때는 용기종류, 서비스 종류, 우편물형태, 취급표시 등을 정확히 선택한다.

11 다음은 우편물의 수집에 대한 설명이다. 다음 중 옳은 것은?

① 개인휴대용단말기(PDA)를 활용한 우체통 수집 시 우편물류시스템에 접속한 후 등기용 국기호 5자리와 우체통 번호 3자리를 입력하여 수집용 바코드를 생성한 후 출력하고, 출력된 바코드는 손상되지 않도록 코팅하여 우체통 내부에 부착한다.

② 통상구 집배원은 국전(우체국 앞) 우체통에 투함된 우편물을 수거하고 시스템에 물량 등을 등록한다.

③ 우편물을 수집한 우체통의 수집확인증의 기재가 가득찰 경우에만 수집확인증을 바꾸어 넣고 우체통은 반드시 잠가야 한다.

④ 국가기관, 공공단체와 법인 등 일정한 구내에 있는 우체통의 우편물은 관할 우체국의 운영 시간 내에 수집한다.

12 다음은 우편사서함에 대한 설명이다. 다음 중 옳은 것은?

① 사서함번호와 주소가 함께 기록된 우편물도 사서함에 넣을 수 있으며, 다만, 특별송달, 보험취급, 등기소포 우편물은 주소지에 배달한다.

② 사서함 사용계약이 해지된 날부터 10일이 지난 우편물은 반송대상이다.

③ 사서함을 운영하고 있는 관서의 우체국장은 연 2회 이상 운영 실태를 점검하고 사용계약 해지 대상자 등을 정비하여야 한다.

④ 사서함 신청을 받은 우체국장은 국가기관, 지방자치단체, 일일 배달 예정물량이 100통 이상인 다량 이용자, 우편물 배달 주소지가 사서함 설치 우체국의 관할구역인 신청자 순서로 계약하여야 한다.

13 다음은 등기취급 우편물의 배달에 대한 설명이다. 다음 중 옳은 것은?

① 외화 현금배달은 3회까지 미배달 시 보관처리 없이 즉시 반환(반송)한다.

② 선택등기 우편은 수취인의 배달장소 지정과 달리 재배달 희망일 신청이 불가하다.

③ 민원(발송이나 회송)우편물이 도착하면 등기통상 우편물에 준하여 배달한다.

④ 계약등기에서 배달결과는 우정정보관리원에서 5년 간 전산시스템에 보존하지만, 보험실효예고통지서는 10년 간 보존한다.

14 다음은 배달하지 못한 우편물의 처리에 대한 설명이다. 다음 중 옳은 것은?

① 이미 배달한 등기우편물에 새로 우편요금과 수수료에 해당하는 우표를 붙여서 우체통에 넣은 우편물을 발견하였을 때에는 '우체통 재접'이라 표시하고 전송 처리한다.

② 한번 배달한 일반통상우편물의 전송을 요청받았을 때에는 수령한 다음 날부터 3일 이내의 개봉한 우편물인 경우에만 전송할 수 있고, 이 경우, 우편물 표면 여백에 '배달 후 전송'이라고 적는다.

③ 수령 후 7일이 경과되거나 개봉된 일반통상 우편물의 전송요청을 받았을 때에는 해당 요금의 우표를 새로 붙여서 제출하도록 하고 날짜도장으로 소인한 다음 그 옆에 '전송'이라 표시한 후 발송한다.

④ 이미 배달된 등기우편물의 전송이나 반송 요청을 받았을 때에는 우편요금과 수수료에 해당하는 우표를 다시 붙이지 않고 우편물로 접수하되 우편물 표면의 여백과 영수증에 '재접'이라고 표시하여 발송한다.

15 다음은 무료우편물에 대한 설명이다. 다음 중 옳은 것은?

① 특별송달우편물의 송달통지서와 우표류·수입인지 등 우편업무 관련 유가증권류는 부가취급을 할 수 있는 무료우편물이다.

② 우편사무, 구호우편, 전쟁포로우편, 시각장애인용 우편와 같이 우편물 종류에 따른 표시를 하지 않은 경우라도 무료우편물로 취급한다.

③ 발송인과 수취인이 국가·지방자치단체인 경우 기관명을 표시해야 하지만, 이를 생략하더라도 무료우편물로 취급한다.

④ 우편사무인 경우, 발송인과 수취인의 주소를 반드시 표시해야 무료우편물로 취급받을 수 있다.

16 다음의 경우 지갑을 가져오지 않은 발송인이 K-Packet을 반환청구할 경우 환불해주어야 할 우편요금은 얼마인가?

```
· 일본행 500g K-Packet의 요금 : 9,340원
· 국내등기통상우편요금 : 3,700원
· 국내등기소포요금 : 4,500원
· 반환청구 수수료 : 1,200원
```

① 4,440원   ② 4,840원

③ 5,640원   ④ 8,140원

17 다음은 국제우편요금의 감액에 대한 설명이다. 다음 중 옳은 것은?

① 수시 국제특급우편의 경우 1회 50만원 초과의 이용금액이 발생한 경우 계약국제특급의 1회 이용금액에 따른 감액률을 준용하여 동일하게 적용한다.

② 계약자가 한·중 해상특송 서비스를 이용한 금액이 1개월 동안 300만원인 경우 4%의 감액률의 적용을 받는다.

③ 국가기관, 지방자치단체, 공공기관 등과의 업무협약, 공익사업 등으로 발송하는 우편물은 감액률(40% 이내) 또는 감액 금액(통당 5천원 이내)을 별도로 정할 수 있다.

④ EMS, EMS프리미엄, 소형포장물은 비계약고객이라도 특별감액을 받을 수 있다.

18 다음은 발착업무에 대한 설명이다. 다음 중 옳은 것은?

① 우편물 배달국에서는 우편집중국(물류센터)에서 구분작업을 쉽게 할 수 있도록 우편물을 종류별, 기계구분/수구분, 자국접수-자국배달 우편물 등으로 분류해야 한다.

② 광학문자판독은 바코드판독보다 판독률이 높고, 광학문자판독에 따른 구분은 우편번호를 인쇄한 서체에 따라 바탕체, 그래픽체, 명조체보다 굴림체의 판독률이 높다.

③ 모든 우편물은 우편자루에 담거나 운반차에 실어야야 하나, 우편물 운송과 발착 시설의 여건 등 불가피한 경우에는 제한적으로 우편상자를 사용할 수 있다.

④ 우편집중국에서는 관할지역(권역) 내 우체국에서 접수한 우편물의 발송구분과 관할지역(권역) 내 배달국에서 배달할 배달우편물의 도착구분을 실시한다.

19 다음은 우편물의 구분에 대한 설명이다. 다음 중 옳은 것은?

① 배달국에서는 집배원 귀국 시 아직 배달되지 않은 등기통상우편물은 집배원이 보관하고 다음에 배달한다.

② 잘못 도착한 우편물에 대한 '우선취급'의 표시를 할 때 크기는 가로 5㎝, 세로 2㎝이며, 글씨 크기는 굴림체 32이다.

③ 집배코드의 경우 집중국·물류센터 약호의 경우 수도권과 강원청 소속 집중국은 알파벳, 지방권 한글을 쓰고, 배달국 3자리는 배달 환경에 따라 통상과 소포 분리사용 가능하다.

④ 과오취급우편물 발견국에서 잘못 도착한 우편물이 너무 많아 입증자료를 확보하기가 곤란하거나 입증자료를 확인하면서 분쟁이 있을 경우는 발견국과 과오취급국에서 협의하여 조치한다.

20 다음은 국제우편 전반에 대한 설명이다. 다음 중 옳은 것은?

① EMS프리미엄을 국제우편스마트접수를 하더라도 요금할인은 없고, 방문접수도 할 수 없다.

② 국제소포는 선편과 달리 항공편으로 발송하는 경우 사전 통관정보 제공의 대상이 되고, 수취인 전화번호 입력은 원칙적으로 선택사항이나, 배달예정 및 통관사항 등 중요 안내사항을 전화로 하는 국가가 다수이므로 필수항목에 준하여 기재하도록 고객안내한다.

③ 해외 전자상거래용 반품서비스(IBRS EMS)의 라벨에서 EMS 표시는 라벨 좌측 하단에 하고, IBRS/CCRI No. (승인번호)는 'EMS' 표시 아랫부분에 한다.

④ 전자제품, 음식물, 파손되기 쉬운 물품, 귀금속류는 보험취급하여 발송할 수 없는 물건에 해당한다.

01 다음 통상우편물 접수 시 규격 외 요금을 징수해야 하는 것은 모두 몇 개인가?

> ㄱ. 봉투의 재질이 비닐인 우편물
> ㄴ. 봉투를 봉할 때 접착제를 사용한 우편물
> ㄷ. 수취인 우편번호를 6자리로 기재한 우편물
> ㄹ. 누르지 않은 자연 상태에서 두께가 10㎜인 우편물
> ㅁ. 봉투 색상이 70% 이하 반사율을 가진 밝은 색 우편물
> ㅂ. 정해진 위치에 우편요금납부 표시를 하지 않거나, 우표를 붙이지 않은 우편물

① 1개   ② 2개
③ 3개   ④ 4개

02 다음은 국내우편물의 부가서비스에 대한 설명이다. 다음 중 옳지 <u>않은</u> 것은?

① 무인우편함에 우편물이 배달된 경우 선택등기 서비스의 발송 후 배달증명을 부가취급할 수 있다.
② 고객이 우편물의 취급과정을 기록할 필요가 있다고 판단한 우편물과 우편물의 내용이 통화, 귀중품이나 주관적으로 가치가 있다고 신고하는 것은 등기취급의 대상이 된다.
③ 선택등기 서비스란 등기취급 및 발송인의 우편물의 반환거절을 전제로 우편물을 배달하되, 그 우편물을 수취인에게 배달할 수 없는 경우에는 등기취급에 따라 우편물을 배달하는 특수취급제도이다.
④ 잃어버리거나 훼손하면 이용자의 불만이 많고 손해배상의 문제가 생기는 유가물이나 주관적 가치가 있다고 인정되는 신용카드나 중요서류 등은 접수 검사할 때 내용품에 적합한 보험취급으로 발송하게 하고 이에 응하지 않을 때는 접수 거절할 수 있다.

03 다음은 우편에 관한 요금에 대한 설명이다. 다음 중 옳은 것은?

① 국내우편 요금별납 우편물은 관할 지방우정청장이 지정하는 우체국(우편취급국 포함)에서만 취급이 가능하지만, 국제우편의 별납은 우편취급국을 제외한 모든 우체국에서 취급이 가능하다.
② 국내우편 요금별납의 경우 통상우편물은 최소 10통 이상이 되어야 하지만, 소포우편물은 신용카드로 납부하므로 제한이 없다.
③ 상품안내서(카탈로그)우편물의 경우 책자형태의 카탈로그 중 최대·최소 규격의 범위를 벗어나는 내용물이 있으면 감액받지 못한다.
④ 월 4회 미만 발행하여 발송하는 격주간 신문 등은 정기간행물의 기본 감액률을 적용하지 않는다.

04 다음은 국제회신우표권에 대한 설명이다. 다음 중 옳은 것은?

① 국제회신우표권의 경우 우리나라에서는 1,350원에 판매하고, 교환은 800원에 해당하는 우표류와 교환한다.
② 30장 이하는 자유 판매를 하지만, 이상을 요구할 때에는 구체적인 사용 목적을 확인한 후 판매하는 등 판매수량을 합리적으로 제한하고 있다.
③ 국제회신우표권은 UPU 총회가 개최되는 매 4년마다 총회 개최지명으로 국제회신우표권을 발행하며 (4년마다 디자인 변경) 국제회신우표권의 유효기간은 앞면 우측과 뒷면 하단에 표시한다.
④ 우표류와 교환을 마친 국제회신우표권은 포스트넷에 '반납 및 인수증(청구 및 송증)'을 등록(첨부)하고 우정사업조달센터로 반납하고, 국제회신우표권 판매 시 교환개시일 안내를 철저히 해야 한다.

05 다음은 국내 통상우편물의 감액과 광고에 대한 설명이다. 다음 빈 칸에 들어갈 숫자를 모두 합하면 얼마인가?

- 비영리민간단체 우편물 – 우편요금 감액률은 일반 우편요금의 100분의 (㉠)을(를) 감액한다.
- 서적 – 구분 감액 적용 요건으로 우편집중국별 운반차(pallet) 적재 시 운반차(pallet) 높이 기준으로 (㉡)% 이상을 채워야 한다.
- 다량 우편물 – 동일지역(우편물 접수지역과 배달지역을 권역화하여 권역내인 경우)의 경우 8만 통 발송 시 (㉢)%의 물량(기본) 감액률이 적용된다.

---

① 102
② 103
③ 107
④ 108

06 다음은 국제우편요금의 감액 제도에 관한 설명이다. 다음 중 옳은 것은?

① 계약 국제특급 우편의 경우 월 30만원을 초과한 EMS 우편물을 발송하는 이용자가 우편관서와 계약을 체결한 경우 적용된다.
② 계약국제특급우편 요금감액은 이용 금액에 따라 다르며, 월 1,500만원의 EMS 우편물 발송계약을 맺은 이용자는 10%의 감액을 받아 1,350만원을 지급하면 된다. (이 외의 수수료는 없다고 가정)
③ EMS와 소형포장물에 대하여 국제우편사업 물량·매출 증대 등에 기여한 비계약고객은 30%p 이하에서 특별감액을 할 수 있다.
④ 일괄특급으로 300만원의 이용금액이 나온 경우 4%의 감액률을 적용한다.

07 다음은 K-Packet에 대한 설명이다. 다음 중 옳은 것은?

① K-Packet은 우리나라를 상징하는 의미를 담아 "Korea"를 뜻하는 K-Packet으로 정하였으며, 일본의 경우 e-pak으로 명칭한다.
② K-Packet은 배달우체국에 도착한 경우 배달이 완료되기 전이라면 수취인이 주소 변경을 청구할 수 있다.
③ K-Packet은 계약고객과 개인고객(시범운영) 모두 이용 가능하고, 계약고객과 개인고객 모두 다량 이용자에 따른 요금감액 혜택을 제공한다.
④ K-Packet은 부피중량의 적용대상은 아니지만 사전통관정보제공의 대상 우편물에 해당한다.

08 다음은 K-Packet에 대한 설명이다. 다음 중 옳은 것은?

① K-Packet의 제한규격은 최대길이 60cm, 가로+세로+높이≤90cm이고, UPU회원국 간에 교환하는 보편적우편서비스이다.
② 기표지(운송장)의 발송인란의 주소와 달리 성명은 생략이 가능하다.
③ 일괄 K-Packet이란 우편관서와 별도의 계약 없이 2개 이상의 접수우체국을 통해 K-Packet을 발송하는 본사와 지사, 협회와 회원사, 국가기관·지방자치단체·공공기관 등과 이와 연계된 이용자 또는 사업자 등을 말한다.
④ K-Packet은 인터넷 또는 우체국앱을 통해 접수하더라도 접수비용 절감으로서 5%의 특별감액을 받을 수 없다.

09 다음은 국내우편물의 부가서비스에 대한 설명이다. 다음 중 옳은 것은?

① 모사전송(팩스) 우편 서비스는 우정사업본부장이 지정 고시하는 우체국에서만 취급할 수 있는데, 우편취급국은 제외된다.

② 나만의 우표를 우편물에 붙인 경우 고객의 사진부분에 우편날짜도장을 날인해서는 안 되고, 사용 권한을 증명할 수 있는 서류의 보관기간은 접수한 날부터 5년이고, 이미지는 3개월이다.

③ 고객맞춤형 엽서의 기본형은 희망하는 고객에게만 발송인·수취인의 주소·성명, 통신문까지 함께 인쇄하여 신청고객이 지정한 수취인에게 발송까지 대행해주지만, 부가형은 교환대상에서 제외된다.

④ 인터넷 우표의 종류에는 일반통상과 일반소포 두 종류가 있으며, 요금을 결제한 우표 중 일부 출력 우표가 있는 경우에는 구매 취소를 할 수 없다.

10 다음은 우편물의 운송에 대한 설명이다. 다음 중 옳은 것은?

① 동서울우편집중국과 우체국물류지원단 사이에는 접수송달증을 수수한다.

② 우편상자는 통상우편물을 운송하기 위한 용도로 사용하고, 우편자루는 소포우편물을 운송하기 위한 용도로 사용한다는 점에서 구분된다.

③ 소포 등 규격화된 우편물 담기와 운반용으로 사용되는 운송용기를 우편운반차라고 한다.

④ 도착장에 도착하는 일반통상우편물, 소포우편물, 등기우편물은 그 내용과 운송송달증을 대조 확인한 후 해당 작업장으로 이동하지만, 부가취급우편물을 담은 운송용기는 해당부서에 곧바로 넘겨야 한다.

11 다음은 우편물의 수집에 대한 설명이다. 다음 중 옳은 것은?

① 수집해온 우편물은 소인 작업에 편리하도록 종류와 중량별로 분류하여 우표나 요금인면을 바르게 간추려 우표면에 날짜도장을 찍는다.

② 수집우편물 중 우표를 붙이지 않은 경우와 우편물 표면에 붙여진 우표의 액면가격이 해당 일반우편요금보다 부족한 우편물이 발견되면 반환사유를 적고 우편날짜도장을 날인한 부전지를 그 우편물에 붙여 수취인에게 배달한다.

③ 이탈품이 들어있던 우편물의 확인이 불가능할 때에는 '취급 중 발견'이라 기록한 부전지를 붙여 반송 불능우편물의 취급 방법에 따라 처리한다.

④ 민원우편, 통화등기우편물 등 시한성 우편물과 내용품의 확인이 필요한 것을 취급 중 발견한 경우 창구에서 접수하도록 발송인에게 안내한다.

12 다음은 우편물의 배달에 대한 설명이다. 다음 중 옳은 것은?

① 시한성 우편물과 익일특급우편물, 등기소포는 배달국에 도착한 날 구분하여 다음날 배달한다.

② 복지등기통상우편물과 복지등기소포우편물은 2회까지 배달을 하고, 2일 보관 후 반송한다.

③ 사서함 번호와 주소가 함께 기록된 우편물의 경우 우편물을 사서함에 넣을 수 있지만, 익일특급, 특별송달의 경우에는 우편물을 주소지에 배달해야 한다.

④ 동일 건축물이나 구내의 수취인에게 배달할 우편물이라고 하더라도 관리사무소, 접수처, 관리인 등이 없는 경우 일반우편물은 우편함에 배달한다.

13 다음은 배달하지 못한 우편물의 처리에 대한 설명이다. 다음 중 옳은 것은?

① 미배달 우편물이란 우편물을 배달할 때 수취인 부재, 주소·이사불명, 수취거절 등으로 그날에 배달하지 못하고 재배달되는 우편물을 말하고, 전송, 반송, 반송불능 등으로 처리되는 우편물은 여기에 포함되지 않는다.

② 우편용 부전에 관하여 다른 규정이 없거나 미배달 날짜도장(부전인)으로 미배달 사유를 표시하기 곤란한 경우에는 사유별 의미를 기록한 부전지를 사용한다.

③ 미배달 사유인 날인 시점이란 수취인부재, 주소불명, 이사불명 및 수취거절 등으로 수취인에게 배달할 수 없는 때를 말한다

④ 수취인 불명, 주소 불명, 이사 불명, 수취 거절 등으로 배달이 불가능한 우편물은 검사를 생략하고 반송처리한다.

14 다음은 수취인의 청구에 의한 주소 변경(수취인 배달장소 변경 서비스)에 대한 설명이다. 다음 중 옳은 것은?

① 대상 우편물은 배달국에 도착한 일반 및 등기통상우편물을 대상으로 한다.

② 특별송달, 계약등기, 내용증명은 수취인의 청구에 의한 주소 변경 서비스를 이용할 수 없는 우편물이다.

③ 발송인과 수취인의 신청이 경합할 경우, 발송인의 신청이 수취인의 신청보다 우선하고, 전송 수수료는 등기취급수수료(2,400원)이며, 단, 변경하는 주소지가 최초 주소지와 동일한 총괄국 관할일 경우에는 무료이다.

④ 우체국(우편취급국 포함), 인터넷 우체국, 모바일 앱, 우편고객만족센터로 접수가 가능하며 전화로는 신청 접수를 할 수 없다.

15 다음은 배달하지 못한 우편물의 처리에 대한 설명이다. 다음 중 옳은 것은?

① 반송불능(불필요)우편물 업무처리 절차와 관련하여 ① 배달결과 등록 ⇒ ② 반송불능우편물 처리 등록 ⇒ ③ 반송불능 도착 등록 ⇒ ④ 반송불능 일반물량 등록 ⇒ ⑤ 반송불능 일일마감 ⇒ ⑥ 결재 관리의 순서로 진행된다.

② 발송인의 주소가 불명확해 발송인에게 반송할 수 없는 요금별납·후납·요금수취인부담 우편물은 발견국에서 보관한다.

③ 책임자가 확인 검사한 반송불능우편물은 그 종별과 수량을 기록한 송부서와 우편물을 함께 소속 총괄국에 보내거나 관내 배달우체국에서 1개월 동안 보관한다.

④ 반송불능우편물에는 담당집배원이 그 사유를 표시한 미배달 날짜도장을 날인하고 반드시 책임자가 확인 검사한다.

16 다음은 특별송달우편물의 배달에 대한 설명이다. 다음 중 옳은 것은?

① 특별송달 배달 시 수취인이 일시 부재 중이고 사리를 판별할 수 없는 나이가 어린 사람만 있는 경우에는 다음편에 다시 배달하여야 한다.

② 특별송달우편물을 배달한 경우 전산 등록한 배달결과는 다음 날 00시 00분을 기준으로 법원 재판사무시스템으로 자동 전송되며, 기전송된 건의 배달결과를 수정할 경우 법원 재판사무시스템에도 반영된다.

③ 특별송달우편물을 배달할 때 3차 때까지도 수취인이 부재하여 배달하지 못한 경우 2일간 보관한 후 최선편으로 반송처리한다.

④ 특별송달우편물의 수취인이 부재 시 그 사무원, 고용인 또는 동거자에게 배달할 수 없다.

17 다음은 국제우편 전반에 대한 설명이다. 다음 중 옳은 것은?

① 국제우편 스마트 접수의 접수대상 우편물은 EMS, EMS프리미엄, 국제소포(항공·선편), 등기소형포장물(항공·선편)이다.
② EMS프리미엄 서비스 이용 시 무게가 6kg이고, 가로가 30cm, 세로가 50cm, 높이가 40cm인 우편물의 경우 6kg의 요금을 적용한다.
③ 배터리가 내장된 전자제품(휴대폰, 노트북 등)은 EMS 우편물로 접수할 수 없다.
④ 미국행 식품 우편물 FDA신고와 관련하여 가정에서 조제한 식품을 우편으로 발송하는 경우와 개인이 자기 자신, 가족 또는 친지에게 선물로 발송하는 비상업적 식품으로 인정되는 경우는 사전신고 유예 우편물로 분류된다.

18 다음 중 기계구분이 불가능한 우편물로서 수구분으로 분류해야 하는 것은 모두 몇 개인가?

> ㉠ 우편물 표면이 고르지 아니한 우편물
> ㉡ 잘못 도착한 우편물
> ㉢ 부가취급우편물
> ㉣ 둥근 소포, 쌀자루
> ㉤ 폭발성·인화성 물질이 들어있는 우편물
> ㉥ 규격의 소형 등기통상 우편물
> ㉦ 봉투색상이 짙은 우편물

① 3개   ② 4개
③ 5개   ④ 6개

19 다음은 소형포장물(Small packet)에 대한 설명이다. 다음 중 옳은 것은 무엇인가?

① 내용물에 따른 구분에서 국제통상우편물로 분류되고, 구체적으로 L/C로 분류된다.
② 발송 절차가 소포에 비해 간단하고, 첨부해야 하는 세관신고서는 내용품의 가격에 따라 300SDR 이하인 경우는 기록 요령이 복잡한 CN22를, 300SDR을 초과하는 경우는 CN23을 이용한다.
③ 항공소형포장물(등기)은 EMS(국제특급)와 달리 우체국 쇼핑 해외배송 서비스 배송방법으로 인정되지 않는다.
④ 소형포장물은 계약고객 뿐만 아니라 비계약고객도 모두 특별감액을 받을 수 있다.

20 다음은 국제우편 전반에 대한 설명이다. 다음 중 옳은 것은?

① 아시아·태평양우편연합(APPU)은 한국과 태국이 공동 제의하여 1961년 방콕에서 창설대회를 가졌다.
② 국제우편물을 별납으로 접수 시 발송신청서는 발송인교부용과 국제우체국송부용이 있고, 접수증은 접수창구보관용과 발착부서보관용으로 구성된다.
③ 수표, 지참인불 유가증권, 귀금속, 보석류, 동전 등의 화폐는 보험취급하여 발송할 수 없지만, 전자제품, 음식물은 외국으로 보험취급하여 발송할 수 있다.
④ 우편요금을 표시하는 증표를 인쇄한 관제엽서는 국제통상우편물 중 Postcard(우편엽서)로 취급할 수 있다.

01 다음은 소포 우편물에 대한 설명이다. 다음 중 옳은 것은?

① 백지노트 등 의사 전달 기능이 없는 물건의 경우 소포로 취급하고, 우편물의 무게에 따라서 소형포장우편물과 소포우편물로 나뉘고, 무거운 물건은 소포우편물로 취급한다.

② 길동이가 친구에게 가로, 세로, 높이가 각각 15cm, 15cm, 15cm로 포장한 물건을 소포우편물로 보낼 경우 소포우편물의 규격 요건에 부합한다.

③ 소포우편물에서 "소포" 표시는 왼쪽 중간에 표시하지만, 부가서비스 안내 스티커는 왼쪽 하단에 품위를 유지하면서 부착하여야 한다.

④ 선택등기 서비스는 등기취급 및 발송인의 우편물의 반환거절을 전제로 우편물을 배달하는 서비스이다.

02 다음은 국내우편물의 부가서비스에 대한 설명이다. 다음 중 옳은 것은?

① 선택등기 서비스는 손실 또는 분실일 때 최대 5만원까지 손해배상을 제공하나, 배달이 완료된 후에 발생한 손실 또는 분실은 손해배상 대상에서 제외한다.

② 선택등기 서비스는 1회차와 2회차의 경우에는 수령인을 확인하여 대면 배달을 하고, 3회차의 경우 대면 배달 시도 후 폐문 부재일 경우 우편수취함에 배달한다.

③ 선택등기 서비스는 6kg까지 통상우편물(특급 취급 시 30kg 가능)을 취급대상으로 하고, 배달기한은 접수한 다음 날부터 3일 이내이다.

④ 선택등기 서비스는 전자우편, 익일특급, 내용증명, 계약등기를 부가취급할 수 있다.

03 다음은 국내우편 전반에 대한 설명이다. 다음 중 옳은 것은?

① 계약등기에서 회신우편, 본인지정배달, 착불배달, 우편주소 정보제공 중 부가취급수수료가 가장 저렴한 것은 본인지정 배달서비스이다.

② 우체국소포에서 초소형 소포란 상자기준으로 중량이 1kg 이하이고, 크기는 50㎝ 이하인 계약소포를 말한다.

③ 전자우편서비스 중 소형 봉함식은 편지, 안내문, 고지서 등의 안내문을 최대 10장을 편지형태로 인쇄하여 규격봉투에 넣어 발송하는 우편서비스이다.

④ 인터넷우표가 정상 발행되었으나 유효기간이 경과한 경우에는 재출력의 대상이 되지 않는다.

04 다음은 국제우편물의 외부기록사항 변경·정정 또는 반환에 대한 설명이다. 다음 중 옳은 것은?

① 우편물이 접수국에서 국제우체국으로 발송하기 전 접수국에 있는 경우, 발송인이 오부 기록사항의 변경·정정이나 반환청구를 한 때에는 국내기본통상 우편요금을 징수한다.

② 국제우편물의 반환청구는 모든 으체국에서 가능하고, 외국으로 발송할 준비를 완료하였거나 이미 발송한 경우 반환처리는 협조사항이다.

③ 국제우체국에서 외국으로 발송 준비온료 전에 외부 기록사항 변경·정정 또는 반환 청구서가 국제우체국에 도착이 불가능할 것으로 예상되는 경우에는 외국으로 발송준비 완료 후 절차에 다라 처리하여야 한다.

④ 기록취급하지 않는 우편물의 경우 외부기록사항을 변경·정정 또는 반환청구를 할 수 없다.

05 다음은 국내 통상우편물의 감액과 광고에 대한 설명이다. 다음 빈 칸에 들어갈 숫자를 모두 합하면 얼마인가?

- 정기간행물 – 광고가 앞·뒤 표지 포함 전 지면의 (㉠)%를 초과하는 경우 감액 대상에서 제외한다.
- 서적 – 상품의 선전 및 광고가 전 지면의 (㉡)%를 초과하는 것은 감액대상에서 제외된다.
- 상품안내서 – 봉함된 우편물 전체의 내용은 광고가 (㉢)% 이상이어야 한다.

① 130
② 140
③ 150
④ 160

06 다음의 경우 보험가액과 보험취급수수료의 합은 얼마인가?

- 내용품의 객관적인 가액 : 150,000원
- 일부보험이 아닌 전부보험에 가입
- EMS를 보험취급하고 발송하려고 함

① 150,000원
② 152,800원
③ 153,350원
④ 153,900원

07 다음 중 무인우편물 보관함에 배달할 수 없는 우편물은 모두 몇 개인가?

㉠ 물품등기
㉡ 내용증명
㉢ 전자우편
㉣ 계약등기의 회신우편
㉤ 계약등기의 우편주소 정보제공
㉥ 항공서간
㉦ EMS
㉧ 국제소포

① 4개
② 5개
③ 6개
④ 7개

08 다음은 EMS 접수시 안내 및 확인 사항에 관한 설명이다. 다음 중 옳은 것은 모두 몇 개인가?

㉠ 전자제품은 약간의 충격에도 파손의 우려가 크며, 외관에 이상은 없으나 기능 미작동에 따른 대형 민원이 제기되므로 EMS로 접수할 수 없다.
㉡ 예멘, 아랍에미레이트, 이란과 같은 중동 지역의 경우 EMS프리미엄 접수 시 예외적으로 사서함 발송이 가능하지만, 반드시 우편번호를 기재해야 한다.
㉢ 프랑스행 EMS(비서류) 접수 시 개인물품, 상업물품 모두 면세한도 내에서 Invoice를 반드시 작성해야 한다.
㉣ EMS로 물품을 발송할 때 비서류 뿐만 아니라 서류도 통관의 대상이 된다.
㉤ 유학서류 및 선하증권이 포함된 우편물은 EMS프리미엄으로 접수할 수는 없고, EMS로 접수한다.

① 1개
② 2개
③ 3개
④ 4개

09 다음은 집배코드에 대한 설명이다. 다음 중 옳은 것은?

① 집배팀 2자리와 집배구 2자리는 기본값으로 확정이 되어 있으나 도착집중국 2자리와 배달국 3자리는 배달국에서 배달환경에 맞게 부여할 수 있게 되어 있으며 탄력적으로 운용이 가능하다.
② 집배코드의 집배구 부여는 집배원당 하나의 집배구를 부여하여야 한다.
③ 통상우편물과 소포우편물 감액을 받기 위해서는 집배코드별로 구분하여 제출하여야 한다.
④ 도착집중국 약호의 첫 자리는 경인청 우편집중국의 경우 'B'로 시작하고, 강원청은 'C'로 시작한다.

10 다음은 내용증명에 대한 설명이다. 다음 중 옳은 것은?

① 내용증명 우편물의 발송인 또는 수취인, 발송인이나 수취인에게서 위임을 받은 사람은 내용증명의 재증명과 열람청구를 할 수 있고, 내용증명의 재청구는 내용증명 우편물을 접수한 다음 날부터 3년 이내에 할 수 있다.
② 내용증명의 재증명 취급수수료는 재증명 당시 내용증명 취급수수료의 반액을 재증명 문서 1통마다 각각 징수하지만, 열람 수수료는 무료이다.
③ 내용증명우편물의 반환청구 시 일반적인 방법에 의해 처리하되, 발송인에게 신속하게 반송하여야 한다.
④ 내용문서의 원본이나 등본의 장수가 2장 이상일 때에는 함께 묶은 그 곳에 발송인의 인장이나 지장으로 간인해야 한다.

11 다음은 우편물의 수집에 대한 설명이다. 다음 중 옳은 것은?

① 공무원의 각종 신분증을 우체통에서 발견한 경우 '습득물송부서'에 따라서 그 발행기관장 앞으로 등기통상우편물로 송부한다.
② 지갑인 습득물을 발견한 경우 1개의 물건으로 처리하며, 습득물송부서에 따라서 가까운 경찰서로 등기우편으로 발송하거나 직접 인계한다.
③ 우편관서에서 발행한 각종 증서(으편환 증서 등)와 현금을 우체통에서 습득한 경우 경찰서로 발송한다.
④ 비재산물건으로서 분실인의 주소를 확인할 수 있는 물건에 대하여 우체국에서 직접 분실인에게 송부하는 경우에는 발송우체국장 명의의 유실물소포로 분실인에게 보내고 그 명세를 발송등기번호 포함하여 경찰서에 알린다.

12 다음은 주민등록증을 우체통에서 발견한 경우의 처리 방법에 대한 설명이다. 옳은 것은 모두 몇 개인가?

> ㉠ 주소지의 시·군·구청에 송부서와 함께 봉투에 넣어 일반통상우편물로 발송한다.
> ㉡ 주민등록증 상의 주소지와 주민등록증이 발견된 시·군이 동일한 경우에는 요금을 징수하지 않는다.
> ㉢ 우편요금은 수취인후납부담으로 한다.
> ㉣ 봉투표면에는 빨간색으로 '이탈품'이라고 표시한다.
> ㉤ 요금불필요 표시인을 날인하므로 별도로 요금을 기록하지 않는다.
> ㉥ 표준요금을 적용하여 우편요금을 징수한다.
> ㉦ 발송 당일 동일 지자체에 1건 이상의 습득주민등록증을 발송할 경우 일괄등기번호 부여 후 각각의 등기우편물로 발송한다.

① 0개   ② 1개
③ 2개   ④ 3개

13 다음은 배달하지 못한 우편물의 처리에 대한 설명이다. 다음 중 옳은 것은?

① 우편물류시스템에 배달결과를 등록할 때 보관일수를 입력하는데, 단, 1회째 미배달일 경우 보관 체크 및 4일 보관이 자동으로 설정되어 있다.

② 미배달날짜도장 관리와 관련하여 검사책임자는 우편물류과가 편성되어 있는 우체국은 국장, 그 밖의 우체국은 과장으로 지정한다.

③ 재배달 우편물('재조사' 표시)로 분류되었거나 수취인이 재배달 희망일을 지정한 우편물은 해당 재배달일자에 최선편으로 다시 배달하며, 수취인 전화번호가 기록된 우편물은 다시 배달하지 않는다.

④ 보관기간 종료일이 토·일요일, 공휴일인 경우라도 종료일까지 보관하고 수취인이 교부 신청을 하지 않을 때는 반송한다.

14 다음은 우편일반 교안의 전화와 관련되는 내용들이다. 다음 설명 중 옳은 것은 모두 몇 개인가?

> ㉠ 국가별 서류 가능 품목은 EMS 프리미엄 홈페이지(www.emspremium.com)를 통해 확인해야 하며, EMS프리미엄 업무관련 UPS 담당부서로 전화문의를 하는 것은 허용되지 않는다.
>
> ㉡ 주소가 P.O Box인 경우 예외적으로 중동지역 사서함 발송 가능이 가능하며, 이 때 반드시 전화번호를 기재해야 한다.
>
> ㉢ 배달할 수 없는 내용증명 우편물은 수취인이나 발송인의 연락처가 기록된 경우에는 미리 전화로 확인한 후 반송 조치한다.
>
> ㉣ 발송인은 EMS 기표지에 보내는 사람뿐만 아니라 받는 사람 란의 전화번호를 반드시 기재해야 한다.
>
> ㉤ 행방조사 접수채널(기관, 방법)은 우체국, 인터넷, 모바일, 전화 등이 있다.

① 2개
② 3개
③ 4개
④ 5개

15 다음은 K-Packet에 대한 설명이다. 다음 중 옳은 것은?

① 발송우정당국 책임으로 손해배상 처리절차는 기존 국제등기우편과 동일하지만, 종 추적 배달결과가 없는 경우에 한하여 행방조사 청구가 가능하다.

② 평균송달기간은 평균 5~7일이고, 계약관서는 전국 모든 우체국이다.

③ 일반계약으로 월 이용금액이 1,000만원인 경우 11%의 감액을 해준다.

④ 보험취급한 K-Packet의 손해배상액은 보험가액 범위내의 실손해액과 납부한 우편요금(보험취급수수료 제외)이다.

16 다음은 우편물의 전송에 대한 설명이다. 다음 중 옳은 것은?

① 무인우체국 배달함에 배달한 후 3일 이내에 우편물을 받지 않았을 때에는 수취인의 주거지로 전송해준다.

② 선택등기 우편물은 주거이전 우편물 전송서비스 대상이 아니며, 접수부터 운송·발송·도착 및 배달까지 등기우편물 취급 예에 따라 취급한다.

③ 통화등기 우편물의 반송 및 전송 시 발송인이 접수한 우체국 앞으로 송금통지서 및 원부를 발행하여 우편물에 넣은 후 반송 또는 전송한다.

④ 신고자가 다른 세대원의 주거이전신청을 같이 신고한 경우, 무분별한 신고의 방지를 위해서 다른 세대원의 동의 여부를 신고인에게 확인해야 하고, 거주지를 달리하는 가족의 주거이전 신청은 다른 가족이 신청하는 것은 허용되지 않는다.

17 다음은 특별송달의 배달에 대한 설명이다. 다음 중 옳은 것은?

① 동거인으로서 보충송달의 수령인이 되기 위해서는 성년이어야 한다.

② 조우송달에 따라 우체국 창구에서 내어줄 때는 수취인의 위임장, 인감증명서, 신분증 등을 지니고 오더라도 동거인, 사무원 등에게는 내어줄 수 없다.

③ 보충송달이란 수취인 본인이나 그 사무원, 고용인, 동거인(보충송달이 가능한 사람)이 정당한 사유 없이 수령을 거부할 경우 송달장소에 특별송달우편물을 두고 오는 경우를 말한다.

④ 법원 소송서류의 대리 수령은 「민사소송법」에서 규정한 송달영수인제도와 「민법」에서 규정한 대리인의 규정이 적용된다.

18 다음은 우편물의 구분에 대한 설명이다. 다음 중 옳은 것은?

① 우편집중국에서는 부가취급우편물과 잘못 도착우편물의 경우 기계작업으로 구분한다.

② 배달국에서는 우편집중국에서 집배원(팀)별로 구분되지 아니하고 도착된 우편물은 집배원(팀)별 또는 국 실정에 맞게 구분하여 집배실에 넘긴다.

③ 집배원별로 구분되지 않은 상태로 배달국에 도착한 우편물은 집배원이 아닌 발착요원이 구분한다.

④ 잘못 도착한 우편물의 경우 우편집중국이나 배달국에서는 발송우편집중국별로 구분한다.

19 다음은 국제우편에 대한 설명이다. 다음 중 옳은 것은 모두 몇 개인가?

┌───┐
│ ㉠ 외국으로 발송 준비 완료 전 발송인이 반환청구를 한
│   경우 교환국에서는 청구대상 우편물을 접수국으로
│   배달하고 접수국에서 교부한다.
│ ㉡ 행방조사의 경우 우편물이 분실된 경우에는 발송인
│   만이 청구할 수 있고, 수취인은 청구할 수 없다.
│ ㉢ POSA국제우편팀은 외국우정당국에서 행방조사청
│   구에 대한 회답을 보내온 때 회신내용이 분실·파손
│   등 손해배상에 해당되는 경우, 관련 문서(내용) 사본
│   을 첨부하여 우정사업본부로 보고하고 손해배상 처
│   리절차에 따라 처리한다.
│ ㉣ 등기우편낭배달 인쇄물이 일부 도난 또는 일부 훼손
│   된 경우 262,350원과 납부한 우편요금(등기료 제
│   외)을 손해배상 금액으로 한다.
└───┘

① 0개   ② 1개
③ 2개   ④ 3개

20 다음은 반송불능 우편물에 대한 설명이다. 다음 중 옳은 것은?

① 우체국에서 반송불능우편물의 교부청구를 받았을 경우, 우체국에서 보관하고 있는 유가물이 아닌 우편물이 그 보관이 시작된 날부터 3개월의 보관기간이 경과되지 않았을 때에는 교부가 가능하다.

② 다른 우체국에서 보낸 반송불능(불필요) 우편물 도착한 경우에는 별도의 도착 등록을 하지 않는다.

③ 배달증명, 특별송달, 민원우편물, 회신우편물은 반환청구서에 청구수수료(25g 통상규격요금) 상당의 우표를 붙여 제출하게 하고 교부한다.

④ 반송불능(반송불필요)우편물의 교부·송부·폐기를 할 때에 우편물류시스템에 등록하고, 그날에 처리한 명세를 집계하기 위해 편마감 등록하며, 마감 취소는 취소사유가 발생한 날부터 3개월 전까지 가능하다.

01 다음은 국내우편의 관한 요금에 대한 설명이다. 다음 밑줄친 것 중 옳은 것은 모두 몇 개인가?

- 요금별납 우편물에서 동일한 10통 이상의 우편물에 ㉠크기가 다른 1통 이상의 우편물이 추가되는 경우에도 별납으로 접수가 가능하다.
- 요금후납 우편물에서 1개월간 납부하는 요금이 ㉡100만원 이상인 사람과 최초 후납계약일부터 체납하지 않고 ㉢2년간 성실히 납부한 사람은 담보금 전액 면제 대상이 된다.
- 요금수취인부담 우편물의 발송 유효기간은 요금수취인부담 계약일로부터 ㉣2년이 원칙이다.
- 정기간행물의 정기발송계약은 계약 해지일로부터 ㉤1년(일간신문은 6개월)이 지나야 재계약이 가능하다.
- 등기통상우편물 중 선택등기에 대한 감액을 적용하기 위한 접수물량은 요금별납 또는 요금후납이고, ㉥1회에 10통 이상 발송하는 등기우편물로 하되, 1회 100통 이상인 경우이어야 한다.

① 1개   ② 2개
③ 3개   ④ 4개

02 다음은 국제우편 전반에 대한 설명이다. 다음 중 옳은 것은?

① 국제특급 우편의 보험 취급 시 보험가액 65.34SDR 또는 114,300원까지는 2500원, 보험가액 초과하는 65.34SDR 또는 114,300원 초과마다 550원을 추가한다.
② 카할라 우정연합의 슬로건은 'The Passion to Deliver'이고, 아시아·태평양 연안 지역 내 6개 우정당국(한국, 미국, 일본, 중국, 호주, 홍콩)이 2002년 6월에 결성하였다.
③ EMS 세관신고서 작성 시 내용품명은 반드시 영문 기재하고, 내용품 가격(물품가)은 종이 기표지 기준으로 미화(USD)로 기재하는데, 이 때 금액은 접수우체국에서 기재한다.
④ 소형포장물 뿐만 아니라 EMS(서류)도 사전통관정보제공의 대상이 된다.

03 다음은 발착업무에 대한 설명이다. 다음 중 옳은 것은?

① 우편물 발착업무의 작업내용은 수집, 분류·정리, 구분, 발송작업으로 구성되어 있다.
② 부가취급우편물은 규격과 관계없이 기계구분우편물로 분류하는 것이 원칙이다.
③ 도착우편집중국(도착집중국)은 우편물을 접수한 우체국(접수국)을 관할하는 우편집중국으로서 우편물을 배달국으로 운송한다.
④ 분류·정리는 접수국뿐만 아니라 우편집중국에서도 하고, 행선지별 구분은 우편집중국의 업무 범위에 해당한다.

04 다음은 배달하지 못한 우편물의 처리에 대한 설명이다. 다음 중 옳은 것은?

① 배달증명, 특별송달, 민원우편물, 회신우편물은 반송수수료를 받지 않고 교부한다.
② 반송불필요 우편물을 발송인이 보관국(수취인의 배달국)에 방문하여 교부받는 경우에는 반송수수료와 우편집중국 발송 이전용 청구 수수료 모두를 징수하지 않는다.
③ 관내우체국(자국분 포함)에서 반송불능우편물을 송부 받은 때에는 총괄국의 반송불능우편물 담당부서에서 일반통상(소포)우편물과 등기취급 우편물로 구별하여 따로 정리하고 송부서의 기록내용과 현품을 대조 확인한 후 총괄국장이 지정한 직원 1명이 참관하고 책임자가 개봉하여 송달방법 유무를 조사하고 송달할 수 있는 것은 송달한다.
④ 원칙적으로 등기통상 별·후납우편물은 발송인에게 반환(반송)하지 않는다.

05 다음은 우편물의 배달에 대한 설명이다. 다음 중 옳은 것은?

① 등기우편물 대리수령인 신고서를 접수할 때에는 수취인이 지정하는 등기우편물 대리수령인은 수취인 주소지와 같은 집배팀 (인접 집배팀 가능) 내에 거주하고 사리를 분별할 수 있는 사람인지를 확인한다.

② 무인우편물보관함은 수취인이나 수취인의 동의를 받은 사람만 수령할 수 있도록 기계적·전자적으로 수령이 가능한 것에 한정하여 배달하고, 영수증이나 모니터 화면 등 우편물 보관에 대한 증명자료가 제공되는 것에 한정한다.

③ 대리수령인이 이사하였거나 대리수령을 거부하는 경우에는 그 사실을 신고서 빈곳에 적은 뒤 책임자가 확인하고 대리수령인 지정 해지 신청을 받은 뒤 해지 처리한다.

④ 대리수령인의 장기부재 등으로 대리수령인에게 배달이 불가능한 경우에는 부전지에 대리수령인에게의 배달이 불가능한 사유를 적어 우편물에 붙이고 발송인에게 반송한다.

06 다음은 고층건물 내 우편물의 배달에 대한 설명이다. 다음 중 옳은 것은?

① 3층 이상인 건축물의 소유자나 관리인은 해당 건축물의 출입구에서 가까운 내부의 보기 쉬운 곳에 그 건축물의 주거시설, 사무소, 사업소별로 규격에 맞는 우편수취함을 설치할 수 있다.

② 건물 구조상 한 곳에 전부를 설치하기가 곤란한 경우에는 3층 이하의 위치에 3개 장소 이내로 분리하여 설치해야 한다.

③ 건축물에 설치하여야 하는 우편수취함은 「우편법」 제37조의2의 기준에 따른다.

④ 설치대상 건물로서 1층 출입구, 관리사무소, 경비실 등에 우편물 접수처가 있는 경우라도 3층 이상 고층건물의 경우에는 우편수취함을 설치하여야 한다.

07 다음은 국명표 바코드에서 표시하는 번호를 나타낸 것이다. 다음에서 ㉠~㉣의 숫자를 모두 더한 값은?

우편운반대(평팔레트)(㉠) + 국내특급(㉡) + EMS프리미엄(㉢) + 패킷(㉣)

① 22
② 23
③ 24
④ 25

08 국제특급우편물(EMS)의 운송과 배달에 대한 설명으로 옳은 것은? [2025. 7.5]

① 수취인 주소가 무인우체국으로 되어 있다면 무인우체국의 배달함에 배달할 수 있다.

② 도서지역 등 배달이 곤란한 지역이 아닌 경우, 국내 등기소포우편물 배달의 예에 따라 처리한다.

③ 국명표 바코드에서 '서비스 종류'를 표시하는 번호는 EMS프리미엄과 동일한 숫자를 사용한다.

④ 발송할 우편물량이 많아 1편의 운송편으로 일시에 발송할 수 없을 경우, 국제특급우편물(EMS)을 최우선으로 발송한다.

09 다음은 우편물의 반송에 대한 설명이다. 다음 중 옳은 것은?

① 일반통상 우편물을 반송할 때에는 반송일자, 반송사유, 반송할 때 징수할 요금을 적는다.

② 사서함 사용계약이 해지된 날부터 7일이 지난 우편물과 유효기간이 지난 요금수취인부담 우편물은 반송대상 우편물에 해당한다.

③ 발송인의 주소가 불명확한 요금 별납·후납·요금수취인부담 우편물은 접수국으로 송부하고, 반송할 때 모든 우편물을 일반우편물로 취급한다.

④ 우편물을 반송할 때에는 미배달날짜도장 등에 반송사유와 반송일자를 정확히 표시하여 발송인에게 송부하는데, 발송인에게서 징수할 요금 등이 있을 경우에는 그 요금액을 표시한다.

10 다음은 배달하지 못한 우편물의 처리에 대한 설명이다. 다음 중 옳은 것은?

① 반송 시 요금 미납이나 부족 우편물을 받는 사람이 국가기관 등인 경우에는 우표로 수납할 수 있으며 이 경우에는 미납부족우편요금영수증원부에 붙여 소인한다.

② 배달증명, 특별송달, 민원우편물, 회신우편물을 반송하는 경우 반송료를 징수하고 집배책임자가 모아서 이를 즉시 납부 처리한다.

③ 등기우편물의 반송 도중 등기취급수수료에 변동이 있는 경우, 반송취급 수수료는 해당 등기우편물의 수취인 주소지 배달우체국에 도착한 날을 기준으로 징수한다.

④ 반송 시 요금 미납이나 부족의 일반통상우편물을 배달할 때에는 미납이나 부족 요금의 3배에 해당하는 금액을 현금으로 받고 미납부족 우편요금영수증과 해당 우편물을 함께 교부한다.

11 다음은 국제우편 전반에 대한 설명이다. 다음 중 옳은 것은?

① EMS로 물품을 발송할 때 세관계류 시에는 수취인이 직접 통관할 수 없고, 발송 우체국이 통관을 대행한다.

② 등기우편물에는 굵은 문자로 명확하게 등기임을 표시하는 'Advice of delivery'를 가능한 한 왼쪽 윗부분 발송인의 주소·성명 아래에 기록하거나 표시한다.

③ 국제우편요금의 후납의 취급우체국은 우편취급국은 공공기관에서 발송하는 등기취급우편물만 허용된다.

④ 유럽연합의 ICS2는 ICS2의 대상국가는 EU 27국 +3국(스위스, 노르웨이, 리히텐슈타인), 총 30개국이다.

12 다음은 우편물의 구분에 대한 설명이다. 다음 중 옳은 것은?

① 규격 소형 등기통상우편물(익일특급, 등기통상)은 등기통상구분기가 설치되지 않은 우편집중국에서만 기계구분을 할 수 있다.

② 부가취급이 아닌 우편물은 책임자나 책임자가 지정하는 사람이 참관하여 현품 수량 일치 여부가 확인된 우편물을 운송용기에 담아 운송용기 묶음 끈으로 묶어 봉함하여 발송한다.

③ '발착'이란 사전적 의미로는 '원래의 순서에 따른 길 또는 방향'을 말하며, 우편분야에서는 효율적인 집배업무를 위한 코스를 뜻한다.

④ 발송구분은 우편집중국별로 구분하며, 도착구분은 우편집중국장과 배달우체국장이 협의하여 집배원별, 집배원팀별, 동별로 구분한다.

13 다음은 국명표 체계를 나타낸 것이다. (가)~(라)의 내용으로 적절하게 연결한 것은?

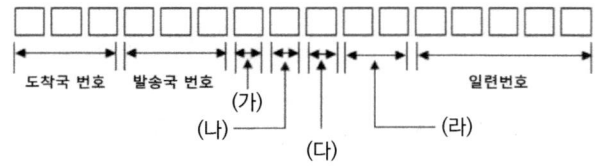

① (가) – 서비스종류
② (나) – 우편물 종류(형태)
③ (다) – 용기 종류
④ (라) – 발행기 번호

14 다음은 배달하지 못한 우편물의 처리에 대한 설명이다. 다음 중 옳은 것은?

① 배달하지 못한 안심소포우편물의 창구 교부 시 가족관계서류 등의 서류 확인 후 동거가족에게 교부할 때에는 의심스럽다고 판단되는 경우 수취인에게 유선 확인을 실시한다.

② 우편물을 전송하는 때에는 우편물을 전송하여야 할 주소를 적은 부전지를 해당 우편물에 붙여 변경한 주소지를 관할하고 있는 배달국으로 보낸다.

③ 배달하지 못한 우편물의 창구 교부 시 내용증명과 특별송달은 우편물의 성격·중요성 등의 이유로 인하여 대리수령인에게 교부를 제한하는 것으로, 정당한 위임사실이 서류 등으로 확인된 경우에는 교부가 가능하다.

④ 우편물의 반송이란 우편물의 수취인이 주거지를 변경한 경우에 그 이전한 곳이 분명한 때에는 그 우편물을 수취인이 이전한 곳으로 보내주는 서비스를 말한다.

15 다음은 K-Packet에 대한 설명이다. 다음 중 옳은 것은?

① 내용품 확인을 위해 쉽게 열어볼 수 있도록 포장하되 사각형태의 상자에 포장하고 액체는 내용물이 새지 않도록 봉하여 외부 압력에 견딜 수 있는 용기에 넣어 포장한다.

② 미국행 K-Packet은 상대국가에서 제공하지 않는 종추적 정보, 행방조사, 손해배상 등을 할 수 있다.

③ 계약 관서의 장은 인력과 차량의 사정에 따라 K-Packet을 방문접수할지 별도의 장소에서 접수할지를 협의하여 결정하고 이를 계약사항에 표시할 수 있다.

④ K-Packet은 실제중량과 부피중량 중 더 큰 중량의 요금을 적용하여 우편요금을 계산하고, 소포우편물이므로 국제소포우편물과 동일하게 배상한다.

16 다음은 국내우편과 국제우편에 대한 설명이다. 다음 설명 중 옳은 것은?

① 발송인의 수취인 주소·성명 변경청구와 달리 우편물 반환청구 수수료는 접수우체국에서 발송 전에는 무료이다.

② 시각장애인용 우편물의 접수 시 항공우편으로 접수할 때 항공요금은 무료이다.

③ 국제등기접수증은 우편물 접수 시 등기우편물의 발송인에게 무료로 발행하고, 행방조사 청구 시 포스트넷, 인터넷우체국 및 항공우편에 의한 청구도 무료이다.

④ 정가로 판매한 수입인지를 같은 금액의 인지나 다른 종류의 인지로 교환할 경우에는 수수료 100원을 수납하고 교환한다.

17 다음 빈 칸에 들어갈 단어 중 다른 하나는?

◦ (㉠)이 신청자의 재무상태 등을 조사하여 건실하다고 판단한 사람에 대해서 담보금의 견제가 가능하다.

◦ 사서함 신청을 받은 (㉡)은 국가기관, ㅈ방자치단체, 일일 배달 예정물량이 100통 이상인 다량이용자, 우편물 배달 주소지가 사서함 설치 우체국의 관할구역인 신청자 순서로 우선적으로 계약할 수 있다.

◦ 손실보상 청구 시 (㉢)은 필요하다고 인정하는 경우에는 청구인의 출석을 요구하여 질문하거나 관계자료를 제출하도록 할 수 있다.

◦ 분할 발송물품의 수량(무게) 과부족의 경우 (㉣)이 수출신고필증과 현품을 확인하여 이상 없음을 확인하여 전송한 것이므로 세관에서 접수는 하지만 수량 과부족에 의한 미선적으로 처리한다.

① ㉠   ② ㉡

③ ㉢   ④ ㉣

18 다음은 국제소포와 관련된 설명이다. 다음 설명 중 옳은 것을 모두 고르면 몇 개인가?

> ㉠ 보험소포우편물의 보험가액은 발송인이 원화 단위로 'Insured Value-words 보험가액-문자' 란과 'Figures 숫자' 란에 영문과 아라비아 숫자로 각각 기재한다.
> ㉡ 국제특급우편물(EMS)의 접수 시 접수우체국은 EMS 기표지에 우편요금을 원화표시 및 아라비아 숫자로 기재한다.
> ㉢ EMS를 보험취급할 경우 보험가액은 주소기표지 보험가액란에 'OOO원'으로 기재하고 보험취급수수료는 별도 기재 없이 요금에 포함하여 기재한다.
> ㉣ EMS 접수시 내용품 가격(물품가)은 종이 기표지 기준으로 발송인이 직접 미화(USD)로 기재한다.

① 1개   ② 2개
③ 3개   ④ 4개

19 다음은 우체통 발견 습득물의 처리에 대한 설명이다. 다음 중 옳은 것은?

① 습득물이 핸드폰인 경우 경찰서로 송부해야 하고, 비재산물건으로서 분실인의 주소를 확인할 수 있는 물건은 우체국에서 직접 분실인에게 송부한다.
② 우체국에서 직접 분실인에게 송부하는 경우 발송한 습득물 소포가 수취거절, 수취인 불명, 주소불명 등으로 수취인에게 배달하지 못하는 경우에는 관할 경찰서로 반송한다.
③ 외국인의 여권은 습득 우체국과 가까운 여권사무 대행기관으로 등기우편으로 발송한다.
④ 주민등록증의 경우 발송인의 주소지로 송부서 없이 봉투에 넣어 등기통상우편물로 발송한다.

20 다음은 우편업무 규정에 대한 설명이다. 다음 중 옳은 것은?

① 우편업무 규정의 적용에 있어서 별정우체국과 우편취급국에서 행하는 우편업무는 법령에 특별한 규정이 있는 것을 제외하고는 5급 이상 공무원이 장인 우체국에서 행하는 업무로 본다.
② 우편창구업무의 취급시간은 오전 9시부터 오후 5시까지로 하며, 특별한 사정이 있는 때에는 우체국장은 필요하다고 인정하는 업무에 대하여 취급시간을 단축할 수 있다.
③ 우편관서 상호간에 송달할 수 있는 무료우편물의 용적은 일반우편자루 나호에 체결할 수 있는 범위로 하고, 중량은 20킬로그램 이내로 한다.
④ 우편물을 접수한 우체국은 우표 또는 요금인면에 2분의 1, 우편물 자체에 2분의 1이 걸치도록 선명하게 소인한다.

01 다음은 국내 우편 요금 후납의 경우 우편요금을 체납한 때 담보금 제공 면제가 취소되는 것에 대한 설명이다. 다음 중 옳은 것은?

① 담보금 제공을 면제받은 후 2년 안에 요금납부를 3회 체납한 경우 담보금 전액 면제대상자는 담보금 제공의 1/2이 면제된다.

② 계약우체국장은 체납을 이유로 면제 취소를 받은 사람에 대해서 담보금 면제 혜택을 1년간 금지할 수 있다.

③ 우체국소포 및 국제특급(EMS) 계약자인 경우 면제받은 후 납부기준일부터 요금을 1개월 이상 체납한 경우 담보금 면제를 취소한다.

④ 담보금 제공을 면제받은 후 1년 안에 요금납부를 3회 이상 체납할 경우 담보금 전액면제 대상자는 담보금 제공 면제를 취소한다.

02 다음은 국내우편의 손해배상과 손실보상 및 이용자실비지급제도에 대한 설명이다. 다음 중 옳은 것은?

① 손해배상 결정서를 받은 청구인은 결정서를 받은 날부터 5년 안에 배상액을 청구할 수 있다.

② 손실보상과 손해배상청구는 모두 재산적 손해가 있어야 청구할 수 있다.

③ 도와준 사람에게 줄 보수나 손실보상을 청구할 때에는 청구인의 주소, 성명, 청구사유, 청구금액을 적은 청구서를 관할 지방우정청장을 거쳐 우정사업본부장에게 제출하여야 하며, 이 때 관할 지방우정청장은 손실보상의 청구내용에 대한 의견서를 첨부하여야 한다.

④ 이용자 실비지급제도는 사유가 발생한 날로부터 1C일 이내에 해당 우체국에 신고함으로써 해당부서 책임자가 신고내용을 민원처리부 등을 참고하여 신속히 지급 여부 결정하지만, 이 때 무기명 신고자는 제외한다.

03 다음은 국제우편 전반에 대한 설명이다. 다음 중 옳은 것은?

① 수출신고 수리 전에 발송할 경우에는 과태료(10만 원) 부과와 수출신고수리가 취소될 수 있으며, 수출신고수리를 받은 물품을 수리일로부터 30일 내에 선(기)적하지 아니한 경우에는 3년 이하의 징역이나 물품원가 이하에 상당하는 벌금에 처한다'고 규정하고 있다.

② 우편자루배달 인쇄물(M-bag)은 우편취급국에서는 취급하지 않고, 등기 취급 뿐만 아니라 배달통지의 부가취급이 가능하다.

③ 사전 통관정보 제공은 항공서간, EMS(서류), 국제소포(항공, 선편), 소형포장물, K-Pεcket 등을 대상으로 한다.

④ K-Packe은 EMS와 같은 선택적우편서비스이며 평균 송달기간은 3~5일이다.

04 다음은 우편물의 수집에 대한 설명이다. 다음 중 옳은 것은?

① 우체통 수집시간은 각 관서별 환경을 고려하여 관할 지방우정청에서 결정하며, 수집시간이 기록된 안내문을 우체통에 게시한다.

② 집배원은 수집확인증을 조제하여 우체통마다 갖추어 놓고 우편물의 수집상황을 확인한다.

③ 사설우체통은 교통이 불편한 도서지역이나 농어촌지역 또는 과학기술정보통신부장관이 필요하다고 인정하는 지역에 설치한 우체통으로서, 이용자와 우체국 간의 계약이 필요하다.

④ 우체통이 있는 기관의 장은 우체통까지의 통로를 개방하여야 하고, 근무시간 후에도 수집을 요청하는 경우에는 이에 응하여야 한다.

05 다음은 특수(등기)취급우편물의 배달에 대한 내용이다. 다음 밑줄친 것 중 옳은 것은 모두 몇 개인가?

- 특수(등기)취급우편물의 배달은 ㉠2회 배달, 4일 보관 후 반환을 원칙으로 한다.
- 특별송달 : ㉡3회 배달, 미배달 시 보관하지 않고 반환(반송)
- 내용증명, 보험취급(외화제외), 선거우편, 등기소포 : ㉢2회 배달, 미배달 시 2일 보관 후 반환(반송)
- 복지등기소포우편물 : ㉣2회 배달, 2회차 배달에 폐문부재 시 주소지 문앞에 배달
- 맞춤형 계약등기(외화 제외) : ㉤3회 배달, 미배달 시 2일 보관 후 반환(반송)
- 외화 맞춤형 계약등기 : ㉥3회 배달, 미배달 시 보관하지 않고 반환(반송)

① 3개
② 4개
③ 5개
④ 6개

06 다음은 우편물의 배달에 대한 설명이다. 다음 중 옳은 것은?

① 무인우체국 배달함에 배달 요청된 착불우편물은 무인우체국으로 배달할 수 없다.
② 배달함 부족으로 관할 우체국에 배달한 경우, 무인우체국에 여유 배달함이 생기더라도 무인우체국 배달함에 다시 배달하는 것은 아니고, 수취인이 관내 우체국에서 수령해야 한다.
③ 무인우체국 배달함에 배달한 후 7일 이내에 우편물을 받지 않았을 때에는 '반송' 처리하고, 이때 재배달·전송·보관기간 연장은 불가하다.
④ 반송함에 투함된 우편물 중 반송(사유)의 표시가 있는 우편물은 즉시 전송하거나 반송 처리한다.

07 다음은 배달하지 못한 우편물의 처리에 대한 설명이다. 다음 중 옳은 것은?

① 배달하지 못한 안심소포우편물의 창구 교부 시 가족관계서류 등의 서류 확인 후 동거가족에게 교부할 때에는 의심스럽다고 판단되는 경우 수취인에게 유선 확인을 실시한다.
② 배달하지 못한 특별송달우편물의 창구 교부 시 가족관계서류 등의 서류 확인 후 동거가족에게 교부할 때에는 수취인에게 유선 확인을 실시하는 등 위임사실을 필수로 확인해야 한다.
③ 2차 방문 때 배달하지 못한 등기우편물을 수취인이 따로 날짜를 정하여 우체국에 재배달을 요청하면 요청한 날에 우편물을 재배달할 수 있다
④ 재배달우편물의 반송은 수취인의 희망에 따라 재배달을 시도하였으나 수취인 부재 등의 사유로 배달하지 못해 다시 보관처리를 하였음에도 창구교부기간(처음 배달한 다음 날부터 4일, 보관기간) 중 교부를 요청하지 않은 우편물을 대상으로 한다.

08 다음은 국제우편의 반송에 대한 설명이다. 다음 중 옳은 것은?

① 해외 전자상거래용 반품서비스의 수취인의 주소·성명란에는 당초 판매물품의 발송 주소와 반송처가 다를 경우 발송 주소를 표시한다.
② HS코드는 신속한 통관과 정확한 관세율 적용을 위해 입력하는 것으로 사전통관정보가 미제공된 우편물에 대해서는 통관연기, 배달지연, 반송불요 등의 조치를 취하겠다고 선언하는 것이다.
③ EMS와 달리 EMS프리미엄으로 발송한 우편물이 도착국가에서 주소불명확 등 배달불능 사유로 반송 시 반송료(반착료)를 부과하지 않는다.
④ 국제우편물이 이유 없이 배달하지 않고 반송된 경우 우편요금을 배상한다.

09 다음은 우편사업의 보호규정에 대한 설명이다. 다음 중 옳은 것은?

① 무게가 350g 이하이거나 통상우편요금 10배 이하인 서신과 국가기관이나 지방자치단체에서 보내는 등기 취급 서신은 서신독점권의 대상이 된다.

② 서신송달업자가 서신 개봉・훼손・은닉・방기 시 5년 이하의 징역 또는 5천만원 이하의 벌금에 처해진다.

③ 서신송달업을 하려는 자는 신고서를 관할지방우정청장에게 제출해야 하고, 10일 이상 휴・폐업 또는 휴업 후 재개 시에도 신고서를 제출한다.

④ 서신송달업자는 발송자(서신송달을 위탁한 자)와 달리 우체국 요금 별・후납 표시인영을 부정 사용 시 3년 이하의 징역 또는 3천만원 이하의 벌금의 벌칙을 받을 수 있다.

10 다음은 국내우편의 증명취급에 대한 설명이다. 다음 중 가장 옳은 설명은?

① 수취인에게 발송할 내용문서의 원본, 우체국에서 보관할 등본, 발송인에게 교부할 등본에는 발송인의 인장 또는 지장을 찍거나 서명을 하고, 원본과 등본을 겹쳐서 같은 위치에 구멍을 뚫는(천공) 방식으로 계인한다.

② 내용증명의 재증명은 발송인 및 수취인 본인만 가능하다.

③ 통상우편물 배달증명을 접수할 때에는 일반통상우편요금 + 등기취급수수료 + 배달증명서 송달요금(50g 일반통상우편요금)을 수납한다.

④ 인터넷우체국 발송 후 배달증명 서비스는 배달완료일 D+2일부터 신청이 가능하고, 결제 후 다음 날 24시까지 (재)출력이 가능하다.

11 다음은 K-Packet에 대한 설명이다. 다음 중 옳은 것은?

① K-Packet은 20kg 이하 소형물품의 해외배송에 적합한 국제우편서비스로서 계약고객 전용 서비스이다.

② K-Packet은 사전통관정보제공 대상우편물로서 과학기술정보통신부장관이 고시한 온라인으로 접수되는 국제우편서비스이다.

③ 계약 고객 중 장기 이용자에 대해 요금감액 혜택을 제공한다.

④ 국내우편물과 마찬가지로 우편물을 우체통에 넣거나 우체국에서 접수하므로 우체국에서 발송인을 방문하여 접수하지 않는다.

12 다음은 소형포장물(Small packet)에 대한 설명이다. 다음 중 옳은 것을 모두 고른 것은?

> ㉠ 소형포장물의 무게한계는 2kg이고, 항공소형포장물과 선편소형포장물은 실중량과 부피중량을 두가지 중량을 비교하여 더 큰 중량의 요금을 적용한다.
> ㉡ EMS(서류) 및 EMS(비서류)와 마찬가지로 사전통관정보제공 대상이 되는 우편물이다.
> ㉢ 현실적이고 개인적인 통신문과 같은 성질의 그 밖의 서류 동봉은 허용되지 않는다.
> ㉣ 상거래용 지시 사항과 수취인과 발송인의 주소・성명, 발송인과 수취인 사이에 교환되는 통신문에 관한 참고 사항은 소형포장물의 내부나 외부에 모두 기록이 가능하다.
> ㉤ 등기소형포장물의 감액은 계약고객에 한하여 적용하고, 1개월에 250만원의 이용금액이 나왔다면 7%의 감액을 받을 수 있다.

① ㉠, ㉡, ㉢, ㉣

② ㉠, ㉡, ㉢, ㉤

③ ㉡, ㉢, ㉤

④ ㉡, ㉣, ㉠

13 다음은 우편일반 교안의 전화와 관련되는 내용들이다. 다음 설명 중 옳은 것은 모두 몇 개인가?

> ㉠ 우체국에 전화를 이용하여 방문접수소포(우체국소포)를 이용할 수 있다.
> ㉡ 받는 사람의 개인정보(실명, 전화번호 등)가 기재된 우편물 등은 생활정보홍보우편서비스의 서비스 이용 제한 우편물이다.
> ㉢ 이용자 실비지급제도를 기명으로 전화로 신고하는 것은 무방하다.
> ㉣ 수취인의 청구에 의한 주소 변경(수취인 배달장소 변경 서비스)을 전화로 신청할 수 있다.
> ㉤ 미국 FDA에서 운영하는 사전신고 인터넷 사이트를 통해 신고하여야 하고, 우편 및 전화 등에 의한 신고는 불가능하다.

① 2개   ② 3개
③ 4개   ④ 5개

14 다음은 배달하지 못한 우편물의 처리에 대한 설명이다. 다음 중 옳은 것은?

① 재배달우편물의 처리 시 우편물도착안내서를 기록할 때 우편물의 종류, 주·야간 교부처 전화번호, 담당집배원 전화번호 등을 기록하지만, 발송인의 성명은 기록하지 않도록 한다.

② 다세대 공동주택의 경우 도로명(또는 번지)은 정확하나 동·호수를 기록하지 않아 우편물 배달을 할 수 없을 경우에는 즉시 반송 처리하지 말고 1장의 우편물도착안내서에 이를 모두 기재 및 발행 후 부착하여 우편물 도착 사실을 안내한다.

③ 부득이한 사유로 배달하지 못한 우편물을 수취인(정당한 대리인 포함)이 우체국을 방문하여 내어줄 것을 요청할 경우, 집배원이 배달을 위하여 우편물을 갖고 출국한 경우에는 즉시 집배원에게 연락을 하여 내어준다.

④ 내용증명·보험등기·안심소포우편물은 정당한 위임사실이 서류 등으로 확인된 경우에는 대리수령인에게 교부가 가능한 우편물이다.

15 다음은 국내우편과 국제우편의 무료와 관련된 설명이다. 다음 설명 중 옳지 <u>않은</u> 것은?

① 전자우편서비스에서 동봉서비스로 접수된 동봉물은 최선편으로 위탁제작센터가 지정한 제작센터로 무료 등기 소포우편물(무게 20kg까지)로 발송한다.

② EMS 프리미엄 부가서비스에서 Import 수취인 요금부담 서비스는 무료이다.

③ 나만의 우표에서 기본이미지 외 이미지 추가 요청 시 1종 추가마다 600원씩 추가되지만, 신청량이 전지 기준 101장부터 추가 이미지(최대 20종) 무료로 제공된다.

④ 외국 발송 후 발송인 반환청구 및 배달불능 반송 시 국제특급의 반송 취급료는 무료이다.

16 다음 밑줄친 것 중 바르게 연결된 것은 모두 몇 개인가?

> ㉠ 서신송달업을 하려는 자는 신고서를 ㉠<u>관할지방우정청장</u>에게 제출한다.
> ㉡ 우편물 배달기한은 수집이나 접수한 날의 다음 날부터 8일 이내로 하며, 교통 여건 등으로 인해 우편물 운송이 특별히 어려운 곳은 ㉡<u>관할 지방우정청장</u>이 별도로 배달 기한을 정하여 공고한다.
> ㉢ 국내특급의 접수지정 우체국별 접수마감시각 및 배달우체국의 배달시간은 ㉢<u>관할 지방우정청장</u>이 정하여 고시한다.
> ㉣ 우편요금 별납우편물은 ㉣<u>관할 지방우정청장</u>이 지정하는 우체국(우편취급국 포함)에서만 취급이 가능하다.
> ㉤ 구호우편물 취급 시 ㉤<u>관할 지방우정청장</u>은 재해가 발생하면 구호기관을 확인하여 신속히 소속우체국에 알려주어야 한다.

① 2개   ② 3개
③ 4개   ④ 5개

17 다음은 우체국소포에 대하여 갑돌이가 정리한 것이다. 다음 밑줄친 것 중 옳은 것은 모두 몇 개인가?

> ✉ **갑돌이의 우체국소포 정리**
>
> (1) **초소형 특정 요금** : 초소형 계약소포에 대하여 규격 물량 단계별 요금 및 평균요금을 적용하지 않고 본부장 또는 지방우정청장 승인으로 적용하는 요금. 단, 월 평균 ㉠<u>1,000통 이상</u> 발송업체 중 초소형 물량이 ㉡<u>80% 이상</u>인 경우 적용이 가능
>
> (2) **LMS(Long Message Service) 문자전송 서비스** : ㉢<u>계약소포 도착 전</u>에 「업체명, 내용품, 발송시각, 주소, 이벤트 홍보 문안」 등을 문자로 미리 알려 주는 서비스
>
> (3) **연합체 발송계약** : 상가나 시장 또는 농장 등을 중심으로 일정한 장소에 유사사업을 목적으로 연합되어 있는 법인, 임의단체의 회원들이 ㉣<u>1개의 우편관서와 계약을 체결하고 한 장소에 집하하여 계약소포를 발송</u>하는 것
>
> (4) **평균 요금** : 발송물량이 ㉤<u>월 평균 1,000통 이상</u>의 연간 계약자에 한하여 적용 가능
>
> (5) **일반 계약** : 개인 또는 업체가 ㉥<u>월 평균 100통 이상</u> 계약소포 발송을 위해 우편 관서와 체결하는 일반적인 계약
>
> (6) **한시적 발송계약** : 각종 행사 등 ㉦<u>1개월 이내</u>에 한시적으로 계약소포를 발송하기 위해 체결하는 계약

① 2개 　　　　② 3개
③ 4개 　　　　④ 5개

18 다음은 국내우편물의 접수 및 포장에 대한 설명이다. 다음 중 옳은 것은?

① 음란한 문서, 도화 그 밖의 사회질서에 해가 되는 물건으로서 법령으로 이동, 판마, 반포를 금하는 것으로 법적·행정적 목적으로 의사(군의관 포함), 치과의사가 등기우편으로 발송하는 것은 접수가 가능하다.

② 액체·액화하기 쉬운 물건의 경우 용기가 부서지더라도 완전히 누출물을 흡수할 수 있도록 솜, 톱밥 기타 부드러운 것으로 충분히 싸고 고루 다져 넣어 포장할 경우 접수가 가능하디만, 독극물이나 샘병원체와 같은 위험한 물질은 발송인과 수취인의 자격과 성명을 적는 경우 접수가 가능하다.

③ 독약류, 병균류, 공안방해와 그 밖의 위험성의 물질과 달리 폭발성 물질, 화약류, 폭약류, 화공품류, 발화성 물질, 인화성물질, 유독성물질, 강산류, 방사성물질은 접수 불가한 물품이다.

④ 살아있는 동물은 혐오성이 없더라도 으편물의 접수 대상이 아니다.

19 다음은 우체국 업무 상 관련되는 표시의 표준(권장) 모양과 크기를 나타낸 것이다. 다음 중 옳은 것은 모두 몇 개인가?

> ㉠ 현상도착 표시인 － 5cm × 2.5cm
> ㉡ 우선취급 － 가로 5cm, 세로 2cm(글씨 크기 : 고딕체 32)
> ㉢ 반송불필요 － 가로 2.5cm × 세르 0.7cm

① 없음 　　　　② 1개
③ 2개 　　　　④ 3개

20 다음은 우편업무 규정에 대한 내용이다. 다음 중 옳은 것은?

① 우편요금 등의 영수증은 우편물 접수자 명의로 발행하고, 우편요금 등의 영수증은 전산시스템에서 출력한 후 날짜 및 금액 등을 확인한 후 교부하여야 한다.

② 기념우편날짜도장 및 관광우편날짜도장의 활자 중 년, 월, 일은 24시를 기준으로 갈아 끼워야 한다.

③ 요금별납우편물의 접수는 창구업무 취급시간 내에 접수하여야 하지만, 일간신문에 한하여 창구업무 취급시간외에도 접수할 수 있다.

④ 등기우편물의 등기번호는 중복되지 않게 부여하여야 하고, 등기번호는 우편물의 요금에 따라 구분하여 부여할 수 있다.

하종화 계리직

우편, 예금, 보험일반

파이널 동형 모의고사

02 예금일반

01 다음은 우체국예금·보험분쟁조정위원회에 관한 설명이다. 다음 설명 중 옳은 것은 모두 몇 개인가?

> ㉠ 분쟁조정위원회는 위원장 1명을 포함한 11명 이내의 위원으로 구성한다.
> ㉡ 분쟁조정위원회의 위원장은 위원 중에서 과학기술정보통신부장관이 지명하며, 위원은 예금·보험 관련 기관·단체 또는 예금·보험사업체에서 심사·분쟁조정 등의 업무 경력이 있는 사람을 과학기술정보통신부장관이 위촉한다.
> ㉢ 위원의 임기는 2년으로 하되, 연임할 수 있다.
> ㉣ 분쟁조정위원회는 해당 분쟁이 회의에 부쳐진 날부터 30일 이내에 이를 심의·조정하여야 한다.
> ㉤ 분쟁조정위원회의 회의는 공개하지만, 필요하다고 인정될 때에는 해당 위원회의 의결로 분쟁당사자 또는 이해관계인이 방청을 금지할 수 있다.

① 1개 ② 2개
③ 3개 ④ 4개

02 다음은 체크카드에 대한 설명이다. 다음 설명 중 옳은 것은 어느 것인가?

① 체크카드는 현금, 어음·수표에 이어 제3의 화폐라고도 불린다.
② 아파트관리비 자동납부 서비스는 우체국 체크카드 개인형 상품에 한하여 신청 가능하고 법인카드, 후불 하이패스, e-나라도움, 국민행복 바우처 전용카드는 신청이 불가하다.
③ 우체국 개이득 체크카드는 폐플라스틱을 재활용한 친환경카드로 MZ고객 니즈를 반영한 상품이다.
④ 우체국 체크카드 발급 당시 최초상태는 해제(해외에서 원화결제 가능)상태이나 우체국 행복한 체크카드, 우체국 BizFit 체크카드, 우체국 공무원연금복지 체크카드 등은 해외원화결제(DCC) 차단 서비스가 기본으로 설정 되어있다.

03 다음은 전자금융에 대한 설명이다. 다음 설명 중 옳은 것은 어느 것인가?

① 보안카드란 전자금융거래의 인증을 위하여 이용고객에게 제공되는 일회용 비밀번호 생성 보안매체이다.
② 무매체 거래는 고객이 별도의 신청이 없더라도 각종 금융서비스를 이용할 수 있는 거래를 말한다.
③ 일명 '보이스피싱' 사건의 증가로 인한 피해를 최소화하기 위하여 최근 1년간 CD/ATM을 통한 계좌이체 실적이 없는 고객에 한하여 1일 및 1회 이체한도를 각각 100만원으로 축소하였다.
④ 보이스피싱 피해 방지를 위해 수취계좌 기준 1회 100만원 이상 이체금액에 대해 CD/ATM에서 인출 시 입금된 시점부터 30분 후 인출 및 이체가 가능하도록 하는 지연인출제도가 시행되고 있다.

04 다음은 압류된 채권의 지급과 관련된 설명이다. 다음 〈보기〉 중 옳은 것은 모두 몇 개인가?

> ─────── 〈보기〉 ───────
> ㉠ 실무상 압류와 환가처분으로서의 전부명령이나 추심명령을 다로 내리는 경우가 대부분이다.
> ㉡ 전부명령이란 집행채무자(예금주)가 제3채무자(우체국)에 대하여 가지는 예금채권의 추심권을 압류채권자에게 부여하여 그가 직접 제3채무자에게 이행의 청구를 할 수 있도록 하는 집행법원의 명령을 말한다.
> ㉢ 추심명령은 전부명령과 마찬가지로 제3채무자에 대한 송달로서 그 효력이 생긴다.
> ㉣ 추심채권자에게 채권을 지급함에 있어서는 그 확정 여부의 확인이 필요한 것은 아니다.
> ㉤ 전부명령에 대하여 즉시항고 없이 법정기간이 지나거나 즉시항고가 인용되어야 즉시항고는 확정되고 전부명령은 그 효력이 생긴다.
> ㉥ 전부명령은 실체적 효력인 전부채권자에 대한 채권이전 및 채구자의 채무변제효력은 그 전부명령이 확정될 때 이후로 발생한다.

① 0개 ② 1개
③ 2개 ④ 3개

05 다음은 펀드에 대한 설명이다. 다음 밑줄친 것 중 옳은 것은 모두 몇 개인가?

- 자산의 ㉠50% 이상을 주식에 투자하면 주식형펀드, 채권에 ㉡50% 이상 투자하면 채권형 펀드, 주식 및 채권 투자비율이 각각 ㉢50% 미만이면 혼합형 펀드이다.
- 사모형펀드에서 전문투자자만으로는 ㉣49인까지 구성 가능하다.
- 고액거래자용(최초 납입금액 20억원 이상) 전용 펀드를 ㉤I클래스라고 한다.
- 재간접펀드는 동일 자산운용사가 운용하는 펀드들에 대한 투자는 펀드자산 총액의 ㉥50%를 초과할 수 없고 같은 펀드에 대해서는 자산총액의 ㉦10%를 초과할 수 없도록 규제하고 있다.

① 1개　　　　② 2개
③ 3개　　　　④ 4개

06 다음은 채권투자에 대한 설명이다. 다음 중 중 옳은 것은 무엇인가?

① 채권의 특성으로 확정이자부증권, 조건부증권, 장기증권을 들 수 있다.
② 일반적으로 만기가 긴 채권일수록 수익률과 유동성이 높으나 채무불이행 확률도 증가한다.
③ 발행물량이 적고 유통시장이 발달되지 못한 채권의 경우에는 유동성 위험이 존재할 수도 있다.
④ 이표채는 이자가 선급되는 효과가 있는 채권으로 외국의 경우 6개월마다 이자를 지급하지만 우리나라는 보통 3개월 단위로 이자를 지급한다.

07 다음의 경우 이차돌씨가 예금자보호법에 의해 보호받을 수 있는 총 금액은 누구인가?

▶ 이차돌의 자산 상황
(1) A 은행 동대문 지점 정기예금 1억원 + 이자 300만원
(2) 새마을금고 노량진동 지점 정기적금 3천만원 + 이자 300만원
(3) 우체국 삼성동 지점 듬뿍우대저축 3천만원
(4) 개인형퇴직연금 8,000만원
(5) 중소기업퇴직연금기금 3,000만원
(6) 연금저축보험 5,000만원
(7) 우체국든든한종신보험의 사고 보험금 3,000만원
(8) B증권회사 신림동 지점 CMA 4,000만원

① 2억 5천만원
② 2억 7천만원
③ 3억 1천만원
④ 3억 5천만원

08 다음은 하쌤이 정리한 우체국 체크카드 상품의 기능이다. 다음 중 바르게 정리한 것은 모두 몇 개인가?

㉠ 후불하이패스 : 개인형에서 유일하게 현금카드 기능이 없음 / 후불교통카드 기능과 결제카드 기능만 있음
㉡ e-나라도움(개인) : 현금카드 기능과 점자카드 기능만 있음
㉢ e-나라도움(법인) : 현금카드 기능만 있음
㉣ 공무원연금복지 : 현금카드 기능과 해외겸용 기능만 있음
㉤ 지역사랑상품권 : 현금카드 / 선불 / 점자카드 기능만 있음
㉥ 정부구매 : 법인형 카드에서 유일하게 현금카드 기능이 없는 것 / only 가족카드 기능간 있음
㉦ Biz플러스와 BizFit : 법인형 카드 중 이 두 개만 점자카드 기능 있음 / 이 두 카드 모두 현금카드 / 점자 / 해외겸용 기능만 있음

① 4개　　　　② 5개
③ 6개　　　　④ 7개

09 다음은 우체국 예금 및 체크카드 상품에 대한 설명이다. 다음 중 옳은 것은?

① 우체국 go캐시백글로벌 하이브리드 카드와 우체국 어디서나^{PLUS} 하이브리드 카드는 모두 18세 이상인 경우 하이브리드 카드 발급이 가능하다.

② 빠른등록 서비스는 실물 체크카드를 등기우편으로 수령 전에 간편결제 플랫폼에 등록하여 이용할 수 있는 서비스로서 이용 대상은 법인 카드를 제외한 우체국에서 발급하는 모든 개인 체크카드의 신규발급·재발급·갱신 발급 고객이다.

③ 우체국 장병내일준비 적금은 우체국 체크카드 이용 실적 총 20만원 이상인 경우 연 0.2%p의 우대이율을 적용하는데, 이것은 적금 가입기간 3개월 이상인 경우에만 해당 우대이율을 적용한다.

④ 우체국 다드림적금은 예금, 보험, 우편 등 우체국 이용고객 모두에게 혜택을 제공하는 상품. 실적별 포인트 제공과 패키지별 우대금리 및 수수료 면제 등 다양한 우대서비스를 제공한다.

10 다음은 우체국 예금 및 체크카드 상품에 대한 설명이다. 다음 중 옳은 것은?

① 우체국 가치모아 적금은 우체국 특화 체크카드('우체국 드림플러스 아시아나 체크카드' 또는 '우체국 하이브리드^{여행} 체크카드') 이용 실적이 있는 경우와 예금주의 총 자녀수(태아포함)에 따라 우대이율 제공한다.

② 우체국 국민행복 체크카드, 우체국 우리동네^{plus} 체크카드. 우체국 후불 하이패스 카드. 우체국 e-나라도움 체크카드(개인), 우체국 지역사랑 상품권, 우체국 e-나라도움 체크카드(법인) 중 국내 전용카드는 5개이다.

③ 우체국 공무원연금복지 체크카드와 달리 우체국 브라보 체크카드는 발급 당시 해외원화결제(DCC) 차단 서비스가 기본으로 설정되어있다.

④ 15세인 철수가 우체국체크카드를 발급받으려고 하는 경우 우체국 지역사랑 상품권과 달리 우체국 동행 카드는 발급받을 수 없다.

11 다음은 우체국 예금 상품에 대한 설명이다. 다음 중 옳은 것은?

① 우체국 정부보관금 통장은 정부의 관서운영경비를 지급하는 관서운영경비 출납공무원이 교부받은 자금을 예치·사용하기 위해 개설하는 일종의 보통예금이다.

② 우체국 다드림통장은 예금, 보험, 우편 등 우체국 이용고객 모두에게 혜택을 제공하는 상품이다.

③ 듬뿍우대저축예금은 예치 금액별로 차등 고금리를 적용하는 개인 CMA 상품으로 입·출금이 자유로운 예금이다.

④ 우체국 소상공인 정기예금은 회전주기(1개월, 3개월, 6개월) 적용을 통해 고객의 탄력적인 목돈운용이 가능하며 노란우산 가입, 우체국 수시입출식 예금 실적에 따라 우대금리를 제공하는 서민자산 형성 지원을 위한 공익형 정기예금이다.

12 다음은 우체국 예금 상품 중 공익형 예금상품이지만, 압류방지 상품은 <u>아닌</u> 것들만 나타낸 것은?

① 행복지킴이통장 – 공무원연금평생안심통장

② 소상공인정기예금 – 하도급지킴이통장

③ 건설하나로통장 – 장병내일준비적금

④ 우체국 마미든든 적금 – 건설하나로통장

13 다음은 우체국 거치식 예금 상품의 구체적인 우대조건을 적은 것이다. 다음 중 옳지 않은 것은 모두 몇 개인가?

> ㉠ 이웃사랑정기예금 – 국민기초생활수급자, 장애인, 한부모가족, 조손가정, 소년소녀가정, 다문화 가정 고객
>
> ㉡ e-Postbank 정기예금 – 인터넷·스마트뱅킹으로 거치·적립식 예금상품을 신규 가입한 경우
>
> ㉢ 2040+α 정기예금 – 우체국 체크카드 이용 실적 해당 시, 우체국 예금·보험·우편 우수고객인 경우
>
> ㉣ 우체국 소상공인 정기예금 – 가입자가 소상공인·소기업 대표자일 경우, 우편 계약고객(우체국 소포, EMS, 우체국쇼핑 공급업체)으로 확인되는 경우, 우체국 수시입출식 예금 평균잔액 200만원 이상 시
>
> ㉤ 우체국 파트너든든 정기예금 – 중소기업중앙회가 운영하는 노란우산을 보유한 경우, 우체국 예금 우수고객일 경우
>
> ㉥ 우체국 편리한 e정기예금 – 최근 1년 이내 인터넷·스마트뱅킹을 통한 정기예금 가입, 유지, 해지가 없는 경우, 만기 자동 재예치하는 경우
>
> ㉦ 시니어 싱글벙글 정기예금 – 50세 이상 고객인 경우
>
> ㉧ 초록별 사랑 정기예금 – 친환경 실천 가입확인서 제출, 우체국공익재단 협약기관에(사단법인 한국백혈병소아암 협회) 기부 신청 및 기부금(1천원~1백만원)을 1회 이체 한 경우, 우체국 창구에서 신규 가입 시 '통장 미 발행'을 선택하거나 인터넷·스마트뱅킹을 통해 이 예금을 가입하는 경우

① 2개 ② 3개
③ 4개 ④ 5개

14 다음의 우대조건을 충족 시 우대이율을 제공하는 우체국 예금 상품은 무엇인가?

> ◦ 목표저축액을 설정하고 달성한 경우
> ◦ 우체국 상품·서비스 마케팅 동의한 경우

① 우체국 다드림 적금
② 우체국 가치모아 적금
③ 우체국 매일모아 e적금
④ 달달하이(high) 적금

15 다음은 우체국 예금 상품의 우대이율 제공과 관련하여 정리한 것이다. 다음 중 옳은 것은 모두 몇 개인가?

> (1) 우체국 페이든든+ 통장 – '우체국페이' 이용 실적 등에 따라 우대혜택 제공
>
> (2) e-Postbank 정기예금 – 온라인 여·적금 가입, 자동이체 약정, 체크카드 이용 실적에 따라 우대금리를 제공
>
> (3) 우체국 소상공인 정기예금 – 소상공인·소기업 대표자를 대상으로 노란우산에 가입하거나 우체국 수시입출식 예금 실적에 따라 우대금리를 제공
>
> (4) 우체국 마미든든 적금 – 사회소외계층, 단체가입, 가족 거래 실적 등에 따라 우대금리를 제공
>
> (5) 2040+α 자유적금 – 급여이체 실적, 카드 가맹점 결제계좌 이용, 적금 자동이체 실적 등의 조건에 해당하는 경우 우대금리를 제공

① 1개 ② 2개
③ 3개 ④ 4개

16 다음 상품들의 공통적인 특성으로 옳은 것은?

> 저축예금, 정기예탁금, 주택청약종합저축

① 예금자보호법의 적용 대상
② 개인을 가입대상으로 함
③ 우체국에서 취급하는 상품
④ 단기자금을 운용하는데 적합

17 다음은 전자금융을 이용한 자금이체 한도에 대한 설명이다. 다음 중 옳은 것은?

① 우체국이 정한 인증서 + 보안카드는 모바일뱅킹의 기본등급의 거래이용수단이다.

② 폰뱅킹으로 안전등급을 위해서는 HSM방식 공동인증서 + 이체비밀번호의 조합이 필요하다.

③ 인터넷뱅킹의 기본등급을 위해 우체국 간편인증서 (PIN), 공동인증서, 금융인증서 등으로 충분하다.

④ 법인은 관할지방우정청장과 별도의 계약을 체결하여 폰뱅킹으로 안전등급에 대한 거래이용수단을 활용하면 1일 무제한으로 자금이체가 가능하다.

18 다음은 외국환에 대한 설명이다. 다음 중 옳은 것은?

① MoneyGram 특급송금은 우체국창구와, CD/ATM을 이용할 수는 있지만, 인터넷뱅킹을 이용하여 송금할 수 없다.

② 간편 해외송금은 핀테크 해외송금으로, 수수료가 없으며, 타 송금서비스 대비 고객에게 유리한 환율로 우체국 방문 없이 간편하게 송금하는 서비스이다.

③ 우체국은 하나은행과 업무 제휴하여 하나은행 SWIFT 망을 통해 전 세계 금융기관을 대상으로 해외송금 서비스를 운영하고 있다.

④ 간편해외송금으로 건당 5천불을 초과하는 금액을 송금할 수 없고, 43개 국가로 스마트뱅킹을 통해서만 할 수 있다.

19 다음의 상황이 지속될 때 나타나게 되는 전망으로 옳은 것은?

- 대한민국이 세계 최초로 우편업무를 대신할 수 있는 AI를 개발하여 전 세계의 관심이 끌고 있다. 최근 여러 국가가 우정사업본부에 문의하여 이 프로그램을 수입하겠다고 계약을 맺었고, 차후 이러한 현상은 계속될 것으로 전망하고 있다.
- 대한민국 인근에서 경제성이 높은 양질의 원유가 발견되어 채굴을 하고 있다.

① 달러에 대한 원화의 가치가 하락할 것이다.

② 한국인의 미국 여행은 증가할 것이다.

③ 외채 상환 부담이 증가할 것이다.

④ 달러로 환전하는 것을 서둘러야 할 것이다.

20 다음은 우체국예금 · 보험에 관한 법령에 대한 내용이다. 다음 중 옳은 것은?

① 예금원부는 우정사업본부장이 기록하고 관리한다.

② 예금자금을 운용하여 구매한 업무용 부동산에서 영업시설이란 연면적의 100분의 20 이상을 우정사업에 직접 사용하는 시설만 해당한다.

③ 체신관서는 예금자가 10년간 예금을 하지 아니하거나 예금의 지급, 이자의 기입, 인감 변경, 예금통장의 재발급신청 등을 하지 아니한 경우에는 과학기술정보통신부령으로 정하는 바에 따라 그 예금의 지급청구나 그 밖에 예금의 처분에 필요한 신청을 할 것을 최고(催告)하여야 한다.

④ 예금지급청구권의 소멸에 대한 최고는 우편 또는 전자우편으로 하지만, 잔액이 1천원 이상인 경우에는 등기우편으로 한다.

01 다음은 투자 전반에 대한 설명이다. 다음 중 옳은 것은 무엇인가?

① 기대수익률은 무위험수익률에 리스크 프리미엄을 뺀 값이다.
② 총 투자금액 200만원 중 부채가 50만원인 경우 투자레버리지는 4배가 된다.
③ 자신의 자금 100만원(100만원 중에서 60만원은 대출을 받아 사용)으로 주당 10,000원인 주식을 100주 매입하고 주가가 10,000원에서 9,000원으로 10% 하락한 경우 투자수익률은 −25%가 된다.
④ '모든 달걀을 한 바구니에 담지 말라'는 표현은 포트폴리오 구성과 관계되는데, 체계적 위험은 포트폴리오를 구성함으로서 줄일 수 있다.

02 다음 중 일반적으로 금리가 상승하는 경우는 모두 몇 개인가?

> ㉠ 돈에 대한 수요가 증가하거나 공급이 증가하는 경우
> ㉡ 기업의 투자가 증가할 경우
> ㉢ 가계의 소득이 증가하는 경우
> ㉣ 가계의 소비가 증가하는 경우
> ㉤ 돈을 빌려주는 사람 입장에서 물가가 오를 것으로 예상되는 경우
> ㉥ 신용이 좋은 사람에게 빌려줄 때

① 2개
② 3개
③ 4개
④ 5개

03 다음은 자금세탁방지 제도에 대한 설명이다. 다음 중 옳은 것은?

① 금융회사가 금융거래의 상대방이 자금세탁행위나 공중협박자금조달행위를 하고 있다고 의심되는 합당한 근거가 있어 관할 수사기관에 신고한 경우 지체 없이 의무적으로 금융감독원에 의심거래보고를 하여야 한다.
② 의심거래보고를 허위보고 하는 경우에는 3천만원 이하의 과태료를 부과할 수 있고, 미보고하는 경우에는 1년 이하의 징역 또는 1천만원 이하의 벌금을 부과할 수 있다.
③ 금융기관은 계좌의 신규개설이나 1백만원 이상의 일회성 금융 거래 시 고객의 신원을 확인해야 한다.
④ 1백만원 이하의 선불카드 금액은 고액현금거래보고 제도에서 기준 금액 산정 시 제외된다.

04 다음은 외화환전 예약서비스와 외화배달 서비스를 설명한 것이다. 다음 중 옳은 것은?

① 외화환전 예약서비스는 우체국 창구 방문 신청에 한하여 환전 거래와 대금 지급을 완료하고, 원하는 수령일자(환전예약 신청 당일 수령은 불가) 및 장소를 선택하여 지정한 날짜에 외화실물을 직접 수령하는 서비스이다.

② 외화환전 예약서비스의 환전 가능 금액은 건당 1백만원 이내이고 환전가능 통화는 미국달러(USD), 유럽유로(EUR), 일본엔(JPY), 중국위안(CNY), 캐나다달러(CAD), 호주달러(AUD), 홍콩달러(HKD), 러시아루블(RUB), 싱가폴달러(SGD), 영국파운드(GBP) 등 총 10종이다.

③ 외화배달 서비스는 우체국 창구 방문 신청 또는 인터넷뱅킹·스마트뱅킹을 이용하여 환전거래와 대금 지급을 완료하고, 고객이 직접 날짜와 장소를 지정하면 우편서비스를 이용하여 접수된 외화 실물을 직접 배달해주는 서비스이다.

④ 외화배달 서비스의 외화 수령일 지정은 신청일로부터 3 영업일에서 10 영업일 이내로 지정할 수 있으며, 외화 배달서비스 신청이 가능한 취급 통화는 미국달러(USD), 유럽유로(EUR), 일본엔(JPY), 중국위안(CNY) 총 4개 통화이다.

05 다음은 우체국 예금 및 체크카드 상품에 대한 설명이다. 다음 중 옳은 것은?

① 우체국 국민행복 체크카드는 우체국 우리동네plus 체크카드와 달리 국내 전용 카드이다.

② 초록별 사랑 정기예금은 사회 소외계층 및 농어촌 고객의 생활 안정과 사랑 나눔실천(헌혈자, 장기기증자 등) 국민 행복 실현을 위해 우대금리 등의 금융혜택을 적극 지원하는 공익형 적립식 예금이다.

③ 우체국 다드림 적금은 우체국예금 3년 이상 장기거래 고객 뿐만 아니라 우체국 예금 우수고객에 대해서도 우대이율을 제공한다.

④ 아파트관리비 자동납부 서비스는 우체국 체크카드 개인형 상품에 한하여 신청이 가능하고 법인카드, 후불 하이패스, e-나라도움, 우체국 우리동네plus 체크카드는 신청이 불가하다.

06 다음은 우체국 체크카드의 기능을 정리한 것이다. 다음 중 옳지 않은 것은?

① 그린 플랫폼 서비스 제공 상품 - 공무원연금복지 / 행복한(일반/하이브리드) / 우리동네plus /국민행복

② 선불과 후불 기능 모두 있는 것 - 행복한(일반/하이브리드) / 다드림(일반/하이브리드)

③ 현금카드 기능 - 개인형은 후불하이패스 빼고 모두 / 법인형은 정부구매 빼고 모두(단, 법인형은 개인사업자에 한함)

④ 하이브리드 기능 부가 - 우체국 행복한 카드, 우체국 다드림 카드, 우체국 어디서나PLUS 카드, 우체국 go캐시백글로벌 카드, 우체국 동행 카드

07 다음은 우체국 예금 상품의 가입대상을 나타낸 것이다. 다음 중 옳은 것은?

① 2040+α 자유적금 – 개인, 개인사업자, 단체, 법인(금융기관 포함)
② e-Postbank 정기예금 – 가입대상은 실명의 개인이며 인터넷뱅킹, 스마트뱅킹 또는 우체국 창구를 통해 가입
③ 우체국 하도급지킴이통장 – 법인 및 사업자등록증을 소지한 개인사업자, 고유번호(또는 납세번호)를 부여받은 단체
④ 우체국 파트너든든 정기예금 – 실명의 개인 또는 개인사업자인 소상공인·소기업 대표자를 대상

08 다음 중 우체국 마미든든 적금의 우대조건인 것은 모두 몇 개인가?

⊙ 계약기간(신규 가입일~만기일) 중 예금주의 총 자녀수(태아 포함)에 따라 우대이율 제공
ⓛ 기초생활수급자 가정, 장애인, 한부모가족지원보호대상자 가정, 소년소녀가정, 새터민 가정, 결혼이민자 가정, 다자녀 가정
ⓒ 계약기간(신규 가입일~만기일) 중 예금주가 혼인한 여성이면서 경제활동 사실이 있는 경우
ⓔ 신규 가입 시 예금주가 결혼이민여성, 한부모 가정의 여성, 여성 장애인 중 하나에 해당할 경우
ⓜ 신규 가입 시 예금주 본인, 자녀, 손자·손녀 중 우체국 아이LOVE적금을 보유한 경우
ⓗ 신규 가입 시 예금주 본인, 자녀, 손자·손녀 중 우체국 아이LOVE적금에서 '우체국예금–초등학교 협력사업의 초등학교 학생 신규 가입' 실적에 해당되어 우대이율을 적용받는 경우
ⓢ 학교(초·중·고), 유치원, 어린이집을 통한 단체 신규 가입

① 2개   ② 3개
③ 4개   ④ 5개

09 다음은 우체국 적립식 예금 상품의 구체적인 우대조건을 적은 것이다. 다음 중 옳지 않은 것은?

① 우체국 마미든든 적금 – 계약기간(신규 가입일~만기일) 중 예금주의 총 자녀수(태아 포함)에 따라 우대이율 제공
② 우체국 가치모아 적금 – 우체국 수시입출식 예금에서 이 적금으로 자동이체 약정 (최대 10명)을 하고 자동이체 실적 횟수를 달성한 인원수에 따라 제공
③ 달달하이(high) 적금 – 청년고객(19세 이상 34세 이하) 고객인 경우
④ 우체국 다드림 적금 – 신규 가입 시 타인의 추천번호를 입력하거나 본인의 추천번호를 타인이 가입 시 입력한 경우

10 다음의 빈 칸에 들어갈 것으로 적절하지 않은 것은?

우체국 생활든든 통장은 (⊙), (ⓛ), (ⓒ) 중 1가지 이상 이용 실적이 있는 경우 연 0.3%p의 우대이율을 제공한다.

① 라이프+플러스 체크카드
② go캐시백글로벌 체크카드
③ 하이브리드여행 체크카드
④ 행福한 체크카드

11 다음은 우체국 예금 상품에 대한 설명이다. 다음 중 바르게 설명한 것은?

① 우체국 페이든든+통장 – 개인 통장은 최고 연 0.6%p, 사업자 통장은 최고 연 0.6%p의 우대이율을 제공한다.

② 우체국 청년미래든든통장 – 18세 이상~35세 이하 실명의 개인이 가입할 수 있고, 취업준비생·사회초년생의 안정적인 사회 진출 지원을 위해 금리우대, 수수료 면제, 창구소포 할인쿠폰 등 다양한 혜택을 제공하는 적립식 상품이다.

③ 우체국 선거비관리통장 – 선거관리위원회에서 관리·운영하는 선거 입후보자의 선거비용과 선거관리위원회의 선거경비 관리를 위한 입출금 통장으로 우체국창구, 전자금융, 자동화기기 등을 통한 출금은 불가하다.

④ 우체국 건설하나로통장 – 자격확인 증빙서류를 통해 건설업 종사자임을 확인할 수 있는 실명의 개인 또는 개인사업자를 가입 대상으로 한다.

12 다음은 금융상품에 대한 설명이다. 다음 중 옳은 것은?

① 자유적금은 가계우대성 상품으로 가입자가 자금여유가 있을 때 금액이나 입금 횟수에 제한 없이 입금할 수 있는 적립식 상품이다.

② 환매조건부채권(RP)은 은행, 종합금융회사, 증권회사, 증권금융회사 등이 취급하고, 투자금액과 기간을 자유롭게 선택할 수 있는 시장금리연동형 확정금리상품이다.

③ 양도성예금증서는 중도해지가 불가능하며 할인식으로 발행되지만, 만기가 도래하면 액면금액에 약정된 이자를 가산하여 지급받을 수 있는 상품이다.

④ 주가지수연동 정기예금(ELD)은 원금을 안전한 자산에 운용하여 만기시 원금은 보장되지만, 장래에 지급할 이자의 일부 또는 전부를 주가지수(KOSPI 200지수, 일본 닛케이 225지수)의 움직임에 연동한 파생상품에 투자하므로 예금자보호 대상은 되지 않는다.

13 다음은 펀드 상품의 유형별 특징에 대한 설명이다. 다음 중 옳은 것은?

① MMF는 수시입출금이 가능하며, 환매수수료가 저렴하고, 입출금이나 투자금은 제한이 없다는 특징이 있다.

② 채권혼합형 펀드는 서로 다른 위험과 기대수익을 가진 자산(주식과 채권)을 혼합하여 운용하기 때문에 자산배분효과가 크다.

③ 채권혼합형 펀드란 집합투자재산의 50% 미만을 채권에 투자하는 펀드로 상대적으로 채권운용전략보다 주식운용전략이 펀드의 성과에 미치는 영향이 더욱 크다.

④ 채권혼합형 펀드는 채권과 주식이 혼합되어 운용되나, 주식에의 투자 비중이 더 많아 채권의 안정성과 주식의 수익성을 기대하는 펀드이다.

14 다음은 우체국 CMS 업무에 대한 설명이다. 다음 밑줄친 것 중 틀린 것은?

CMS는 ㉠고객이 ㉡고객이 개설한 우체국 계좌로 무통장 입금하고 그 입금 내역을 ㉢우정정보관리원(우체국 금융 IT운영 담당)에서 입금회사로 실시간 전송하는 시스템이며, 입금된 자금은 ㉣우정정보관리원에서 회사가 지정한 정산계좌로 일괄 입금 처리한다.

① ㉠   ② ㉡

③ ㉢   ④ ㉣

15 다음은 예금 업무와 관련한 조문들이다. 다음 중 옳은 것은?

① 수치인이 계약에 의하여 임치물을 소비할 수 있는 경우에는 임치에 관한 규정을 준용지만, 반환시기의 약정이 없는 때에는 임치인은 언제든지 그 반환을 청구할 수 있다.

② 상속은 상속인이 사망신고를 통해 가족관계등록부에 기재된 때 개시된다.

③ 조합원의 출자 기타 조합재산은 조합의 합유로 한다.

④ 상속인은 상속개시있음을 안 날로부터 3월내에 단순승인이나 한정승인 또는 포기를 할 수 있다.

16 다음은 금리에 대한 설명이다. 다음 중 옳은 것은?

① 명목금리는 실질금리에서 물가상승률을 더한 금리이고, 표면금리가 동일한 예금이자라도 복리·단리 등의 이자계산 방법이나 이자에 대한 세금의 부과 여부 등에 따라 실질금리는 달라진다.

② 일반적으로 기준 금리를 내리면 시중에 돈이 풀려 가계나 기업은 투자처를 찾게 되고, 또 은행 차입비용이 올라가 소비와 투자가 위축돼 과열된 경기가 진정되고 물가가 하락한다.

③ 금융시장에서 거래되는 금리는 기준금리를 기준으로 하므로 기준금리는 모든 금리의 출발점이자 나침반 역할을 하고, 일반적으로 장기금리가 단기금리보다 높다.

④ 금융회사 또는 거래금액이 크고 신용도가 높은 경제주체들이 거래하는 만기 3년 이내의 금융시장에서 결정되는 이자율이 단기금리이다.

17 다음은 우체국 예금·보험에 관한 시행규칙에서 정하고 있는 예금자금의 운용에 대한 설명이다. 다음 중 옳은 것은?

① 금융기관에의 대여금액 총액은 계금자금 총액의 100분의 10 이내로 한다.

② 업무용 부동산의 토유한도는 자기자본의 100분의 60 이내로 한다.

③ 우체국 예금자금은 금융기관 또는 재정자금에 예탁하거나 1인당 2천만원 이내의 개인 신용대출 등의 방법으로도 운용한다.

④ 우체국 예금자금으로 「자본시장과 금융투자업에 관한 법률」에 따른 파생상품 거래 시 장내파생상품 거래를 위한 위탁증거금 총액은 계금자금 총액의 100분의 20 이내로 한다.

18 다음은 단기금융시장과 장기금융시장을 비교한 것이다. 다음 중 옳은 것은?

① 거래규모는 단기금융시장이 장기금융시장보다 더 크다.

② 자금시장보다 자본시장의 유동성이 더 높다.

③ 채권시장과 주식시장은 일반적으로 표지어음이나 통화안정증권보다는 금리 수준이 낮다.

④ 자금시장은 자본시장에 비해 일반격으로 가격변동 폭이 높다.

19 다음은 금융투자회사에 대한 설명이다. 다음 설명 중 옳은 것은?

① 은행이 예금자의 예금을 받아서 기업에 대출을 해주는 것과는 달리 증권회사는 자금수요 기업과 금융투자자 사이에 간접금융을 중개한다는 점에서 은행과는 업무성격이 다르다

② 2009년부터 시행된 「자본시장과 금융투자업에 관한 법률」에서는 자본시장과 관련한 금융투자업을 투자매매업, 투자중개업, 집합투자업, 투자일임업, 투자자문업, 신탁업의 6가지 업종으로 구분하고 이 업종 중 전부 또는 일부를 담당하는 회사를 금융투자회사라고 부른다.

③ 증권회사는 2명 이상의 투자자로부터 모은 돈으로 채권, 주식 매매 등을 통해 운용한 후 그 결과를 투자자에게 배분해 주는 금융투자회사이다.

④ 금융투자업자의 투자자를 보호하는 장치로 금융투자회사의 투자광고 금지를 두고 있다.

20 다음은 주식의 매매체결방법과 주문방법에 대한 설명이다. 다음 중 옳은 것은?

① 대체거래소의 운영시간은 Pre마켓과 After마켓을 추가로 운영하여 오전 8시 30분부터 저녁 8시 30분까지이다.

② 오전 8시 20분부터 동시호가에 주문을 내는 것이 가능하고 여기에서 제시된 가격과 수량을 통해 오전 9시에 단일가로 매매가 체결되면서 시초가가 결정된다.

③ 전일 종가 대비 ±30% 이내에서 가격이 변동하여 상·하한가가 결정되지만, 신규상장 주식의 경우 상장일 당일 공모가 기준 60~400%로 가격변동폭을 제한하고 있다.

④ 일반적으로 유가증권시장의 주식매매 단위는 1주인데, 최소 호가 단위 즉 최소 가격 변동폭(minimum tick)은 주가 수준에 따라 차이가 있어 2천원 미만 1원, 5천원 미만 5원, 1만원 미만 10원, 5만원 미만 50원, 10만원 미만 100원, 50만원 미만 500원, 50만원 이상 1,000원이다.

01 다음은 전자금융의 발전 과정을 나타낸 것이다. 순서대로 나열한 것은?

> ㉠ 은행에서 자체 본·지점 간에 온라인망을 구축하여 그동안 수작업으로 처리하던 송금업무나 자금정산 업무 등을 전산으로 처리할 수 있게 됨
> ㉡ 은행, 증권, 카드업계에서 스마트 기기를 적극 활용한 스마트 금융서비스 시대가 시작
> ㉢ 금융기관들이 구축한 자동화된 업무시스템을 상호 연결하여 금융 네트워크(금융공동망)를 형성하여 공동망 서비스를 제공
> ㉣ 스타트업, 대형 ICT기업 등을 중심으로 비금융기업들의 금융서비스 진출이라는 큰 변화를 가져오고, 새로운 금융서비스와 전자지급 모델을 개발
> ㉤ 금융기관과 고객이 기존 영업점 창구에서 대견하지 않고 인터넷 공간에서 실시간으로 입출금거라, 주식 매매, 청약, 대출 등의 금융거래를 수행함으르써 편의성과 효율성이 크게 제고됨

① ㉠ → ㉡ → ㉢ → ㉣ → ㉤
② ㉠ → ㉢ → ㉤ → ㉡ → ㉣
③ ㉠ → ㉢ → ㉡ → ㉤ → ㉣
④ ㉢ → ㉠ → ㉤ → ㉡ → ㉣

02 다음은 예금업무 일반사항에 대한 설명이다. 다음 중 옳은 설명은 무엇인가?

① 예금거래 계약 시 약관이 계약에 편입되기 위해서는 내용을 명시하여야 하는데, 이 때 상대방이 충분히 이해시킬 수 있어야 한다.
② 「약관의 규제에 관한 법률」은 불공정약관조항 여부를 판단하는 일반 원칙으로서 신의성실의 원칙에 반하여 공정을 잃은 약관조항은 두효라고 선언하고 있다.
③ 약관은 대량의 계약을 신속하게 처리하여 시간과 비용을 절약할 수 있지만, 약관 역시 계약의 일종이므로 일반적인 계약의 해석과는 등일한 해석의 원칙이 적용된다.
④ 대한민국 내 모든 은행은 동일한 약관 내용과 표준약관을 제정하고 있지만, 그 채택고 시행은 각 은행이 자율적으로 할 수 있다.

03 다음은 우체국 체크카드 상품에 대한 설명이다. 다음 중 옳은 것은?

① 우체국 e-나라도움 체크카드(법인)는 기획재정부에서 운영하는 디지털 예산회계 시스템(D-Brain)에서 신청 가능한 상품이다.
② 우체국 성공파트너 체크카드는 개연사업자 및 소상공인 대상 맞춤형 상품으로 캐시백형, 포인트 적립형, 포인트 미적립형 중 선택이 가능하다.
③ 우체국 지역사랑 상품권은 지역사랑상품권 가맹점에서 사용 시 체크카드 결제계좌에서 출금되고, 지역사랑상품권 가맹점이 아닌 곳에서 결제 시 충전금액이 소진된다.
④ 우체국 행복한 체크카드와 우체국 공무원연금복지 체크카드는 모두 에코머니 포인트 적립, 공공시설 무료입장·할인 등의 혜택이 제공된다.

04 다음은 우체국 체크카드 상품에 대한 설명이다. 다음 중 옳은 것은?

① 우체국 라이프+플러스 체크카드는 액티브 MZ세대를 대상으로 행복한 라이프를 위한 카드로서 온라인쇼핑·홈쇼핑·대형마트·편의점·반려동물 업종·레저/스포츠에 10% 캐시백을 제공한다.

② 우체국 건설올패스카드는 건설근로자의 교통비 지원을 하는 기능과 체크카드 기능이 합쳐진 통합 카드이다.

③ 우체국 e-나라도움 체크카드(법인)는 우체국 e-나라도움 체크카드(개인)와 달리 별도 캐시백 및 포인트 등의 부가서비스는 제공되지 않는다는 차이점이 있다.

④ 우체국 어디서나plus 체크카드는 우체국 어디서나 체크카드를 리뉴얼한 카드로 친환경 소비, 구독, 디저트 등 최근 소비 트렌드를 반영한 생활밀착형 상품이다.

05 다음은 우체국 새출발 자유적금에 대한 설명이다. 다음 중 옳은 것은?

① 헌혈자, 입양자와는 달리 소년소녀가장과 농어촌 읍면단위 거주자는 새출발 행복 상품에 가입할 수 있다.

② 공익형 적립식 예금으로 압류방지통장에 해당한다.

③ 패키지 구분별 가입대상자 조건에 해당할 경우 새출발 희망패키지와 새출발 행복패키지 모두 연 0.2%p의 우대이율을 제공한다.

④ 우체국 새출발 자유적금은 각종 이체 실적 보유 고객, 장기거래 등 주거래 이용 실적이 많을수록 우대 혜택이 커진다.

06 다음 우체국 예금 상품에 대한 설명으로 옳은 것은?

① 우체국 마미든든 적금은 우체국 수시입출식 예금에서 이 적금으로 월 50만원 이상 자동이체약정 시 부가서비스로 우체국 창구소포 할인쿠폰을 제공한다.

② 달달하이(high) 적금은 1년 또는 2년으로 가입하며 단기간의 소액이지만 높은 금리를 제공하는 스마트뱅킹 전용 적립식 예금이다.

③ 우체국 장병내일준비 적금은 최고 연 0.8%p의 우대이율을 제공하지만, 적금 가입기간이 6개월 미만인 경우 상품 우대이율은 최고 연 0.6%p를 제공한다.

④ 우체국 지역사랑 상품권은 국내 전용 카드로 14세 이상 발급이 가능하고, 지역상권 활성화를 위해 지자체가 발행하고 전국 어디에서나 사용하는 카드형 상품권이다.

07 다음은 우체국 아이LOVE 적금의 우대조건을 나열한 것이다. 잘못 나열한 것은 무엇인가?

┌───┐
ⓐ 대표가족의 스마트뱅킹 이체 거래가 15회 이상인 경우
ⓑ 대표가족의 우체국 체크카드 이용실적이 총 60만원 이상인 경우
ⓒ 학교(초·중·고), 유치원, 어린이집을 통한 단체 신규 가입
ⓓ '우체국예금-초등학교 협력사업'의 초등학교 학생 신규 가입
ⓔ 기초생활수급자 가정, 장애인, 한부모가족지원보호대상자 가정, 소년소녀가장, 새터민 가정, 결혼이민자 가정, 다자녀 가정
ⓕ 예금주가 혼인한 여성이면서 경제활동 사실이 있는 경우
ⓖ 신규 가입 시 타인의 추천번호를 입력하거나 본인의 추천번호를 타인이 가입 시 입력한 경우
└───┘

① 0개　　　　　　　② 1개

③ 2개　　　　　　　④ 3개

08 다음은 우체국 생활든든통장의 우대이율을 나타낸 것이다. 다음 ㄱ~ㄹ의 빈 칸에 들어갈 숫자를 모두 더하면 얼마인가? (우대조건의 구체적인 단서는 생략한다.)

- 이 예금의 상품 우대이율은 매 결산기간 중 평균잔액 200만원 이하의 금액에 대해 다음에서 정하는 조건을 충족하는 경우 최고 연 (ㄱ)%p를 제공
  - 기초연금 : (ㄴ)%p
  - 급여 또는 용돈 : (ㄷ)%p
  - '라이프+플러스 체크카드', '행福한 체크카드', '하이브리드여행 체크카드' 중 1가지 이상 이용 실적 : (ㄹ)%p

① 2.6　　　　　　　② 2.8
③ 3.0　　　　　　　④ 3.2

09 다음 우체국 금융상품에 관한 설명 중 옳지 <u>않은</u> 것은?

① 우체국 파트너든든 정기예금은 고객의 탄력적인 목돈운용이 가능하며 우편 계약 고객(우체국택배, EMS, 우체국쇼핑 공급업체) 및 예금과 보험 거래 고객을 우대하는 상품이다.
② 챔피언정기예금은 가입기간(연, 월, 일 단위 가입) 및 이자지급방식(만기일시지급식, 월이자지급식)을 자유롭게 선택할 수 있는 고객맞춤형 정기예금이다.
③ 우체국 다드림 적금은 각종 이체 실적 보유 고객, 장기거래 등 주거래 이용 실적이 많을수록 우대 혜택이 커진다.
④ 우체국 페이든든+ 통장에서 소상공인 또는 소기업 대표자로 확인될 경우 개인통장 뿐만 아니라 사업자통장에서도 연 0.2%p의 우대이율을 제공한다.

10 다음은 금융상품에 대한 설명이다. 다음 중 옳은 것은?

① 단기금융상품펀드(MMF)은 수익성 극대화를 위해 운용자산 전체 가중평균 잔존 만기(듀레이션)를 제한하고 있다.
② 가계당좌예금은 가계수표는 예금잔액 및 대월한도 내에서 발행할 수 있는 상품으로 별도의 이자가 지급되지는 않는다.
③ 상호금융, 신용협동조합, 새마을금고 등 신용협동기구들은 보통예금, 저축예금, 정기예금. 정기예탁금을 모두 취급한다.
④ 시장금리부 수시입출금식예금은 주로 자산운용회사의 어음관리계좌(CMA), 증권사, 종합금융회사의 단기금융상품펀드(MMF) 등과 경쟁하는 상품이다.

11 다음 중 예금자 보호 대상이 되는 것은 모두 몇 개인가?

- ㄱ 단기금융상품펀드(MMF)
- ㄴ 주가지수연동 정기예금(ELD)
- ㄷ 증권회사의 어음관리계좌(CMA)
- ㄹ 양도성예금증서(CD)
- ㅁ 환매조건부채권(RP)
- ㅂ 정기예탁금
- ㅅ 주택청약종합저축

① 1개　　　　　　　② 2개
③ 3개　　　　　　　④ 4개

12 다음은 펀드 상품의 유형별 특징에 대한 설명이다. 다음 중 옳은 것은?

① 채권형 펀드의 수익은 이자수익과 배당수익으로 구성되며, 금리, 듀레이션, 신용등급의 영향에 따라 수익률이 변동한다.
② 채권형 펀드의 경우 금리하락기에는 편입채권의 가격이 하락하여 수익이 작아지고, 금리상승기에는 편입채권의 가격이 상승하여 수익이 커진다.
③ 펀드명이 길고 복잡한 것은 그 안에 상품정보의 핵심을 담아두었기 때문이며, 자본시장법 분류에 근거하여 펀드명을 생성한다.
④ MMF는 투자대상이 단기채권, CP(기업어음), CD(양도성예금증서) 등 단기금융상품에 투자하는 펀드를 말하는데, '단기'는 투자대상 자산의 만기가 단기라는 의미이다.

13 다음은 통합멤버십에 대한 설명이다. 다음 중 옳은 것은?

① 선물받은 포인트를 다시 선물할 수는 없다.
② 충전포인트는 우체국 계좌 연결 여부와 관계없이 신용카드 등으로 선불 충전한 포인트를 말하며, 충전한도는 건당 30만원, 1일 50만원이며 총 보유한도는 200만원이다.
③ 적립포인트는 건당 10만원, 1일 30만원, 월 50만원까지 가능하다.
④ 이벤트 참여로 얻는 포인트는 선물포인트에 해당한다.

14 다음은 전자금융 보안등급별 자금이체 한도에 대한 설명이다. 다음 중 옳은 것은?

① 법인이 별도계약을 통해 한도 초과 약정을 하고자 할 경우 안전등급의 거래이용수단을 이용하고 우정사업본부장의 승인을 받아야 한다.
② 인터넷·모바일의 1일 자금이체한도는 합산하지 않고 각각 이체한도를 적용한다.
③ 인터넷뱅킹의 안전등급은 본인거래(본인 우체국계좌 거래, 공과금 납부 등)에 한하여 적용된다.
④ 전화번호이체, 주소송금(경조금배달), 기부금송금의 이체한도는 1회 200만원/1일 300만원이 적용되는데, 해당 이체한도는 합산하여 적용되며, 우체국페이 이체한도와 별도로 적용된다.

15 다음은 예금채권의 질권설정에 대한 설명이다. 다음 중 옳은 것은?

① 질권은 지급금지의 효력이 있으므로 피담보채권이 변제 등의 사유로 소멸하여 예금주로부터 질권해지의 통지를 받은 경우에는 그 예금을 예금주에게 지급할 수 있다.
② 예금의 변제기보다 피담보채권의 변제기가 먼저 도래한 경우 질권자는 그 예금에 대한 중도해지권이 있다.
③ 질권설정된 예금을 기한 갱신하는 경우에는 특별한 사정이 없는 한 두 예금채권 사이에는 동일성이 인정되지 않으므로 종전 예금채권에 설정된 담보권은 새로이 성립하는 예금채권에 미치지 않는다.
④ 질권설정된 예금채권의 변제기는 이르렀으나 피담보채권의 변제기가 도래하지 않은 경우 질권자는 제3채무자에게 그 변제금액의 공탁을 청구할 수 있고, 이 경우 질권은 그 공탁금 위에 계속 존속한다.

16 다음은 우체국의 금융서비스에 대한 설명이다. 다음 중 옳은 것은?

① 우체국자동화기기에서는 제휴 은행의 카드 거래만 가능하고, 통장정리는 불가하다.
② 우체국 창구에서 제휴은행의 통장 신규발행(재발행), 통장정리 및 해지는 불가하다.
③ 우체국 자동화기기(CD/ATM) 서비스로 예금인출, 조회와 달리 신용카드와 지로/공과금/대학등록금, 보험서비스는 제공되지 않으므로 스마트ATM을 이용해야 한다.
④ 최근 보급이 확대되고 있는 지능형 자동화기기인 "우체국 스마트 ATM"으로는 저축성예금과 달리 수시입출식예금의 계좌를 개설할 수 있다.

17 다음은 우체국 예금·보험에 관한 시행규칙의 내용이다. 다음 중 옳은 것은?

① 예금자가 저축성예금의 월부금을 납입하려는 경우 가입국 외의 체신관서에서는 예입할 수 없다.
② 과학기술정보통신부장관은 예금의 종류별 이자율을 정하려면 금융위원회와 협의하여야 하는데, 협의 요청을 받은 금융위원회는 협의를 요청받은 날부터 7일 이내에 의견을 서면으로 제시하여야 한다.
③ 잔고가 10만원 미만으로서 1년 이상 계속하여 거래가 없을 때나 잔고가 50만원 미만으로서 2년 이상 계속하여 거래가 없을 때에는 거래중지계좌에 편입할 수 있다.
④ 예금·보험을 늘리고 유지하기 위하여 필요한 활동에는 체신관서의 직원 등이 예금·보험을 모집하는 행위와 수납(收納)하는 행위 뿐만 아니라 우체국이라는 명칭을 사용하는 행위도 포함된다.

18 다음은 국민 경제 순환 전반에 관한 설명이다. 다음 중 옳은 것은 어느 것인가?

① 정부나 기업이 국채나 회사채를 발행하면 금융회사가 이를 인수한 후 투자자들에게 판매하는 형태는 자금 중개의 모습으로 볼 수 있다.
② 금융은 여유자금을 가진 사람에게는 투자의 수단을 제공하고 자금이 필요한 사람에게는 자금을 공급해 주는데, 이러한 금융의 역할은 금융위험 관리수단 제공이라고 한다.
③ 소득은 지출에 비해 대체로 일정하게 이루어지는데, 이러한 소득과 지출의 차이는 금융을 통해 해소될 수 있다.
④ 금융경제 분야에서 위험(risk)은 경제현상이나 투자결과 등이 기대와 부합하는 정도를 말하는데, 금융은 그런 불확실성이나 위험을 적절히 분산시키거나 해소할 수 있는 수단을 제공한다.

19 다음은 대체거래소에 대한 설명이다. 다음 중 옳은 것은?

① 한국거래소(KRX)와 공통으로 운영하는 정규 거래시간 전·후로, 08시~08시30분의 Pre마켓과 15시 30분~16시의 After마켓을 추가로 운영한다.
② 넥스트레이드에서는 한국거래소에서 거래되지 않는 800여개 종목을 거래할 수 있다.
③ 기업공개(IPO)종독의 경우, 한국거래소와 대체거래소를 선택하여 상장한 뒤 거래할 수 있다.
④ 넥스트레이드 출범으로 가장 큰 변화는 주식 거래시간 변화와 호가 유형의 다양화이다.

20 다음은 채권의 투자에 대한 설명이다. 다음 중 옳은 것은?

① 자산유동화증권의 발행회사는 신용보강을 통해 발행사 신용등급보다 높은 신용등급의 사채 발행을 할 수 있으나, 자금조달비용은 증가한다는 단점이 있다.

② 전환사채란 회사채의 형태로 발행되지만 일정기간이 경과된 후 보유자의 청구에 의하여 발행회사가 보유 중인 다른 주식으로의 교환을 청구할 수 있는 권리가 부여된 사채이다.

③ 조기상환권부채권은 그렇지 않은 채권에 비해 낮은 금리로 발행되지만, 조기변제요구권부채권은 그렇지 않은 채권에 비해 높은 금리로 발행될 수 있다.

④ 물가연동채권의 경우 정부의 입장에서는 물가가 안정적으로 관리되면 고정금리국채보다 싼 이자로 발행할 수 있다는 장점이 있다.

01 다음은 예금업무 일반사항에 대한 설명이다. 다음 중 옳은 설명은 무엇인가?

① 원칙적으로 예금수령의 권한을 갖고 있는 금융회사 종사자는 영업점 외에까지 그 권한이 미친다고 볼 것이다.
② 증권에 기한 타점권 입금의 경우 양도설은 증권에 기한 타점권 입금의 경우 타점권의 입금과 동시에 그 타점권이 미결제통보와 부도실물이 반환되지 않는 것을 정지조건으로 하여 예금계약이 성립한다고 본다.
③ 듬뿍우대저축에 대한 질권설정은 사전에 우체국에 통지하고 동의를 받아야 한다.
④ 정기예금은 기한의 이익이 금융회사에 있으므로 예금주는 원칙적으로 만기일 전에 예금의 반환을 청구할 수 없다.

02 다음은 우체국 예금상품의 우대금리 조건을 연결한 것이다. 다음 중 옳지 않은 것은?

① 우체국 가치모아적금 – 우체국 여행특화 체크카드 ('우체국 드림플러스 아시아나 체크카드' 또는 '우체국 하이브리드 체크카드') 이용 실적이 있는 경우
② 우체국 새출발자유적금 – 패키지 구분별 가입대상자 조건에 해당할 경우
③ 초록별 사랑 정기예금 – 나만의 소망・목표를 '나무이름 정하기'를 통해서 등록할 경우
④ 우체국 마미든든 적금 – 예금주가 결혼이민여성, 한부모 가정의 여성, 여성 장애인 중 하나에 해당할 경우

03 다음은 재무비율 분석과 관련된 설명이다. 다음 중 옳은 설명은 무엇인가?

① 이자보상배율 = 영업이익 ÷ 이자비용이고, 총자산이익률(ROA) = 총자산 ÷ 순이익이다.
② 주가장부가치비율인 PBR이 1보다 작다면 해당 기업이 지금의 장부 가치로 청산한다고 해도 보통주 1주에 귀속되는 몫이 현재 주가보다 많다는 의미이다.
③ 유동성지표가 높을수록 단기부채를 상환하기 위한 유동자산 또는 당좌자산이 충분하다는 것을 뜻하므로 유동성지표는 높을수록 효율적인 자금을 운용하고 있다는 의미이다.
④ 주가장부가치비율은 주주의 몫인 자기자본을 얼마나 효율적으로 활용하여 이익을 창출하였는지를 보여주는 지표로 주주의 부를 극대화한다는 측면에서 주식시장에서 가장 중요한 재무비율 지표로 인식된다.

04 다음은 금융유관기관에 대한 설명이다. 다음 중 옳은 것은?

① 한국은행은 경기가 과열양상을 보이면 기준금리를 인하하고, 반대로 경기침체 양상이 나타나면 기준금리를 인상하게 된다.
② 채권가격이 오르면 채권수익률은 올라가고 반대로 채권 가격이 떨어지면 채권수익률은 떨어지게 된다.
③ 금융 감독 중 건전성 감독은 금융회사가 소비자들과의 거래에서 공시(公示), 정직, 성실 및 공정한 영업 관행을 유지하고 있는지 감독하는 것으로 소비자 보호 측면에 중점을 둔 것을 말한다.
④ 예금보험공사는 부실금융회사에 대한 구조조정을 추진하여 금융시스템을 안정화하는 역할을 담당하고, 한국거래소는 거래소시장 내의 매매거래와 관련하여 발생하는 분쟁조정 등을 담당하고 있다.

05 다음은 우리나라와 글로벌의 주요 주가지수에 대한 설명이다. 다음 중 옳은 것은?

① KRX100지수 – 유가증권시장 80개, 코스닥시장 20개 등 총 100개 종목으로 구성되고 동 지수는 최대주주지분, 자기주식, 정부지분 등을 제외한 유동주식만의 시가총액을 합산하여 계산한다.

② 나스닥지수 – 나스닥 증권시장에 등록돼 있는 5,000여개 주식을 단순평균하여 구한 지수이다.

③ MSCI지수 – 전 세계 투자기관의 해외투자 시 기준이 되는 대표적인 지수로 특히 미국계 펀드가 많이 사용하고 있으며, 해당 종목이 MSCI에 편입되는 것 자체가 투자가치가 높은 우량기업이라는 의미로 해석된다.

④ 다우존스 산업평균지수 – 경제 전반에 걸쳐 대표적인 30개 대형 IT 기업들의 주식들로 구성되어 있다.

06 다음은 예금보험공사에서 보호되는 금융 상품에 대한 설명이다. 다음 중 옳은 것은?

① 확정기여형, 개인형 퇴직연금제도 및 중소기업퇴직연금기금 편입 금융상품 중 예금보호 대상으로 운용되는 금융상품은 각각 1억원까지 별도로 보호된다.

② 종금사 발행채권과 은행 발행채권은 모두 비보호 금융상품이다.

③ 보험 계약의 저축보험금은 연금저축(신탁·보험)과 각각 1인당 1억원(세전)까지 다른 예금과 별도로 보호하고 있다.

④ 예금보험공사로부터 보호받지 못한 나머지 예금은 부실 금융회사를 선택한 예금자도 일정 부분 책임을 분담한다는 차원에서 변제받을 수 없다.

07 다음 우체국 체크카드에 대한 설명으로 옳지 않은 것은?

① 우체국 어디서나 체크카드는 한국장애인고용공단의 중증장애인 근로자 교통비 지원 대상자 외 일반고객 발급 시, 별도 교통비 지원 없다는 특징이 있다.

② 우체국 브라보 체크카드는 중장년 세대의 Bravo Life를 위한 카드로 해외원화결제(DCC)차단 서비스 기본 설정 및 시각장애인을 위한 터치기능을 제공한다.

③ 우체국 지역사랑 상품권은 14세 이상 발급이 가능하고, 지역사랑 상품권 충전 시, 지자체에서 할인혜택 등을 제공한다.

④ 우체국 Biz플러스 체크카드는 개인사업자 및 소상공인 대상 맞춤형 상품으로 사업자등록증 등 관련 서류를 지참 후 우체국 창구에서 발급가능하다.

08 다음은 우체국 체크카드 상품에 대한 설명이다. 다음 중 옳은 것은?

① 우체국 영리한PLUS 체크카드는 의료 특화 카드로 18세 이상인 경우 하이브리드 체크카드 발급이 가능하다.

② 우체국 어디로든그린 체크카드는 Oh! point 가맹점에서 우체국 포인트와 Oh! point를 합산하여 사용가능하다.

③ 우체국 개이득 체크카드는 환경부 인증 폐플라스틱을 재활용한 친환경카드로 온라인 최대 20% 할인 등 다양한 혜택을 제공한다.

④ 우체국 동행 카드는 18세 이상 발급이 가능한 상품으로 중증장애인 근로자 대상 출퇴근 비용을 지원하는 상품이다.

09 다음은 우체국 다드림통장에서 패키지별 최고 연 우대이율을 나타낸 것이다. 옳은 것은 모두 몇 개인가?

- 주니어 패키지 : ㉠최고 연 0.6%p
- 직장인 패키지 : ㉡최고 연 0.6%p
- 사업자 패키지 : ㉢최고 연 0.6%p
- 실버 패키지 : ㉣최고 연 0.6%p
- 베이직 패키지 : ㉤최고 연 0.25%p

① 1개   ② 2개
③ 3개   ④ 4개

10 다음 우체국 예금 상품에 대한 설명으로 옳은 것은?

① 우체국 ISA정기예금은 우정사업본부와 ISA사업자의 사전 협약에 의해 가입이 가능하며, 우정 사업본부가 정한 우체국에 한해 취급이 가능한 상품이다.
② 듬뿍우대저축예금은 예치 금액별로 차등 금리를 적용하는 개인 MMDA 상품으로 입·출금이 자유로운 예금으로 예금, 보험, 우편 등 우체국 이용고객 모두에게 혜택을 제공한다.
③ 우체국 선거비관리통장은 선거기간 동안 거래 수수료 면제 서비스를 제공하는 입출금이 자유로운 예금이다.
④ 우체국 페이든든+통장 개인통장과 사업자통장의 상품 모두 우대이율은 매 결산일 정하는 조건을 충족하는 경우 최고 연 0.9%를 제공한다.

11 다음은 우체국 예금 상품 중 가입 나이에 제한이 있는 것이 **아닌** 것은?

① 우체국 생활든든통장
② 우체국 아이LOVE 적금
③ 2040+α 정기예금
④ 우체국 청년미래든든 통장

12 다음 새출발자유적금의 ㉠~㉢의 빈 칸에 들어갈 숫자를 모두 더하면 얼마인가?

- 새출발 희망 패키지 : 최고 연 (㉠)%p
- 새출발 행복 패키지 : 최고 연 (㉡)%p
- 패키지 구분별 가입대상자 조건에 해당할 경우 : 새출발 희망과 행복 모두 (㉢)%p

① 2.8   ② 2.9
③ 3.0   ④ 3.1

13 다음 우체국 상품 중 모든 우대 조건 충족 시 연간 우대이율이 두번째로 높은 상품은 무엇인가?

① 달달하이(high) 적금
② 우체국 마미든든 적금
③ 우체국 매일모아 e적금
④ 우체국 럭키+ CU 적금

14 다음은 금융상품에 대한 설명이다. 다음 중 옳은 것은?

① 일정기간 경과후 입금 한도로 계약기간 2/3 경과시 기적립액의 1/2 이내의 입금이 가능하도록 제한을 두는 것은 저축예금이다.

② 양도성예금증서(CD)는 은행에서 발행된 증서를 직접 살 수 있고 증권회사에서 유통되는 양도성예금증서를 살 수도 있다.

③ 어음관리계좌(CMA)는 유동성 위험을 최소화하기 위하여 운용자산 전체 가중평균 잔존 만기(듀레이션)를 제한하고 있다.

④ 상호금융, 신용협동조합, 새마을금고 등의 신용협동기구들은 정기예탁금을 취급하므로 정기예금은 따로 다루지 않는다.

15 다음은 예금에 대한 체납처분압류에 대한 설명이다. 다음 중 옳은 것은?

① 체납처분압류의 효력발생시기는 압류통지서가 채무자에게 송달된 때이다.

② 체납처분압류는 압류목적채권의 지급금지·처분금지 및 추심권의 효력까지 있으므로 마치 민사집행법상의 압류명령과 전부명령을 합한 것과 같다.

③ 국세징수법에 의한 압류(체납처분절차)가 경합된 경우에는 우선권이 없으므로 경합사실을 안내하고 지급을 거절하면서 집행공탁을 할 수 있다.

④ 민사집행법에 의한 압류(가압류)가 경합된 경우에는 서로 우선권이 없으므로 채권자의 추심요청시 경합사실을 안내하고 지급을 거절한다.

16 다음은 실명확인 방법 전반에 대한 설명으로 옳은 것은?

① 실명확인증표는 개인의 경우에는 운전면허증이 원칙이고, 법인의 경우에는 사업자등록증, 고유번호증, 사업자등록증명원이 실명확인증표가 된다.

② 대리인을 통하여 계좌개설을 할 경우 본인의 실명확인증표와 본인의 인감증명서가 첨부된 위임장을 제시받아 실명을 확인한다.

③ 비대면 실명확인 적용 대상자는 명의자 본인에 한정하고 대리인은 제외된다.

④ 동시에 다수의 계좌를 개설하는 경우 기 실명확인된 실명확인증표를 재사용하는 것은 금지된다.

17 다음은 우체국 예금거래 기본약관에 대한 내용이다. 다음 중 옳은 것은?

① 우체국에서 예금 종류별 이율을 바꾼 때에는 바꾼 내용을 인터넷 홈페이지에 15일 동안 게시한다.

② 은행에서 이율을 바꾼 경우에는 입출금이 자유로운 예금과 거치식·적립식 예금은 바꾼 날로부터 바꾼 이율을 적용한다.

③ 이자는 10원을 단위로(10원 미만 절사) 약정한 예치기간 또는 예금이 된 날로부터 지급일까지의 기간에 대하여 과학기술정보통신부장관이 정한 이율로 계산한다.

④ 일반적인 사항을 서면 또는 E-mail로 통지할 때에는 천재지변 등 불가항력적인 경우 외에는 보통의 우송기간이 지났을 때 도달한 것으로 본다

18 다음은 증권분석에 대한 설명이다. 다음 중 옳은 설명은 무엇인가?

① 밀물 때가 되면 모든 배가 든다는 것을 가정하고, 호경기 때 약한 기업의 주식에 투자하는 것이 불경기 때 좋은 주식에 투자하는 것보다 성과가 좋을 수 있다고 보는 것은 기본적 분석 중 상향식 분석이다.

② 증권의 기본적 분석은 시장에서 증권에 대한 수요와 공급에 의해서 결정되는 시장가격이 그 증권의 내재가치(intrinsic value)와 동일하지 않을 수 있다는 전제하에 증권의 내재가치를 중점적으로 분석하는 방법이다.

③ 하향식 분석은 내재가치보다 저평가된 주식을 찾아 장기적으로 보유하고 있으면 언젠가는 적정 가치를 찾아가리라는 믿음을 갖고 투자하는 방법이다.

④ 기술적 분석은 주로 과거 주가흐름을 보여주는 주가 차트(chart)를 분석하여 장기적인 투자를 위한 용도로 주로 사용된다.

19 다음은 국민 경제 순환 전반에 관한 설명이다. 다음 중 옳은 것은 어느 것인가?

① 가계는 생산의 주체로서 생산요소인 노동, 자본, 토지를 소비하며, 기업의 개인에 대한 할부판매채권은 은행이 중개하지 않는 금융형태이다.

② 일반적으로 기업의 투자와 가계의 소비 지출이 증가하면 GDP는 감소한다.

③ 노동(labor)이나 토지(land)는 원래 존재하던 생산요소이며, 재생산된 것이 아니라는 측면에서 본원적 생산요소(primary sector)이다.

④ 생산물의 특징은 어느 생산과정에 투입된 후에도 소멸되지 않고 다음 회차의 생산과정에 다시 재투입될 수 있다는 점에서 비소멸성을 들 수 있다.

20 다음 자료에 의하여 배당세액공제액을 계산할 경우 얼마인가?

> ㉠ 종합과세방식에 의할 경우 종합소득 산출세액
>   : 18,230,000원
> ㉡ 분리과세방식에 의할 경우 종합소득 산출세액
>   : 14,975,000원
> ㉢ 비상장법인배당 : 30,000,000원

① 3,255,000원
② 3,300,000원
③ 4,255,000원
④ 4,300,000원

01 다음은 예금보험공사에서 보호되는 금융 상품에 대한 설명이다. 다음 중 옳은 것은 모두 몇 개인가?

> ㉠ 발행어음과 표지어음은 기업어음(CP)과 달리 보호 대상이다.
> ㉡ 주택청약예금과 주택청약부금은 주택청약저축, 주택청약종합저축과는 다르게 보호대상이다.
> ㉢ 예금보호대상 금융상품으로 운용되는 확정기여형 퇴직연금제도 및 개인형퇴직연금제도의 적립금은 확정급여형 퇴직연금제도의 적립금과 달리 보호대상이다.
> ㉣ 종합금융회사의 어음관리계좌(CMA)는 환매조건부채권(RP), 양도성예금증서(CD)과 달리 보호대상이다.
> ㉤ 상호저축은행중앙회 발행 자기앞수표는 저축은행 발행채권(후순위채권 등)과 달리 보호대상이다.
> ㉥ 변액보험계약 특약은 변액보험계약 주계약과 달리 보호대상이다.
> ㉦ 개인이 가입한 보험계약은 보험계약자 및 보험료납부자가 법인인 보험계약과 달리 보호대상이다.
> ㉧ 은행발행채권은 저축은행 발행채권과 달리 보호대상이다.

① 5개
② 6개
③ 7개
④ 8개

02 다음 우체국 체크카드 상품에 대한 설명으로 옳은 것은?

① 우체국 go캐시백글로벌 체크카드는 18세 이상인 경우 하이브리드카드 발급이 가능한 해외 및 온라인 소비에 특화된 카드이다.
② 우체국 후불하이패스 체크카드는 국내 전용 카드로 우체국 하이브리드카드 발급고객에 한하여 발급이 가능하며, 최초 발급 시 발급수수료 5천원을 징구하지만, 우체국 통장 보유 고객은 발급수수료를 면제한다.
③ 우체국 다드림 체크카드는 캐시백 제공 카드로 전 가맹점 0.3%, 우체국 5%, 알뜰폰 통신료 10%를 캐시백으로 제공하는 체크카드이다.
④ 우체국 e-나라도움 체크카드(개인)는 포인트 적립 카드로 별드 캐시백의 부가서비스는 제공되지 않는다.

03 다음 중 초록별 사랑 정기예금의 우대이율을 제공하는 우대 조건이 <u>아닌</u> 것은?

① 친환경 실천 가입확인서 제출
② 우체국공익재단 협약기관에(사단법인 한국백혈병소아암 협회) 기부 신청 및 기부금(1천원~1백만원)을 1회 이체한 경우
③ 우체국 창구에서 신규 가입 시 '통장 미 발행'을 선택하거나 인터넷·스마트뱅킹을 통해 이 예금을 가입하는 경우
④ 신규 가입 시 우체국 예금 우수고객일 경우

04 다음 우체국 예금 상품 중 공익형 예금상품은 모두 몇 개인가?

㉠ 행복지킴이통장
㉡ 이웃사랑정기예금
㉢ 호국보훈지킴이통장
㉣ 새출발자유적금
㉤ 다드림통장
㉥ 공무원연금평생안심통장
㉦ 장병내일준비적금
㉧ 듬뿍우대저축예금
㉨ 청년미래든든통장
㉩ 하도급지킴이통장
㉪ 소상공인정기예금
㉫ 국민연금안심통장
㉬ 우체국 퇴직연금정기예금
㉭ 건설하나로통장

① 8개   ② 9개
③ 10개   ④ 11개

05 다음 우체국 예금 상품에 대한 설명으로 옳은 것은?

① 우체국 매일모아 e적금은 여행자금, 모임회비 등 목돈 마련을 위해 여럿이 함께 저축할수록 우대혜택이 커지고 다양한 우대서비스를 제공하는 적립식 예금이다.
② 우체국 아이LOVE 적금은 예금주의 총 자녀수(태아 포함)에 따라 우대이율을 제공한다.
③ e-Postbank 정기예금은 인터넷뱅킹, 스마트뱅킹으로 가입이 가능한 온라인 전용상품으로 온라인 예·적금 가입, 자동 이체 약정, 체크카드 이용실적에 따라 우대금리를 제공하는 정기예금이다.
④ 정기예금은 가입기간(연, 월, 일 단위 가입) 및 이자지급방식(만기일시지급식, 월이자지급식)을 자유롭게 선택할 수 있는 고객맞춤형 정기예금이다.

06 다음 우체국 예금 상품 중 19세인 철수에게 추천해줄 수 있는 상품은 무엇인가?

① 우체국 아이LOVE 적금
② 우체국 청년미래든든통장
③ 우체국 퇴직연금 정기예금
④ 우체국 하도급지킴이통장

07 다음은 우체국 다드림통장의 대키지별 우대조건을 나타낸 것이다. 다음 중 밑줄친 것 중 옳은 것은 모두 몇 개인가?

○ 주니어 패키지 – 결산기 평균 잔액 ㉠50만원 이상
○ 직장인 패키지 – 결산기 평균 잔액 ㉡100만원 이상
○ 사업자 패키지 – 결산기 평균 잔액 ㉢500만원 이상
○ 실버 패키지 – 결산기 평균 잔액 ㉣100만원 이상

① 1개   ② 2개
③ 3개   ④ 4개

08 다음의 우대조건을 충족 시 우대이율을 제공하는 우체국 예금 상품은 무엇인가?

○ 이 예금에 '기초연금' 입금 실적이 있는 경우
○ 이 예금에 '급여' 또는 '용돈' 입금 실적이 있는 경우
○ 우체국 '라이프+ 플러스 체크카드', '행福한 체크카드', '하이브리드여행 체크카드' 중 1가지 이상 이용 실적이 있는 경우

① 우체국 다드림통장
② 우체국 생활든든 통장
③ 시니어 싱글벙글 정기예금
④ 우체국 편리한 e정기예금

09 다음의 우대조건을 충족 시 우대이율을 제공하는 우체국 예금 상품은 무엇인가?

> ○ 청년고객(19세 이상 34세 이하) 고객인 경우
> ○ 나만의 소망·목표를 '나무이름 정하기'를 통해서 등록할 경우
> ○ 가입기간(재예치 기간)별 저축 우대

① 우체국 럭키⁺ CU 적금
② 우체국 가치모아 적금
③ 우체국 매일모아 e적금
④ 달달하이(high) 적금

10 다음은 금융상품에 대한 설명이다. 다음 중 옳은 것은?

① 우체국은 보통예금, 저축예금, 시장금리부수시입출금식예금(MMDA), 정기예금, 정기예탁금, 정기적금, 자유적금을 취급한다.
② 환매조건부채권(RP)은 고객이가 보유하고 있는 국공채 등 채권을 금융회사가 매입하여 일정 기간이 지난 뒤 이자를 가산하여 고객에게 다시 매도하겠다는 조건으로 운용되는 단기 금융상품이다.
③ 실세금리연동형 정기예금은 주가지수 상승형, 하락형 또는 횡보형 등 다양한 구조의 상품구성이 가능한 상품이다.
④ 정기예금과 유사한 상품으로 정기예탁금이 있고, 저축예금과 유사한 상품으로 자립예탁금이 있다.

11 다음은 실명확인 방법 전반에 대한 설명으로 옳은 것은?

① 100만원 이하의 선불카드거래, 각종 공과금 등의 수납, 실명이 확인된 계좌에 의한 재예치는 실명확인 생략이 가능한 거래이다.
② 가족대리 시 징구하는 가족관계확인서류의 유효기간은 발급일로부터 1개월이다.
③ 비대면 실명확인 대상 금융거래는 계좌개설에 한정된다.
④ 영업점에서 일하는 시간제 근무자는 실명확인자가 될 수 있지만, 금융회사 등의 임원 및 직원이 아닌 업무수탁자는 실명확인을 할 수 없다.

12 다음은 금융정보자동교환을 위한 국제 협정에 대한 설명이다. 다음 중 옳은 것은?

① 국내 금융회사들은 매년 정기적으로 상대국 거주자 보유 계좌정보를 상대국 국세청에 제출하고 있다.
② 보험계약 또는 연금계약인 경우에는 보고대상 수탁계좌로 보지 않는다.
③ 국세청은 2017년부터는 매년 6월 국내 금융거래회사등으로부터 금융정보를 수집하여 즉시 상호교환하고 있다.
④ 순보험료가 저축보험료만으로 구성되는 보험계약은 현금가치보험계약에서 제외된다.

13 다음 우체국 전자금융 서비스에 대한 설명으로 옳은 것은?

① OTP의 경우 OTP를 발생시키는 전 금융기관을 통합하여 연속 5회 이상 잘못 입력한 경우 전자금융서비스가 제한된다.

② 우체국 인터넷뱅킹을 해지하면 우체국뱅킹은 자동 해지되고 우체국뱅킹을 해지하면 인터넷뱅킹 이용 자격도 해지된다.

③ PASS 인증을 통한 우체국뱅킹 로그인을 할 경우 단순 조회만 가능하며, 우체국뱅킹은 금융거래 외 생활혜택을 제공하기 위하여 비금융서비스 "혜택 잇다" 서비스를 운영하고 있다.

④ 우체국뱅킹은 우체국예금 모바일뱅킹에 핀테크를 접목시켜 간편결제 및 간편송금 등 핀테크 서비스를 제공하는 앱이다.

14 다음은 개인의 전자금융 보안매체별/보안등급별 자금이체 한도에 대한 설명이다. 옳은 것은?

① 인터넷뱅킹으로 안전등급을 위한 보안매체는 OTP + 이체비밀번호이다.

② 기본등급에서 폰뱅킹으로는 자금이체를 할 수 없고, 법인의 경우 일반등급과 안전등급으로만 거래 할 수 있다.

③ 보안등급에 따른 보안매체수단은 추후 변경을 할 수 없으므로 신중하게 지정해야 한다.

④ 법인이 별도계약을 통해 한도 초과 약정을 하고자 할 경우 안전등급의 거래이용수단을 이용하고 관할 지방우정청장의 승인을 받아야 하고, 별도 계약을 통해 폰뱅킹이 아닌 인터넷(모바일) 뱅킹을 통해 1일 거래한도를 무제한으로 할 수 있다.

15 다음은 우체국 예금거래 기본약관에 대한 내용이다. 다음 중 옳은 것은?

① 예금주가 예금을 양도하거나 질권을 설정하려면 사전에 우체국에 통지하고 동의를 받아야 하는데, 그 것이 비록 법령으로 금지되었더라도 사전통지를 하고 동의를 얻었다면 양도와 질권설정이 가능하다.

② 예금주는 주소, 전화번호 등의 신고사항에 대하여 변경할 경우에는 서면으로 신고하여야 한다.

③ 소멸시효가 완성된 휴면예금은 국고에 귀속하며, 국고에 귀속된 휴면예금은 원귀속자라도 지급청구 할 수 없다.

④ 잔액이 0원인 경우 최종거래일로부터 10년이 경과한 시점에 휴면예금이 되어 예금계약은 자동종료된다.

16 다음 사례의 경우 옳지 않은 설명은 무엇인가?

- 甲이 현재 채권의 가격이 10,000원인 1년 만기 □채를 만기까지 보유할 의도로 구매하였고 만기 때 이자 5,000원을 받게 된다.
- 이후 甲이 구매한 채권을 지인 乙의 요청에 따라 그에게 12,500원에 팔았다.
- 채권의 만기가 도래하자 乙은 발행기관에 채권을 지급하고 처음 약정된 이자를 수령하였다.

① 甲의 채권 구매에 따른 기대수익률은 50%이다.

② 乙의 채권 구매에 따른 실제 수익률은 20%가 된다.

③ 甲보다 乙의 채권의 실제 수익률이 더 높다.

④ 일반적으로 채권가격이 상승하면 채권의 기대수익률은 하락하고 채권가격이 하락하면 채권의 기대수익률은 상승하게 된다.

17 다음은 투자상품에 대한 설명이다. 다음 〈보기〉 중 옳은 것은 모두 몇 개인가?

―――〈보기〉―――

㉠ 간접투자는 자산운용 전문가인 제3자에게 자금을 위탁하여 운용하는 것으로 여러 사람으로부터 모은 대규모 자금으로 투자를 한다는 장점이 있지만, 분산투자가 어렵다는 단점이 있다.

㉡ 펀드의 구조를 보면 수익증권을 판매한 대금은 펀드를 설정하고 운용하는 자산운용회사로 들어가 자산운용으로 인한 수익을 추구한다.

㉢ 수수료(commission)는 보통 한 번 지불하고 끝나는 돈이고 보수(fee)는 지속적이고 정기적으로 지급되는 돈이지만 통상 둘 모두를 수수료라 부르기도 한다.

㉣ 펀드는 환매가 가능한 추가형펀드와 환매가 원칙적으로 불가능한 폐쇄형펀드, 추가입금이 가능한 개방형펀드와 추가입금이 불가능한 단위형펀드로 구분할 수 있다.

㉤ 혼합자산펀드란 주요 투자대상을 정하지 않고 어떤 자산에나 자유롭게 투자할 수 있는 펀드를 말한다.

㉥ 종류형펀드 유형 중 A클래스는 가입 시 선취판매수수료 징구하고 B클래스는 일정기간 내에 환매 시 후취판매수수료 징구하지만, C클래스는 선·후취 판매수수료가 모두 징구되는 펀드이다.

① 0개   ② 1개
③ 2개   ④ 3개

18 다음 자료에 의하여 종합소득산출세액은 얼마인가?

(1) 2024년도 종합소득 현황
　① 은행예금 이자 : 60,000,000원
　② 사업소득 금액 : 30,000,000원
(2) 종합소득공제는 5,100,000원으로 가정

구분 과세표준	세율	누진공제액
1,400만원 이하	6%	―
1,400만원 초과 ~ 5,000만원 이하	15%	126만원
5,000만원 초과 ~ 8,800만원 이하	24%	576만원

① 11,416,000원   ② 12,216,000원
③ 12,616,000원   ④ 13,116,000원

19 다음은 외화배달서비스에 대한 설명이다. 다음 중 옳은 것은?

① 우체국 인터넷뱅킹 또는 스마트뱅킹이나 우체국 창구 접수를 통하여 환전거래와 대금 지급을 완료하여야 한다.

② 외화 수령일 지정은 신청일로부터 3일에서 10일 이내로 지정 할 수 있다.

③ 외화 배달서비스 신청이 가능한 취급 통화는 미국달러(USD), 영국파운드(GBP), 일본엔(JPY), 중국위안(CNY) 총 4개 통화로 한정한다.

④ 우체국 환전고객의 외화 수령 편의를 위해 '외화배달 서비스'를 부가적으로 시행하고 있는데, 맞춤형 계약등기를 이용하여 접수된 외화 실물을 직접 배달해 주는 서비스이다.

20 다음은 예금의 입금과 지급에 대한 설명이다. 다음 중 옳은 설명은 무엇인가?

① 직원이 입금조작을 잘못하여 착오계좌에 입금하고 정당계좌에 자금부족이 발생한 경우에는 착오계좌의 동의 없이 취소할 수 있으므로 금융회사는 채무불이행이 아니다.

② 입금인이 입회하지 않은 상태에서 입금의뢰액 보다 실제 확인된 금액이 적은 경우에는 입금 외뢰액대로 예금계약이 성립하지 않음을 주장하기 위해서는 금융기관이 입증할 책임을 부담한다.

③ 계좌송금의 경우 송금이 완료되기 전에는 금융기관의 동의와 상관없이 언제든지 계좌송금을 철회할 수 있다.

④ 예금의 입금이 일반 횡선수표인 경우에는 그 특정된 금융회사가 우체국인지 여부를 확인한다.

01 다음은 우체국 체크카드 상품에 대한 설명이다. 다음 중 옳은 것은?

① 빠른등록 서비스는 등기우편으로 수령 후에 간편결제 플랫폼에 등록하여 이용할 수 있는 서비스이다.
② 후불하이패스카드는 후불교통카드 기능은 있으나 현금카드 기능과 점자카드 기능은 없다.
③ 우체국 성공파트너 체크카드는 개인사업자 및 소상공인 대상 맞춤형 상품으로 국내외 겸용(VISA)으로 사업자등록증 등 관련서류 지참 후 우체국 창구에서 발급한다.
④ 국민행복과 우리동네^plus^카드는 모두 해외겸용 기능이 없다.

02 다음은 우체국 체크카드 상품에 대한 설명이다. 다음 중 옳은 것은?

① 편의점 10%, 간편결제·간편식·커피·카카오톡 선물하기·철도승차권·셀프스튜디오·학원·문구용품 7% 캐시백 뿐만 아니라 신규 발급 고객 동의 시, 우체국예금제휴보험(3종) 무료 가입 서비스 (1년간) 제공해주는 상품은 우체국 LUCK-KEY 체크카드이다.
② 우체국 영리한PLUS 체크카드와 우체국 go캐시백 글로벌 체크카드는 해외원화결제(DCC) 차단 서비스가 기본으로 설정되어있다.
③ 우체국 건설올패스 전자카드는 출퇴근 기록을 남길 수 있는 태그 기능과 체크카드 기능이 합쳐진 카드로 별도 캐시백 및 포인트 등의 부가서비스는 제공되지 않는다.
④ 후불교통카드 기능은 하이브리드 카드의 경우만 적용되고, 법인용 체크카드의 현금 입출금 기능은 개인사업자에 한하여 선택 가능하므로 우체국 정부구매 체크카드를 통해 후불교통카드 기능과 현금 입출금 기능을 선택할 수 있다.

03 다음은 우체국 예금카드 상품의 우대이율을 연결한 것이다. 다음 중 바르게 연결한 것은?

① 우체국 파트너든든 정기예금 – 우편 계약고객(우체국 소포, EMS, 우체국쇼핑 공급업체)으로 확인되는 경우로서 우체국창구를 통한 신규 가입 시
② 우체국 매일모아 e적금 – 청년고객 (19세 이상 34세 이하) 고객인 경우
③ 우체국 마미든든 적금 – 우체국예금 3년 이상 장기 거래 고객
④ 우체국 새출발자유적금 – 우체국 상품·서비스 마케팅 동의한 경우

04 다음은 우체국 예금카드 상품의 우대이율을 연결한 것이다. 다음 중 옳은 것을 모두 고르면?

> ㉠ 우체국 아이LOVE 적금 – 대표가족의 스마트뱅킹 이체 거래가 10회 이상인 경우 연 0.1%p
> ㉡ 우체국 마미든든 적금 – 신규 가입 시 예금주가 결혼이민여성, 한부모 가정의 여성, 여성 장애인 중 하나에 해당할 경우 연 0.4%p
> ㉢ 우체국 가치모아적금 – 우체국 상품·서비스 마케팅 동의한 경우 연 0.1%p
> ㉣ 우체국 장병내일준비적금 – 신규 가입일 현재 우체국예금 첫 거래 고객 연 0.2%p
> ㉤ 우체국 럭키^+^ CU 적금 – 최근 1년 이내 스마트뱅킹을 통한 적립식 예금의 가입, 유지, 해지가 없는 경우 연 1.5%p

① ㉠, ㉡, ㉢
② ㉠, ㉡, ㉣, ㉤
③ ㉡, ㉢, ㉣, ㉤
④ ㉠, ㉡, ㉢, ㉣, ㉤

05 다음은 우체국 체크카드 서비스에 대한 설명이다. 다음 중 옳은 것은?

① 우체국 개이득 체크카드와 우체국 LUCK-KEY 체크카드는 해외원화결제(DCC) 차단 서비스가 기본으로 설정되어있다.

② 빠른등록 서비스의 이용 대상은 개인 체크카드(후불하이패스 포함) 신규발급·재발급·갱신 발급 고객이다.

③ 아파트관리비 자동납부 서비스는 우체국 체크카드 개인형 상품에 한하여 신청 가능하고 법인카드, 후불 하이패스, e-나라도움, 국민행복 바우처 전용 카드는 신청이 불가하다.

④ 우체국 라이프 플러스 체크카드와 우체국 e-나라도움 체크카드(개인)는 모두 국내 전용카드이다.

06 다음은 우체국금융 서비스에 대한 설명이다. 다음 중 옳은 것은?

① 우체국 폰뱅킹 서비스로 펀드 잔액 및 거래내역조회 뿐만 아니라 펀드매매도 가능하다.

② 현재 우체국예금은 어플리케이션 기반의 스마트폰 뱅킹인 "우체국페이" 한 가지 모바일뱅킹 서비스를 제공하고 있다.

③ 우체국뱅킹 로그인은 공동인증서, 금융인증서, 간편인증, PASS 인증 등을 통해서 가능하나, 간편인증은 이체 등 금융거래가 불가하며 단순 조회만 가능하다.

④ 우체국 인터넷뱅킹 비대면 창구서비스에 의해 온라인 증명서 발급 뿐만 아니라 비대면으로 서류 제출도 가능하다.

07 다음의 상황에서 봉순이가 받을 수 있는 연 우대 금리는 몇 %p인가?

◦ 어린 시절 북한에서 살던 봉순이는 대한민국에서 살고 있는 사촌 언니의 도움을 받아 작년에 대한민국으로 탈출하였다.

◦ 계리직 공무원인 사촌언니 봉숙이는 봉순이에게 우체국 새출발자유적금을 가입할 것을 권유하여 이를 받아들였고, 우체국 저축예금을 보유 중이던 봉순이는 이 적금으로 자동이체 약정을 하고, 매월 25만원씩 이체하고 있다.

① 0.5%p

② 1.2%p

③ 1.7%p

④ 2.2%p

08 다음은 금융시장에 대한 설명이다. 다음 중 옳은 것은?

① 경제주체 중 금융기관과 같은 중개기관이 발행하는 금융자산을 본원적 증권이라고 하며, 주식·사채·어음·채무증서 등이 이에 해당한다.

② 단기금융시장에 비해 장기금융시장의 유동성은 낮고, 거래규모는 소규모이다.

③ 중앙은행의 통화정책은 일차적으로 장기금융시장 금리에 영향을 미치며 이어서 단기금융시장 금리 및 주가 등에 파급되어 최종적으로 기업 투자 및 가계 소비에 영향을 미친다.

④ 발행시장에서 증권의 발행은 그 방식에 따라 직접발행과 간접발행으로 구분되는데 직접발행의 경우에는 인수기관이 중심적인 역할을 수행한다.

09 다음은 금융유관기관에 대한 설명이다. 다음 중 가장 옳은 설명은?

① 한국은행은 화폐를 독점적으로 발행하는 발권은행으로 지급결제시스템을 안정적이고 효율적으로 운영해야 하는 책무도 부여받았다.

② 금융유관기관이란 고객으로부터 예금을 수취하지 않고 자체적으로 자금을 조달하여 가계나 기업에 돈을 빌려주는 금융회사들을 말한다.

③ 금융감독원의 건전성 감독은 경제 전반에 걸친 금융혼란에 대비하여 금융시스템의 안정성을 확보하는 데 주력하는 것으로 시스템 및 영업행위 감독보다 넓은 개념이다.

④ 예금보험공사는 부실금융회사에 대한 구조조정을 추진하여 금융시스템을 안정화하는 역할 뿐만 아니라 분쟁조정 절차를 담당하여 금융소비자를 보호하는 기능도 수행하고 있다.

10 다음은 저축상품에 대한 설명이다. 다음 중 옳은 것은?

① 시장금리부 수시입출금식예금은 언제 필요할지 모르는 자금이나 통상 500만원 이상의 목돈을 1개월 이내의 초단기로 운용할 때 유리하며 각종 공과금, 신용카드대금 등의 자동이체용 결제통장으로도 활용할 수 있는 예금이다.

② 양도성예금증서는 복리식으로 발행되는 특성상 만기 후에는 복리로 이자가 가산되어 지급받게 되며, 예금자보호 대상에서 제외된다.

③ 주택청약종합저축은 가입은 주택소유·세대주 여부, 연령 등에 관계없이 누구나 가능하고, 청약대상은 국민주택의 경우 해당 지역에 거주하는 무주택세대의 구성원으로서 1인당 1주택, 민영주택의 경우는 지역별 청약가능 예치금을 기준으로 1인당 1주택 청약이 가능하다.

④ 자유적금에서 원래 저축한도에는 원칙적으로 제한이 없으나, 계약기간 2/3 경과 시 기적립액의 1/3 이내의 금액만 입금할 수 있는 등의 제한을 두고 있다.

11 다음은 주식 투자 전반에 대한 설명이다. 다음 중 옳은 것은?

① 신규상장 주식의 경우 상장일 당일 공모가 기준 60~200%까지 가격변동폭을 제한하고 있다.

② 자금조달을 위해 기업이 유상증자를 할 경우 원활한 신주 매각을 위해 일반적으로 20~30% 할증하여 발행한다

③ 한국거래소에서는 오전 8시 30분부터 동시호가에 주문을 내는 것이 가능하고 여기에서 제시된 가격과 수량을 통해 오전 9시에 단일가로 매매가 체결되면서 시초가가 결정된다.

④ K-OTC시장은 한국장외시장의 약칭으로, 유가증권시장·코스닥·코넥스에서 거래되는 상장주식 가운데 일정 요건을 갖추어 지정된 주식의 매매를 위해 한국금융투자협회가 개설·운영하는 제도화·조직화된 장외시장이다.

12 다음은 저축과 투자에 대한 설명이다. 다음 중 옳은 것은?

① 경영자의 횡령은 비체계적 위험, 산업재해는 체계적 위험에 해당한다.

② 저축금액과 금리와의 관계를 설명하는 '72의 법칙'이라는 것이 있는데, 이를 통해 복리로 계산하여 원금이 두 배가 되는 시기를 쉽게 알아볼 수 있다.

③ 총 투자액 100만원 중 20%만 자기자본으로 하여 투자한 경우 레버리지는 5.0배이며, 주가가 20% 상승하면 실제 투자 수익률은 100%가 된다.

④ 한 종목에만 투자하지 않고 포트폴리오를 구성하게 되면 여러 금융상품이나 자산에 돈을 분산시키는 효과가 발생하여 수익성이 증가한다.

13 다음은 증권분석에 대한 설명이다. 다음 중 옳은 것은?

① 기술적 분석은 과거 증권가격 움직임의 모습이 미래에도 반복된다고 가정하고, 기본적 분석은, 증권가격의 패턴을 결정짓는 증권의 수요와 공급이 이성적인 요인뿐만 아니라 비이성적인 요인이나 심리적 요인에 의해서도 결정된다는 것을 전제하고 있다.

② 하향식 분석은 투자 가망 회사에 초점을 두고 개별 기업의 사업, 재무, 가치 등 투자자가 선호할 만한 것들을 보유한 기업을 선택한 후 산업과 시장에 대해 그 기업을 비교한다.

③ 상향식 분석은 주로 과거 주가흐름을 보여주는 주가 차트(chart)를 분석하여 단기적인 매매 타이밍을 잡는데 이용된다.

④ 밀물 때가 되면 모든 배가 든다는 것을 가정하는 것은 호경기 때 약한 기업의 주식에 투자하는 것이 불경기 때 좋은 주식에 투자하는 것보다 성과가 좋을 수 있다는 것과 같은 분석이다.

14 다음은 우체국금융 일반에 대한 설명이다. 다음 중 옳지 않은 것은?

① 예금상품의 구체적인 종류 및 가입대상, 금리 등은 과학기술정보통신부장관이 정하여 고시하도록 하고 있다.

② 타인자본에는 예금을 통한 예수부채만 있고, 은행채의 발행 등을 통한 차입 혹은 금융기관 등으로부터의 차입을 통한 차입부채는 없다.

③ 우체국의 금융 업무는 「우정사업운영에 관한 특례법」에서 고시하는 우체국예금, 우체국 보험, 우편환·대체, 외국환업무, 신용카드, 펀드판매, 전자금융서비스 등이 있다.

④ 우체국보험은 「우체국예금·보험에 관한 법률」에 따라 계약 보험금 한도액이 보험종류별로 피보험자 1인당 4천만원으로 제한되어 있으며, 각 보험의 종류에 따른 상품별 명칭, 특약, 보험기간, 보험료납입 기간, 가입연령, 보장내용 등은 우정사업본부장이 정하여 고시한다.

15 다음은 채권 투자에 대한 설명이다. 다음 중 가장 옳은 설명은?

① 채권의 발행자격을 갖춘 기관은 법으로 정해져 있으므로 발행자격이 있는 경우 발행을 위해서 정부로부터 별도의 승인을 얻을 필요는 없다.

② 발행물량이 적고 유통시장이 발달되지 못한 채권의 경우에는 수익성 위험이 존재할 수도 있다.

③ 복리채는 정기적으로 이자가 지급되는 대신에 복리로 재투자되어 만기상환시에 원금과 이자를 동시에 지급하는 채권으로 통화안정증권, 산금채 일부가 여기에 해당하며 대부분 1년 미만의 잔존만기를 갖는다.

④ 통화안정증권은 단기채로, 우리나라 대부분의 회사채 및 금융채는 중기채로 분류할 수 있다.

16 그림은 민간 경제의 순환을 나타낸다. 이에 대한 설명으로 옳은 것은? (단, A, B는 각각 가계, 기업 중 하나임.)

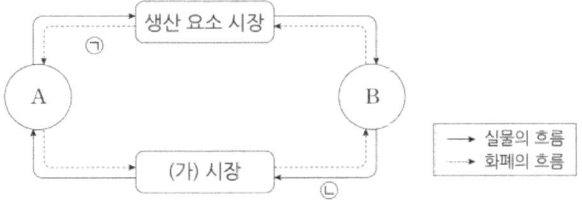

① ⊙에는 노동, ⓛ어는 임금이 들어갈 수 있다.

② B는 생산의 주체로서 노동, 자본, 토지라는 생산요소를 공급한다.

③ A가 제공하는 노동은 생산된 생산요소이다.

④ 교육, 문화, 관광 등 정신적 욕망을 채워주는 행위는 (가) 시장에서 거래된다.

17 다음은 예금거래약관에 대한 설명이다. 다음 중 옳은 것은?

① 예금거래도 계약자유의 원칙이 지배하므로 약관은 일반적인 계약의 해석과는 동일하게 적용되고 있다.
② 각 금융회사가 독자적인 약관을 운영함으로써 거래처가 혼란에 빠지는 것을 방지하기 위하여 대한민국 내의 모든 금융회사는 동일한 약관내용을 가지고 있다.
③ 기업과 고객이 약관에서 정하고 있는 사항에 대하여 명시적 또는 묵시적으로 약관의 내용과 다르게 합의한 사항이 있는 경우에는 약관을 당해 합의사항에 우선하여 적용하여야 한다.
④ 금융회사의 예금계약은 대부분 부합계약의 형식을 가지며, 금융회사와 거래처 사이에 법률분쟁이 발생한 경우에, 그 해결은 예금거래약관의 해석에서 비롯된다.

18 다음 중 우체국 다드림적금의 우대이율을 제공하는 우대조건이 <u>아닌</u> 것은?

① 이 적금을 만기일로부터 1년 이내 재가입한 경우
② 우체국예금 3년 이상 장기거래 고객
③ 우체국 예금 우수고객
④ 이 적금을 3년으로 가입하고 만기해지 시

19 다음은 금융실명거래에 대한 설명이다. 다음 중 옳은 것은?

① 후선부서 직원(본부직원, 서무원, 청원경찰 등)은 실명확인할 수 없으나, 업무수탁자(대출모집인, 카드모집인, 보험모집인, 공제모집인 등) 등은 실명확인을 할 수 있다.
② 100만원 이하의 원화 송금(무통장입금 포함)은 실명확인 생략이 가능하지만, 보험 공제거래, 여신거래는 실명거래대상에 해당한다.
③ 비대면 실명확인 대상 금융거래는 계좌개설에 한정되는 것은 아니며 금융실명법상 실명확인 의무가 적용되는 모든 거래에 적용되고, 비대면 실명확인 적용 대상자는 명의자 본인에 한정하고 대리인은 제외된다.
④ 법원의 제출명령 또는 법관이 발부한 영장에 의하여 거래정보를 요구하는 경우와 금융회사 내부 또는 금융회사 상호간의 정보제공의 경우에는 기록·관리의무가 면제된다.

20 다음 사례의 경우 A가 받을 수 있는 유류분은 얼마인가? (아래에 나와있는 사실관계로만 판단하며, 그 이상의 상상이나 가정은 하지 않는다.)

> ○ A는 젊은 시절 남편을 잃고, 열심히 일을 하며, 외아들 B와 함께 살아가던 중 B가 C와 혼인을 하려고 했으나, 홀어머니와 살고 있던 B를 탐탁치 않게 생각한 C의 부모가 결혼을 반대하여 결국 혼인 신고 없이 함께 살고 있다.
> ○ 함께 살던 중 C는 임신을 하게 되었고, 손주를 기다리던 A는 C가 임신한 D를 사랑이라고 이름을 붙이며 출산일을 손꼽아 기다리고 있었다.
> ○ 출산 예정일을 하루 앞둔 날 B는 출근길에 음주차량에 치어 현장에서 사망하였고, 평소 봉사활동을 열심히 하던 B가 OO재단으로 전재산 3억원을 유언서가 발견되었는데, 그 유언서는 적법한 절차를 거친 것이었다.

① 4천만원   ② 6천만원
③ 1억원   ④ 1억 5천만원

01 다음은 우체국 체크카드 상품에 대한 설명이다. 다음 중 옳은 것은?

① 우체국 개이득 체크카드는 해외 및 온라인 소비에 특화된 디자인이 예쁜 세로형 카드이다.

② 우체국 라이프 플러스 체크카드는 MZ고객의 라이프 스타일을 반영한 맞춤형 카드이다.

③ 하이브리드 체크카드와 우체국 동행 체크카드는 18세 이상 발급이 가능하고, 우체국 지역사랑 상품권은 국내 전용 카드로 14세 이상 발급이 가능하다.

④ 우체국 후불 하이패스 카드는 최초 발급 시 발급수수료 1만원을 징구하지만, 우수고객은 발급수수료를 면제한다.

02 다음은 우체국 체크카드 상품에 대한 설명이다. 다음 중 옳은 것은?

① 행복한 체크카드와 다드림 체크카드는 모두 선불과 후불 교통기능이 있으며, 복지카드 기능은 없다는 점에서 공통적이다.

② 우체국 우리동네plus 체크카드의 부가서비스는 Ⅰ, Ⅱ, Ⅲ, Type 선택이 가능하며, 선택한 Type에 따라 캐시백 제공하며, 정부에서 지원하는 다양한 국가바우처를 한 장의 카드로 이용 가능하다.

③ 우체국 Biz플러스 체크카드와 우체국 정부구매 체크카드는 모두 법인형 카드로 사업자등록증 등 관련서류 지참 후 우체국 창구에서 발급 신청을 하여야 한다.

④ 우체국 건설올패스 전자카드는 15세 이상 발급이 가능하며, 해외 CD/ATM 현금인출 수수료(건당 3$)를 면제해주는 상품이다.

03 다음은 우체국 체크카드 상품을 정리한 것이다. 다음 중 옳은 것을 모두 고르면?

(ㄱ) 점자카드 – (개인형) 공무원연금복지 빼고 모두 점자 기능 있음 / (법인형) Biz플러스와 BizFit(개인사업자)만 있음(bi bi 형제만 점자기능 있음)

(ㄴ) 국내전용 – (개인형) 국민행복 / 우리동네plus / 후불하이패스 / e–나라도움(개인) / 등행

(ㄷ) 그린 플랫폼 서비스 제공 상품 – 공무원연금복지 / 행복한(일반/하이브리드) / 우리동네plus / 국민행복 / 어디로든 그린)

(ㄹ) 하이브리드 기능 부가 – 우체국 행복한 하이브리드 카드, 우체국 다드림 하이브리드 카드, 우체국 어디서나 하이브리드 카드, 우체국 go캐시백글로벌 하이브리드 카드, 우체국 브라브 하이브리드 카드

① (ㄱ), (ㄴ), (ㄷ) 　② (ㄱ), (ㄷ), (ㄹ)

③ (ㄴ), (ㄷ), (ㄹ) 　④ (ㄱ), (ㄴ), (ㄷ), (ㄹ)

04 다음 중 우체국 가치모아적금에서 우대이율을 제공하는 우대조건은 모두 몇 개인가?

㉠ 동일한 모임추천번호를 등록하여 우체국 가치모아적금에 가입한 인원이 3명 이상 5명 이하인 경우

㉡ 목표저축액을 설정하고 달성한 경우

㉢ 우체국 상품·서비스 마케팅 동의한 경우

㉣ 우체국 여행특화 체크카드 ('우체국 드림플러스 아시아나 체크카드' 또는 '우체국 하이브리드 체크카드') 이용 실적이 있는 경우

㉤ 신규 가입 시 타인의 추천번호를 입력하거나 본인의 추천번호를 타인이 가입 시 입력한 경우

① 2개 　　　② 3개

③ 4개 　　　④ 5개

05 다음은 우체국 체크카드 상품에 대한 설명이다. 다음 중 옳은 것은?

① 우체국 어디로든그린 체크카드는 친환경 소비활동에 따라 에코머니 포인트 적립 및 공공시설 할인혜택 등을 제공하는 그린서비스를 탑재하였으며, 해외원화결제(DCC)차단 서비스가 기본으로 설정되어 있다.

② 우체국 지역사랑 상품권은 지역사랑상품권 가맹점이나 아닌 곳 모두에서 사용 시 충전금액을 우선 차감한다.

③ 우체국 e-나라도움 체크카드(법인)는 국내 전용 카드로 별도 캐시백 및 포인트 등의 부가서비스는 제공되지 않고, 기획재정부에서 운영하는 디지털예산회계시스템(D-Brain)에서 신청 가능하다.

④ 우체국 동행 체크카드는 중증장애인 근로자 대상 출퇴근 비용을 지원하는 상품으로 중증장애인 근로자만을 발급 대상으로 한다.

06 작년에 군에서 제대한 철수가 우체국 달달하이 (high) 적금을 가입하였다. 다음의 경우 철수가 받을 수 있는 우대이율은 연 몇 %p인가?

> ◦ 23세인 철수는 신규 가입 시 타인의 추천번호를 입력하여 나만의 소망·목표를 '나무이름 정하기'를 통해서 등록하였다.
> ◦ 가입기간(재예치 기간) 2개월 동안 적립을 50회하였으며, 만기 후 재예치를 통해 수익을 증대하려고 한다.

① 1.5%p
② 2.2%p
③ 2.7%p
④ 3.2%p

07 다음 중 우체국 예금 상품에서 제공하는 우대이율이 가장 높은 것은 어느 것인가? (모두 연 %p를 기준으로 한다.)

① 우체국 매일모아 e적금 – '매일 자동이체' 약정을 하고 가입기간 동안 '매일 자동이체'로 납입한 합계액이 100만원 이상인 경우

② 우체국 장병내일준비적금 – 우체국 수시입출식 예금에서 이 적금으로 월 1만원 이상 자동이체 약정을 하고 자동이체 납입 횟수가 계약기간(신규 가입일~만기일) 개월수의 50% 이상인 경우

③ 우체국 마미든든 적금 – 신규 가입 시 예금주가 결혼이민여성, 한부모 가정의 여성, 여성 장애인 중 하나에 해당할 경우

④ 달달하이(high) 적금 – 나만의 소망·목표를 '나무이름 정하기'를 통해서 등록할 경우

08 다음은 금융회사에 대한 설명이다. 다음 중 가장 옳은 설명은?

① 은행의 업무 중 자금의 대출은 고유업무에 해당하고, 유가증권 또는 채무증서 발행은 부수업무에 해당한다.

② 신용협동기구는 은행과 증권회사로 분화되어 있는 금융체제를 보완하여 종합적인 금융서비스를 제공하는 금융기관 도입을 위해 설립되었다.

③ 상호저축은행과 상호금융은 비은행예금취급기관으로 분류할 수 있다.

④ 특수은행에 대해서는 설립근거법에 의거해 일부 「한국은행법」 및 「은행법」의 적용을 배제하지만, 모든 업무에서 「한국은행법」 및 은행법」의 적용을 배제하는 것은 아니다.

09 다음은 대체거래소에 대한 설명이다. 다음 중 옳은 것은?

① 기업공개(IPO)종목의 경우, 상장 첫날에는 한국거래소와 대체거래소에서 거래가 가능하다.
② 2025년 10월 현재 기준, 한국거래소에서 거래되는 종목 중 650여개 종목을 거래할 수 있으며, 시가총액과 기업정보 등을 고려하여 추가 종목을 선정한다.
③ 넥스트레이드 출범으로 가장 큰 변화는 주식 거래 시간 변화와 가격 상하한 가격 변동폭이다.
④ 국내 주식 시장의 Pre마켓과 After마켓을 추가 운영으로 주식거래 시간 12시간으로 확대되어 07:00부터 19:00까지 운영하고 있다.

10 다음은 저축상품에 대한 설명이다. 다음 중 옳은 것은?

① 가계당좌예금은 가계수표를 발행할 수 있는 개인용 당좌예금이며 무이자인 일반 당좌예금과는 달리 이자가 지급되며, 예금 잔액을 초과하여 발행하게 되면 거래정지처분을 받을 수 있다.
② 금리연동형 정기예금은 우체국과 은행에서 취급하며, 동일유형의 상품으로 증권회사의 ELS(주가지수연계증권)와 자산운용회사의 ELF(주가지수연계펀드)가 있다.
③ 보통예금 및 저축예금은 모두 우체국, 은행(농·수협중앙회 포함), 상호저축은행 등이 취급하며, 개인의 경우 더 높은 이자를 지급하는 저축예금에 제한 없이 가입할 수 있어 보통 예금은 저축수단으로서의 활용도가 높지 않은 편이다.
④ 어음관리계좌는 자산운용회사가 고객의 예탁금을 어음 및 국·공채 등 단기금융상품에 직접 투자하여 운용한 후 그 수익을 고객에게 돌려주는 단기금융상품으로 실물이 아닌 "어음관리계좌" 통장으로만 거래된다.

11 다음은 장내파생상품에 대한 설명이다. 다음 중 옳은 것은?

① 선물계약과 선도계약은 거래당사자들이 자유롭게 계약내용을 정하고 장소에 구애받지 않고 거래할 수 있다는 점에서는 동일하다.
② 풋옵션이란 기초자산을 약정된 행사가격에 살 수 있는 권리를 말하며, 기초 자산을 매입하기로 한 측이 옵션보유자가 되는 경우이다.
③ 선물거래는 매수자·매도자 모두 증거금을 위탁해야 하지만, 옵션거래는 매수자만 증거금을 위탁한다.
④ 옵션의 거래비용은 옵션매입자의 경우 옵션프리미엄에 한정되기 때문에 옵션투자는 적은 투자비용으로 레버리지가 매우 높은 투자손익이 발생하게 된다.

12 다음은 자본시장과 금융투자업에 관한 법률에 대한 설명이다. 다음 중 가장 옳은 설명은?

① 투자상품의 판매과정을 표준투자권유준칙에 따라 단계별로 확인해보면, 먼저 금융회사는 투자자의 방문 목적을 확인하고 투자를 원할 경우 일반투자자인지 전문투자자인지 구분한다.
② 신의성실의무와 설명의무는 모두 금소법상 6대 판매원칙에 해당하고, 금융상품 판매 시 우월적 지위를 이용하여 금융소비자 권익을 침해하는 행위를 금지하는 것을 불공정영업 행위금지라고 한다.
③ 투자자는 금융투자상품을 구매한 후에도 정기적으로 상품의 성과, 현황 및 자신의 상황을 고려하여 계속 투자할지 여부를 판단하도록 표준투자권유준칙에 규정되어 있다.
④ 부당권유 금지 원칙에 따라 투자자가 원하는 경우라도 방문·전화 등에 의한 투자권유를 금지하고 있다.

13 다음은 재무비율 분석에 대한 설명이다. 다음 중 옳은 것은?

① 부채비율이 지나치게 높으면 불필요하게 많은 자금을 수익성이 낮은 현금성 자산으로 운용하고 있다는 의미이다.
② 철강, 자동차, 조선과 같은 산업은 자산회전율이 낮은 경향이 있고, 이자보상배율이 1보다 작다면 기업이 심각한 재무적 곤경에 처해 있다고 볼 수 있다.
③ 총자산이익률은 주주의 몫인 자기자본을 얼마나 효율적으로 활용하여 이익을 창출하였는지를 보여주는 지표이다.
④ 일반적인 부채비율은 총자산 대비 총부채로 측정하지만, 종종 총부채 대비 자기자본의 비중으로 측정되기도 한다.

14 다음 수업 장면에 대한 옳은 설명만을 〈보기〉에서 모두 고른 것은? (단, A는 원/달러 환율의 상승과 하락 중 하나이다.)

교사 : A가 지속될 때 나타날 수 있는 양상을 발표해 보세요.
갑 : 경제성장이나 경기회복에 도움을 줄 수 있습니다.
을 : 수입 기계류 가격도 올라서 투자비용이 상승할 수도 있습니다.
병 : 우리나라에서 생산하여 미국으로 수출하는 상품의 가격 경쟁력이 하락할 것입니다.
정 : _____(가)_____
교사 : 세 명은 옳게 말했는데, ⊙ 한 명은 옳지 않은 답을 말했어요.

〈보기〉
ㄱ. A는 달러화 대비 원화 가치의 상승을 의미한다.
ㄴ. 우리나라 외환 시장에서 해외로부터의 상품이나 서비스 수입의 증가는 A의 요인에 해당한다.
ㄷ. (가)에는 '항공회사처럼 외화표시 부채가 많은 기업들의 상환부담이 높아질 수도 있습니다.'가 들어갈 수 있다.
ㄹ. ⊙에 해당하는 학생은 을이다.

① ㄱ, ㄴ
② ㄱ, ㄷ
③ ㄴ, ㄷ
④ ㄴ, ㄹ

15 다음은 특수한 형태의 채권에 대한 설명이다. 다음 중 옳은 것은?

① 신주인수권부사채는 전환사채와 마찬가지로 신주인수권이라는 옵션을 행사하면 발행된 채권을 포기하고 주식을 취득함으로써 추가적인 수익을 추구할 수 있다.
② 교환사채는 발행 당시에 추후 교환할 때 받게 되는 주식의 수를 나타내는 교환비율이 미리 정해져 있고, 전환을 통해 발행회사의 주식을 보유하게 된다.
③ 조기상환권부채권은 발행 당시에 비해 금리가 상승하거나 발행회사의 재무상태 악화로 채권 회수가 힘들어질 것으로 예상되는 경우 주로 활용될 수 있다.
④ 변동금리부채권의 지급이자율은 기준금리와 발행기업의 특수성에 따라 발행시점에 확정된 가산금리를 더하여 결정되는데, 일반적으로 가산금리는 발행 당시에 확정되어 고정되므로 발행 이후 신용도와 시장상황의 변화에 따라 변동금리부채권의 가격을 변동시키는 주된 요인이 된다.

16 다음은 예금업무 개론에 대한 설명이다. 다음 중 옳은 것은?

① 타점권 입금에 의한 예금계약의 성립시기에 관하여 양도설은 타점권의 입금과 동시에 예금계약이 성립하고 그 타점권이 부도반환 되는 경우에는 소급하여 예금계약이 해제되는 것으로 보는 견해이다.
② 입출금이 자유로운 예금을 예금주가 양도하거나 질권설정을 하려면 사전에 우체국에 통지하고 동의를 받아야한다.
③ 요물계약설에 의하면 예금의사의 합치와 요물성의 충족이 있으면 예금계약이 성립한다고 보고, 예금의 성립시기 문제를 예금반환청구권의 성립시기 문제로 다루게 된다
④ 우체국장이 점외수금을 한 경우에는 그 수금직원이 영업점으로 돌아와 수납직원에게 금전을 넘겨주고 그 수납직원이 이를 확인한 때에 예금계약이 성립하는 것으로 본다.

17 다음은 예금거래의 상대방에 대한 설명이다. 다음 중 옳은 것은?

① 미성년자와 피한정후견인은 원칙적으로 행위능력이 없지만, 피성년후견인은 원칙적으로 행위능력이 있다.

② 대리란 타인이 본인의 이름으로 법률행위를 하거나 의사표시를 수령함으로써 그 법률효과가 대리인에 관하여 생기는 제도이다.

③ 조합이란 2인 이상의 특정인이 서로 출자하여 공동의 사업을 영위함을 목적으로 결합된 단체를 말하고, 조합의 예금은 조합의 준합유에 속하게 된다.

④ 당좌예금거래는 제한능력자의 단독거래는 허용하지 않는 것이 원칙이고, 등기가 이루어지지 않은 외국회사는 계속적 거래를 전제로 하는 당좌계좌개설이 허용되지 않는다.

18 다음은 예금의 입금과 지급에 대한 설명이다. 다음 중 옳은 것은?

① 입금인이 입회하지 않은 상태에서 입금 의뢰액 보다 실제 확인된 금액이 적은 경우에 금융회사가 실제 확인된 금액이 입금 의뢰액대보다 적다는 것을 입증할 책임을 부담한다.

② 직원이 입금조작을 잘못하여 착오계좌에 입금하고 정당계좌에 자금부족이 발생한 경우에는 착오계좌 예금주의 동의 없이 취소하여 정당계좌에 입금할 수 있으므로 금융회사는 채무불이행 책임을 지지 않는다.

③ 계좌송금은 법적 성질이 위임이므로 위임사무를 시작할 때에 금융회사는 위임인에게 위임사무 처리를 개시하였음을 통보하여야 한다.

④ 25년 6월 7일에 재민이가 7천만원을 착오송금한 경우 7천만원 전액을 6월 7일부터 1년 이내 먼저 금융회사를 통해 수취인에게 반환을 요청할 수 있다.

19 다음은 전자금융에 대한 설명이다. 다음 중 옳은 것은?

① 모바일뱅킹에서는 비대면 계좌개설이 가능하며 개설계좌는 한도계좌로 개설 된다.

② 실물형 OTP는 전자형 OTP와 다르게 발급받은 금융기관에서만 사용이 가능하다.

③ 일반 기업카드는 후불식 일반 신용카드로서 국내외에서 일시불 및 할부 이용이 가능하며, 해외에서는 기업개별카드에 한해 제휴은행 창구 및 ATM에서 단기카드대출(현금서비스) 사용이 가능하다.

④ 선불카드의 유효기간은 대부분 발행일로부터 3년이고 연회비는 없지만, 개인 신용카드로 구매 및 충전할 수 있는 이용한도는 1인당 월 최대 70만원 (선불카드 금액과 상품권 금액 합산)이다.

20 다음의 경우 금융소득을 기본세율로 과세 시 산출세액은 얼마인가?

(1) 2024년도 종합소득 현황
   ① 은행예금 이자 : 50,000,000원
   ② 회사채 이자 : 50,000,000원
   ③ 세금우대종합저축의 이자 : 5,000,000원
(2) 종합소득공제는 5,100,000원으로 가정

과세표준	세율	누진공제액
1,400만원 이하	6%	–
1,400만원 초과 ~ 5,000만원 이하	15%	126만원
5,000만원 초과 ~ 8,800만원 이하	24%	576만원

① 13,872,000원

② 14,000,000원

③ 15,016,000원

④ 15,326,000원

하종화 계리직

우편,예금,보험일반
파이널 동형 모의고사

03 보험일반

01 다음은 제3보험에 대한 설명이다. 다음 중 옳은 것은 모두 몇 개인가?

> ㉠ 우리나라에서는 2003년 8월 상법 개정을 통해서 최초로 제3보험이 제정되었다.
> ㉡ 제3보험의 경우 생명보험의 약정된 실손보상적 특성과 손해보험의 정액보상적 특성을 모두 가지는 보험을 의미하게 된다.
> ㉢ 제3보험은 손해보험과 달리 피보험이익이 원칙적으로 인정되지 않는다.
> ㉣ 우리나라에서는 상해보험을 건강보험이라고도 한다.
> ㉤ 암보험의 경우 도덕적 해이 발생 방지를 위해서 일정기간이후부터 보장이 개시되도록 하고 가입 후 일정시점(보통 1년)을 기준으로 보험료가 차등하게 책정된다.

① 1개
② 2개
③ 3개
④ 4개

02 다음은 비과세종합저축보험에 관한 설명이다. 다음 설명 중 옳은 것은?

① 1인당 저축원금이 4천만원까지 납입이 가능한 저축이 대상이 된다.
② 비과세종합저축은 만 65세 이상 또는 장애인 등을 가입대상으로 하며, 여기서 발생한 이자소득은 최초 1년간 발생한 이자를 제외하고 비과세한다.
③ 직전 3개 과세기간 중 소득세법 제14조 제3항 제6호에 따른 소득의 합계액이 1회 이상 연 2천만원을 초과한 자는 가입할 수 없다.
④ 우체국보험 중 비과세종합저축에 해당하는 상품으로는 (무)그린보너스저축보험플러스(비과세종합저축)이 있고, 세금우대종합저축에 가입한 거주자로 그 계약을 유지하고 있는 대상은 가입할 수 없다.

03 다음은 보험 계약법 전반에 관한 설명이다. 다음 설명 중 옳은 것은?

① 보험자의 보험약관설명의무는 선의계약성을 실현하기 위한 것과 관계가 없다.
② 보험계약은 계속계약성을 특징으로 하므로 고지의무, 위험변경·증가의 통지의무, 고의나 중과실 사고에 대한 보험자면책, 등의 규정을 두고 있다.
③ 보험자의 보험금 지급책임은 다른 약정이 없는 한 보험계약자로부터 최초의 보험료(제1회 보험료)를 받은 때이므로 자동이체납입 및 신용카드납입의 경우에는 자동이체가 완료되고 신용카드 매출승인이 났을 때로부터 시작된다.
④ 임의법규란 법에 규정된 내용을 당사자 간의 의사표시에 의하여 함부로 변경할 수 없고 원칙적으로 법규정대로 적용해야 하는 법규를 말한다.

04 다음은 우체국예금·보험에 관한 시행규칙에 대한 설명이다. 다음 〈보기〉 중 옳은 것은 모두 몇 개인가?

〈보기〉

㉠ 보험수익자 또는 보험계약자의 생계유지에 필요하다고 인정하여 대통령령으로 정하는 금액은 압류할 수 없는데, 대통령령에서는 100만원을 규정하고 있다.

㉡ 분쟁조정위원회의 회의는 재적위원 과반수의 출석으로 개의(開議)하고, 출석위원 과반수의 찬성으로 의결한다..

㉢ 우체국 보험의 계약보험금 한도액은 보험종류별로 피보험자 1인당 4천만원으로 하되, 보험종류별 계약보험금 한도액은 우정사업본부장이 정한다.

㉣ 보장성보험 중 우체국보험사업을 관장하는 기관의 장이 「국가공무원법」 제52조에 따라 그 소속 공무원의 후생·복지를 위하여 실시하는 단체보험상품의 경우에는 계약보험금의 한도는 1억원으로 한다.

㉤ 연금보험의 최초 연금액은 피보험자 1인당 1년에 900만원 이하로 하고, 연금저축계좌에 해당하는 보험의 보험료 납입금액은 피보험자 1인당 연간 900만원 이하로 한다.

㉥ 보험료 납입 시 자동적으로 계좌에서 이체하여 납입하는 방법과 직불카드로 납입하는 방법으로 보험료를 납입할 수 있는 우체국보험의 종류 및 보험료 납입방법 등은 우정사업본부장이 정하여 고시한다.

㉦ 보험계약자는 3명 이상의 단체를 구성하여 보험료의 단체 납입을 청구할 수 있다.

① 1개
② 2개
③ 3개
④ 4개

05 다음은 우체국 보험의 고지의무에 관한 설명이다. 다음 설명 중 옳은 것은?

① 고지의무 위반은 연성사기에 해당할 수 있고, 고지의무는 보험계약에서 선의계약을 실현을 위한 것이다.

② 계약자 또는 피보험자가 고의 또는 중대한 과실로 인하여 보험금 지급사유 발생에 영향을 미치는 고지의무를 위반하여 보험자가 계약을 해지하는 경우에는 보험자는 해약환급금을 지급하지 않는다.

③ 고지의무는 청약 시 뿐만 아니라 부활 청약 시에도 이행하여야 하며, 고지의무자는 보험계약자, 피보험자 및 보험수익자이다.

④ 보험자는 계약을 체결한 날부터 2년이 지난 경우에는 고지의무 위반으로 인한 계약해지를 할 수 없다.

06 다음은 우체국 보험, 공영보험, 민영보험을 설명한 것이다. 다음 설명 중 옳은 것은?

① 우체국보험은 납입료 대비 수혜 비례성이 강하지만, 공영보험은 비례성이 약하다.

② 우체국보험은 금융위원회와 금융감독원의 감독을 받는다.

③ 우체국보험에서는 변액보험과 퇴직연금과 손해보험을 취급하지 않고, 우체국보험사업의 운영에 필요한 경비는 기획재정부와 협의, 국회의 심의를 거쳐 정부예산으로 편성하고, 예산집행 내역 및 결산 결과를 과학기술정보통신부에 보고한다.

④ 우체국보험은 가입자당 5천만원까지 지급보장되며, 주주이익을 추구하지 않는다.

07 다음은 우체국 보험 상품에 대한 설명이다. 다음 중 옳은 것은?

① 무배당 우체국든든한건강종신보험 2506의 해약환급금 50% 지급형 상품은 1종(해약환급금 50%지급형)의 계약이 보험기간 중 해지될 경우의 해약환급금은 2종(표준형) 예정해약환급금의 50%에 해당하는 금액에 플러스적립금을 더한 금액으로 한다.

② 무배당 우체국급여실손의료비보험(갱신형) 2504는 입원·통원 합산 5천만원, 통원(외래 및 처방합산) 회당 20만원까지 보장하는 상품으로 종합형만 가입할 수 있다.

③ 무배당 우체국암케어보험 2504는 주계약 암진단형에 가입할 경우 암진단시 최대 4,000만원까지 보장하며, 암 진단시 보험료 납입면제로 보험료 부담을 완화한 상품이다.

④ 무배당 우체국하나로OK건강종신보험 2504는 주계약 재해장해보험금을 통한 건강보장과 특약 가입을 통한 사망, 상해, 중대질병·수술, 3대질병을 보장하는 상품으로 다수의 특약 중 필요한 보장을 선택하여 가입 가능하다.

08 〈보기〉에서 우체국보험 제도성특약에 대한 설명으로 옳은 것의 총 개수는?

---〈보기〉---

ㄱ. 장애인전용보험전환특약 2007의 경우 계약자가 증빙서류(장애인증명서, 국가유공자 확인서, 장애인등록증 등 확인서류 등)를 제출하는 것으로 특약 가입 신청을 의제하므로 별도의 가입 신청은 필요 없다.

ㄴ. 지정대리청구서비스특약 2109에서 지정대리 청구인은 피보험자의 가족관계등록부상의 배우자 또는 4촌 이내의 친족이다.

ㄷ. 지정대리청구서비스특약 2109의 대상계약은 계약자, 피보험자및 수익자(사망 시 수익자 제외)가 모두 동일한 계약이다.

ㄹ. 이륜자동차 운전 및 탑승중 재해부담보특약 2109의 이륜자동차 운전(탑승 포함) 중에 발생한 재해로 인하여 주계약 및 특약에서 정한 보험금 지급사유 또는 보험료 납입면제사유가 발생한 경우에 보험금을 지급하지 않지만, 보험료 납입은 면제한다.

ㅁ. 장애인전용보험전환특약 2007은 보험계약자 또는 피보험자가 소득세법상 장애인인 계약을 대상으로 하며, 보험계약을 체결한 시점으로 소급하여 장애인전용 보장성보험료로 처리한다.

① 1개   ② 2개
③ 3개   ④ 4개

09 다음은 무배당 우체국급여실손의료비보험(갱신형) 2504에 대한 내용을 적은 것이다. 다음 빈 칸 ⊙부터 ㉣에 들어갈 숫자를 모두 합하면 얼마인가?

- 재가입과 관련하여 직전 계약과 동일한 조건으로 자동 연장된 경우 계약자는 그 연장된 날로부터 (⊙)일 이내에 그 계약을 취소할 수 있으며, 체신관서는 연장된 날 이후 계약자가 납입한 보험료 전액을 환급한다.
- 보험금 지급 실적이 없는 경우 보험료 할인에 관한 사항(무사고할인)에서 갱신(또는 재가입) 직전 '무사고할인판정기간' 동안 보험금 지급 실적이 없는 계약을 대상으로 갱신일부터 차기 보험기간 1년 동안 보험료의 (㉡)%를 할인한다.
- 비급여실손의료비특약 보험료 할인·할증에 관한 사항('24.7월 이후 갱신계약 적용)에서 '요율상대도 판정기간'은 갱신일이 속한 달의 (㉢)개월 전 해당월의 말일을 기준으로 (㉣)개월 이내로 하며, 최초계약으로부터 1회차 갱신계약은 예외로 한다.

① 105
② 108
③ 115
④ 118

10 다음은 우체국 보험 상품에 대한 설명이다. 다음 중 옳은 것은?

① 무배당 만원의행복보험 2504는 과학기술정보통신부장관이 1년 만기의 경우 1만원, 3년 만기의 경우 3만원의 보험료를 납입하며, 나머지 보험료는 개별 보험계약자가 납입한다.

② 무배당 우체국간편건강보험(355)(20년갱신형) 2504는 보험가입이 어려웠던 고령자 및 젊은 경증질환자도 가입 가능한 상품으로 건강을 장기간 유지한 유병자가 합리적인 보험료로 가입 가능한 경증유병자보험이다.

③ 무배당 내가만든희망보험 2504는 상해보장 가입 시 12대성인질환을 보장하고, 3대질병보장 가입시 3대질병 진단(최대 2,000만원) 및 뇌경색증진단(최대 500만원)을 보장한다.

④ 무배당 우체국온라인어린이보험 2504의 주계약은 임신 사실이 확인된 태아를 포함하여 0~20세까지 가입이 가능한 30세 만기 상품이다.

11 다음은 우체국 보험 상품에 대한 설명이다. 다음 중 옳은 것은?

① 무배당 우체국나르미안전보험 2504는 1년 만기 상품으로 나이와 성별에 상관없이 동일한 1회 보험료 납입으로 보장이 가능한 운송업종사자 전용 공익형 교통상해보험이다.

② 무배당 우체국온라인종합건강보험(갱신형) 2504는 생존기간 6개월 이내 판단시 사망보험금의 60%를 선지급한다.

③ 무배당 우체국간병비보험 2504는 1종(일반가입 기준)에 대하여 만 15세부터 70세까지 폭 넓게 가입 가능한 간병비보험으로 주계약에서는 재해사망보험금만을 보장한다.

④ 무배당 내가만든희강보험 2504는 0세부터 60세까지 가입 가능한 건강보험이다.

12 다음 우체국 보험 상품의 보험료 지원에 대한 설명이다. 다음 중 옳은 것은?

① 무배당 우체국예금제휴보험 2504는 특정 우체국 예·적금 상품 가입 시 체신관서가 보험료를 일부 지원하는 상품이다.

② 무배당 우체국나르미안전보험 2504는 공익보험으로 과학기술정보통신부장관이 보험료를 전액 납입한다.

③ 무배당 우체국대한민국엄마보험 2504는 차상위계층의 산모를 대상으로 체신관서가 보험료 전액을 지원한다.

④ 무배당 청소년꿈보험 2504는 무배당 우체국단체보장보험 2504와 달리 특정 피보험자 범위에 해당하는 청소년에게 무료로 보험가입 혜택을 제공한다.

13 다음 〈보기〉 중 우체국 보험에서 개별 보험계약자와 과학기술정보통신부장관이 공동 보험계약자로 하는 것을 모두 고르면 몇 개인가?

─────── 〈보기〉 ───────
ㄱ. 무배당 어깨동무보험 2504
ㄴ. 무배당 만원의행복보험 2504
ㄷ. 무배당 우체국나르미안전보험 2504
ㄹ. 무배당 우체국대한민국엄마보험 2504
ㅁ. 무배당 청소년꿈보험 2504
ㅂ. 무배당 우체국단체보장보험 2501

① 2개   ② 3개
③ 4개   ④ 5개

14 다음은 우체국 저축성 보험 상품에 대한 설명이다. 다음 중 옳은 것은?

① 무배당 알찬전환특약 2504는 보험기간을 2, 3, 4, 5, 6, 7년으로 다양화한 상품으로 0세 이상부터 가입이 가능하다.
② 무배당 청소년꿈보험 2504의 보험계약자는 과학기술정보통신부장관으로 하고, 생존학자금과 입원보험금을 보장한다.
③ 무배당 그린보너스저축보험플러스 2504는 1종(만기목돈형)과 2종(이자지급형)으로 구분되고, 만기 유지 시 계약일부터 최초 1년간 보너스금리를 추가 제공하는 상품이다.
④ 무배당 우체국온라인저축보험 2504는 가입 즉시 언제든지 해약해도 납입보험료의 100% 이상을 보장하는 신개념 저축보험으로 만1 9세부터 가입이 가능하다.

15 다음은 우체국연금보험 2504의 중도인출금에 대한 설명이다. 다음 중 옳은 것은?

① 계약자는 계약일 이후 1년이 지난 후부터 제2보험기간 중 보험년도 기준 연 12회에 한하여 적립금액의 일부를 인출할 수 있다.
② 1회에 인출할 수 있는 최고 한도는 인출 당시 해약환급금의 80%를 초과할 수 없고, 계약 후 경과기간 10년 이내의 총 인출금액은 계약자가 실제 납입한 보험료 총액을 초과할 수 없다.
③ 적립금액의 일부를 인출할 때 수수료는 인출금액의 0.2%와 2,000원 중 작은 금액 이내에서 부과할 수 있으며, 보험연도 기준 매년 최초 4회까지의 중도인출에 한하여 인출수수료를 부과하지 않는다.
④ 적립금액의 일부를 인출하기 위해서는 인출 후 적립금액이 월납계약의 경우 기본보험료 이상, 일시납 계약의 경우 기본보험료의 20% 이상이어야 한다.

16 다음은 우체국 저축성 보험 상품에 대한 설명이다. 다음 중 옳은 것은?

① 무배당 청소년꿈보험 2504는 보험료 납입주기가 일시납만 가능하다.
② 무배당 그린보너스저축보험플러스 2504는 보험료 납입주기가 일시납만 가능하다.
③ 무배당 파워적립보험 2504의 보험료 납입주기는 월납과 일시납이 모두 가능하다.
④ 무배당 우체국온라인저축보험 2504의 보험료 납입주기는 월납과 일시납이 모두 가능하다.

17 다음은 언더라이팅의 대상을 나타낸 것이다. 다음 중 그 분류가 적절하게 이루어진 것은 모두 몇 개인가?

㉠ 피보험자의 직업 및 거주지 위험 - 신체적 언더라이팅
㉡ 가족병력 - 환경적 언더라이팅
㉢ 과거 및 현재 병력 - 신체적 언더라이팅
㉣ 보장의 적정성 여부 - 재정적 언더라이팅
㉤ 생활환경·소득수준 - 재정적 언더라이팅
㉥ 보험사기, 보험범죄 - 도덕적 언더라이팅
㉦ 태만, 과실, 부주의 - 도덕적 언더라이팅

① 3개　　　　　② 4개
③ 5개　　　　　④ 6개

18 다음은 보험계약의 철회, 무효, 변경, 소멸 등에 대한 설명이다. 다음 중 밑줄친 것 중 옳은 것은 모두 몇 개인가?

- 보험계약자는 보험가입증서(보험증권)를 받은 날부터 15일 이내에 청약을 ㉠<u>취소</u>할 수 있다.
- 보험자가 보험약관의 교부·명시의무에 위반한 경우 보험계약자는 보험계약이 성립한 날부터 3개월 이내에 보험계약을 ㉡<u>철회</u>할 수 있다.
- 보험계약 당시에 보험사고가 이미 발생하였거나 또는 발생할 수 없는 것인 때 당사자 쌍방과 피보험자가 이를 알지 못한 때에는 그 보험계약은 ㉢<u>무효</u>이(하)다.
- 만 15세 미만자, 심신상실자 또는 심신박약자의 사망을 보험사고로 하는 보험계약은 ㉣<u>무효</u>로 한다.
- 보험계약자가 별도의 약정 없이 계약 성립 후 2월이 지나도록 그 보험료를 납입하지 않을 때 보험계약은 ㉤<u>철회</u>된(한) 것으로 본다.

① 1개　　　　　② 2개
③ 3개　　　　　④ 4개

19 다음은 연금저축보험 중도해지 또는 연금수령시 세제에 대한 설명이다. 다음 중 옳은 것은?

① 연금저축보험을 중도에 해지하는 경우에는 다른 소득과 합산하여 종합과세를 적용한다.
② 연금저축보험을 중도에 해지하는 경우 연금소득세(지방소득세 포함 3.3~5.5%)가 부과된다.
③ 재난으로 15일 이상의 입원치료가 필요한 피해를 입어 연금저축보험을 중도에 해지하는 경우에는 연금소득세(지방소득세 포함 3.3~5.5%)를 부과한다.
④ 연간 연금액이 연금수령한도를 초과하는 경우, 연간 연금은 모두 연금외소득으로 간주하여 기타소득세(지방소득세 포함 16.5%)를 부과한다.

20 다음은 우체국 보험 상품에 대한 설명이다. 다음 중 옳은 것은?

① 무배당 우체국당뇨안심보험 2504의 주계약은 만 15세부터 가입이 가능하고, 주계약 기본 당뇨보장에 더해 특약 가입시 당뇨관련주요질환 입원·수술, 중대수술, 뇌경색증 등 폭 넓은 치료비보장이 가능하다.
② 무배당 우체국하나로OK건강종신보험 2504는 3대질병 진단(최대 3,000만원), 중증수술(최대 500만원) 및 중증재해장해(최대 2,000만원) 등 고액 보장을 해주는 상품이다.
③ 무배당 우체국간편건강보험(355)(20년갱신형) 2504는 주계약에서 재해장해보험금만을 보장한다.
④ 무배당 내가만든희망보험 2504는 20세부터 60세까지 가입 가능한 건강보험으로 3대질병보장 가입시 3대질병 진단 최대 3,000만원 및 뇌경색증진단 최대 500만원을 보장한다.

01 다음은 우체국예금 · 보험에 관한 법령에 대한 설명이다. 다음 중 옳은 것은?

① 재보험의 가입한도는 영업보험료의 의 100분의 50 이내이다.
② 보험의 종류별 명칭의 변경은 보험계약의 효력이 발생한 후라면 언제라도 가능하다.
③ 체신관서는 천재지변, 전쟁, 그 밖의 변란(變亂)으로 인한 보험사고가 발생하여 보험금 계산의 기초에 중대한 영향을 미칠 우려가 있을 때에는 그 보험금을 감액하여 지급할 수 있다
④ 연금보험의 최초 연금액은 피보험자 1인당 1개월에 400만원 이하로 한다.

02 다음은 생명보험 상품의 특징에 대한 설명이다. 다음 중 옳은 것은?

① 연생보험이란 보험계약자 2인 중 1인이 계약을 하고 다른 1인이 보험금액을 지급받기로 하는 생명보험이 대표적인 예이다.
② 타상품과 성능을 비교 검증하기 힘들므로 보험가입자의 정확한 이해가 중요하며, 약관에 대한 충분한 설명이 필요한 것은 생명보험의 특성 중 무형의 상품이라는 특성과 관계된다
③ 보험계약자의 수에 따라 개인보험과 단체보험으로 구분할 수 있다.
④ 저축성보험의 적립부분은 위험보험료를 예정이율로 부리하여 피보험자가 사망 또는 장해를 당했을 때 보험금을 지급하는 부분이다.

03 다음은 월적립식 저축성 보험의 보험차익에 대한 비과세의 요건을 나타낸 것이다. 다음 중 옳은 것은 모두 몇 개인가?

⊙ 최초 납입일로부터 납입기간이 5년 이상인 월적립식 보험계약
ⓒ 최초 납입일로부터 매월 납입 기본보험료가 균등하고 기본보험료 선납기간이 12개월 이내(최초 계약 기본보험료의 1배 이내로 기본보험료를 증액하는 경우 포함))
ⓒ 계약자 1인당 매월 납입 보험료 합계액이 300만원 이하(17년 4월 1일 이후 가입한 보험계약에 한해 적용)
ⓒ 최초로 보험료를 납입한 날부터 만기일 또는 중도해지일까지의 기간이 10년 이상인 보험계약

① 1개   ② 2개
③ 3개   ④ 4개

04 다음은 보험 계약법 전반에 관한 설명이다. 다음 설명 중 옳은 것은?

① 보험계약자의 사기로 인한 고지의무위반의 경우는 보험계약을 해지하거나 취소할 수 있고 보험계약이 선량한 풍속 기타 사회질서에 반하는 경우에는 무효가 된다.
② 보험계약법은 보험계약자등의 불이익변경금지원칙과 같은 임의법규를 많이 정하여 둠으로써 계약자유의 원칙을 충실히 따르고 있다.
③ 보험계약은 특별한 방식을 요구하지 않는 불요식의 낙성계약이지만, 최초보험료가 지급된 때 성립한다.
④ 보험자가 보험계약을 체결할 때에 보험계약자에게 보험약관을 교부하고 그 약관의 중요한 내용을 설명하지 않은 경우 그 계약은 무효가 된다.

05 다음은 우체국 보험에 관한 설명이다. 다음 설명 중 옳은 것은?

① 무배당 우체국급여실손의료비보험(갱신형) 2504에서 갱신 직전 '무사고 할인판정기간' 동안 보험금 지급 실적이 없는경우, 갱신일부터 차기 보험기간 1년 동안 보험료의 5%를 할인해준다.

② 지정대리청구서비스특약 2109의 경우 지정대리 청구인은 피보험자의 가족관계등록부상의 배우자 또는 4촌 이내의 방계혈족이어야 한다.

③ 무배당 우체국온라인치매간병보험 2504는 30세부터 가입이 가능하고, "중증치매상태"로 최종 진단 확정되고, 매년 생존시 최대 15년동안 중증치매진단 간병자금을 매월 지급하는 상품이다.

④ 무배당 우체국더간편건강보험(갱신형) 2504에서 (무)더간편암진단특약(갱신형) 2504, (무)더간편 암입원수술특약(갱신형) 2504는 주계약 2대질병 보장형에 한하여 부가 가능하다.

06 다음은 우체국 연금보험에 관한 설명이다. 다음 설명 중 옳은 것은?

① 무배당 우체국보너스팡팡연금보험 2511의 연금 가시 나이는 기본형은 45세부터이고, 연금강화형은 55세부터이다.

② 무배당 우체국연금저축보험(이전형) 2504는 일시납에 한해 가입이 가능하다.

③ 우체국연금저축보험 2504는 종신연금형과 확정기간연금형만 운용된다.

④ 어깨동무연금보험 2504의 경우 20세부터 연금수령이 가능한 상품으로 제1보험기간에는 재해장해보험금을 지급하고, 제2보험기간에는 생존연금을 지급한다.

07 다음은 우체국 보험 상품에 관한 설명이다. 다음 설명 중 옳은 것은?

① 무배당 우체국예금제휴보험 2504는 체신관서가 공익재원으로 보험료를 지원하는 공익형 보험이다.

② 무배당 우체국실속정기보험 2504의 2종(간편가입)에 가입한 경우 가입 후 청약일부터 3개월 이내에 일반심사보험 가입을 희망하는 경우, 일반계약 심사를 통하여 일반 심사보험((무)우체국실속정기보험 2504 1종(일반가입))에 청약할 수 있다.

③ 무배당 내가만든희망보험 2504의 경우 3대질병보장 가입 시 3대질병 진단의 경우 최대 2,000만원을 보장하고 뇌경색증 진단 시 최대 500만원을 보장한다.

④ 무배당 우체국더간편건강보험(갱신형) 2504의 경우 2가지(건강관련) 간편고지로 간편하게 가입할 수 있는 상품으로 10년만기 생존시마다 건강관리자금을 지급한다.

08 다음은 보험료 납입에 관한 설명이다. 다음 설명 중 옳은 것은?

① 고객센터로 초회보험료와 계속보험료를 즉시이체할 수 있다.

② 계속보험료의 실시간이체 대상 보험료는 1·2연체 보험료 및 선납 보험료이다.

③ 우체국페이 납입은 초회보험료(1회)를 제외한 계속 보험료를 대상으로 하고 보장성 및 저축성을 포함한 전 보험상품의 보험료를 납입할 수 있다.

④ 의료수급권자 할인은 의료급여 수급권자에게 실손 의료비보험의 보험료를 할인하는 제도로서, 증명 서류 제출을 위임할 경우 위임서류 및 신분증 등을 확인해야 한다.

09 다음 사례의 경우 X가 납부해야 하는 상속세액은 얼마인가? (다른 변수는 고려하지 않는다.)

> 딸 X가 계리직 공무원이 되기를 원하던 X의 아버지는 고속도로에서 갑작스럽게 교통사고로 사망하였다. 별도의 유언 없이 사망한 Y는 14억원의 정기예금 외에 다른 재산이 없었으며, Y에게는 늦둥이를 임신 중인 배우자 A, 큰 딸 X, 그리고 노모 Y가 있다.

① 5천만원 ② 5천 2백만원
③ 5천 4백만원 ④ 5천 6백만원

10 다음은 우체국 보장성보험에서 건강관리 지급과 관련된 설명이다. 다음 설명 중 옳지 <u>않은</u> 것은?

① 우체국New건강클리닉보험 2509 – 보험기간(10년만기) 생존 시마다 건강관리자금
② 무배당 어깨동무보험 2504 – 상해보장형의 경우, 매 2년마다 건강관리자금 지급
③ 무배당 우체국더간편건강보험(갱신형) 2504 – 10년만기 생존시마다 건강관리자금 지급(주계약)
④ 무배당 내가만든희망보험 2504 – 보험기간 중 매 10년마다 생존 시 건강관리자금 지급

11 다음은 리스크의 유형에 대한 설명이다. 다음 중 연결이 잘못된 것은?

① 유동성리스크 – 자금의 조달, 운영기간의 불일치, 예기치 않은 자금 유출 등으로 지급불능상태에 직면할 리스크
② 신용리스크 – 예상하지 못한 손해율 증가 등으로 손실이 발생할 리스크
③ 운영리스크 – 부적절하거나 잘못된 내부의 업무 절차, 인력 및 시스템 또는 외부의 사건으로부터 초래될 수 있는 손실이 발생할 리스크
④ 시장리스크 – 시장가격(주가, 이자율, 환율 등)의 변동에 따른 자산가치 변화로 손실이 발생할 리스크

12 우체국 보험상품별 보장개시일에 대한 설명으로 옳은 것은?

① 장기요양상태 보장개시일은 계약일[부활(효력회복)일]부터 그 날을 포함하여 90일이 지난 날의 다음 날로 한다.
② 치매보장개시일은 질병으로 인하여 치매상태가 발생한 경우, 계약일(부활일)부터 그날을 포함하여 1년이 지난 날의 다음날이다.
③ 피보험자의 나이가 10세인 경우, 암보장개시일은 계약일(부활일)부터 그날을 포함하여 90일이 지난 날의 다음날이다.
④ 무배당 우체국치아보험(갱신형) 2504의 보철치료 보장개시일은 계약일(부활일)부터 그 날을 포함하여 90일이 지난 날의 다음 날로 하지만, 만 15세 미만인 경우의 보철치료보장개시일은 계약일(부활일)로 한다.

13 다음은 보험계약의 당연한 변경·소멸에 대한 설명이다. 다음 중 옳은 설명은?

① 보험자는 보험계약자 측의 계속보험료 미지급, 고지의무 위반, 통지의무 위반 등의 경우에 보험계약을 취소할 수 있다.
② 보험자의 파산 후 3월을 경과한 때부터 보험계약자는 보험계약을 취소할 수 있다.
③ 심신박약자가 소속 단체의 규약에 따라 단체보험의 피보험자가 될 때 의사능력이 있는 경우에는 유효한 보험계약이 된다.
④ 사기로 인한 초과보험(손해보험), 사기로 인한 중복보험의 경우에는 그 초과된 부분의 보험계약을 무효로 한다.

14 무배당 우체국통합건강보험 2504에서 지정대리 청구인 지정에 관한 사항이 적용되는 특약은 무엇인가?

① 무배당 중증치매간병비특약II 2504
② 무배당 재해치료특약II 2504
③ 무배당 암보장특약 2504
④ 무배당 시니어보장특약 2504

15 다음은 우체국 보험 상품에 대한 설명이다. 다음 중 옳은 것은?

① 무배당 우체국뇌심케어보험 2506은 "국민체력 100" 체력 인증시 보험료 지원혜택을 제공하고, 고 객기반 보장 설계가 가능하도록 일반형과 실속형으로 구성된 상품이다.
② 무배당 우체국단체보장보험 2501은 주계약과 특약 모두 만 19세 이상 가입이 가능하고, 근로소득자는 납입한 보험료(연간 100만원 한도)에 대하여 12% 세액공제 혜택이 있다.
③ 무배당 우체국암케어보험 2504는 50% 이상 장해 진단시 보험료 납입면제로 보험료 부담을 완화하였고, 주계약 암진단형 가입 시 암진단시 최대 3,000만원까지 보장한다.
④ 무배당 우체국더든한자녀지킴이보험 2504의 무배당 신생아보장특약 2504와 달리 무배당 산모보장특약 2504는 의무부가해야 하는 특약이 아니다.

16 다음은 우체국 보험 상품에 대한 설명이다. 다음 중 옳지 <u>않은</u> 것은?

① 무배당 에버리치상해보험 2504는 교통사고나 각종 재해로 인한 장해, 수술 또는 골절 시 치료비용 체계적으로 보장하는 상품으로 한번 가입으로 90세까지 보장 및 휴일재해 사망보장을 강화한 상품이다.
② 무배당 우체국더든한자녀지킴이보험 2504는 태아부터 최대 20세까지 폭 넓게 가입 가능한 어린이 보험으로 장해, 골절, 깁스 등 자해관련 일상생활 위험을 주계약에서 기본 보장하는 상품이다.
③ 무배당 우체국든든한건강종신보험 2506은 주계약에서 3대질병 진단 시 사망보험금 60%를 선지급하여 치료자금을 지원하고, 주계약 보험가입금액이 2천만원인 경우 3.0%의 보험료 할인을 해준다.
④ 무배당 우체국New건강클리닉보험 2509는 단 하나의 주계약으로 각종 질병과 사고를 종합 보장하는 상품으로 0세부터 70세까지 가입 가능한 온가족 건강보험이다.

17 다음은 비급여실손의료비특약 보험료 할인·할증에 관한 사항에 대한 설명이다. 다음 중 옳은 것은?

① 갱신 직전 '요율상대도 판정기간' 동안의 비급여특약에 따른 보험료 납입 실적을 고려하여 보험료 갱신시 영업보험료(비급여특약의 순보험료 총액을 대상)에 요율 상대도(할인·할증요율)를 적용한다.
② '요율상대도 판정기간'은 갱신일이 속한 달의 1개월 전 해당월의 말일을 기준으로 12개월 이내로 하며, 최초계약으로부터 1회차 갱신계약은 예외로 한다.
③ 노인장기요양보험법상 장기요양대상자 중 1~2등급 판정 받은 자에 대한 비급여의료비는 보험금 지급 실적에서 제외한다.
④ 요율상대도 계산을 위해 계약자 또는 피보험자(보험대상자)에게 증빙자료의 제출을 요구할 수 있으며, 요율 상대도 계산을 위한 증빙자료 지연제출로 인해 발생한 보험료 차액에 대해서는 이자를 더하여 지급한다.

18 다음은 보험계약의 당연한 변경·소멸·해지 등에 대한 설명이다. 다음 중 옳은 설명은?

① 보험계약이 체결된 후에 사고발생의 위험이 소멸하여 보험사고의 발생가능성이 없어진 경우 보험계약은 당연히 소멸된다.

② 보험계약자는 보험금을 지급받기 전에는 언제든지 계약의 전부 또는 일부를 해지할 수 있다.

③ 보험계약에서 정한 보험사고가 발생하지 않고 보험기간이 끝난 경우, 보험계약자는 그 보험계약을 취소할 수 있다.

④ 보험자가 파산선고를 받으면 보험계약자는 파산선고 후 3월을 경과한 때부터 계약을 해지할 수 있다.

19 다음은 보험사고에 대한 설명이다. 다음 중 옳은 것은?

① 클레임은 보험사고의 분류와 동일하게 생존, 사망, 장해, 진단, 수술, 입원, 통원 등으로 구분할 수 있으며, 발생 원인이 사고 혹은 질병인지에 따라 재해와 질병으로 구분할 수 있다.

② 보험사고가 발생한 후에 보험자가 고지의무위반으로 인한 계약을 해지하였을 때에는 보험금을 지급할 책임이 있다.

③ 보험수익자가 보험사고의 발생 전에 보험계약의 전부 또는 일부를 해지한 경우 보험자는 다른 약정이 없으면 미경과보험료를 반환하여야 할 의무를 진다.

④ 보험사고 발생 불확정성은 생명보험으로서 제3보험의 특성에 해당한다.

20 다음은 보험계약자 1인당 가입한도 내용에 대한 표이다. 다음 밑줄친 것 중 옳은 것은 모두 몇 개인가?

구분	가입한도	한도적용 제외 대상
㉠ 저축성보험 (㉡ 연금보험 제외)	㉢ 10억원 (보험가입 금액 기준)	• ㉣ 계약자가 법인인 경우 • 2008.8.4 제도시행 전 가입계약 중 알찬전환특약으로 만기자금 재유치, 기존 계약자와 동일하게 저축성보험(연금보험 포함)으로 만기도래 후 ㉤ 1개월 이내 가입 • ㉥ 우체국 즉시연금보험

① 1개
② 2개
③ 3개
④ 4개

01 다음은 보험 계약법에 관한 설명이다. 다음 설명 중 옳은 것은?

① 보험계약자가 보험계약의 청약시에 보험료 상당액을 납부한 때에는 보험자는 다른 약정이 없는 한 30일내에 승낙의 통지를 발송해야 하고, 이를 해태한 때에는 승낙한 것으로 보지만, 인보험계약의 피보험자가 신체검사를 받아야 하는 경우에는 그 기간은 신체검사를 받은 날로부터 기산한다.

② 보험사고가 전쟁으로 인하여 생긴 때에는 보험자는 보험금액을 감액하여 지급한다.

③ 타인을 위한 보험의 경우 보험계약자는 그 타인의 동의를 얻지 아니하거나 보험계약서를 소지하지 아니하면 그 계약을 해지하지 못한다.

④ 보험계약자는 계약체결후 지체없이 보험료의 전부 또는 제1회 보험료를 지급하여야 하며, 보험계약자가 이를 지급하지 아니하는 경우에는 다른 약정이 없는 한 계약성립 후 3월이 경과하면 그 계약은 해제된 것으로 본다.

02 다음은 우체국 보험에 관한 설명이다. 다음 설명 중 옳은 것은?

① 무배당 우체국통합건강보험 2504 주계약의 보험기간은 90, 95, 100세 만기로 되어 있고, (무)요양병원암입원특약Ⅲ(갱신형) 2504는 (무)암입원수술특약(갱신형) 2504를 가입하는 경우에 한하여 부가가능하다.

② 40세인 임신 24주인 산모는 무배당 더든든한우체국자녀지킴이보험 2504의 무배당 산모보장특약 2504에 가입할 수 있다.

③ 무배당 우체국하나로OK건강종신보험 2504는 0세부터 가입이 가능한 상품으로 고액 보험의 보험료 할인과 해약환급금 50%지급형 상품이다.

④ 무배당 우체국실속정기보험 2504의 1종(일반가입)은 2종(간편가입)과 달리 순수형과 환급형이 있으며, 환급형에 대해서 주계약에서 만기보험금을 지급한다.

03 다음은 우체국 저축성보험에 관한 설명이다. 다음 설명 중 옳은 것은?

① 무배당 청소년꿈보험 2504는 만6~17세를 가입 대상으로 하는 공익형 교육보험으로 과학기술정보통신부장관과 피보험자가 공동으로 보험계약자가 된다.

② 무배당 파워적립보험 2504는 만기 유지 시 계약일부터 최초 1년간 보너스금리를 추가 제공한다.

③ 무배당 그린보너스저축보험플러스 2504는 가입 1개월 유지 후 언제든지 해약해도 납입보험료의 100% 이상을 보장하는 신개념 저축보험이다.

④ 무배당 알찬전환특약 2504는 전환전계약의 만기일 1개월 전~만기일 전일까지 신청가능하고, 전환전계약의 만기보험금과 배당금 합계액을 일시납으로 한다.

04 다음은 보험금 지급에 관한 설명이다. 다음 설명 중 옳은 것은?

① 사망보험금 선지급제도란 종합병원의 전문의 자격을 가진 자가 실시한 진단결과 피보험자의 남은 생존기간이 6개월 이내라고 판단한 경우에 체신관서가 정한 방법에 따라 사망보험금액을 선지급사망보험금으로 보험계약자에게 지급하는 제도이다.

② 사망보험금, 해약환급금, 연금, 학자금, 계약자배당금 등은 즉시지급의 대상이므로 별도의 심사 또는 조사행위 없이 접수처리 즉시 보험금 등을 지급한다.

③ 해외에서 발생한 보험사고에 대한 조사와 보험금 지급사유 등에 대해 제3자의 의견에 따르기로 한 경우는 모두 보험금 지급예정일 30일 초과사유에 해당한다.

④ 보험금청구권, 보험료 청구권, 해약환급금청구권 및 책임준비금 반환청구권은 3년간 행사하지 않으면 소멸시효가 완성된다.

05 다음은 환급금 대출에 대한 설명이다. 다음 중 옳은 것은?

① "환급금대출"이라 함은 보험계약이 해지될 경우에 해약환급금의 범위 내에서 보험수익자의 요구에 따라 대출하는 제도로 대출자격은 유효한 보험계약을 보유하고 있는 우체국보험 수익자로 한다.
② 순수보장성보험 등 보험상품의 종류에 따라 대출을 제한할 수 있으며, 연금보험의 경우 연금개시 전에는 환급금대출을 제한한다.
③ 연금 보험을 포함한 보장성 보험은 해약환급금의 최대 95%이내에서 대출을 받을 수 있다.
④ 우체국 환급금 대출은 채널별 환급금대출 한도가 다르고, 우체국 창구에서는 대출 가능 금액 한도 내에서 전액 이용 가능하며, 대리신청인은 계약자의 직계 존·비속 및 배우자에 한한다.

06 보험계약의 변경 및 계약자의 임의해지에 대한 설명이다. 다음 중 옳은 것은?

① 보험계약의 변경 중 보험가입금액 감액의 경우 그 감액된 부분은 해지된 것으로 보며, 이 경우 해약환급금을 보험수익자에게 지급한다.
② 보험수익자를 변경하고자 할 경우에는 보험계약이 종료되기 전에 피보험자가 서면으로 동의하여야 한다.
③ 2001.1.1. 이후 체결된 연금저축 계약(세제혜택이 있는 세제적격 연금저축보험)의 가입자 사망 시 배우자(상속인)가 상속을 통해 계약을 유지할 수 있으며, 가입자가 사망한 날이 속하는 달의 말일부터 6개월 이내 신청해야 한다.
④ 부부형 보험계약(백년연금보험, 암치료보험)에서 배우자(종피보험자)와 이혼 후, 타인과 재혼 시 종피보험자 변경이 불가하며, 종피보험자가 사망하거나 1급 장해 시에는 변경이 가능하다.

07 다음은 제3보험에 대한 설명이다. 다음 중 옳은 것은?

> ㉠ 제3보험은 보험기간이 장기인 경우와 단기인 경우를 모두 가진다.
> ㉡ 생명보험의 재해보험은 특정 재해분류표 등을 이용하여 담보위험을 열거하여 보장해주는 상품이고 손해보험의 상해보험은 특정 상해사고를 보상하는 특별약관으로 보장하는 형태이다.
> ㉢ 부담보조건 인수로 인하여 보험가입대상은 축소된다.
> ㉣ 암보험상품의 보험기간은 10년 이상으로서 가입 가능연령은 15세 이상이다.
> ㉤ 상해사고는 발생하였으나 그에 따른 질병으로 사망한 경우에는 이를 상해사고로 보지 않는다.

① 1개   ② 2개
③ 3개   ④ 4개

08 다음은 보험계약법 전반에 관한 설명이다. 다음 설명 중 옳은 것은?

① 위험변경 증가의 통지의무에서의 위험의 변경 또는 증가의 원인은 객관적이어야 하므로 보험계약자 또는 피보험자의 행위로 인한 것이 아니어야 한다.
② 보험계약자가 보험료를 납입하지 않고 보험계약을 청약한 경우 보험자는 다른 약정이 없는 한 30일 내에 승낙의 통지를 발송해야 하고, 이를 해태한 때에는 승낙한 것으로 본다.
③ 장애인을 보험금수취인으로 하는 보험 가입시, 장애인이 수령하는 보험금에 대해서는 10년간 4,000만원을 한도로 증여세가 비과세 된다.
④ 진단계약, 보험기간이 90일 이상인 계약 또는 전문보험계약자가 체결한 계약은 보험증권을 받은 날부터 15일 이내라고 하더라도 청약을 철회할 수 없다.

09 다음은 보험모집에 대한 설명이다. 다음 중 옳은 것은?

① '보험모집'이란 계약체결의 승낙을 포함하여 우체국과 보험계약이 체결될 수 있도록 중개하는 모든 행위를 의미한다.

② 최근 1년간 보험모집 신계약 실적이 없는 자와 금융업무 담당자를 제외한 신규임용일 또는 금융업무 미취급 관서(타부처 포함)에서 전입일 부터 3년 이하인 자는 직원 중 보험모집 자격요건을 충족한 자의 경우라도, 보험모집을 제한하여야 하는 경우이다.

③ 보험법에서는 보험회사 또는 보험의 모집에 종사하는 자는 생명보험계약을 모집하기 전에 중복계약 체결 확인 의무를 진다고 규정하고 있다.

④ 보험중개사는 보험회사, 보험대리점 또는 보험중개사에 소속되어 보험계약 체결을 중개하는 자를 말한다.

10 다음 중 보험계약의 취소 사유인 것을 모두 고른 것은 무엇인가?

┌─────────────────────────────────────┐
│ ㉠ 약관 설명 및 교부를 이행하지 않았을 때 │
│ ㉡ 고객의 자필 서명을 받지 않았을 때 │
│ ㉢ 보험자의 법률 위반이 존재할 때 │
│ ㉣ 보험계약자의 사기로 인한 고지의무위반의 경우 │
│ ㉤ 기발생 사고 │
└─────────────────────────────────────┘

① ㉠, ㉡
② ㉡, ㉢, ㉣
③ ㉠, ㉡, ㉢, ㉣
④ ㉡, ㉢, ㉣, ㉤

11 다음은 우체국 보험 상품에 관한 설명이다. 다음 설명 중 옳은 것은?

① 무배당 우체국더든든한자녀지킴이보험 2504에서 무배당 어린이보장특약 2504, 무배당 어린이교통재해특약 2504는 의무적으로 부가되는 특약이다.

② 무배당 우체국대한민국엄마보험 2504는 차상위계층의 산모를 대상으로 체신관서가 보험료 전액을 지원하는 공익보험이다.

③ 무배당 win-win단체플랜보험 2504의 경우 주계약에서는 재해장해보험금만 지급하고, 무배당 단체화상치료특약 2504, 무배당 단체식중독치료특약 2504의 가입나이는 0~10세이다.

④ 무배당 온라인입원수술보험 2504의 입원보험금은 질병 또는 재해로 인하여 그 직접적인 치료를 목적으로 3일 이상 입원하였을 때 지급된다.

12 다음은 우체국 실손보험에 관한 설명이다. 다음 설명 중 옳은 것은?

① 우체국급여실손의료비보험(갱신형) 2504는 의료비 전문 보험) 상해 및 질병 최고 1억원, 통원 건당 최고 100만원, 요양병원의료비 5천만원, 상급 병실료차액 2천만원을 보장해준다.

② 우체국급여실손의료비보험(갱신형) 2504, 계약전환·단체개인전환·개인중지재개용 2504와 달리 노후실손 2504, 간편실손 2504는 종합형만 가입할 수 있다.

③ 우체국급여실손의료비보험(갱신형) 2504, 계약전환·단체개인전환·개인중지재개용 2504는 보장내용 변경주기가 5년이므로 최대 4회까지 갱신이 가능하다.

④ 우체국급여실손의료비보험(갱신형) 2504의 최초계약 가입 나이는 0~99세이고, 노후실손 2504의 최초계약 가입 나이는 61~75세이다.

13 다음은 보험윤리와 소비자보호에 대한 설명이다. 다음 중 옳은 것은 모두 몇 개인가?

> ㉠ 보험회사는 1년 이상 유지된 계약에 대해 보험계약 관리내용을 연 1회 이상 보험소비자에게 제공해야 하며, 저축성보험에 대해서는 분기별 1회 이상 제공해야 한다.
> ㉡ 보험회사는 보장성보험에 대해 판매시점의 공시이율을 적용한 경과기간별 해지환급금을 보험소비자에게 안내하고, 해지환급금 및 적립금을 공시기준에 따라 공시해야 한다.
> ㉢ 보험회사는 보험상품에 대한 판매광고 시, 보험협회의 상품광고 사전심의 대상이 되는 보험상품에 대해서는 금융감독원으로부터 심의필을 받아야 한다.
> ㉣ 횡령, 배임, 공갈, 절도, 뇌물수수 등 범죄 혐의가 있는 행위와 달리 금품, 향응 등을 요구하거나 수수하는 행위는 업무와 관련성이 있는 경우에만 내부신고제도의 신고 대상이 된다.
> ㉤ 보험회사는 판매담당 직원 및 단위조직에 대한 평가 및 보상체계를 설계해야 한다.

① 1개
② 2개
③ 3개
④ 4개

14 다음은 우체국 보험 상품에 대한 설명이다. 다음 중 옳은 것은?

① 무배당 내가만든희망보험 2504는 3대질병보장 및 생활보장과 달리 상해보장에서는 가입 후 매10년마다 계약해당일에 살아 있을 때 건강관리자금을 지급한다.
② 무배당 우체국든든한건강종신보험 2506의 주계약에서 보장되는 사망보험금은 3대질병 진단보험금 지급사유가 발생하지 않고 사망한 경우 뿐만 아니라 3대질병 진단보험금 지급사유가 발생한 후 사망한 경우에도 지급한다.
③ 무배당 우체국암케어보험 2504에서 피보험자가 B형 간염 항체 보유시 항체보유 사실을 증명할 수 있는 서류를 제출하고 체신 관서가 확인시에는 제1회 보험료를 포함하여 서류제출시점 이후의 차회보험료부터 영업보험료의 3%를 할인하여 영수한다.
④ 무배당 우체국단체보장보험 2501에서 주계약, 무배당 단체재해사망특약 2501 및 무배당 단체질병사망특약 2501의 가입한도는 과학기술정보통신부 산하기관의 경우 5,000만원으로 한다.

15 다음은 무배당 우체국급여실손의료비보험(갱신형) 2504의 보험금 지급 실적이 없는 경우 보험료 할인에 관한 사항(무사고할인)에 대한 설명이다. 다음 밑줄친 것 중 옳은 것은 모두 몇 개인가?

- 갱신(또는 재가입) 직전 '무사고 할인판정기간' 동안 보험금 지급 실적[급여 의료비 중 본인부담금 및 4대 중증질환(암, 뇌혈관질환, 심장질환, 희귀난치성질환)으로 인한 비급여의료비에 대한 보험금은 제외]이 없는 계약을 대상으로 갱신일(또는 재가입일)부터 차기 보험기간 ㉠3년 동안 보험료의 ㉡5%를 할인
- '무사고 할인판정기간'은 갱신일(또는 재가입일)이 속한 달의 ㉢1개월 전 해당월의 말일을 기준으로 직전 ㉣1년을 적용하며, 최초계약으로부터 ㉤2회차 갱신계약은 예외
- ※ ㉥2회차 갱신계약부터 적용하며, 주계약만 가입한 계약은 할인대상에서 ㉦제외

① 2개
② 3개
③ 4개
④ 5개

16 다음은 보험계약의 전반에 대한 설명이다. 다음 중 옳은 것은?

① 보험료지급은 원칙적으로 추심채무이지만 당사자의 합의나 보험모집인의 관행을 통하여 지참채무로 될 수 있다.

② 보험사고가 보험계약자, 피보험자, 보험수익자 등 보험계약자 측의 고의 또는 과실로 생긴 경우 보험자는 보험금지급책임을 면한다

③ 보험사고가 발생여부와 관계없이 보험계약자는 언제든지 계약의 전부 또는 일부를 해지할 수 있다.

④ 고지의무는 보험계약의 특유한 제도로 보험계약이 성립하기 전의 의무로 보험계약 성립 후의 의무인 위험변경증가의 통지의무·위험유지의무 또는 보험사고 발생의 통지의무와는 구분된다.

17 다음은 우체국 보험 상품에 대한 설명이다. 다음 중 옳은 것은?

① 무배당 우체국대한민국엄마보험 2504에서 보험기간 중 계약의 해지·무효·취소·철회 등의 사유로 발생한 해약환급금 내지 보험료 반환에 해당하는 금액은 과학기술정보통신부장관에게 귀속하며, 이 때 주계약 또는 특약의 보험금 지급사유에 해당하는 보험금 등도 해당금액에 포함된다.

② 무배당 우체국당뇨안심보험 2504는 주계약에서 사망보험금과 장해보험금, 당뇨 중증도에 따라 체계적인 보장금액을 설정하였으며, 별도 특약 가입 시 인슐린치료를 보장받을 수 있다.

③ 무배당 우체국더간편건강보험(갱신형) 2504의 주계약은 1종(간편가입)은 30세부터, 2종(일반가입)은 15세부터 가입이 가능한 상품으로 주계약(암보장형)과 주계약(2대질병보장형)으로 구분된다.

④ 무배당 우체국간병비보험 2504는 장기요양간병비특약Ⅱ 가입시 장기요양 1~4등급으로 진단 확정되고, 매년 생존시 최대 10년동안 간병자금을 매월 지급하는 상품이다.

18 다음은 보험계약자 등의 의무에 대한 설명이다. 다음 중 옳은 것은?

① 실제 보험실무에서는 보험계약청약시에 보험료의 전부 또는 제1회 보험료를 선납부하는 관행이 행해지고 있으나 원칙적으로 보험계약자는 계약체결 후 1개월 이내에 보험료의 전부 또는 제1회 보험료를 납부하여야 한다.

② 보험자가 서면으로 질문한 사항은 중요한 사항으로 의제된다.

③ 보험기간 중에 보험계약자, 피보험자 또는 보험수익자의 고의 또는 중대한 과실로 인하여 사고발생의 위험이 현저하게 변경 또는 증가된 때에는 보험자는 그 사실이 있었던 날로부터 1월 내에 보험료 증액을 청구하거나 계약을 해지할 수 있다.

④ 보험사고발생의 통지의무는 보험계약자와 피보험자 뿐만 아니라 보험수익자도 지며, 보험계약자 등의 통지 해태로 인해 손해가 증가된 때에는 그 증가된 손해를 보상할 책임이 없다.

19 다음은 우체국 저축성 보험 상품에 대한 설명이다. 다음 중 옳은 것은?

① 무배당 청소년꿈보험 2504의 보험료 납입은 월납만 가능하고, 일시납은 불가하다.

② 무배당 그린보너스저축보험플러스 2504의 주계약의 보험료 납입은 상품유형에 관계없이 모두 월납만 가능하고, 일시납은 불가하다.

③ 무배당 파워적립보험 2504의 주계약의 보험료 납입은 상품유형에 관계없이 모두 월납만 가능하고, 일시납은 불가하다.

④ 무배당 우체국온라인저축보험 2504의 주계약의 보험료 납입은 월납과 일시납이 모두 가능하다.

20 다음은 우체국 연금보험 상품에 대한 설명이다. 다음 중 옳은 것은?

① 무배당 우체국연금저축보험(이전형) 2504의 추가납입보험료는 계약일 이후 1개월이 지난 후부터 (연금개시나이-1)세 계약해당일까지 납입 가능하며, 일시납과 월납 모두에 대해서 추가 보험료 납입이 가능하다.

② 무배당 우체국온라인연금저축보험 2504의 기본보험료는 월납과 일시납이 모두 가능하며, 일시납의 경우 납입한도액의 제한이 없다.

③ 무배당 우체국개인연금보험(이전형) 2504의 기본보험료는 월납과 일시납이 모두 가능하다.

④ 우체국연금저축보험 2504는 기본보험료에 대해 월납만 가능하고 수시로 추가보험료를 납입할 수 있다.

01 다음 보장성보험의 세액공제에 대한 설명으로 옳은 것은?

① 근로소득자 본인이 보험료를 납입하는 보장성보험의 피보험자가 연간 소득 200만원인 20세인 배우자인 경우 세액공제를 받을 수 있다.

② 보장성보험의 2020년 중 2개월치 보험료를 미납하여 2021년 중 납부한 경우의 2020년의 근로소득에 대하여 세액공제가 가능하다.

③ 과세 기간 중 보장성보험을 해지할 경우 해지 시점까지 납입한 보험료에 대해 세액공제가 가능하며 이미 세액공제 받은 보험료에 대한 추징 또한 없다.

④ 보장성보험의 세액공제와 관련하여 기본공제대상인 피보험자가 장애인인 경우에는 연령과 소득금액 요건이 적용되지 않는다.

02 다음은 우체국 보험에 관한 설명이다. 다음 설명 중 옳은 것은?

① 무배당 우체국나르미안전보험 2504는 차상위계층에 대하여 모든 보험료를 체신관서가 공익재원으로 지원한다.

② 무배당 우체국치아보험(갱신형) 2504는 최초계약 시 15~60세까지 가입이 가능하고, 보험기간은 5년 만기 갱신형 상품으로 피보험자의 나이가 60세를 초과하는 경우 계약을 갱신할 수 없다.

③ 무배당 우체국보너스팡팡연금보험 2511의 운용보너스 발생일은 계약일부터 3년마다 경과시점의 계약해당일이고, 연금개시나이의 계약해당일까지 발생한다.

④ 우체국안전벨트보험 2504는 교통재해 사망 시 최고 6천만원을 보장하고, 교통재해 장해 시 최고 3천만원을 보장한다.

03 다음은 우체국 모집 및 언더라이팅에 대한 설명이다. 다음 중 옳은 것은?

① 모집자는 위험을 선별하는 1차적 언더라이터이고, 계약적부조사란 적부조사자가 피보험자를 직접 면담 또는 전화를 활용하여 적부 주요 확인사항을 중심으로 확인하며, 계약적부조사서상에 주요 확인사항 등을 기재하고 피보험자가 최종 확인하는 제도이다.

② 단체보험의 경우 보험계약청약서 부본, 보험약관을 제공할 필요가 없다.

③ 우체국 직원 중 보험모집을 하려고 할 경우 우정인재개발원장이 실시하는 보험 관련 교육을 7일 이상 이수한 자이어야 한다.

④ 우체국장은 우체국FC에게 우체국보험의 계약체결, 중개 및 계약 유지를 위한 활동에 해당하는 업무를 위탁한다.

04 다음은 우체국예금 · 보험에 관한 법령에 대한 설명이다. 다음 중 옳은 것은?

① 보험계약 부활의 효력은 미납보험료와 연체이자를 납입한 때부터 발생한다.

② 예금 · 보험에 관한 창구업무취급시간은 「은행법」에 따른 금융기관의 창구업무취급시간을 고려하여 우정사업본부장이 정하여 고시한다.

③ 체신관서는 천재지변, 전쟁, 그 밖의 변란(變亂)으로 인한 보험사고가 발생하여 보험금 계산의 기초에 중대한 영향을 미칠 우려가 있을 때에는 그 보험금을 지급하지 않는다.

④ 예금 · 보험업무의 취급을 위하여 체신관서에서 발송하는 우편물의 요금은 감액을 해준다.

05 다음은 보험사기와 관련된 설명이다. 다음 중 옳은 것은?

① 철수가 그의 친구와 공모하여 교통사고를 낸 경우와 달리 생존자를 사망한 것으로 위장함으로써 보험금을 받으려는 행위는 연성사기에 해당한다.

② 운전 중 교통사고를 당한 민수가 많은 보험금을 수령할 목적으로 입원한 병원의 묵인하여 장기 입원을 하고 과다 보험금을 청구한 경우 연성사기에 해당한다.

③ 자동차 등과 관련하여 보험사고 발생 후 사고일자 등을 조작·변경하여 보험에 가입하는 행위는 보험사고 위장 또는 허위사고 예시에 해당한다.

④ 보험범죄는 보험사기보다 더 넓은 개념이다.

06 다음 중 손해보험으로서 제3보험의 특징을 나타낸 것은 모두 몇 개인가?

> ㉠ 피보험자의 동의 필요
> ㉡ 보험사고 발생 불확정성
> ㉢ 15세 미만 계약 허용
> ㉣ 보험자 대위 금지
> ㉤ 피보험이익 평가불가

① 1개   ② 2개
③ 3개   ④ 4개

07 다음은 우체국 보험 상품에 관한 설명이다. 다음 설명 중 옳은 것은?

① 무배당 우체국대한민국엄마보험 2504의 경우 보험계약자는 개별 보험계약자와 과학기술정보통신부장관을 공동 보험계약자로 하며, 과학기술정보통신부장관을 대표자로 한다.

② 우체국연금보험 2504의 종신연금형은 정액형과 조기집중연금형으로 구분할 수 있으며, 계약자는 계약일 이후 1년이 지난 후부터 1회에 중도 인출할 수 있는 최고 한도는 인출 당시 해약환급금의 50%를 초과할 수 없다.

③ 무배당 우체국개인연금보험(이전형) 2504는 계약 이전 받기 전 계약과 계약이전 받은 후 계약의 총 보험 납입기간은 5년 이상이어야 한다.

④ 무배당 어깨동무보험 2504의 암보장형과 상해보장형은 50세 이상 가입자의 경우 80세 만기 5년납에 한한다.

08 다음은 우체국 보험 상품에 관한 설명이다. 다음 설명 중 옳은 것은?

① 무배당 우체국연금저축보험(이전형) 2504의 경우 일시납의 경우 납입한도액에 제한이 없고, 어깨동무연금보험 2504는 과학기술정보통신부장관이 별도로 보험료를 지원해주는 상품이 아니다.

② 우체국연금저축보험 2504와 달리 무배당 우체국온라인연금저축보험 2504는 세액공제 상품이 아니다.

③ 무배당 우체국치매요양간병보험 2509의 주계약은 1종(일반심사)[해약환급금 50% 지급형, 표준형], 2종(간편심사)[해약환급금 50% 지급형, 표준형]으로 구성되어 있고, 모두 30세 이상부터 가입이 가능하다.

④ 무배당 우체국간병비보험 2504의 주계약은 1종(일반가입)과 2종(간편가입) 모두 30세부터 가입이 가능하다.

09 다음 사례의 경우 효실이가 납부해야 하는 증여세는 얼마인가?

> 효실이가 사업 실패로 어려움에 처하자 친구인 순실이가 현금 10억원을 증여를 해주었다.

① 2억 4천만원
② 2억 6천만원
③ 2억 8천만원
④ 2억 8천만원

10 다음은 우체국보험 모집자에 대한 설명이다. 다음 중 옳은 것은?

① 우체국 소속 직원, 우체국FC, 우체국TMFC, 우편취급국장은 모두 우체국 보험 모집자에 해당하지만, 우편취급국 직원은 우체국 보험 모집자에 해당하지 않는다.
② 우체국 직원 중 보험모집을 하려고 할 경우 종합자산관리사(IFP), 재무설계사(AFPK), 국제재무설계사(CFP) 등 금융분야 자격증을 취득하고 우정인재개발원장이 실시하는 보험 관련 교육을 교육을 3일 이상 이수하여야 한다.
③ 우정개발원장이 실시하는 보험모집희망자 교육과정(사이버교육)을 이수하고, 우체국보험 모집인 자격 평가 시험에서 60점 이상을 받아 합격한 자는 우체국 보험 모집자가 될 수 있다.
④ 파산한 경험이 있는 자라도 복권이 되었다면 우체국FC 등록이 가능하고, FC를 희망하는 자는 '우체국FC 위촉계약신청서'를 우체국장에게 제출하여야 한다.

11 다음은 보험료 자동대출 납입제도에 대한 설명이다. 다음 중 옳은 것은?

① 보험료 미납으로 실효(해지)될 상태에 있는 보험계약에 대하여 계약자의 신청이 있는 경우 해약환급금의 50% 범위내에서 자동대출(환급금대출)하여 보험료를 납입할 수 있다.
② 일반단체 계약과 계약내용의 변경으로 계류 중인 계약에 대해서는 보험료 자동대출 납입제도 신청이 불가하다.
③ 무배당 에버리치상해보험 2504의 경우 환급금대출은 가능하나 자동대출납입 신청은 불가하다.
④ 무배당 우체국통합건강보험 2504에서 보험료의 자동대출납입 기간은 최초 자동대출납입일부터 1년을 한도로 하며 그 이후의 기간에 대한 보험료의 자동대출 납입을 위해서는 재신청을 하여야 한다.

12 다음은 우체국 저축성 보험 상품에 대한 설명이다. 다음 중 옳은 것은?

① 무배당 청소년꿈보험 2504는 추가납입이 가능한 절세형 상품이며, 생존학자금과 입원보험금을 보장한다.
② 무배당 그린보너스저축보험플러스 2504는 10년 만기 유지 시 2.0%의 보너스 금리를 추가적으로 제공한다.
③ 무배당 파워적립보험 2504에서 1종(만기목돈형)의 경우 1회에 인출할 수 있는 최고 한도는 인출 당시 보험료 납입액의 80%를 초과할 수 없다.
④ 무배당 우체국온라인저축보험 2504는 계약일 이후 1개월이 지난 후부터 보험기간 중에 보험년도 기준 연 12회에 한하여 적립금액의 일부를 인출할 수 있다.

13 다음 〈보기〉에서 위험에 대한 설명으로 옳은 것으로만 묶은 것은?

〈보기〉

ㄱ. 위험은 사건발생에 연동되는 결과에 따라 순수위험과 투기적 위험으로 분류할 수 있다.

ㄴ. 주식투자, 복권, 도박 등은 투기적 위험으로 원칙적으로 보험 상품의 대상이 된다.

ㄷ. 정태적 위험은 개인적인 위험으로 개별적 사건 발생은 우연적·불규칙적이나, 집단적으로 관찰 시 일정한 확률을 가지기 때문에 예측이 가능하다.

ㄹ. 동태적 위험은 고의적인 사기·방화, 산업구조 변화, 물가변동 등 위험의 영향이 광범위하며 발생 확률을 통계적으로 측정하기 어렵다.

---

① ㄱ, ㄴ   ② ㄱ, ㄷ

③ ㄴ, ㄹ   ④ ㄷ, ㄹ

14 다음은 우체국 보험의 보험료의 할인에 대한 설명이다. 다음 중 옳은 것은?

① 현재, 단체계약 할인율은 우체국 자동이체납입 할인율과 동일하며, 당월납입(선납 포함)에 한하여 할인 적용을 하고 유예기간 중의 보험료는 할인하지 아니한다.

② 다자녀가구 할인은 두 자녀 이상을 둔 가구의 미성년(만19세 미만) 자녀가 피보험자인 계약에 한하여, 판매중인 저축성보험에 가입하여 보험료의 자동이체 납입시 할인하는 제도이다.

③ 선납할인은 향후의 보험료를 6개월분(2021. 9.12. 이전 계약은 1개월분) 이상 미리 납입하는 경우의 할인이다.

④ 무배당 win-win 단체플랜보험 2504 가입 시에 단체별 보험계약자 수에 따라 주계약 보험료(특약보험료 제외)에 대해서 1~2%의 할인율을 적용하고 있다.

15 다음은 보험 계약법에 관한 설명이다. 다음 설명 중 옳은 것은?

① 보험자는 보험금액의 지급에 관하여 약정기간이 없는 경우에는 보험사고 발생의 통지를 받은 후 10일 이내에 지급할 보험금액을 정하고 지체없이 피보험자 또는 보험수익자에게 보험금액을 지급하여야 한다.

② 보험계약의 부활에서는 고지의무와 승낙의제는 적용되지만, 승낙전 사고담보는 적용되지 않는다.

③ 보험계약이 부활된 경우 보험계약이 실효된 이후 시점부터 부활될 때까지의 기간에 발생한 보험사고에 대하여 보험자는 책임을 져야 한다.

④ 보험자가 보험계약의 청약에 대하여 승낙할 경우 보험자의 책임은 최초보험료가 지급된 때로 소급하여 개시된다.

16 다음은 우체국 보험 상품에 관한 설명이다. 다음 설명 중 옳은 것은?

① 무배당 에버리치상해보험 2504는 대상포진 및 통풍 등 생활형 질병을 보장해준다.

② 무배당 우체국New건강클리닉보험 2509와 무배당 우체국뇌심케어보험 2506은 "국민체력100" 체력 인증시 보험료 지원혜택을 제공한다.

③ 우체국단체보장보험 2501의 무배당 단체입원의료비보장특약 2501, 무배당 단체통원의료비보장특약 2501의 가입한도는 과학기술정보통신부 산하기관의 경우 4,000만원으로 한다.

④ 무배당 우체국실속정기보험 2504의 가입금액 이내라면 1종(일반가입)과 2종(간편가입)의 중복가입은 가능하다.

17 다음은 우체국 보험상품의 특약의 갱신 절차에 관한 설명이다. 다음 빈 칸에 들어갈 숫자를 차례대로 나열한 것은?

> • 우체국 보험상품의 특약의 갱신 시 보험기간 만료일 (㉠)일 전까지 계약자에게 서면 또는 전화(음성녹음)로 안내하고, 보험기간 만료일 (㉡)일 전까지 계약자의 별도 의사표시가 없으면 자동갱신된다.
> • 갱신계약의 보험료는 각각의 특약상품에 따라 나이의 증가, 적용기초율의 변동 등의 사유로 인상 가능하다.

① ㉠ – 20 / ㉡ – 10
② ㉠ – 30 / ㉡ – 10
③ ㉠ – 30 / ㉡ – 15
④ ㉠ – 60 / ㉡ – 30

18 다음은 우체국 저축성 보험 상품의 가입 나이를 비교한 것이다. 다음 중 옳은 것은 무엇인가?

① 무배당 청소년꿈보험 2504 – 만 6~15세
② 무배당 그린보너스저축보험플러스 2504 – 만 15세 이상
③ 무배당 파워적립보험 2504 – 만 20세 이상
④ 무배당 우체국온라인저축보험 2504 – 만19세~65세

19 다음은 무배당 우체국급여실손의료비보험(갱신형) 2109의 재가입에 관한 사항에 대한 설명이다. 다음 중 옳은 것은?

① 계약자가 보장내용 변경주기 종료일(비영업일인 경우 영업일)까지 재가입 의사를 표시한 때에는 재가입 시점에서 체신관서가 판매하는 실손의료보험 상품으로 재가입이 가능하다.
② 재가입 전 계약의 보험료가 정상적으로 납입완료되지 않은 경우라도 재가입 의사를 표시한 때에는 재가입 시점에서 체신관서가 판매하는 실손의료보험 상품으로 재가입이 가능하다.
③ 계약자로부터 재가입 의사를 확인하지 못한 경우에는 보험계약을 자동 연장하지 않고 기존의 보험계약은 종료된다.
④ 계약자의 재가입 의사가 확인된 경우에는 약관에서 정한 절차에 따라 체신관서가 재가입 의사를 확인한 날에 판매중인 상품으로 다시 재가입하는 것으로 하며, 기존 계약은 해지된다.

20 다음은 우체국 보험 상품에 대한 설명이다. 다음 중 옳은 것은?

① 무배당 우체국단체보장보험 25C1에 가입한 경우 가입자가 재해로 장해지급률이 70%인 경우 주계약에 따르면 사망보험금이 지급된다.
② 고혈압(원발성)약물치료보험금은 고혈압(원발성) 보장개시일 이후 고혈압(원발성)으로 진단이 확정되고, 그 직접적인 치료를 목적으로 90일 이상의 기간동안 고혈압(원발성) 약물치료를 받았을 때 지급한다.
③ 무배당 우체국든든한건강종신보험 2506과 무배당 우체국하나로OK건강종신보험 2504는 해약환급금 50% 지급형 상품이 존재하는 우체국 보험 상품이다.
④ 무배당 우체국나르미안전보험 2504는 개별 보험계약자와 과학기술정보통신부장관을 공동 보험계약자로 하고 보험료의 50%를 과기부장관으로부터 지원받는다.

01 다음은 보험영업윤리와 관련된 설명이다. 다음 중 옳은 것은?

① 모집종사자는 보험소비자에게 보험계약 체결 권유 단계에 보험계약청약서 부본 및 보험약관을 제공해야 하며, 보험계약 청약 단계에서 상품설명서를 제공해야 한다.

② 보험회사는 1년 이상 유지된 계약에 대해 보험계약 관리내용을 연 1회 이상 보험소비자에게 제공해야 하며, 변액보험에 대해서는 월 1회 이상 제공해야 한다.

③ 보험회사는 저축성보험에 대해 판매시점의 공시이율을 적용한 경과기간별 해지환급금을 보험소비자에게 안내하고, 해지환급금 및 적립금을 공시기준에 따라 공시해야 한다.

④ 가장 악의적인 보험범죄 유형으로 보험사고에 따른 실제 피해보다 과다한 보험금을 지급받기 위해 병원과 공모하여 부상 정도나 장해등급을 상향, 또는 통원치료를 하였음에도 입원치료를 받은 것으로 서류를 조작하는 행위 등 사기적으로 보험금을 과다 청구하는 행위를 말한다.

02 다음은 보험소비자 보호에 대한 설명이다. 다음 중 옳은 것은?

① 우체국보험을 포함한 우정사업본부의 광고는 생명보험 광고에 대한 심의를 받아야 하며, 「금융 소비자 보호에 관한 법률」에 따라 반드시 안내해야 하는 필수안내사항 및 금지사항 등을 준수해야 한다.

② 변액보험계약의 주계약 및 확정급여형 퇴직연금제도의 적립금과 달리 변액보험계약의 특약 및 퇴직보험은 예금자보호법에 의해 보호된다.

③ 보험금 대리청구인 지정제도는 보험계약자가 보험수익자를 지정하지 않은 보험상품인 경우에 가능하다.

④ 현장에서의 보험민원에 대한 주요 유형을 분류 시 불완전판매의 유형으로는 약관 및 청약서 부본 미교부, 고객불만 야기 및 부적절한 고객불만 처리, 자필서명 미이행이 있다.

03 다음은 제3보험에 대한 설명이다. 다음 중 옳은 것은?

① 보험회사가 생명보험업과 달리 손해보험업에 해당하는 전 종목에 관하여 허가를 받았을 때는 제3보험업에 대해서도 허가를 받은 것으로 본다.

② 옥상에서 던진 돌에 지나가는 행인이 맞아 신체 내부의 장기가 손상을 입은 경우 이를 상해사고로 본다.

③ 손해보험회사에서 판매하는 질병사망 특약의 보험기간은 80세 만기, 보험금액 한도는 상품당 2억원 이내로 부가할 수 있으며, 만기시 지급하는 환급금이 납입보험료 합계액 범위 내여야 하는 요건이 충족하는 경우 겸영이 가능하다.

④ 세균성 식중독이나 상습적 흡입·섭취 또는 마약류 장기복용으로 인한 손해는 상해가 아니라고 보는 것은 상해사고의 요건 중 우연한 사고에 해당하지 않기 때문이다

04 다음은 우체국 보험 상품에 관한 설명이다. 다음 설명 중 옳은 것은?

① 무배당 우체국온라인어린이보험 2504는 자녀의 교육을 위한 어린이 전용 교육보험이다.

② 당뇨보장개시일은 계약일[부활(효력회복)일]부터 그 날을 포함하여 180일이 지난 날의 다음 날로 한다.

③ 무배당 우체국암케어보험 2504는 별도 특약 가입 시 우체국보험 암진단보험금 최고액 보장으로 암진단시 최대 4,000만원까지 보장해준다.

④ 피보험자 150명이 단체로 무배당 win-win단체플랜보험 2504에 가입한 경우 2.0%의 보험료 할인율이 적용된다.

05 다음은 우체국 보장성 보험에서 사망보험을 선지급하는 사유를 나타낸 것이다. 다음 설명 중 옳은 것은?

① 무배당 우체국든든한건강종신보험 2506 – 4대질병(암·뇌출혈·뇌경색증·급성심근경색증) 진단 시 (주계약 1종 가입시)
② 무배당 우체국암뇌심주요치료비보험(20년갱신형) 2511 – 주계약에서 3대질병 진단 시
③ 무배당 우체국온라인정기보험 2504 – 생존기간 6개월 이내 판단 시
④ 무배당 우체국암케어보험 2504 – 암진단 시

06 다음은 보험금 지급에 대한 설명이다. 다음 중 옳은 것은?

① 보험수익자가 고의 뿐만 아니라 과실로 피보험자를 해친 경우에도 보험금 지급 면책사유가 된다.
② 보험수익자 또는 보험계약자로부터 지급청구가 있는 경우 보험금액에 따라 즉시지급과 심사지급으로 구분한다.
③ 보험금 지급사유 등에 대해 제3자의 의견에 따르기로 한 경우에는 보험금 청구서류를 접수한 날부터 30영업일을 초과하여 보험금 지급예정일을 정할 수 있다.
④ 지급기한 내에 보험금이 지급되지 못할 것으로 판단될 경우 예상되는 보험금의 일부를 먼저 지급하는 제도를 보험금 지급제도라고 한다.

07 다음은 보험모집 준수사항에 관한 설명이다. 다음 중 옳은 것은 어느 것인가?

① 보험설계사와 달리 보험회사의 임직원은 보험모집의 자격이 없다.
② 보험중개사는 보험대리점과 달리 계약체결권, 고지 수령권, 보험료 수령권의 권한을 가지고 있다.
③ 금융소비자법에서는 보장성 상품의 경우 금융소비자로부터 계약의 체결권유를 해줄 것을 요청받지 아니하고 방문·전화 등 실시간 대화의 방법을 이용하는 행위는 금지된다고 규정하고 있다.
④ 일반금융소비자가 특정 사항에 대한 설명만을 원하는 경우 설명의무는 해당 사항으로 한정한다

08 다음은 환급금 대출에 관한 설명이다. 다음 중 옳은 것은 어느 것인가?

① "환급금대출"이라 함은 보험계약기 해지될 경우에 계약자가 납입한 보험료의 범위 내에서 계약자의 요구에 따라 대출하는 제도이다.
② 자동화기기(CD, ATM 등)에 의해 연체분 납입은 물론 선납도 가능하지만, 환급금대출의 지급, 상환, 이자납입은 불가하다.
③ 무배당 우체국안전벨트보험 250는 해약환급금의 최대 95% 이내에서 1만원 단위로 대출이 가능하다.
④ 환급금대출을 받은 경우 원칙적으로 대출기간은 환급금대출 대상계약의 보험기간 이내로 하며, 연금보험의 경우 연금개시 전으로 하여 상환기간은 별도로 정하지 않는다.

09 다음은 우체국예금·보험에 관한 법률에 따른 증권 매입비율을 나타낸 것 중 옳은 것은?

① 「자본시장과 금융투자업에 관한 법률」에 따른 증권을 매입하는 때 – 지분증권의 취득가액 총액을 예금자금 총액의 100분의 30 이내
② 금융기관에의 대여금액 총액 – 예금자금 총액의 100분의 5 이내
③ 장내파생상품을 거래하기 위한 위탁증거금 총액 – 예금자금 총액의 100분의 20 이내
④ 업무용 부동산의 보유한도 – 자기자본의 100분의 80 이내

10 다음은 보험료 할인에 관한 설명이다. 다음 설명 중 옳은 것은?

① 보험료의 자동대출납입의 신청기한은 보험료 납입 유예기간이 끝나는 날까지이다.
② 보험료의 우체국페이 납입은 초회보험료(1회)를 포함한 계속보험료를 대상으로 하고 보장성 및 저축성을 포함한 전 보험상품의 보험료를 납입할 수 있다.
③ 계속보험료 실시간이체의 대상 보험료는 1·2연체보험료 및 당월분 보험료이며, 선납보험료는 납입이 불가하다.
④ 창구, TM, 온라인, 고객센터로 모두 초회보험료를 카드로 납부할 수 있다.

11 보험회사 혹은 인수집단의 능력으로 보상이 가능한 규모의 손실이어야 한다는 것과 관계있는 보험의 대상이 되는 불확실성(위험)의 조건은 무엇인가?

① 다수의 동질적 위험단위
② 한정적 측정가능 손실
③ 비재난적 손실
④ 경제적으로 부담 가능한 보험료 수준

12 다음은 보험의 세액공제에 대한 설명이다. 옳은 설명은 어느 것인가?

① 일용근로자를 포함한 근로소득자가 기본공제대상자를 피보험자로 하는 일반 보장성보험에 가입한 경우 과세 기간에 납입한 보험료(100만원 한도)의 12%(지방소득세 별도)에 해당되는 금액을 종합소득산출세액에서 공제받을 수 있다.
② 퇴직연금을 합산하지 않은 금융소득이 1,000만원이고, 근로 소득이 4,000만원인 甲은 연금저축계좌에 납입한 금액 600만원 한도에서 12%의 연금계좌 세액공제를 받을 수 있다.
③ 보장성보험의 피보험자가 태아인 경우 태아는 상속인이 될 수 있고, 기본공제대상자에도 해당한다.
④ 종신형 연금보험의 보험차익에 대한 비과세를 위한 요건으로 계약자, 피보험자 및 수익자가 동일한 계약으로 최초 연금지급개시 이후 사망일 전에 중도해지할 수 있는 계약이어야 한다는 것이 있다.

13 다음은 보험계약의 청약에 대한 설명이다. 다음 중 옳은 것은?

① 전자청약은 가입설계서를 발행한 계약으로 전자청약 전환을 신청한 계약에 한하며, 가입설계일로부터 10일(비영업일 제외) 이내에만 가능하다.
② 태블릿청약서비스는 고객상담을 통해 가입 설계한 내용을 기초로 보험계약자의 태블릿 PC를 통해 전자서명·고지의무사항 체크 등 필수정보를 입력하고, 제 1회보험료 입금까지 One-Stop으로 편리하게 보험계약을 체결할 수 있는 서비스이다.
③ 피보험자와 수익자가 다른 경우에는 전자청약을 할 수 없으며, 전자청약과 태블릿청약을 이용하는 고객에게는 제2회 이후 보험료 자동이체 시 0.5%의 할인이 적용된다.
④ 태블릿청약서비스를 이용하여 계약을 체결할 경우 계약자가 미성년자라면 법정대리인의 동의를 얻어야 한다.

14 다음은 우체국 보험 계약 유지에 관한 설명이다. 다음 설명 중 옳은 것은?

① 계약 유지업무의 좁은 의미로는 넓은 의미의 계약 유지업무에서 보험금 지급업무를 제외한 청약업무, 즉시지급(해약, 만기, 중도금), 환급금대출, 보험료 수금, 계약사항 변경·정정, 납입 최고(실효예고안내) 등 일부사무를 뜻한다.

② 보험료의 자동대출 납입기간은 최초 자동대출납입일부터 1년을 한도로 하며, 그 이후의 기간은 보험계약자의 별도 의사표시가 없으면 자동 연장된다.

③ 실손의료비보험 무사고 할인은 갱신 직전 보험기간 2년 동안 보험금이 지급되지 않은 경우, 갱신 후 영업보험료의 5~10%를 할인하지만, 2017년 5월 18일 이전의 계약은 갱신 직전 보험기간 동안 보험금이 지급되지 않은 경우이다.

④ 체신관서가 부활(효력회복)을 승낙한 때에 계약자는 부활(효력회복)을 승낙한 날까지의 연체된 보험료에 약관에서 정한 이자를 더하여 납입한다.

15 다음은 우체국 보험 상품에 대한 설명이다. 다음 중 옳은 것은?

① 무배당 우체국암케어보험 2504는 50% 이상 장해진단시 보험료 납입을 면제하고, 무배당 우체국통합건강보험 2504는 장해(50% 이상) 발생시 보험료 납입을 면제한다.

② 무배당 우체국간편실손의료비보험(갱신형) 2504는 0세부터 90세까지 가입이 가능한 상품으로 필요에 따라 종합형, 질병형, 상해형 중 선택할 수 있다.

③ 무배당 우체국대한민국엄마보험 2504의 주계약은 태아가 가입할 수 있지만, 무배당 임신질환진단특약 2504의 가입 나이는 19~45세(임신 23주 이내) 산모이다.

④ 무배당 win-win단체플랜보험 2504는 0세 및 어린이 단체도 가입 가능하고, 어린이 단체를 위한 화상, 식중독, 깁스 등을 주계약에서 보장하는 상품이다.

16 다음은 보험계약의 승낙과 거절 및 철회에 대한 내용이다. 빈 칸에 들어갈 숫자의 합은 얼마인가?

- 체신관서는 계약의 청약을 받고, 제1회 보험료를 받은 경우에 청약일로부터 (㉠)일 이내에 계약을 승낙 또는 거절하여야 한다.
- 만일 (㉡)일 이내에 승낙 또는 거절의 통지를 하지 않으면 계약은 승낙된 것으로 본다.
- 보험계약자는 보험가입증서(보험증권)를 받은 날부터 (㉢)일 이내에 그 청약을 철회할 수 있다.
- 다만, 전문보험계약자가 체결한 계약과 청약한 날부터 (㉣)일이 초과되거나 전화를 통해 가입하는 계약 중 계약자의 나이가 만 65세 이상인 경우에는 (㉤)일이 초과된 계약은 청약을 철회할 수 없다.
- 보험계약자가 청약을 철회한 때에는 체신관서는 청약의 철회를 접수한 날부터 (㉥)일 이내에 납입한 보험료를 반환한다.

① 133　　　　　　　② 143
③ 153　　　　　　　④ 163

17 다음은 비급여실손의료비특약 보험료 할인·할증에 관한 사항의 요율 상대도에 대한 설명이다. 다음 밑줄 중 옳은 것은?

구분	1단계 (할인)	2단계 (유지)	3단계 (할증)	4단계 (할증)	5단계 (할증)
보험료 갱신 전 12개월 이내 기간 동안 보험금 지급실적(원)	0원 (보험금 지급 실적 없음)	㉠0 초과 ~ 100만 미만	㉡100만 이상 ~ 200만 미만	㉢200만 이상 ~ 400만 미만	㉣400만 이상
요율 상대도	할인	100%	200%	300%	400%

① ㉠　　　　　　　② ㉡
③ ㉢　　　　　　　④ ㉣

18 〈보기〉의 내용을 모두 충족하는 보험상품으로 옳은 것은?

───〈보기〉───
◦ 암보장형, 2대질병보장형으로 구성하여 꼭 필요한 보장만 가입 가능
◦ 15년만기 생존시마다 건강관리자금 지급(주계약)
◦ 병이 있거나 나이가 많아도 가입 가능

① 무배당 우체국간편건강보험(355)(20년갱신형) 2504
② 무배당 우체국간편건강보험(325)(20년갱신형) 2504
③ 무배당 우체국더간편건강보험(갱신형) 2504
④ 무배당 우체국실속정기보험 2504

19 다음은 보험계약의 전반에 대한 설명이다. 다음 중 옳은 것은?

① 일반단체 계약과 달리 모든 순수보장성 보험은 보험료 미납으로 실효(해지)될 상태에 있더라도 해약환급금 범위내에서 자동대출(환급금대출)하여 보험료를 납입할 수 없다.
② 보험자가 파산의 선고를 받은 때에는 보험계약자는 계약을 해지할 수 있고, 파산 선고 후 해지하지 아니한 보험계약은 파산선고 후 3월을 경과한 때에는 그 효력을 잃는다.
③ 계속보험료 실시간이체는 자동이체를 약정한 경우에 처리가 가능하며, 계약 상태가 정상인 계약만 가능하다.
④ 보험계약자 가입한도 제도는 소액보험 취급을 통한 보편적 보험서비스 제공을 위한 제도로 보험계약자 1인당 가입한도는 연금보험을 제외한 저축성보험 종류에 한하여 실시한다.

20 무배당 win-win단체플랜보험 2504의 특약 중 가입 나이가 0~10세인 상품들로만 나열한 것은?

① 무배당 단체화상치료특약 2504, 무배당 단체식중독치료특약 2504
② 무배당 단체골절치료특약 2504, 무배당 단체식중독치료특약 2504
③ 무배당 단체골절치료특약 2504, 무배당 단체재해입원특약 2504
④ 무배당 단체화상치료특약 2504, 무배당 단체깁스치료특약 2504

01 다음은 우체국 보험의 전자청약서비스와 태블릿 청약서비스에 대한 설명이다. 다음 중 옳은 것을 모두 고르면?

> ㉠ 종피보험자가 있는 상품에 대해 태블릿청약서비스로 이용 가능한 계약은 보험계약자가 성인이어야 한다.
> ㉡ 계약관계자가 미성년자인 계약, 첨부서류 제출이 필수인 계약, 다자녀할인 및 법인계약은 전자청약이 불가하다.
> ㉢ 전자청약서비스의 모집자 수당은 현행과 동일하고, 전자청약은 가입설계일로부터 10일(비영업일 포함)이내에 한하여 전자청약을 할 수 있다.
> ㉣ 전자청약을 이용하는 고객과 태블릿청약서비스를 이용하는 고객에게는 제2회 이후 보험료 자동이체 시 0.5%의 할인이 적용하고, 보험모집자는 불완전판매 방지를 위하여 3대 기본지키기를 이행하여야 한다는 점은 공통점이다.

① ㉠, ㉡, ㉢
② ㉠, ㉢, ㉣
③ ㉡, ㉢, ㉣
④ ㉠, ㉡, ㉢, ㉣

02 다음은 우체국 보험계약의 변경 및 계약자의 임의해지에 대한 설명이다. 다음 중 옳은 것은?

① 보험계약의 변경 중 보험가입금액 감액의 경우 그 감액된 부분은 취소된 것으로 보며, 이 경우 해약환급금을 계약자에게 지급한다.
② 세제혜택이 있는 세제적격 연금저축보험의 가입 자 사망 시 배우자(상속인)가 상속을 통해 계약을 유지할 수 있으며, 가입자가 사망한 날로부터 6개월 이내 신청해야 한다.
③ 보험계약자는 언제든지 보험수익자 변경이 가능하며, 타인의 생명보험(계약자≠피보험자)인 경우 보험수익자 변경 시에는 피보험자의 동의가 불필요하다.
④ 보험료의 납입방법의 변경은 가능하지만, 보험료 납입기간의 변경은 할 수 없다.

03 다음은 우체국 보험계약의 변경 및 계약자의 임의해지에 대한 설명이다. 다음 중 옳은 것은?

① 사망을 보험금 지급 사유로 하는 계약에서 서면으로 동의를 한 피보험자는 계약의 효력이 유지되는 기간에는 정당한 사유가 있음을 증명한 경우 서면동의를 장래를 향하여 철회할 수 있다.
② 부부형 보험계약에서 배우자(종피보험자)와 이혼 후, 타인과 재혼 시 종피보험자 변경이 가능하며, 종피보험자가 사망하거나 1급 장해 시에는 변경이 불가하다.
③ 보험사고 발생 후 보험수익자를 변경한 경우 보험금은 변경 후 보험수익자에게 지급하여야 한다.
④ 보험계약자, 피보험자 또는 보험수익자가 고의로 보험금 지급사유를 발생시킨 경우 체신관서는 그 사실이 있었던 날부터 1개월 이내에 계약을 해지할 수 있다.

04 다음은 우체국 저축성 보험 상품에 대한 설명이다. 다음 중 옳은 것은?

① 무배당 청소년꿈보험 2504는 공익보험이면서 교육보험에 해당하고, 5년 만기 올납만 존재한다.
② 무배당 그린보너스저축보험플러스 2504는 일시납과 월납이 모두 존재하지만, 일반형과 달리 비과세 종합저축형은 월납형만 존재한다.
③ 무배당 파워적립보험 2504는 1종(만기목돈형)은 3, 5년, 10년 만기로 구성되고, 2종(이자지급형)은 5년 만기로 구성된다.
④ 무배당 우체국온라인저축보험 2504는 1, 3, 5, 10년 만기 상품이 있으며, 월납만 존재한다.

05 다음 중 「금융소비자 보호에 관한 법률」 상 불공정영업행위의 금지(제20조) 행위에 해당하는 것은 모두 몇 개인가?

> ㉠ 부당하게 담보를 요구하거나 보증을 요구하는 행위
> ㉡ 금융소비자가 보장성 상품 계약의 중요한 사항에 대하여 부실하게 금융상품직접판매업자에게 알릴 것을 권유하는 행위
> ㉢ 불확실한 사항에 대하여 단정적 판단을 제공하거나 확실하다고 오인하게 할 소지가 있는 내용을 알리는 행위
> ㉣ 금융소비자의 의사에 반하여 다른 금융상품의 계약 체결을 강요하는 행위
> ㉤ 금융상품판매업자등 또는 그 임직원이 업무와 관련하여 편익을 요구하거나 제공받는 행위

① 2개
② 3개
③ 4개
④ 5개

06 다음은 연금저축보험 중도해지 또는 연금수령시 세제에 대한 설명이다. 다음 중 옳은 것은?

① 연금저축보험을 중도에 해지하는 경우에는 다른 소득과 합산하여 종합과세를 적용한다.
② 연간 연금액이 1,200만원 이하인 경우에는 분리과세 할 수 있고, 1,200만원을 초과하면 종합과세를 또는 15% 분리과세를 선택할 수 있다.
③ 연간 연금액이 연금수령한도를 초과하는 경우, 그 초과금액은 연금 외 소득으로 간주하여 연금소득세(지방소득세 포함 3.3 ~ 5.5%)를 부과한다.
④ 연금저축보험을 중도에 해지하는 경우에는 기타소득세(지방소득세 포함 16.5%)가 부과되나, 재난으로 15일 이상의 입원치료가 필요한 피해를 입어 해지를 하는 경우에는 연금소득세(지방소득세 포함 3.3 ~ 5.5%)를 부과한다.

07 다음은 우체국보험 모집에 대한 설명이다. 다음 중 가장 옳은 설명은?

① 보험계약의 체결에 종사하는 자 또는 보험모집자는 그 체결 또는 모집에 관하여 우체국 보험상품의 판매를 거절하는 행위를 하지 못한다.
② 보험안내자료 준수사항은 방송·영화·연설 그 밖의 방법으로 모집을 위하여 우체국보험의 자산 및 부채에 관한 사항과 장래의 이익의 배당 또는 잉여금의 분배에 대한 예상에 관한 사항을 불특정인에게 알리는 경우에는 준용하지 않는다.
③ 보험계약 체결을 권유하는 경우 계약의 무효에 관한 사항을 설명하여야 하며, 취소에 관한 사항은 설명을 생략할 수 있다.
④ 우체국보험계약을 체결한 실적이 있는 보험계약자 또는 피보험자는 통신수단을 이용한 모집당시 보험계약이 유효한 것인지 여부에 관계없이 통신수단을 이용하여 모집할 수 있는 대상자에 해당한다.

08 다음은 보험계약의 성립과 효력에 대한 설명이다. 다음 중 옳은 것은?

① 단체보험계약자는 보험가입증서(보험증권)를 받은 날부터 15일 이내에 그 청약을 철회할 수 있다.
② 보장개시일은 체신관서가 보장을 개시하는 날로서 계약이 성립되고 제1회 보험료를 받은 날을 말하며, 자동이체납입의 경우에는 자동이체 신청에 필요한 정보를 제공한 때를 보장개시일로 본다.
③ 보험모집자가 보험계약자 및 피보험자의 자필서명을 받지 않는 경우 외형상 계약은 성립되어있으나 법률상 그 효력이 처음부터 발생하지 않는다.
④ 보험계약자가 청약을 철회한 때에는 체신관서는 보험료를 납입한 날부터 3일 이내에 납입한 보험료를 반환한다.

09 다음은 우체국보험 계약유지에 대한 설명이다. 다음 중 옳은 것은?

① 우체국보험 계약유지는 보험계약이 사행계약이라는 특성을 가지기 때문에 중요한 의미를 가진다.
② 좁은 의미의 계약유지업무에는 (사고)보험금 지급업무, 즉시지급(해약, 만기, 중도금), 보험료수납, 계약사항 변경·정정, 납입 최고(실효예고안내) 등 일부사무를 뜻한다.
③ 보험료 납입주기에 따라 일시납, 월납 등이 있으며, 보험료의 납입기간에 따라 전기납, 단기납으로 분류된다.
④ 자동화기기(CD, ATM 등)에 의해 보험료를 납입할 경우 연체분 납입은 가능하지만, 선납은 납입할 수 없다.

10 다음은 우체국 보험금 지급에 대한 설명이다. 다음 중 옳은 것은?

① 보험금 지급사유 또는 보험료 납입면제 사유의 조사나 확인이 필요한 때에는 접수 후 10영업일 이내에 보험금을 지급하거나 보험료 납입을 면제한다.
② 즉시지급 대상 보험금에는 생존보험금, 해약환급금, 연금, 학자금이 있고, 심사지급 대상 보험금에는 사망보험금, 계약자배당금 등이 있다
③ 체신관서가 보험금 청구서류를 접수한 때에는 접수증을 교부하고 반드시 서면으로도 송부하며, 그 서류를 접수한 날부터 3영업일 이내에 보험금을 지급하거나 보험료 납입을 면제한다.
④ 피보험자가 심신상실 등으로 자유로운 의사결정을 할 수 없는 상태에서 자신을 해친 경우라도 계약의 보장개시일(부활(효력회복)계약의 경우는 부활(효력회복)청약일)부터 2년이 지난 후가 아니라면 보험금을 지급하지 않는다.

11 다음은 보험계약법에 대한 설경이다. 다음 중 옳은 것은?

① 보험자가 승낙할 경우 보험자의 책임은 최초보험료가 지급된 때로 소급하여 개시된다.
② 보험계약은 보험계약자의 청약과 동시에 최초보험료를 미리 납부하는 것이 보험거래의 관행이므로 보험계약은 요물계약이라고 할 수 있다.
③ 보험계약에서는 선의계약성 실현을 위해 고지의무, 위험변경·증가의 통지의무, 고의나 중과실 사고에 대한 보험자면책, 사기로 인한 초과보험 무효, 보험약관설명의무, 보험자대위 등의 규정을 두고 있다.
④ 보험기간과 보험료 납입기간이 일치하는 경우를 전기납, 보험기간이 보험료 납입기간보다 짧은 경우를 단기납이라고 한다.

12 다음의 빈 칸에 들어갈 단어를 순서대로 바르게 나열한 것은?

> ◦ 기존 보험계약을 부당하게 소멸시킴으로써 새로운 보험계약을 청약하게 하거나, 새로운 보험계약을 청약하게 함으로써 기존 보험계약을 부당하게 소멸시키는 행위, 그 밖에 부당하게 보험계약을 청약하게 하는 행위를 하여서는 아니되는 것을 (㉠)라고 한다.
> ◦ 보험회사는 보험모집자 본인이 모집한 계약을 타인의 명의로 처리하지 못하도록 하여야 한다는 것을 (㉡)라고 한다.

① ㉠ - 승환계약 금지 / ㉡ - 경유계약 금지
② ㉠ - 경유계약 금지 / ㉡ - 승환계약 금지
③ ㉠ - 승환계약 금지 / ㉡ - 작성계약 금지
④ ㉠ - 경유계약 금지 / ㉡ - 작성계약 금지

13 다음은 우체국예금·보험에 관한 법령에 대한 설명이다. 다음 중 옳은 것은?

① 체신관서는 천재지변, 전쟁, 그 밖의 변란(變亂)으로 인한 보험사고가 발생한 경우 보험금의 감액지급률은 지급하여야 할 보험금의 100분의 80의 범위에서 보험사고의 발생률 등을 고려하여 우정사업본부장이 정한다.

② 과학기술정보통신부장관은 보험계약자 등의 복지증진을 위하여 의료·휴양 등에 필요한 시설을 설치할 수 있으며, 보험계약자 등 외의 자에게는 이용하게 할 수 없다.

③ 보험계약자등이 보험계약 체결 당시 이미 보험사고가 발생하였거나 발생할 수 없는 것임을 모르고 한 보험계약은 무효로 한다.

④ 보험약관의 개정은 이미 체결한 보험계약에는 그 효력이 없지만, 보험계약자등의 이익을 보호하기 위하여 특히 필요하다고 인정할 때에는 장래에 향하여 그 효력을 인정할 수 있다.

14 다음은 우체국 보험계약의 부활에 대한 설명이다. 다음 중 옳지 않은 것은?

① 계약해지(효력상실) 후 만기 또는 해지 후 환급금을 수령한 경우에는 부활이 불가능하다.

② 계약해지(효력상실)일로부터 3년 이내, 보험기간 만기일까지 부활을 청구한 계약이어야 한다.

③ 보험기간 만기일이 비영업일인 경우는 그 다음 업무 개시 영업일까지 가능하며 계약해지(효력상실) 후 3년 이내라면 만기일이 경과하더라도 부활이 가능하다.

④ 보험계약자 또는 피보험자가 미성년자(19세 미만)인 경우 부모 공동으로 친권을 행사하며, 친권자 각각의 서명 또는 날인을 득하여야 한다.

15 다음은 우체국 보험의 환급금 대출에 대한 설명이다. 다음 중 옳은 것은?

① 우체국보험 약관 중 [계약의 소멸]조항에 따라 체신관서가 피보험자 사망을 인지한 경우에 는 보험료 납입을 중지시켜 고객의 권익을 보호하고 있는데, 납입중지 상태에서는 신규·추가 환급금대출을 할 수는 없지만, 원리금 상환은 가능하다.

② 보험료납입 연체로 인한 계약이 해지된 보험 계약과 달리 환급금대출(이자) 기연체자는 보험료 자동대출 납입제도를 통해 연체된 이자를 납부할 수 있다.

③ 환급금대출이 있는 계약은 부활 청약을 할 수 없다.

④ 교육보험과 실손보험은 해약환급금의 80% 이내에 대출을 할 수 있다.

16 다음 우체국 저축성 보험 상품 중 보험료로 한달에 3만원 씩 적립하여 가입할 수 있는 상품은 어느 것인가?

① 무배당 그린보너스저축보험플러스 2504
② 무배당 파워적립보험 2504
③ 무배당 우체국온라인저축보험 2504
④ 무배당 알찬전환특약 2504

17 다음과 같은 〈계약전 고지의무〉가 제공되는 우체국 보험 상품은 무엇인가?

> 1. 최근 3개월 이내에 의사로부터 진찰 또는 검사(건강검진 포함)를 통하여 다음과 같은 의료행위를 받은 사실이 있습니까?
>   ① 질병확정진단   ② 질병의심소견
> 2. [암보장형] 최근 5년 이내에 의사로부터 진찰 또는 검사를 통하여 암, 제자리암, 간경화로 진단받거나 입원 또는 수술을 받은 적이 있습니까?
>   [2대질병보장형] 최근 5년 이내에 의사로부터 진찰 또는 검사를 통하여 뇌졸중증(뇌출혈, 뇌경색), 급성심근경색증, 협심증으로 진단받거나 입원 또는 수술을 받은 적이 있습니까?

① 무배당 우체국더간편건강보험(갱신형) 2504
② 무배당 우체국간편건강보험(355)(20년갱신형) 2504
③ 무배당 우체국간편실손의료비보험(갱신형) 2504
④ 무배당 우체국암뇌심주요치료비보험(20년갱신형) 2511

18 다음은 우체국 보험 상품에 대한 설명이다. 다음 중 옳은 것은?

① 무배당 우체국New건강클리닉보험 2509는 고객기반 보장 설계가 가능하도록 일반형과 실속형으로 구성되어 있고, 실속형에서는 중증 뇌심(뇌출혈, 급성심근경색증) 진단 보장 및 일반적인 질병·재해로 인한 입원·수술까지 보장한다.
② 무배당 우체국든든한건강종신보험 2506은 주계약에서 생존기간이 6개월 미만 진단 시 사망보험금 100%를 선지급하여 치료자금을 지원하고, 주계약 보험가입금액이 2천만원 이상~3천만원 미만인 경우 3.0%의 할인을 적용한다.
③ 무배당 우체국암뇌심주요치료비보험(20년갱신형) 2511은 고객기반 설계가 가능하도록 중증부터 경증 질환까지 보장을 강화한 1종(보장강화형)과 기본 보장하는 형태의 2종(기본보장형)으로 이원화하였다.
④ 무배당 우체국더든든한자녀지킴이보험 2504는 태아부터 15세까지 가입 가능한 어린이보험으로 1종(기본형)의 보험기간은 30세 만기이고, 2종(든든형)의 보험기간은 80,100세만기로 구성되어 있다.

19 다음 중 의무적으로 부가해야 하는 특약을 바르게 설명한 것을 모두 고른 것은?

> ㉠ 무배당 우체국암케어보험 2406의 무배당 소액암진단특약Ⅳ 2504는 주계약 암진단특약 가입 또는 무배당 암진단특약Ⅳ 2406 가입 시 의무 부가한다.
> ㉡ 무배당 더든든한우체국자녀지킴이보험 2504에서 무배당 선천이상특약Ⅱ 2504, 무배당 신생아보장특약 2504, 무배당 산모보장특약 2504는 의무 부가한다.
> ㉢ 무배당 우체국급여실손의료비보험(갱신형) 2504는 무배당 비급여실손의료비특약(갱신형) 2504[상해형, 질병형, 3대비급여형]를 의무 부가한다.
> ㉣ 무배당 우체국간병비보험 2504의 주계약 가입시 (무)입원간병인사용특약(10년갱신형) 2504와 (무)입원간병인미사용특약(10년갱신형) 2504를 의무 부가한다.

① ㉠, ㉡, ㉢   ② ㉠, ㉢, ㉣
③ ㉡, ㉢, ㉣   ④ ㉠, ㉡, ㉢, ㉣

20 다음은 우체국 연금보험 상품에 대한 설명이다. 다음 중 옳은 것은?

① 무배당 우체국보너스팡팡연금보험 2511의 가입 나이는 기본형의 경우 일시납과 월납 모두 0세부터 가입이 가능하지만, 연금강화형은 일시납의 경우 0세부터 가능하지만, 월납의 경우 40세부터 가입이 가능하다.
② 무배당 우체국보너스팡팡연금보험 2511은 제1보험기간에는 별도의 보장이 없이 제2보험기간에 생존연금을 지급한다.
③ 우체국연금보험 2504의 고액계약 적립에 관한 사항은 월납계약에 한하고, 5년납의 경우 기본보험료가 20만원보다 클 경우 기본보험료 20만원 초과분의 1.5%를 적립한다.
④ 우체국연금보험 2504는 45세부터 연금지급이 가능하고, 중도인출제도 및 추가납입제도를 운영하고 있다.

01 다음 중 전자청약이 불가한 경우는 모두 몇 개인가?

> ㉠ 보험계약자와 피보험자가 다른 경우
> ㉡ 피보험자와 보험수익자가 다른 경우
> ㉢ 보험수익자가 미성년자인 계약
> ㉣ 보험계약자가 미성년자인 계약
> ㉤ 종피보험자가 있는 상품
> ㉥ 첨부서류 제출이 필수인 계약

① 3개
② 4개
③ 5개
④ 6개

03 다음은 우체국 저축성 보험 상품에 대한 설명이다. 다음 중 옳은 것은?

① 무배당 청소년꿈보험 2504는 특정 피보험자 범위에 해당하는 청소년에게 무료로 보험에 가입할 수 있게 하는 상품으로 보험계약자는 청소년으로 한다.
② 무배당 그린보너스저축보험플러스 2504의 일반형과 비과세종합저축형은 모두 예치형과 적립형이 모두 존재하고 적립형 상품은 모두 전기납만 존재한다.
③ 무배당 파워적립보험 2504는 1종과 2종 모두 월적립식 저축성보험의 보험차익 비과세 요건을 충족하는 상품이 존재한다.
④ 무배당 우체국온라인저축보험 2504는 3년, 5년, 7년, 10년 만기로 구성되어 있으며, 모두 보험료 납입기간에 전기납이 존재한다.

02 다음은 우체국보험 계약유지에 대한 설명이다. 다음 중 옳은 것은?

① 계약유지업무는 보험계약의 선의계약성으로 인해 필요한 것이다.
② 보험료의 납입기간에 따라 연납, 월납, 일시납으로 분류된다.
③ 자동화기기(CD, ATM 등)에 의해 배당금 지급, 환급금대출(지급, 상환, 이자납입)도 가능하고, 연체분 납입은 물론 선납도 가능하다.
④ 우체국보험의 보험료 카드납부 취급대상은 TM, 온라인(인터넷, 모바일)을 통해 가입한 저축성 보험계약 및 2021년 이후 신규 출시한 대면채널의 저축성 보험계약에 한해 처리가 가능하다.

04 다음 중 「금융소비자 보호에 관한 법률」 상 불공정영업행위의 금지(제20조) 행위에 해당하는 것은 무엇인가?

① 금융상품판매업자등 또는 그 임직원이 업무와 관련하여 편익을 요구하거나 제공받는 행위
② 불확실한 사항에 대하여 단정적 판단을 제공하거나 확실하다고 오인하게 할 소지가 있는 내용을 알리는 행위
③ 금융소비자가 보장성 상품 계약의 중요한 사항을 금융상품직접판매업자에게 알리는 것을 방해하거나 알리지 아니할 것을 권유하는 행위
④ 적합성 원칙에 따라 파악한 일반금융소비자의 정보를 조작하여 권유하는 행위

05 다음은 상속·증여 관련 세제에 대한 설명이다. 다음 중 옳은 것은?

① 증여재산 공제금액은 배우자는 6억원이지만, 직계 존·비속 이외 6촌인 경우에는 공제가 없다.

② 순금융재산금액이 2천만원 초과인 경우 금융재산 상속공제액은 순금융재산가액의 20% 또는 2천만 원 중 큰 금액으로 한도는 1억원이다.

③ 「상속세 및 증여세법 제46조(비과세되는 증여재 산)」에 의한 장애인을 보험금수취인으로 하는 보험 가입시, 장애인이 수령하는 보험금에 대해서는 연 간 400만원을 한도로 증여세가 비과세 된다.

④ 상속재산의 과세표준이 6억원인 경우 상속세는 1억 4천만원이다.

06 다음은 보험소비자 보호에 대한 설명이다. 다음 중 옳은 설명은?

① 금융 관련 분쟁 발생 시 분쟁조정 신청일 이후 15일 이내로 합의가 이루어지지 않는 경우 금융감독원장 은 지체없이 이를 금융분쟁조정위원회로 회부해야 한다.

② 모집종사자는 보험소비자에게 보험계약 체결 권유 단계에 보험약관을 제공해야 하며, 보험계약 청약 단계에 보험계약청약서 부본 및 상품설명서를 제공 해야 한다.

③ 현장에서의 민원 주요 유형과 관련하여 약단 및 청 약서 부본 미교부는 불완전판매이고, 약관상 중요 내용에 대한 설명 불충분 및 설명의무 위반은 부당 행위에 해당한다.

④ 우체국 보험가입 내역은 보험가입조회제도를 통해 확인이 가능하다.

07 다음은 우체국보험 모집에 대한 설명이다. 다음 중 옳은 것은?

① 우체국장은 우체국FC에게 우체국보험 계약체결의 업무를 위탁한다.

② 우정인재개발원장이 실시하는 보험모집희망자 교 육과정(사이버교육)을 이수하고 우정사업본부장, 지방우정청장 또는 우체국장이 실시하는 보험 관련 집합교육을 20시간 이상 이수한 자는 직원의 보험 모집 자격요건을 충족한다.

③ 직원 중 보험모집 자격요건을 충족한 자의 경우라 도 최근 6개월간 보험모집 신계약 실적이 없는 자는 직원의 보험모집을 제한하여야 한다.

④ 보험모집 등과 관련하여 법령, 규정 및 준수사항 등을 위반하여 보험모집 자격을 상실한 후 5년이 경과되지 아니한 자는 우체국FC 등록 제한자에 해 당한다.

08 다음은 언더라이팅(청약심사)에 대한 설명이다. 다음 중 가장 옳은 설명은?

① 보험사가 위험을 선택하는 것은 발생위험의 개연성 이 낮은 사람일수록 보험가입에 대한 선호도가 높 고 보험에 가입하고자 하는 성향이 높기 때문이다.

② 보험계약자가 후견인일 경우에는 후견인란의 자필 서명을 득해야 하며, 생략을 할 수 없다.

③ 피보험자 담보별 가입한도 제도는 보장내용에 따라 피보험자 1인당 과도한 가입을 제한하여 도덕적해 이를 예방함으로써 우체국 보험사업의 건전성을 도 모하기 위한 것이다.

④ 보험계약자 1인당 가입한도는 연금보험을 포함하 여 저축성보험종류에 한하여 실시하고, 보험가입 금액 기준 20억원이 가입한도가 된다.

09 다음은 우체국보험의 보험료 카드납부 채널별 업무범위에 대한 설명이다. 다음 중 옳은 것은?

① 창구로 납부하는 경우에는 초회보험료를 제외하고, 계속보험료와 자동이체 신청이 가능하다.
② TM으로는 초회보험료 뿐만 아니라 계속보험료를 납부할 수 있다.
③ 고객센터를 통해서는 초회보험료 납부만 가능하며, 계속보험료를 납부할 수 없다.
④ 온라인을 통해서 초회보험료 뿐만 아니라 계속보험료를 납부할 수 있으나, 계속보험료를 즉시 이체한 후 이를 당일에 취소할 수는 없다.

10 다음은 보험계약의 무효에 대한 설명이다. 다음 중 옳은 것은?

① 보험 계약이 무효가 된 경우 보험계약자 · 피보험자 · 보험수익자가 선의이며 과실이 없을 경우 보험료의 전부 또는 일부의 반환을 청구할 수 있다.
② 만 15세 미만자, 심신상실자 또는 심신박약자의 사망을 보험사고로 하는 보험계약은 무효로 하지만, 심신박약자의 서면에 의한 동의를 받는 경우에는 무효가 아닌 것으로 한다.
③ 보험사고의 발생으로 손해가 발생하고 보험금액의 전부를 지급한 경우 원칙적으로 보험계약은 목적의 달성에 의하여 무효가 된다.
④ 보험자가 보험약관의 교부 · 명시의무에 위반한 경우 보험계약자는 보험계약이 성립한 날부터 3개월 이내에 보험계약을 취소할 수 있고, 보험계약이 선량한 풍속 기타 사회질서에 반하는 경우에는 무효가 된다.

11 다음은 제3보험에 대한 설명이다. 다음 중 옳은 것은?

① 연생보험이란 보험수익자와 피보험자를 각각 별도로 1인씩 지정하여 피보험자 1인의 사망을 보험사고로 하여 보험수익자가 1인이 보험금액을 지급받기로 하는 생명보험이 대표적인 예이다.
② 상해사고의 외래성이란 질병 또는 전신쇠약 등의 원인을 상해에서 제외하기 위한 개념이다.
③ 실손의료보험은 피보험자가 질병 · 상해로 입원(또는 통원) 치료를 하게 될 경우 실제 부담하게 되는 의료비('국민건강보험 급여 항목 중 본인부담액' + '급여 항목'의 합계액)의 일부를 보험회사가 보상하는 상품이다.
④ 장기요양등급이란 6개의 등급으로 판정이 되고, 인지지원등급이 가장 경증을 의미하며, 1등급이 가장 중증을 의미한다

12 다음은 우체국예금 · 보험에 관한 법령에 대한 설명이다. 다음 중 옳은 것은?

① 재보험(再保險)의 가입한도는 사고 보장을 위한 보험료의 100분의 80 이내로 한다.
② 보험계약자는 보험약관에서 정하는 바에 따라 보험계약의 변경을 청구할 수 있는데, 이 경우 보험의 종류별 명칭의 변경은 보험계약의 효력이 발생한 후 1년이 지나야 한다.
③ 우정사업본부장은 보험계약자가 한꺼번에 2개월분 이상의 보험료를 선납(先納)하는 경우에는 그 보험료를 할인할 수 있다.
④ 보험료 납입 유예기간은 해당 월분 보험료의 납입기일부터 납입기일이 속하는 달의 다음 다음 달의 납입기일까지로 한다.

13 다음은 우체국 보험 상품에 대한 설명이다. 다음 중 옳은 것은?

① 무배당 우체국하나로OK건강종신보험 2504는 보험료 납입면제 및 고액계약 할인(주계약)으로 보험료 부담을 완화하였으며, 일반가입형 뿐만 아니라 간편가입형도 운영하고 있다.

② 무배당 우체국급여실손의료비보험(갱신형) 2504는 입원·통원 합산 5천만원, 통원(외래 및 처방 합산) 회당 30만원까지 보장하는 의료비 전문보험이다.

③ 무배당 우체국암뇌심주요치료비보험(20년갱신형) 2511는 신규 항암중입자방사선 특약으로 고액의 항암치료 보장을 확대하였으며, 일반가입형 뿐만 아니라 간편가입형도 운영하고 있다.

④ 무배당 우체국더든든한자녀지킴이보험 2504는 태아부터 15세까지 가입 가능한 어린이보험으로 환급형은 만기보험금을 지급하고, 특약 가입 시 장해, 골절, 깁스 등 재해관련 일상생활 위험을 보장받을 수 있다.

14 다음은 고지의무에 대한 설명이다. 다음 중 옳은 것은?

① 체신관서는 보험계약자 또는 피보험자가 약관 및 상법상의 "고지의무"에도 불구하고, 고의 드는 과실로 중요한 사항에 대하여 사실과 다르게 알린 경우에는 체신관서가 별도로 정하는 방법에 따라 계약을 해지하거나 보장을 제한할 수 있다.

② 계약을 체결한 날부터 2년이 지났을 때에는 고지의무 위반을 이유로 보험계약을 해지하지 못한다.

③ 고지의무를 위반한 사실이 보험금지급사유 발생에 영향을 미치지 않았음을 보험계약자가 증명하지 못하는 경우에는 해당보험금을 지급하지 않는다.

④ 고지의무자는 보험계약자, 피보험자 및 이들의 대리인이고, 보험수익자는 고지의 의무가 부여되지 않으며, 고지수령권자는 보험자 또는 보험자로부터 고지수령권을 받은 자이다.

15 다음은 보험계약의 변경 및 계약자의 임의해지에 대한 설명이다. 다음 중 옳은 것은?

① 보험료의 납입방법, 보험료 납입기간은 계약내용의 변경 대상이 되지만, 보험종독 및 보험계약자 변경은 불가하다.

② 2001.1.1. 이후 체결된 연금저축 계약(세제혜택이 있는 세제적격 연금저축보험)의 가입자 사망 시 배우자(상속인)가 상속을 통해 계약을 유지할 수 있으며, 가입자가 사망한 날로부터 6거월 이내 신청해야 한다.

③ 보험계약자가 사망하여 그 법정상속인이 권리·의무 일체를 상속하는 경우 보험계약자의 법정상속인 전원의 동의로 보험계약자 변경이 가능하다.

④ 보험계약자는 정당한 사유가 있는 경우에만 보험수익자 변경이 가능하며, 타인의 생명보험(계약자≠피보험자)인 경우 보험수익자 변경 시에는 피보험자의 동의가 필요하다.

16 다음은 우체국 보험 전반에 대한 설명이다. 다음의 빈 칸에 들어갈 숫자를 모두 더하면 얼마인가?

- 체신관서가 보험금 청구서류를 접수한 때에는 접수증을 교부하고 휴대전화 문자메세지 또는 전자우편 등으로도 송부하며, 그 서류를 접수한 날부터 (㉠)영업일 이내에 보험금을 지급하거나 보험료 납입을 면제한다.
- 다자녀가구 할인의 경우 할인율은 두 자녀 (㉡)%, 세 자녀 이상 (㉢)%로 차등 적용되며 자동이체 할인과 중복할인이 가능하다.
- 사망보험금 선지급은 해당 약관 〈선지급서비스특칙〉에 의거 보험기간 중에 「의료법 제3조(의료기관) 제2항」에서 정한 종합병원의 전문의 자격을 가진 자가 실시한 진단결과 피보험자의 남은 생존기간이 (㉣)개월 이내라고 판단한 경우에 체신관서가 정한 방법에 따라 사망보험금액의 60%를 선지급사망브험금으로 피보험자에게 지급하는 제도이다.
- 보험금청구권, 보험료 반환청구권, 해약환급금청구권 및 책임준비금 반환청구권은 (㉤)년간 행사하지 않으면 소멸시효가 완성된다.

① 12.5
② 13.5
③ 14.5
④ 15.5

17 다음은 환급금 대출에서 채널별 환급금대출 한도에 대한 설명이다. 다음 중 옳은 것은?

① 자동화기기에 의한 대출을 신청하기 위해서는 우체국폰뱅킹 약정자에 한하여 가능하다.
② 평생OK보험의 경우 환급금대출은 가능하나 자동대출납입 신청은 불가하다.
③ 에버리치ONE-Plus카드, 다드림체크카드를 이용하여 자동화기기로 대출을 하는 경우 카드마다 각각 1일 1,000만원까지 대출이 가능하다.
④ 모바일앱이나 우체국보험 홈페이지를 통한 대출 신청 시 대리인을 통한 신청이 가능하다.

18 다음은 우체국 저축성 보험 상품 중 중도인출 및 보험료 추가 납입이 가능한 상품으로만 구성된 것은?

① 무배당 청소년꿈보험 2504 / 무배당 그린보너스저축보험플러스 2504
② 무배당 파워적립보험 2504 / 무배당 우체국온라인저축보험 2504
③ 무배당 그린보너스저축보험플러스 2504 / 무배당 파워적립보험 2504
④ 무배당 그린보너스저축보험플러스 2504 / 무배당 우체국온라인저축보험 2504

19 다음은 우체국 보험상품에서의 보험계약자에 대한 설명이다. 다음 중 옳지 <u>않은</u> 것은?

① 무배당 어깨동무보험 2504에서 1종(생활보장형)의 경우, "계약자 = 주피보험자"이어야 하고, 1종(생활보장형) "장애인생활안정자금"의 보험수익자는 장애인으로 한정되며, 변경 불가하다.
② 무배당 우체국나르미안전보험 2504는 과학기술정보통신부장관과 개별 보험계약자가 공동으로 계약자가 되고, 보험료의 50%를 과학기술정보통신부장관으로부터 지원을 받는다.
③ 무배당 만원의행복보험 2504의 보험계약자는 개별 보험계약자와 과학기술정보통신부장관을 공동 보험계약자로 하며, 개별 보험계약자를 대표자로 한다.
④ 무배당 청소년꿈보험 2504의 보험계약자는 과학기술정보통신부장관으로 한다.

20 다음은 우체국 보험 상품에 대한 설명이다. 다음 중 옳은 것을 모두 고른 것은?

> ㉠ 무배당 우체국간편건강보험(325)(20년갱신형) 2504와 무배당 우체국간편건강보험(355)(20년갱신형) 2504는 모두 주계약에서 재해사망보험금만을 보장한다.
> ㉡ 무배당 우체국간병비보험 2504는 주계약에서 장기요양 1~2등급으로 진단 확정되고, 매년 생존시 최대 10년동안 간병자금을 매월 지급한다.
> ㉢ 무배당 우체국New건강클리닉보험 2509는 주계약에서는 사망보험금만을 보장하고, 다양한 특약을 부가함으로써 각종 질병과 사고의 종합 보장이 가능하다.
> ㉣ 무배당 우체국뇌심케어보험 2506은 고객기반 설계가 가능하도록 중증부터 경증질환까지 보장을 강화한 1종(보장강화형)과 기본 보장하는 형태의 2종(기본보장형)으로 이원화하였고, 주계약(2종(기본보장형))에서는 뇌혈관질환진단보험금과 허혈성심장질환진단보험금만을 보장한다.

① ㉠, ㉣   ② ㉠, ㉡, ㉣
③ ㉠, ㉢, ㉣   ④ ㉡, ㉢, ㉣

04 정답 및 해설

제 1 회

01	02	03	04	05	06	07	08	09	10
①	④	①	②	②	②	③	②	②	②
11	12	13	14	15	16	17	18	19	20
④	④	②	②	①	②	①	③	②	③

01
정답 | ①

① 옳은 것은 ⓒ 1개이다.
ⓒ 옳은 설명이다.

📖 오답 피하기

㉠ 서신이나 물건 등의 실체를 전달한다는 점에서 전기적인 방법으로 정보를 전달하는 전기통신과는 구별된다.
ⓒ **방문 접수와 집배원이 접수한 경우**에는 영수증을 교부한 때가 계약 성립시기가 된다.
㉢ 서신송달업을 하려는 자는 신고서를 관할지방우정청장에게 제출한다.
㉤ 국가기관이나 지방자치단체에서 보내는 등기 취급 서신은 무게가 350g 이하이고 통상우편요금 10배 이하인 서신과 마찬가지로 서신 독점의 범위에 해당한다.

02
정답 | ④

모두 (관할)지방우정청장의 권한에 대한 것들이다.
④ 옳은 것은 ⓒ, ㉢, ㉥ 3개이다.

📖 오답 피하기

㉠ 손실보상의 청구서와 의견서를 받은 지방우정청장은 그 내용을 심사하여 청구내용이 정당하지 아니 하다고 인정하는 때에는 그 사유서를 청구인에게 보내고, 청구내용이 정당하다고 인정하는 때에는 청구한 보수나 손실 보상금을 청구인에게 지급하여야 한다.
ⓒ 과오취급우편물 발견국에서 잘못 도착한 우편물이 너무 많아 입증자료의 확보가 곤란하거나, 과오취급에 대한 입증자료에 대하여 과오취급국과의 분쟁이 있을 경우에는 발견국과 과오취급국의 관할 지방우정청 간 협의하여 조치한다.
㉤ 특수지 배달지역은 지방우정청장이 고시로 지정한다.

03
정답 | ①

① 옳은 설명이다.

> ▶ 중량 구간별 요금 적용
> – 100g까지는 종별 표준요금 적용
> – 100g부터 초과 100g마다 240원씩 추가
> (통상우편 초과 100g마다 추가요금 기준)

📖 오답 피하기

② 전단의 설명은 맞지만, 계약 만료 전까지가 아니라 **계약기간 만료 1개월 전까지** 계약체결 관서나 이용자가 계약 해지·변경에 관한 의사표시가 없을 경우에는 1년 단위로 자동 연장된다.
③ 두 요건을 모두 충족해야 한다. 즉 일반형 계약등기는 **한 발송인이 1회에 100통 이상, 월 5,000통 이상(두 요건 모두 충족)** 발송하는 등기통상 우편물이다.(편저 주 – 1회에 500통 이상, 월 10,000통 이상 → 1회에 100통 이상, 월 5,000통 이상으로 변경 (2023년 공고))
④ 최초 1년은 등기우편물 반환율에 0.5%를 가산하여 적용하지만, 재산정 적용 시에는 계약우편물의 최근 1년 간 반송률을 산정하여 적용할 뿐 0.5%를 가산하는 것이 아님을 유의한다.

04
정답 | ②

② 옳은 설명이다.

📖 오답 피하기

① **떨어진 우표가 있으면** 해당 우편물을 확인하여 원상태로 붙여서 발송하고, 해당 우표가 없을 때에는 우편물 표면에 '우표 떨어짐' 표시 도장을 날인하고, **일부러 떼어낸 흔적이 있는 우편물은 발송국에 사고를 알린 후 송달**한다.
③ **외국에서 도착한 우편물 중 우표가 떨어지거나 파손된 우편물을** 국제우편교환 우체국이나 통관우체국에서 발견하였을 때에는 '**현상도착표시인**'을 날인한 후 우체국명 밑에 취급 직원의 도장을 찍거나 서명한 후 송달한다.
④ **우표가 떨어진 우편물이 있는 경우**에는 해당 우편물을 확인하여 떨어진 우표를 원상태로 다시 붙여서 송달한다.

05
정답 | ②

② 옳은 내용이다.

📖 오답 피하기

① 전단의 설명은 맞지만, 배달보장서비스의 경우와 구별해야 한다. 행방조사 결과 우체국의 잘못으로 송달예정일보다 48시간 이상 지연배달된 것으로 판정된 경우 납부한

우편 요금을 환불한다.

③ 전단의 설명은 맞지만, **항공편**일 경우에는 국제우편물류센터로 발송하는 것은 맞지만, **선편**일 경우에는 부산국제우체국으로 발송한다.

④ **발송인의 선택사항이 없거나 선택사항이 모순되는 경우에는 별도 통보 없이** 소포우편물을 반송 조치하도록 되어있음에 유의한다.

06

② 옳은 것은 ⓒ, ⓔ 2개이다.

ⓒ 옳은 내용이다. 기록취급우편물과 국제항공우편물이 1순위이고, 준등기 우편물과 일반통상우편물(국제선편통상우편물 중 서장 및 엽서 포함)은 2순위이다.

ⓔ 첫째 자리가 "5"로 시작하는 13자리 번호 체계로 구성되므로 옳은 내용이다.

📋 오답 피하기

ⓐ 200g 이하의 국내 통상우편물만을 대상으로 한다.

ⓑ 준등기란 우편물의 접수에서 배달 전(前)단계까지는 등기우편으로 취급하고 수취함에 투함하여 배달을 완료하는 제도로 등기우편으로 취급되는 단계까지만 손해배상을 하는 서비스이다.

ⓓ 준등기는 손실과 분실에 대하여 우체국 접수 시부터 배달국에서 배달증 생성 시까지만 **최대 5만원까지 손해배상을 제공한다.** 즉, 최대 5만원인 것이지, 5만원의 손해배상을 제공하는 것은 아니다.

07

③ 옳은 설명이다. 수집우체국에서 국제우체국으로 송부하고 발송인의 주소가 없으므로 'T' 처리하여 수취인에게 발송한다.

📋 오답 피하기

① 요금 미납·부족 우편물을 수집우체국에서 발견한 경우 부전을 붙여 발송인에게 반송, 미납 요금의 보정 및 요구를 한다.

② 국제우체국에 보내진 발송우편물 중 요금 등의 전부나 일부가 납부되지 아니한 우편물 중 발송인 주소·성명이 기록된 우편물에 대하여는 해당 우편물에 '요금미납' 등의 표시를 하여 수취인에게 발송한다.

④ 등기우편물, 소포우편물, 특급우편물 등의 요금이 부족하게 납부되거나 미납된 사실을 발견한 경우 우편물은 정당수취인 앞으로 우선 발송하고, 접수우체국에서는 접수담당자 책임으로 미납·부족 요금을 즉납 처리한다.

08

② 옳은 내용이다.

📋 오답 피하기

① 외화등기우편물로 접수되는 **외화의 가액은 최초 접수 시의 국내통화 기준 환산금액**으로 한다. (우편업무 규정 제146조의5)

③ 전자우편이 아니라 익일특급의 부가서비스가 가능하다. 그 외에는 맞는 설명이다. **맞춤형 계약등기(보험취급 + 본인지정 + 익일특급)** (편저 주 – 본/보/익) (외화등기는 닷 본보기!!)

④ 외화등기는 계약에 따라 지정된 우체국에서 접수가 가능하고, 전국 우체국(익일특급 배달 불가능 지역은 제외함)에서 배달이 가능하다. 따라서 외화등기는 전국 우체국에서 익일특급 배달 불가능 지역을 제외하고 배달이 가능하다고 해야 한다. 2023년 기출지문이기도 하다.

09

옳은 것은 ⓐ 1개이다.

ⓐ 맞는 지문이다.

> **제3조의2(기본통상우편요금)** 법 제2조제3항에서 "대통령령으로 정하는 통상우편요금"이란 제12조에 따라 고시한 통상우편물요금 중 중량이 5그램 초과 25그램 이하인 규격우편물의 일반우편요금을 말한다.

📋 오답 피하기

ⓑ 7일이 아니라 5일 전까지 교부하여야 한다. (편저 주 – 그냥 "운송 요구서는 5일전까지!!"라고 외울 수 밖에 없네여..)

> **제4조의2(우편물의 운송요구 등)** ①과학기술정보통신부장관이 법 제3조의2제1항의 규정에 의하여 우편물의 운송을 요구할 때에는 다음 각호의 사항을 기재한 우편물 운송요구서를 운송개시 5일전까지 운송을 하는 자에게 교부하여야 한다. 다만, 천재지변 기타 특히 긴급을 요하는 경우에는 즉시 이를 요구할 수 있다.

ⓒ 정하여야 한다가 아니라 정할 수 있다고 해야 한다. 정할 수 있지만, 정한 뒤에는 고시하고 변경된 경우에도 고시하여야 한다.

> **제5조(우편구 및 우편번호의 지정)** ① 과학기술정보통신부장관은 우편물의 배달지역을 구분하는 우편구 및 우편번호를 정할 수 있다.
> ② 과학기술정보통신부장관은 제1항의 규정에 의한 우편구와 우편구별 우편번호를 정한 때에는 미리 고시하여야 한다. 이를 변경한 때에도 또한 같다.

ⓓ 전단의 설명은 맞다. 다만, 취급과정을 기록하는 우격물(이하 "등기우편물"이라 한다)을 제외한 우편물은 수취인의 성명을 생략할 수 있다. (편저 주 – 등기우편물은 수취인의 성명까지 모두 기재해야 함.) (시행령 제6조)

ⓜ 군사우편물의 요금은 발송인이 납부하지 아니하고 국방부장관이 과학기술정보통신부장관에게 분기별로 납부한다.
ⓑ 둘 다 수수료를 납부해야 한다.

> **제11조(우편역무 등의 이용에 따른 수수료)** 우편이용자는 다음 각 호의 경우에는 수수료를 납부하여야 한다.
> 1. 법 제14조제2항제3호에 따른 보편적 우편역무와 법 제15조제2항에 따른 선택적 우편역무의 이용
> 2. 법 제32조제1항에 따른 반환우편물 중 등기우편물의 반환
> 3. 제29조제1항의 규정에 의한 수취인 부담 우편물의 취급
> 4. 제36조의2에 따른 수취인과 수취인 주소변경 또는 우편물 반환의 청구
> 5. 제38조제1항의 규정에 의한 사설우체통의 설치·이용
> 6. 제43조제10호에 따른 우편물 배달의 청구

10
정답 | ②

② 옳은 내용이다.

🗐 오답 피하기

① EMS와 달리 익일특급우편물은 2순위이다.

> ▶ **우편물 발송의 우선순위 (「우편업무규정」 제265조)**
> 가) 1순위 : EMS
> 나) 2순위 : 익일특급우편물, 등기소포우편물, 일반등기·선택등기우편물 및 준등기우편물, 국제항공우편물
> 다) 3순위 : 일반소포우편물, 일반통상우편물, 국제선편우편물

③ 우편물은 형태별(편저 주 - 중량별X)로 분류하여 해당 우편상자에 담되 우편물량이 적을 경우에는 형태별로 묶어 담고 운송용기 국명표는 혼재 표시된 국명표를 사용한다. [19 기출]

④ 우편집중국 단위로 묶여진 운반차는 도착장에서 전동견인차를 이용하여 교환을 실시한다.

11
정답 | ④

④ 옳은 내용이다.

🗐 오답 피하기

① 전단의 설명은 맞지만, 등기소포우편물이 운송 도중 분실된 경우 50만원을 한도로 실제 손해액을 배상하는 것이지, 50만원을 배상하는 것은 아니다.

② 국내우편의 지연배상은 등기취급한 것에 한하므로 **지연배상은 우편요금과 등기취급수수료**를 손해배상액으로 한다.

③ 1개월이 아니라 3개월이다.

12
정답 | ④

④ 옳은 내용이다. 보관교부지의 배달이 26년 공고에서 추가되었다.

🗐 오답 피하기

① 관리사무소, 접수처, 관리인 등이 없는 경우에는 일반우편물은 우편함에 배달하고 우편함에 넣을 수 없는 우편물(소포·대형·다량우편물)과 부가취급 우편물, 요금 수취인 부담 우편물은 수취인에게 직접 배달한다.

② 성인일 필요가 없다. 참고로 우리 민법에서도 미성년자는 단독으로 대리인이 될 수 있는 것으로 규정되어 있다. 즉, 등기우편물 대리수령인 신고서를 접수할 때 수취인이 지정하는 등기우편물 대리수령인이 수취인 주소지와 같은 집배구 (인접 집배구 가능) 내에 거주하고 사리를 분별할 수 있는 사람인지 여부를 확인한다.

③ 내용증명도 대리수령인에게 배달할 수 없는 우편물이다.

> ▶ **대리수령인에게 배달할 수 없는 등기우편물**
> • 특별송달, 배달증명, 내용증명, 보험등기(안심소포), 맞춤형계약등기(회신, 본인 지정)

13
정답 | ②

② 옳은 내용이다. 26년 공고에서 표현만 다소 수정되었다.

🗐 오답 피하기

① 발송인이 아니라 수취인의 배달동의를 받은 경우이다. 2023년 기출지문이기도 하다.

③ 수령인이 본인이 아닌 경우에는 수취인과의 관계를 정확히 기록하여야 하고, **실제 우편물을 수령한 수령인을 반드시 입력한다.**

④ 수령인이 **한글해독 불가능자 또는 기타의 사유로 서명이 불가능한 경우**에는 우편물 여백에 인장이나 지장을 날인하게 한 후 PDA에 장착된 카메라로 촬영하여 수령 확인하면 된다.

14
정답 | ②

② 옳은 내용이다.

반송불필요	가로 2.5cm × 세로 0.7cm

🗐 오답 피하기

① 발송인의 주소가 명확하지 않더라도 그 지역적 사정이나 발송인의 신분 등으로 보아 접수국에서 발송인에게 배달할 수 있다고 판단될 때에는 **그 국으로 송부**한다.

③ 발송인이 배달우체국과 우편요금 후납을 계약하였을 경우에는 다른 우편물 요금과 함께 후납 요금으로 징수할 수 있다.

④ 발송인이 반송되어 온 우편물의 수취를 거부할 때에는 규정(「우편법」 제32조)을 제시하고 수취할 것을 권유하여야 하며 <u>그래도 수취하지 않으면 그 내용을 기록한 브전지를 붙여 책임자에게 제출한다.</u>

15
정답 | ①

① 옳은 설명이다.

> ▶ 준등기 처리
> 1) **전송**: <u>준등기우편물로 처리(수수료 없음)</u>
> 2) **반송**: <u>일반우편물로 처리(수수료 없음)</u>
> 3) **반환**: <u>일반우편물로 처리</u>
>   우편집중국 발송전 반환청구 수수료는 **무료**이며, 우편집중국 발송 후 반환청구 수수료는 **통상우편 기본요금**을 적용

📋 **오답 피하기**

② 우정사업본부장이 아니라 <u>과학기술정보통신부장관</u>이 들어가야 한다. (편저 주 - 요금과 수수료는 장관이 !!)
③ 발송인이 아니라 <u>수취인에게 수수료를 받는다.</u>
④ 이때 <u>재배달·전송·보관기간 연장은 불가하다</u>

16
정답 | ②

② 옳은 내용이다.

📋 **오답 피하기**

① 후단의 설명은 맞지만, 한일해상특송우편물은 한중해상·특송우편물과 마찬가지로 <u>계약고객전용상품으로 상품은 유팩(Yu-Pack)과 유패킷(Yu-Packet)으로 구성된다.</u>
③ 한일해상특송우편물 일본 현지 국내소포 접수로 가격 경쟁력을 높이고 통관 서비스를 부가한 일본행 전자상거래 전용 상품이다.
④ 한중해상특송우편물은 <u>인천-위해간 운항하는 여객선 및 화물선을 이용하고, 한일해상특송우편물은 부산항-하카타(博多)항 간 운항하는 페리노선을 활용한다.</u>

17
정답 | ①

① 옳은 내용이다.

📋 **오답 피하기**

② 일반통상우편물이 아니라 <u>등기우편물</u>이 들어가야 한다.
③ 국제보험소포우편물은 소포우편물 내용물의 <u>실제 가격보다 높은 가액을 보험가액으로 할 수 없으며 이러한 경우 사기보험으로 간주한다.</u> 보험 가액의 최고한도액이 4,000SDR인 것은 맞다.
④ 발송인의 <u>고의 또는 중대한 과실이 있는 경우 반환하지 아니한다.</u>

18
정답 | ③

③ 옳은 내용이다.

📋 **오답 피하기**

① <u>배분</u>에 대한 설명이다. **수집**이란 <u>우체통에 투입된 우편물을 지정한 시간에 수거하여 집배국으로 모아오거나 처리하는 업무</u>이다.
② 수집확인증 중 **수집을 완료한 수집편의 확인증은 우체통에 넣어두고** 나머지 확인증은 책임자가 보관한다.
④ <u>등기용 국기호 5자리와 우체통 번호 3자리로 구성되어 있다.</u>

<수집업무 확인용 바코드>

등기용국기호   우체통 번흐

19
정답 | ②

② 옳은 내용이다.

📋 **오답 피하기**

① 우편집중국에서는 우편물을 담은 우편상자는 우편운반차를 이용하여 발송장으로 이동시켜 행선지별로 구분한다. (편저 주 - 이미 구분된 것이므로 발송장에서는 행선지별로 자동구분)
③ 숙련자가 아니라 <u>미숙련자</u>이다.
④ 우편집중국이 아니라 배달국에 비치해야 하는 것들이다.

> ▶ 구분선반의 비치
> (1) **우편집중국** : <u>발송구분선반과 도착구분선반을 비치</u>해야 한다.
> (2) **배달국** : <u>집배원별 구분선반과 우편집중국별 구분선반을 비치</u>해야 한다.

20
정답 | ③

③ 옳은 것은 ㉡, ㉣, ㉤, ㉥ 4거이다.

📋 **오답 피하기**

㉠ 일본어가 아니라 독일어가 들어가야 한다. 즉, <u>프랑스어, 영어, 아랍어, 스페인어, 러시아어, 중국어, 독일어, 프르투갈어</u>이다.
㉢ 중국이 아니라 대만이 들어가야 한다. 즉, <u>한국, 태국, 대만, 필리핀</u>이다.

제 2 회

01	02	03	04	05	06	07	08	09	10
③	③	②	②	②	④	③	①	④	②
11	12	13	14	15	16	17	18	19	20
①	①	①	④	①	③	④	①	③	③

01
정답 | ③

③ 옳은 설명이다. 백지노트 1박스는 소포우편물로 취급하고, 20kg 이하의 소포우편물은 보편적 우편서비스에 해당하기 때문이다.

오답 피하기

① 우편서비스는 <u>보편적 우편서비스와 선택적 우편서비스로 구분한다</u>
② 후단의 설명은 맞지만, 배달기한이란 <u>우정사업본부가 약속한 우편물 배달에 걸리는 기간</u>을 말한다.
④ 가로, 세로, 높이의 합이 50cm이면 소포우편물에 해당(∵ 35cm 미만인 소형포장우편물의 경우에는 통상우편물이고 35cm 이상인 경우에는 소포우편물)하므로 <u>15킬로그램의 인형을 보내는 경우 이는 보편적 우편서비스의 대상</u>이 된다.(∵ 20킬로그램 이하의 소포우편물은 보편적 우편서비스의 대상)

02
정답 | ③

③ 옳은 내용이다.

오답 피하기

① 통신사무 우편물이란 우정사업본부와 그 소속기관이 발송하는 것으로 <u>'우편사무'와 관련없는 우편물</u>을 말한다.
② 순서가 바뀌었다. 무료 우편물은 다른 우편물의 원활한 소통을 위해서 <u>일반우편물로 취급</u>하고 <u>부가취급은 중요하거나 시한성이 있는 특별히 필요한 경우에만 발송인 요구</u>에 따라 제한적으로 허용한다.
④ 미사용 우표는 오염되거나 훼손되지 아니하여 판매 가능한 경우 교환이 가능하지만, <u>국제반신권은 우표로만 교환 가능하다.</u> 또한 <u>우표책·첩, 우편연하장은 교환 대상에서 제외</u>된다.

03
정답 | ②

② 옳은 것은 ⓒ 1개이다.

오답 피하기

㉠ 최대 10만원까지이다.
ⓛ 월 직전 3개월의 평균물량이 10만 통 이상이고, 해당 월 접수물량이 10만 통 이상인 경우이어야 한다.
㉣ 등기취급수수료가 빠졌다.

04
정답 | ②

② 옳은 것은 ⓛ이다. 아래 표 참조.

구 분		3%	5%	10%	15%
창구접수	요금즉납	1~2개	3개 이상	10개 이상	50개 이상
	요금후납	–	70개 이상	100개 이상	130개 이상
방문접수	접수정보 사전연계	개당 500원 감액 (접수정보 입력, 사전결제, 보관장소 지정 시)			
분할접수	분할 전 20~30kg 고중량소포 요금을 기준으로 3,000원 감액 • 감액기준: 20kg 초과 소포 1개를 2개로 분할하여 접수(분할 후 각각 10kg 초과 및 접수시각·발송인·수취인 동일) • 요금예시(창구접수): 30kg 소포(13,000원)를 17kg·13kg으로 분할접수 시 10,000원(=13,000원-3,000원) 납부				

05
정답 | ②

② 옳은 내용이다.

오답 피하기

① 중량의 표시방법은 다르다. 국제보통소포우편물은 100g 단위로 표시하는 반면, 국제보험소포우편물은 10g 단위로 표시한다. 그 외는 맞는 지문이다. 즉, <u>국제보험소포우편물 운송장의 구성, 통관에 필요한 첨부서류 추가, 배달이 불가능할 때의 처리 방법에 관한 지시사항 표시 등에 관하여는 보통소포우편물 접수 예와 같다.</u>
③ 중계국가가 아니라 <u>도착국가</u>가 들어가야 한다. 24년 기출지문이기도 하다.
④ 국제소포우편물 운송장은 <u>발송인으로 하여금 국제소포우편물 운송장을 작성하게 하여 소포우편물 외부에 떨어지지 않도록 부착한다.(발송인 작성원칙)</u>

06

④ 옳은 설명이다.

☞ [편저주] EMS 프리미엄 주요 부가서비스 접수관서 / 대상고객 비교 [2026년 공고 기준]

고중량서비스	전국 총괄 우체국 (5급 이상)	모든 고객 (개인 및 EMS 계약고객)
고중량화물 서비스	전국 총괄 우체국 (5급 이상) [편저 주 – 2023 공고에서 변경됨]	EMS 계약고객 [편저 주 – 2023 공고에서 변경됨]
보험취급	전국 우체국	모든 고객 (개인 및 EMS 계약고객)
수출신고서 발급대행	전국 우체국 (우편취급국 포함)	모든 고객 (개인 및 EMS계약고객)
Export 수취인 요금부담	전국 총괄 우체국 (5급 이상)	EMS 계약고객 (요금납부방법이 후납인 경우)
Import 수취인 요금부담	전국 총괄 우체국 (5급 이상)	EMS 계약고객 (요금납부방법이 후납인 경우)
발송인 관세와 세금부담	전국 총괄 우체국 (5급 이상)	EMS 계약고객 (요금납부방법이 후납인 경우)

오답 피하기

① 고중량서비스에 대한 설명이다. 고중량화물 서비스는 70kg 초과 고중량화물을 배송하는 전문특송 서비스를 말한다.
② 음식물, 스킨, 향수는 EMS 프리미엄 서비스로 발송할 수 없는 품목이지만, 합성수지는 MSDS를 첨부하는 경우에는 발송할 수 있다.

> ▶ 화학약품이나 원료를 발송할 때는 제품의 MSDS 반드시 첨부
> 예) 잉크, 페인트, 액상 모기약, 렌즈 클리너, 본드, 화장품 원료, 의약품 원료, 합성수지(Resin) 등

③ 전단의 설명은 맞지만, 둘레 300cm가 넘는 우편물은 UPS 측에 연락 후 접수한다.

07

③ 옳은 내용이다.

오답 피하기

① 반대로 서술되어 있다. 수시특급우편 감액률 적용은 창구접수에 한한다.(방문접수분 제외)
② EMS는 우편물 발송의 우선순위에서 1순위이지만, 익일특급우편물은 2순위에 해당한다.
④ 일반, 등기, 국내특급, 국제일반, 국제등기, EMS, EMS프리미엄은 서비스종류에 따른 선택이고, 우편물 형태에 따른 선택은 서장, 플랫, 패킷, 소포이다.

08

① 옳은 내용이다. 우편업무규정 제196조의2

오답 피하기

② 요금을 결제한 우표 중 일부 출력 우표가 있는 경우에는 구매 취소를 할 수 없다. 1회에 10장을 구입하여 1장을 출력한 경우이면 구매 취소가 불가하다.
③ 인터넷우표가 정상 발행된 경우 출력일 포함 10일 이내에 사용하여야 하며, 만약 유효기간이 경과한 인터넷우표를 사용하려고 할 경우 유효기간 경과 후 30일 이내에 재출력을 신청하여야 사용이 가능하다.
④ 종류로 기본형, 홍보형, 시트형, 카드형이 있는 것은 나만의 우표에 대한 설명이다.

09

④ 옳은 내용이다.

오답 피하기

① 접수된 우편물은 발송집중국으로 운송된다. 25년에 새롭게 추가된 내용이다.

> ※ 발송우편집중국(발송집중국) : 우편물을 접수한 우체국(접수국)을 관할하는 우편집중국으로서 접수된 우편물은 발송집중국으로 운송된다.
> ※ 도착우편집중국(도착집중국) : 우편물을 배달하는 우체국(배달국)을 관할하는 우편집중국으로서 도착집중국은 우편물을 배달국으로 운송한다.

② 이 경우에는 기계구분우편물로 분류할 수 있다.
③ 우편물을 우편상자에 넣을 때에는 주소가 기재된 면을 동일한 방향으로 정리하고, 수취인 주소는 위쪽으로 향하도록 담는다.

10

② 옳은 내용이다.

오답 피하기

① 정기 운송에 대한 설명인데, 우정사업본부장이 아니라 관할 지방우정청장이 되어야 한다. 우편물의 안정적인 운송을 위하여 관할 지방우정청장이 운송구간, 수수국, 수수시각, 차량톤수 등을 우편물 운송방법 지정서에 지정하고 정기운송을 시행한다.
③ 순서가 바뀌었다.
④ 지방우정청장은 예산의 범위에서 관할 지역 내 운송선로를 합리적으로 신설·폐지·변경을 할 수 있으며 그 내용을 우정사업본부장에게 보고한다.

11

① 옳은 내용이다.

오답 피하기

② 국제우편에 대해서는 EMS를 제외하고 지연배상을 해주지 않지만, 국내의 등기취급한 통상우편물과 소포는 분실과 훼손 뿐만 아니라 지연배달 시에도 손해배상의 대상이 된다.

③ 후단의 설명은 맞지만, 선택등기 서비스에 대해서는 손실, 분실에 한하여 최대 10만원까지 손해배상을 제공한다.

④ 준등기 우편은 우체국 접수 시부터 배달국에서 배달증 생성 시까지만 최대 5만원까지 손해배상을 제공하며, 배달완료 후에 발생된 손실 · 분실은 손해배상 제공대상에서 제외된다.

12

① 옳은 내용이다.

오답 피하기

② 설치해야 한다. 즉, 의무규정이다.

③ 전단의 설명은 맞지만, 수취인이 부재할 때는 무인우체국에 배달하기로 수취인에게서 배달 동의를 얻은 **등기통상과 등기소포우편물**이다.

> ▶ 무인우체국 우편물의 배달
> 1) 취급가능 우편물
> 가) 대상우편물
> (1) 수취인 주소가 무인우체국 배달함으로 기록된 우편물
>   (가) **서비스 가입고객** : 보통소포, 등기통상, 등기소포우편물
>   (나) **서비스에 가입하지 않은 고객** : 등기통상, 등기소포우편물 (편저 주 – 무인우체국 서비스에 가입하지 않은 고객은 보통소포에 대해서는 무인우체국 배달함으로 배달할 수 없음)
> (2) 수취인이 부재할 때는 무인우체국에 배달하기로 수취인에게서 배달 동의를 얻은 등기통상과 등기소포우편물
> * 소포우편물은 우편상자 5호 이하와 30kg 이하인 경우에만 배달
> 나) 서비스 제외 우편물
> (1) **보험취급, 특별송달, 계약등기(회신, 본인지정)우편물 등** 우정사업본부 고시 제2022-32호에서 규정한 무인우편물 보관함에 배달할 수 없는 우편물
> (2) **국제우편물(국제통상 · 국제등기 · 국제소포 · EMS 등)**

④ 부재중 우편물 배달이나 서비스 미가입자인 경우 비회원 배달을 선택한다.

13

① 옳은 내용이다.

오답 피하기

② 특급우편물을 전송하거나 반송하는 경우에는 **전송 또는 반송하는 날의 다음 근무일까지 배달**한다.

③ 등기우편물의 반송사유와 다른 것은 **수취인부재와 폐문부재로 일반 등기우편물에서는 수취인부재를 더 넓은 의미로 사용**하나, 특별송달우편물에서는 **'폐문부재'를 더 광범위하게 사용**한다.

④ 계약등기에서 우편물 배달명세는 **고객이 요구할 때 제공해야 하는 정보**이므로 결과를 반드시 등록하고 우편물류 시스템에 전송해야 한다.

14

④ 옳은 내용이다.

오답 피하기

① **집배책임자는 주거이전신고목록(또는 주거이전스티커)을** 출력하여 담당 집배원에게 넘겨주며, 주거이전신고서는 따로 보관한다.

② 철회신청 가능 관서는 주거이전신고를 접수한 우체국이나 **구주소지 배달우체국**이다.

③ **반송일자는 우편물의 반송이 결정된 날짜를 표시**한다.

15

① 옳은 내용이다. 다소 디테일한 부분이지만, 인쇄물의 첨부물 파트를 참조한다.

오답 피하기

② 발송인이 기표지(운송장)를 기재할 때 'Sender's instruction in case of non-delivery **배달불능시 다음과 같이 처리 바람**'은 배달국가에서 배달불능 시 처리 방법을 명확히 하는데 필요할 뿐 아니라, 소포우편물이 반송되는 경우에 발송인으로부터 반착료(반송료)를 징수하는 근거가 되므로 매우 중요하다.

③ K-Packet 접수 시 기표지(운송장)의 발송인 란에는 통관, 손해배상, 반송 등의 업무처리를 위하여 반드시 한 명의 주소 · 성명을 기재

④ EMS 우편물 발송 후 도착국가에서 수취인 부재, 주소 불명확 등으로 반송 시 발송인에게 반송료를 부과하지 않는다.

16

정답 | ③

③ 옳은 내용이다.

오답 피하기

① '반송불필요' 우편물은 발송인에게 돌려줄 필요가 없는 우편물이므로 **배달국에서 접수국으로 별도 송부하지 않도록 하여 불필요한 업무가 생기지 않게한다.**

② 회신반송이 아니라 '**맞춤형계약등기**'라고 기록한 후 처리한다.

④ **미납이나 부족 요금의 2배에 해당하는 금액을 현금으로 받고** 미납부족 우편요금영수증과 해당 우편물을 함께 교부한다.

17

정답 | ④

④ 옳은 내용이다.

오답 피하기

① 미국행 K-Packet은 상대국가에서 제공하는 종추적정보 외의 행방조사, 손해배상 등 기타 청구는 할 수 없다.

② 국제특급(EMS) 계약자가 최근 2년간 후납요금을 체납하지 않은 경우 담보금 면제의 대상이 될 수 있다.

> ▶ 우체국소포 및 국제특급(EMS) 계약자 면제(다음의 기준을 모두 충족하는 경우)
> – 우편관서 물류창고 입점업체로서 담보금 수준의 물품을 담보로 제공하는 사람
> – 최근 2년간 체납하지 않은 사람
> – 신용보증 및 신용조사 전문기관의 신용평가 결과가 B등급 이상인 사람

③ 프랑스가 아니라 호주이다. 국제특급우편(EMS) 서비스 품질 향상을 위해 아시아·태평양 연안 지역 내 6개 우정당국(한국, 미국, 일본, 중국, 호주, 홍콩)이 2002년 6월에 **카할라 우정연합을 결성하였다.**

18

정답 | ①

① 옳은 내용이다.

오답 피하기

② **운송차량** 단위로 발송 처리한다.

③ 취급표시에서 **자청**이란 발송하는 우체국이 속한 지방우정청을 말하고, **타청**이란 발송하는 우체국이 속한 지방우정청이 아닌 그외의 지방우정청을 말한다.

④ 서비스 종류에 따른 분류이다.

19

정답 | ③

③ 옳은 내용이다. 우편물의 발송·수취나 그 밖에 우편 이용에 관하여 제한능력자의 행위라도 능력자가 행한 것으로 간주된다. 이에 따라 제한능력자의 행위임을 이유로 우편관서에 대하여 임의로 이용관계의 무효 또는 취소를 주장할 수 없다. 다만, 법률행위에 하자가 발생한 경우에는 관련규정에 따른다. (편저 주 – 착오는 민법 제109조 규정에 의해 취소할 수 있도록 하고 있다.)

오답 피하기

① 서신독점권은 다른 사람의 서신을 보내는 것단 금지하고 있기 때문에, **자기의 서신을 직접 송달하는 행위는 법령위반이 아니다.**

② 서신송달업을 신고하지 않은 경우 뿐만 아니라 휴·폐업 또는 휴업 후 재개업 시 신고하지 않은 경우 **1차위반 시 300만원, 2차위반 시 600만원, 3차 이상 위반시 1,000만원의 과태료 처분이 내려진다.** (편저 주 – 서신송달업과 관련된 것은 우편법에서 과태료 처분으로 규정하고 있다.)

④ 1차 위반으로 **영업소를 폐쇄하는 경우는 거짓으로 작성된 사업계획서 제출 시와 사업정지명령을 위반하여 그 기간에 사업을 한 경우이다.**

20

정답 | ③

③ 옳은 내용이다. 2022년 기출지문이기도 하다.

오답 피하기

① 소형으로 무게가 가벼운 상품이나 선물 등 **물품을 그 내용으로 하는 것으로서 성질상으로는 그 내용품이 소포우편물과 같은 것이나** 일정한 조건에서 간편하게 취급할 수 있도록 **통상우편물의 한 종류로 정하였다.**

② 물품 크기가 아니라 **물품 가격**이 들어가야 한다.

> ▶ 주소 : 발송인 및 수취인 주소의 우편번호 반드시 입력(3단 주소 입력 의무화)
> 1) **성명** : 발송인 및 수취인 성명란에 정확히 영거로 기재
> 2) **물품 가격 및 무게** : 숫자로 기입(0으로 기입 금지)
> 3) **물품명** : 내용품을 구체적으로 기재

④ 전단의 설명은 맞지만, 미국이 아니라 호주이다.

> * (한국) EMS 국제특급우편, (미국) Express Mail International
> (일본): EMS 국제스피드우편, (호주) Express Post International

제 3 회

01	02	03	04	05	06	07	08	09	10
④	③	①	②	③	②	③	③	②	①
11	12	13	14	15	16	17	18	19	20
①	②	④	①	①	①	④	④	③	①

01
정답 | ④

④ 옳은 내용이다. 이 경우 최소 2g이 아니라 4g이기 때문이다. 25년에 출제했던 전범위 모의고사 문제가 25년에 출제되었기에 다시 소개한다.

📖 **오답 피하기**

① 봉투에 넣어 봉함하거나 포장하여 발송하는 우편물의 경우 최대 가로의 길이는 235mm이지만, 5mm까지 오차가 허용되므로 240mm가 규격 요건을 위반한 것은 아니다.
▶ **규격봉투**

크기	세로(D)	최소90mm, 최대 130mm (허용오차 ±5mm)
	가로(W)	최소 140mm, 최대 235mm (허용오차 ±5mm)
	두께(T)	최소 0.16mm, 최대 5mm (누르지 않은 자연 상태)
무게		최소 3g, 최대 50.0g

② 우편물의 <u>뒷면</u>과 우편엽서의 <u>허락된 부분</u>에는 광고 기재 가능한데, 이는 권장 요건이다. 따라서 이를 위반하더라도 규격 외 요금이 부가되는 것은 아니다.
③ 통상우편물은 봉투에 넣어 봉함하여 발송하는 것을 원칙으로 하지만, <u>예외적으로 우정사업본부장이 발행하는 우편엽서와 사제엽서 제조요건에 적합하게 제조한 사제엽서 및 전자우편물은 그 특성상 봉함하지 아니하고 발송할 수 있다.</u>

02
정답 | ③

③ 옳은 설명이다.
▶ **최대부피제한**

서신 등 의사전달물 및 통화	원통형은 "지름의 2배"와 길이를 합하여 1m
소형포장우편물	원통형은 "지름의 2배"와 길이를 합하여 35cm 미만
소포우편물	원통형은 "지름의 2배"와 길이를 합하여 35cm 이상

📖 **오답 피하기**

① 후단의 설명은 맞지만, <u>통상우편물에서 요금감액을 받지 않는 서적과 달력의 경우 800g의 무게 제한</u>이 있다.

② 서신 등 의사전달물 및 통화, 소형포장우편물의 최소부피는 평면의 <u>길이 14cm, 너비 9cm</u>이지만, 소포우편물의 경우에는 가로는 <u>17cm 이상</u>, 세로는 <u>12cm 이상</u>이다.
④ 색상은 70% 이상 반사율을 가진 흰색이나 밝은 색이어야 하고, 정해진 위치에 우표를 붙이거나 우편요금납부 표시를 하는 것은 모두 권장요건에 해당하므로 모두 규격 외 요금이 적용되는 것은 아니다.

03
정답 | ①

① 옳은 것은 ㉠ 1개이다.

📖 **오답 피하기**

㉡ 요금후납우편물의 발송표는 접수 부서에서 접수통지서는 발송 부서에서 보관하고, 영수증은 발송인에게 내어준다.
㉢ 요금표시기사용 우편물에는 우편날짜도장의 날인을 생략하지만, 요금이 부족하여 추가로 우표나 요금증지를 붙인 경우에는 <u>우표는 소인하며, 요금증지는 소인하지 않는다.</u>
㉣ 요금수취인부담 우편물에서 <u>일반통상우편물은 통신판매 등을 하는 상품 제조회사가 주문을 받기 위한 경우 또는 자기 회사의 판매제품에 관한 소비자의 의견을 알아보기 위한 경우</u> 등에 많이 이용되고 있다.

04
정답 | ②

② 옳은 내용이다.

📖 **오답 피하기**

① 위의 예시 중 포장박스는 인쇄물로 접수 불가한 물품이다.

> ▶ **인쇄물 접수 물품**
> 가) **접수 가능 물품**: 서적, 정기간행물, 홍보용 팸플릿, 잡지, 상업광고물, 달력, 사진, 명함, 도면 등
> 나) **접수 불가 물품**: <u>CD, 비디오테이프, OCR, 포장박스, 봉인한 서류</u>
> * 종이, 판지 등의 인쇄물 형태로 정보 전달의 내용이 포함된 인쇄물에 한함
> * 종이류로 제작된 포토카드는 인쇄물로 취급이 가능하나 플라스틱, 알루미늄 등을 활용하여 제작한 것은 인쇄물 적용 불가

③ 전단의 설명은 맞지만, <u>소포우편물과 시각장애인용 점자우편물과 달리 소형포장물에는 개인적인 통신문 성격의 서류를 동봉할 수 있다.</u>
④ <u>서장에는 타자한 것도 포함된다..</u> 그 외에는 모두 옳다.

05
정답 | ③

③ 옳은 내용이다. 카탈로그형만 27%의 감액률을 적용한다.

오답 피하기

① 생활정보홍보우편물의 전단지형과 책자형은 모두 1회에 발송할 최소 우편물 수는 <u>500통 이상</u>이다.
② 후단의 설명은 맞지만, 카탈로그형은 책자형으로 분류된다.
④ 기본형의 경우 홍보우편물에 표시하는 요금별납인데는 접수우체국명을 표시하는 것이 원칙이다.

06
정답 | ②

② 내용품이 서류가 아닌 10kg의 내용품의 가액이 14만원인 국제특급우편물이 분실·도난 또는 훼손된 경우에는 70,000원에 1Kg당 7,870원을 합산한 금액 범위내의 실손해액과 납부한 국제특급우편요금을 손해배상액으로 한다. 따라서 70,000 + 78,700 = 148,700원의 한도 내에서 실손해액인 14만원과 납부한 국제특급우편요금이 2만원을 손해배상금액을 하므로 16만원을 지급받을 수 있다.

오답 피하기

① 보통통상우편물이 아니라 보통소포우편물이 손해배상의 대상이 되는 것이다.
③ K-Packet은 보험 등 부가서비스를 취급할 수 없으므로 해당 사항에 대한 손해배상은 원천적으로 불가할 뿐이고, 분실 등에 대한 일반적인 손해배상은 가능하다.
④ 우편물의 직접적인 손해가 있어야 배상하며, **포장상자 등이 파손된 경우**에는 판매 또는 구매물품이라고 할지라도 <u>직접적인 손해로 보지 않는다.</u>

07
정답 | ③

③ 옳은 내용이다. 보험취급, 특별송달, 계약등기(회신, 본인지정)우편물 등 우정사업본부 고시 제2022-32호에서 규정한 무인우편물 보관함에 배달할 수 없는 우편물과 국제우편물(국제통상·국제등기·국제소포·EMS 등)은 무인우편물 보관함에 배달할 수 없다.

오답 피하기

① 호주가 아니라 미국이다. <u>호주는 Express Post International</u>이다.
② 전단의 설명은 맞지만, 서류와 비서류 모두 세관검사 대상에 해당한다.
④ 사무국은 홍콩에 소재하고 있다.

08
정답 | ③

③ 옳은 내용이다.

오답 피하기

① EMS 배달보장 서비스는 카할라우정연합체 국가로 발송하는 EMS에 대해 배달보장일자를 고객에게 제공하며, 제공한 배달예정일보다 <u>하루라도 지연배달된 경우 **우편요금을 배상**</u>해주는 고품질 서비스이다.
② 수출우편물 발송확인 서비스에서 수리일로부터 30일내에 선(기)적 하여야 하며, 이 기일까지 선(기)적하지 아니한 경우에는 <u>과태료(10만원) 부과와 수출신그수리가 취소</u>될 수 있다. 반면, 수출신고 수리 전에 발송할 경우 '관세법 제241조와 제269조제3항에 따라 <u>3년 이하의 징역이나 물품원가 이하에 상당하는 벌금에 처한다</u>'고 규정되어 있다.
④ 최근 많은 국가에서 국제우편물이 <u>배달국가에 도착하기 전에 HS 코드를 포함한 통관정보를 제공</u>해야 하는 '사전통관정보제공' 제도 시행을 공포하고 있다.

09
정답 | ②

② 옳은 내용이다.

오답 피하기

① 원칙과 예외가 바뀌었다. <u>우편물은 구분칸을 이용하여 구분</u>하나 **형태상 불가피한 경우** <u>운송용기에 직접 구분할 수 있다.</u>
③ 우편집중국이 아니라 <u>배달국에 비치</u>해야 하는 것들이다.

▶ **구분선반의 비치**
(1) **우편집중국** : <u>발송구분선반과 도착구분선반을 비치</u>해야 한다.
(2) **배달국** : <u>집배원별 구분선반과 우편집중국별 구분선반을 비치</u>해야 한다.

---

④ <u>발송구분은 우편집중국별로 구분</u>하며, 다만 같은 지방우정청 내에 있는 우편집중국은 관할 지방우정청장이 지역특수성, 물량 등을 고려하여 달리 구분할 수 있다.

10
정답 | ①

① 옳은 내용이다.

오답 피하기

② 국명표는 <u>16자리</u>이다. (편저 주 - 도발/용서/종기)
③ <u>서비스 종류</u>에 따른 분류이다.

▶ **국명표 작성**
(1) **용기종류** : 우편상자(소형, 중형, 대형), 우편운반차(팔레트), 상자운반차(트롤리), 자루, 무용기, 우편운반대(팔레트), 접수상자
(2) **서비스종류** : 일반, 등기, 국내특급, 국제일반, 국제등기, EMS, EMS프리미엄
(3) **우편물형태** : 서장, 플랫, 패킷, 소포
(4) **취급표시** : 적(자청, 타청, 혼재), 통적(자청, 타청, 혼재), 소포(자청, 타청, 혼재), 익일특급(여권, 자청, 타청, 혼재), 특송반송, 계약등기반송 등
※ 자청 : 발송하는 우체국이 속한 지방우정청
　타청 : 발송하는 우체국이 속한 지방우정청이 아닌 그 외의 지방우정청
　혼재 : 자청과 타청으로 가는 우편물을 함께 넣는 경우

④ 전단의 설명이 틀렸다. 국명표는 <u>국명표 발행기나 우편물류시스템에서 발행하여 사용</u>하고 발행할 때는 용기종류, 서비스종류, 우편물형태, 취급표시 등을 정확히 선택한다.

11

정답 | ①

① 옳은 내용이다.

〈수집업무 확인용 바코드〉
1 0 0 2 4　　0 0 1
등기용국기호　　우체통 번호

📋 오답 피하기

② <u>우편창구 직원</u>은 <u>국전(우체국 앞) 우체통에 투함된 우편물</u>을 수거하고 시스템에 물량 등을 등록한다.
③ 우편물을 수집한 우체통에는 **수집할 때마다 수집확인증을 바꾸어 넣고 반드시 잠가야 한다.** (다만, 전자적 방식을 활용하는 경우, 수집물량을 우편물류시스템에 등록하고 책임자의 일일결재를 받음)
④ 국가기관, 공공단체와 법인 등 일정한 구내에 있는 우체통의 우편물은 <u>그 기관의 근무시간 내에 수집</u>한다.

12

정답 | ②

② 옳은 내용이다.

📋 오답 피하기

① 사서함번호와 주소가 함께 기록된 우편물도 사서함에 넣을 수 있으며, 다만, 특별송달, 보험취급, 맞춤형 계약등기우편물은 주소지에 배달한다. 등기소포는 아니다.
③ 사서함을 운영하고 있는 관서의 우체국장은 <u>연 2회 이상</u> 운영 실태를 점검하고 사용계약 해지 대상자 등을 정비하여야 한다.
④ 사서함 신청을 받은 우체국장은 국가기관, 지방자치단체, 일일 배달 예정물량이 100통 이상인 다량이용자, 우편물 배달 주소지가 사서함 설치 우체국의 관할구역인 신청자 순서로 우선적으로 계약할 수 있다.

13

정답 | ④

④ 옳은 내용이다.

📋 오답 피하기

① <u>2회까지 미배달 시 보관처리 없이 즉시 반환(반송)</u>한다. (편저 주 - 외맞 20)
② <u>선택등기 우편은 수취인의 배달장소 지정 및 재배달 희망일 신청이 불가</u>하다. (25년 추가 내용)
③ 민원(발송이나 회송)우편물이 도착하면 <u>익일특급에 준하여 배달</u>한다.

14

정답 | ①

① 옳은 내용이다.

📋 오답 피하기

② 한번 배달한 일반통상우편물의 전송을 요청받았을 때에는 **수령한 다음 날부터 7일 이내의 개봉하지 않은 우편물인 경우에만 전송**할 수 있다. 이 경우, 우편물 표면 여백에 '배달 후 전송'이라고 적는다.
③ **수령 후 7일이 경과되거나 개봉된 일반통상 우편물의 전송 요청을 받았을 때**에는 해당 요금의 우표를 새로 붙여서 제출하도록 하고 날짜도장으로 소인한 다음 그 옆에 '**재접**'이라 표시한 후 발송한다.
④ 이미 배달된 등기우편물의 전송이나 반송 요청을 받았을 때에는 <u>우편요금과 수수료에 해당하는 우표를 새로 붙여(소포우편물인 경우 현금) 제출</u>하게 하고 우편물로 접수하되 우편물 표면의 여백과 영수증에 '**재접**'이라고 표시하여 발송한다.

15

정답 | ①

① 옳은 내용이다.

📋 오답 피하기

② 우편사무, 구호우편, 전쟁포로우편, 시각장애인용우편와 같이 우편물 종류에 따른 표시를 하지 않은 경우 <u>무료우편물로 취급하지 아니한다.</u>
③ 발송인과 수취인이 국가·지방자치단체인 경우 기관명을 표시해야 하고, 이를 표시하지 않은 경우 <u>무료우편물로 취급하지 않는다.</u>
④ **우편사무인 경우,** 발송인과 수취인의 <u>우편번호를 반드시 표시해야 무료우편물로 취급받을 수 있다.</u>

16
정답 | ①

① 우편물 반환청구 시 청구수수료 수납하고 '반송취급료'를 공제한 우편요금 환불 처리한다. K-Packet의 반송취급료는 국내등기통상우편요금이고, 반환청구 수수료는 별도 공제하므로, 9,340원에서 3,700원과 1,200원을 공제하고 환불을 해준다. 따라서 4,440원이 된다.

17
정답 | ④

④ 옳은 내용이다. EMS, EMS프리미엄, 소형포장물은 인터넷 또는 우체국앱을 통해 접수한 비계약 고객에 대해 접수비용 절감으로 인해 5%p의 특별감액을 한다. (26년 공고에서 수정된 내용이다.)

오답 피하기

① 계약국제특급우편요금을 준용하는 것은 맞지만, **계약국제특급우편요금은 1개월의 이용금액을 기준으로 한 이용금액**이다.
② 4%가 아니라 **6%의 감액률**의 적용을 받는다.
③ 국가기관, 지방자치단체, 공공기관 등과의 업무협약, 공익사업 등으로 발송하는 우편물은 감액률(40% 이내) 또는 감액 금액(통당 3천원 이내)을 별도로 정할 수 있다.

18
정답 | ④

④ 옳은 내용이다.

오답 피하기

① 우편물 접수국에서는 우편집중국(물류센터)에서 구분작업을 쉽게 할 수 있도록 우편물을 종류별, 기계구분/수구분, 자국접수–자국배달 우편물 등으로 분류해야 한다.
② 바코드판독은 광학문자판독보다 판독률이 높고, **광학판독에 따른 구분**은 우편번호를 인쇄한 서체에 따라 바탕체, 그래픽체, 명조체보다 굴림체의 판독률이 높다.
③ 모든 우편물은 우편상자에 담거나 운반차에 실어야야 하나, 우편물 운송과 발착 시설의 여건 등 불가피한 경우에는 제한적으로 우편자루를 사용할 수 있다.

19
정답 | ③

③ 옳은 내용이다.

오답 피하기

① 집배원 귀국 시 아직 배달되지 않은 등기통상우편물은 **부가취급우편물 취급부서에 넘긴다.**
② 굴림체가 아니라 **고딕체**이다.
④ 과오취급우편물 발견국에서 잘못 도착한 우편물이 너무 많아 입증자료를 확보하기가 곤란하거나 입증자료를 확인하면서 분쟁이 있을 경우는 발견국과 과오취급국 관할 지방우정청에서 협의하여 조치한다.

20
정답 | ①

① 옳은 내용이다.

대상 우편물	창구접수	방문접수	요금할인
EMS	O	O	가능(5%)
EMS프리미엄	O	X	X
국제소포(항공·선편)	O	X	X
등기소형포장물(항공)	O	X	가능(5%)

오답 피하기

② 후단의 설명은 맞지만, 선편도 대상이 된다.

> **사전 통관정보 제공 대상 우편물** : 비서류(극제소포(항공, 선편)우편물, K-Packet, EMS[비서류], 해상특송 으편물[한중, 한일]), EMS(서류), 소형포장물

③ 해외 전자상거래용 반품서비스(IBRS EMS)의 라벨에서 EMS 표시는 라벨 좌측 상단에 하고, IBRS/CCRI No. (승인번호)는 'EMS' 표시 아랫부분에 한다.

④ 귀금속류는 보험취급하여 발송할 수 있다. 등기보험서장으로 접수 권유한다.

제 4 회

01	02	03	04	05	06	07	08	09	10
③	③	①	③	③	②	②	④	①	④
11	12	13	14	15	16	17	18	19	20
④	④	②	③	④	①	③	③	④	④

01
정답 | ③

③ 규격 외 요금을 징수해야 하는 것은 ㄱ, ㄷ, ㄹ 3개이다. 2019년기출 문제이지만, 지금 봐도 너무 좋은 문제이므로 꼭 한 번 체크해둔다.

ㄱ. (O) 봉투에 있어서 규격 요건에 부합하는 재질은 종이이다. 다만, 창문봉투의 경우 다른 소재로 투명하게 창문으로 제작이 가능하므로 봉투의 재질이 비닐인 우편물은 규격 외 요금이 징수된다고 보아야 한다.

ㄴ. (×) 봉투를 봉할 때에는 풀이나 접착제를 사용할 수 있으며, 스테이플, 핀, 리벳 등 도드라진 것은 사용할 수 없다. 따라서 봉투를 봉할 때 접착제를 사용한 우편물은 규격 요건을 준수한 것이 된다.

ㄷ. (O) 수취인 우편번호(국가기초구역 체계로 개편된 5자리 우편번호)를 정확히 기재해야 하며, 일체 가려짐이 없어야 한다. 따라서 수취인 우편번호를 6자리로 기재한 우편물은 규격 외 요금의 징수 대상이 된다. 우편번호는 6자리를 쓰다가 2015년 8월 1일부로 5자리로 변경되었다.

ㄹ. (O) 누르지 않은 자연 상태에서 두께는 최대 5mm이므로 누르지 않은 자연 상태에서 두께가 10mm인 우편물은 규격 외 요금이 적용된다.

크기	세로(D)	최소 90mm, 최대 130mm (허용 오차 ±5mm)
	가로(W)	최소 140mm, 최대 235mm (허용 오차 ±5mm)
	두께(T)	최소 0.16mm, 최대 5mm (누르지 않은 자연 상태)

ㅁ. (×) 색상은 70% 이상 반사율을 가진 흰 색이나 밝은 색을 권장하는데, 봉투 색상이 70% 이하 반사율을 가진 밝은 색 우편물의 경우 이러한 권장 요건에 어긋나는 것이다. 그러나 권장 요건은 말 그대로 권장 요건인 것이지, 이를 어겼다고 하더라도 규격 외 요금이 징수되는 것은 아니다.

ㅂ. (×) 정해진 위치에 우표를 붙이거나 우편요금납부 표시를 해야하는 것도 권장 요건에 불과하다. 따라서 정해진 위치에 우편요금납부 표시를 하지 않거나, 우표를 붙이지 않은 우편물도 규격 외 요금이 징수되는 것은 아니다.

02
정답 | ③

③ 전단의 설명은 맞지만, 등기취급에 따라 배달해주는 것이 아니라 준등기취급에 따라 우편물을 배달하는 특수취급 제도이다. (편저 주 - 선택등기 서비스는 전체 내용이 2022년 공고에서 새롭게 추가된 것이다. 미배달 시 우편수취함에 넣는 것이므로 당연히 준등기 취급에 따라 배달하는 것이다.)

▣ 오답 피하기

① 옳은 내용이다. 발송 후 배달증명은 수령인의 수령사실 확인 후 배달완료된 경우(무인우편함 포함)에 한해 청구가 가능한데, 무인우편함에 배달한 경우도 이에 포함되기 때문이다.

②, ④ 모두 옳은 설명이다.

03
정답 | ①

① 옳은 설명이다.

▣ 오답 피하기

② 국내우편 요금별납의 경우 통상우편물과 소포우편물 모두 접수할 수 있으며 10통 이상이 되어야하므로 틀린 지문이다. 후단의 설명은 국제우편의 별납 우편물에 대한 설명이다.

③ 상품안내서(카탈로그)우편물의 경우 책자형태의 카탈로그 중 최대·최소 규격의 범위를 벗어나는 내용물이 전지면의 10%를 초과하지 못한다.

④ 월 4회 미만 발행하여 발송하는 격주간 신문 등은 잡지(월간) 감액률 적용한다.

04
정답 | ③

③ 옳은 내용이다.

▣ 오답 피하기

① 국제회신우표권의 경우 우리나라에서는 1,450원에 판매하고, 교환은 850원에 해당하는 우표류와 교환한다. 외국에서 판매한 국제회신우표권은 우리나라에서 외국으로 발송되는 항공 보통서장의 4지역 20g 요금(850원)에 해당하는 우표류와 교환함을 알아둔다.

② 30장이 아니라 20장이다.

④ 전단의 설명은 맞지만, 국제회신우표권 판매 시 교환 마감일(유효기간) 안내를 철저하게 해야 한다. 또한 우표류와 교환을 마친 국제회신우표권은 발생 즉시 수시로 조달센터로 반납 가능하다. 22년 기출지문이기도 하다.

05

정답 | ③

③ 25 + 80 + 2 = 107이다.

- 비영리민간단체 우편물 – 우편요금 감액률은 일반 우편요금의 100분의 ㉠25을(를) 감액한다.
- 서적 – 구분 감액 적용 요건으로 우편집중국별 운반차(pallet) 적재 시 운반차(pallet) 높이 기준으로 ㉡80% 이상을 채워야 한다.
- 다량 우편물 – 동일지역(우편물 접수지역과 배달지역을 권역화하여 권역내인 경우)의 경우 8만 통 발송 시 ㉢2%의 물량(기본) 감액률이 적용된다.

▶ 물량(기본) 감액률(편저 주 – 1반/2반/3반)

1회 접수 물량 구 분	1만 통 이상		5만 통 이상		10만 통 이상	
	동일 지역	타 지역	동일 지역	타 지역	동일 지역	타 지역
다량우편물	1%	0.5%	2%	1%	3%	1.5%

06

정답 | ②

② 옳은 설명이다. 월 1,500만원의 EMS 우편물 발송계약을 맺은 이용자는 월 10%의 감액률이 적용되고 따라서 1,500만원의 10%인 150만원을 할인받아 1,500 - 150 = 1,350만원의 요금을 납부하면 된다.

(단위 : 1개월, 만원)

이용 금액 구분	30 초과 ~ 50	50 초과 ~ 150	150 초과 ~ 500	500 초과 ~ 1,000	1,000 초과 ~ 2,000	2,000 초과 ~ 5,000	5,000 초과 ~ 10,000	10,000 초과 ~ 20,000	20,000 초과
계약 특급	–	4%	6%	8%	10%	12%	14%	16%	18%
수시 특급		4%	6%	8%	10%	12%	14%	16%	18%
일괄 특급	–	2%	3%	4%	5%	6%	7%	8%

오답 피하기

① 계약 국제특급 우편의 경우 **월 50만원 chrhk**인 경우에 이용가능하다.
③ 국제우편사업 물량·매출 증대 등에 기여한 고객에 대하여 특별감액을 하는 것은 계약고객에 한한다.
④ 일괄특급으로 300만원의 이용금액이 나온 경우 2%의 감액률을 적용한다.

07

정답 | ②

② 옳은 내용이다. **특별송달**, **내용증명**, **선거우편**, **외화현금배달우편물**, **냉장·냉동** 보관이 필요한 우편물은 주소 변경 청구가 제외되는 것들이므로 K–Packet은 주소 변경 청구가 가능하다.

오답 피하기

① 전단의 설명은 맞지만, 일본의 경우 e-small packet으로 명칭한다.

* **해외 전자상거래용 우편서비스**
중국 : e-Packet, 일본 : e-small packet, 싱가포르 : e-pak, 홍콩 : e-express

③ 개인고객과 달리 계약고객은 다량 이용자에 따른 요금감액 혜택을 제공한다. 그리고 26년 공고에서는 계약고객 전용 서비스로 다시 돌아왔다.
④ K–Packet은 부피중량과 사전통관정보제공의 대상 우편물 모두에 해당한다.

08

정답 | ④

④ 옳은 내용이다. 접수비용 절감은 비계약고객이 EMS, EMS 프리미엄, 소형포장물을 인터넷 또는 우체국앱을 통해 접수할 때 적용되기 때문이다.

오답 피하기

① 전단의 설명은 맞지만, EMS와 같은 선택적우편서비스이다.
② 기표지(운송장)의 발송인란에는 통관, 손해배상, 반송 등의 업무처리를 위하여 반드시 한 명의 주소·성명을 기재한다.
③ 일괄 K–Packet이란 우편관서와 발송인과의 이용계약에 따라 2개 이상의 접수우체국을 통해 K–Packet을 발송하는 본사와 지사, 협회와 회원사, 국가기관·지방자치단체·공공기관 등과 이와 연계된 이용자 또는 사업자 등을 말한다.

09

정답 | ①

① 옳은 내용이다.

오답 피하기

② 후단의 설명은 맞지만, 나만의 우표를 우편물에 붙인 경우 고객의 사진부분에 우편날짜도장이 날인될 수 있음을 사전에 설명해야 한다.
③ 후단의 설명은 맞지만, 전단의 설명도 부가형에 해당한다.
④ 후단의 설명은 맞지만, 인터넷 우표의 종류에는 일반통상과 등기통상 두 종류가 있으며, 등기통상의 경우 익일특급 서비스도 부가할 수 있다. 그러나 국제우편물과 소포우편물은 이용대상이 아니다.

10

정답 | ④

④ 옳은 내용이다.

오답 피하기

① 운송송달증을 수수한다. (편저 주 – 다른 우체국 간에는 운송송달증을 수수하는 것으로 이해!!)

▶ 우편물의 수수

우편물을 인수인계할 때는 운송송달증, 용기송달증, 접수송달증에 따라 수수하는 방법 등이 있음

① 운송송달증에 따른 수수: 운송차량에 적재한 운반차 등의 명세를 수수
   * 예) 의정부우편집중국 ↔ 서울중랑우체국, 동서울우편집중국 ↔ 우체국물류지원단
② 용기송달증에 따른 수수: 운반차 등에 적재한 운송용기 명세를 수수
   * 예) 부가취급부서(특수계) ↔ 발송부서(발착계)
③ 접수송달증에 따른 수수: 접수된 부가취급우편물 명세를 수수
   * 예) 접수부서 ↔ 발송부서

② 전자의 설명은 맞지만, 우편자루에는 통상우편물도 담을 수 있다.

③ 우편운반대라고 한다. (편저 주 - 소포 등 규격화된 우편물을 담기 위해서는 평평한 운반대가 적합하다.)

11
정답 | ④

④ 옳은 내용이다.

오답 피하기

① 수집해온 우편물은 소인 작업에 편리하도록 종류와 형태별로 분류하여 우표나 요금인면을 바르게 간추려 우표면에 날짜도장을 찍는다.
② 수취인에게 배달하지 않고 발송인에게 반환한다.
③ 이탈품은 '취급 중 발견'이 아니라 '이탈품'이라 기록한 부전지를 붙인다. 후단의 설명은 맞다.

12
정답 | ④

④ 옳은 내용이다.

오답 피하기

① 시한성 우편물, 익일특급우편물, 등기소포는 배달국에 도착한 날 구분하여 당일 배달한다.
② 복지등기통상우편물은 2회 배달 시 수취인 폐문부재인 경우 우편수취함에 배달하지만, 복지등기소포우편물은 2회 배달을 하고, 2회 배달 시 수취인이 폐문부재 시 주소지 문 앞에 배달한다.
③ 전단의 내용은 맞지만, 후단의 경우 익일특급은 주소지에 배달하는 것이 아니다. 과거 유사한 기출문제도 있었다.

13
정답 | ②

② 옳은 내용이다.

오답 피하기

① 미배달우편물이란 우편물을 배달할 때 수취인 부재, 주소·이사불명, 수취거절 등으로 그날에 배달하지 못하고 재배달, 전송, 반송, 반송불능 등으로 처리되는 우편물을 말한다.
③ 미배달 사유인 날인 시점이란 수취인부재, 주소불명, 이사불명 및 수취거절 등으로 수취인에게 배달할 수 없는 우편물로 판명되어 반송할 때나 반송불능우편물로 처리할 때를 말한다.
④ 검사 후 책임자가 배달하지 못한 사유를 재검사한 후 재조사가 필요한 우편물은 '재조사'라 표시하여 다시 배달해야 한다. 다만, 다시 배달할 경우에는 부전인란의 '반송' 표시를 지운다.

14
정답 | ③

③ 옳은 내용이다.

오답 피하기

① 배달국에 도착한 등기우편물을 대상으로 한다.
② 특별송달, 내용증명, 선거우편, 외화현금배달, 냉장·냉동, 이미 배달완료된 우편물 등은 서비스가 제외되는 우편물이다.
④ 접수채널은 우체국(우편취급국 포함), 인터넷 우체국, 모바일 앱, 배달예고문자이며, 우편고객만족센터, 전화 신청은 불가하다.

15
정답 | ④

④ 옳은 내용이다.

오답 피하기

① ②와 ③의 순서가 바뀌었다. 즉, 반송불능(불필요)우편물 업무처리 절차와 관련하여 ① 배달결과 등록 ⇒ ② 반송불능 도착 등록 ⇒ ③ 반송불능우편물 처리 등록 ⇒ ④ 반송불능 일반물량 등록 ⇒ ⑤ 반송불능 일일마감 ⇒ ⑥ 결재 관리의 순서로 진행된다.
② 발송인의 주소가 불명확해 발송인에게 반송할 수 없는 요금별납·후납· 요금수취인부담 우편물은 접수국으로 송부한다.
③ 검사를 한 우편물은 그 종별과 수량을 기록한 송부서와 우편물을 함께 소속 총괄국에 보내거나 관내 배달우체국에서 3개월 동안 보관한다.

16

정답 | ①

① 옳은 내용이다.

📖 **오답 피하기**

② 전산 등록한 배달결과는 다음 날 00시 00분을 기준으로 법원 재판사무시스템으로 자동 전송되며, **기전송된 건의 배달결과를 수정하더라도 법원 재판사무시스템 에는 반영되지 않는다.**

③ 3차 때까지도 수취인이 부재하여 배달하지 못한 경우 2일 간 보관하지 않고 3차 배달일 다음 근무일 최선편으로 반송처리한다. – 당특 30

④ **특별송달우편물의 수취인이 부재 시에는 그 사무원, 고용인 또는 동거자에게 배달하여야 한다.**

17

정답 | ③

③ 옳은 내용이다. 배터리가 내장된 전자제품(휴대폰, 노트북 등)은 항공기탑재 금제품으로 접수 불가이다. (26년 공고에서 새롭게 추가되었다.)

📖 **오답 피하기**

① **등기소형포장물에서 선편은 제외**되므로 틀린 지문이다.

대상 우편물	창구접수	방문접수	요금할인
EMS	O	O	가능(5%)
EMS프리미엄	O	X	X
국제소포(항공·선편)	O	X	X
등기소형포장물(항공)	O	X	가능(5%)

② 체적무게 $30 \times 50 \times 40 \div 6,000 = 10kg$이므로 요금은 더 무거운 10kg 요금을 적용한다.

④ 가정에서 조제한 식품을 우편으로 발송하는 경우는 <u>사전신고 면제</u>이지만, 개인이 자기 자신, 가족 또는 친지에게 선물로 발송하는 비상업적 식품으로 인정되는 경우는 <u>사전 신고 유예</u> 우편물로 분류된다.

18

정답 | ③

③ ⓜ, ⓗ을 제외하고 모두 수구분 분류의 대상이 된다. 따라서 5개이다.

📖 **오답 피하기**

ⓜ 폭발성·인화성 물질이 들어있는 우편물은 접수 불가 물품이다.

ⓗ 규격의 소형 등기통상 우편물은 등기통상구분기가 설치된 우편집중국과 권역국에서는 기계구분우편물로 분류할 수 있다.

▶ **기계구분 불가능우편물 ⇒ 수구분으로 분류**
- 주소와 우편번호를 <u>기재하지 않은</u> 우편물 [23 기출]
- 주소와 우편번호의 기록위치가 적정하지 않은 우편물
- 주소와 우편번호를 손 글씨로 흘려 쓴 우편물
- 주소와 우편번호 <u>주위에 다른 문자가 표시된</u> 우편물 [22, 23 기출]
- 주소와 우편번호 문자 선명도가 낮은 우편물 [23 기출]
- 표면이 고르지 아니한 우편물 (도장, 동전, 병 덮개 등을 넣은 우편물) [23 기출]
- 봉투색상이 **짙은** 우편물 [23 기출]
- 봉투의 끝부분이 접혀있거나 **봉함되지 아니한** 우편물
- 스테이플러 핀 등으로 봉투를 봉함한 우편물
- 내용물의 글씨가 봉투에 **비치는** 우편물 [23 기출]
- **둥근 소포, 쌀자루 및 취약소포** 등

19

정답 | ④

④ 옳은 내용이다.

📖 **오답 피하기**

① 내용물에 따른 구분에서 국제통상우편물도 분류되고, 구체적으로 A/O이지 L/C가 아니다.

② 발송 절차가 소포에 비해 간단하고 첨부해야 하는 세관신고서는 내용품의 가격에 따라 <u>300SDR 이하</u>인 경우는 기록 요령이 간단한 CN22를, 300SDR을 초과하는 경우는 CN23을 이용한다.

③ <u>항공소형포장물(등기)은 EMS(국제특급)과 다찬가지로</u> 우체국 쇼핑 해외배송 서비스 배송방법으로 인정된다.

20

정답 | ④

④ 관제엽서는 우편요금을 표시하는 증표를 인쇄하는 것이 가능하므로 옳은 내용이다.

📖 **오답 피하기**

① 아·태우편연합(APPU)은 **한국과 필리핀이 공동 제의**하여 1961년 **마닐라에서 창설대회**를 가졌다.

② 순서가 바뀌었다. 국제우편물 별납 접수시 발송신청서(접수창구보관용, 발착부서보관용), 접수증(발송인교부용, 국제우체국송부용) 총 **4부**가 전산으로 출력된다.

③ 전자제품, 음식물도 외국으로 보험취급하여 발송할 수 없다.

제 5 회

01	02	03	04	05	06	07	08	09	10
④	③	②	③	③	③	①	①	④	①
11	12	13	14	15	16	17	18	19	20
②	②	①	②	①	④	②	②	②	①

01
정답 | ④

④ 옳은 설명이다.

📋 오답 피하기

① **우편물 크기에 따라서** 소형포장우편물과 소포우편물로 나뉘며, 작은 물건의 경우 크기(가로+세로+높이의 합이 35cm)에 따라서 통상우편물도 될 수 있고, 소포우편물도 될 수 있다.

② 세변의 길이는 최소 요건인 35cm를 넘고, 최대 요건인 160cm보다 작다. 그러나 최소 요건 중 가로 길이가 최소 17cm 이상이어야 하는데, 길동이의 우편물은 여기에 부합하지 않는다.

③ 우편물의 품위를 유지하면서 잘 보이는 곳에 부착하면 되므로 왼쪽 하단에 부착하여야 하는 것은 아니다.

[편저 주 정리] **소포우편물의 위치**
① "소포" 표시 – 왼쪽 중간
② "내용문의 끝냄" – 왼쪽 중간
③ "소포등기번호"의 표시 – 왼쪽 하단
④ "요금별·후납" 표시 – 오른쪽 윗부분
⑤ "부가서비스 안내 스티커" – 우편물의 품위를 유지하면서 잘 보이는 곳에 부착

02
정답 | ③

③ 옳은 내용이다.

📋 오답 피하기

① 손실 또는 분실일 때 **최대 10만원까지** 손해배상을 제공한다. 후단의 설명은 맞다.

② 1회차가 대면 배달이고, 2회차는 **대면 배달 시도 후 폐문 부재일 경우** 우편수취함에 배달한다.

④ 내용증명이 아니라 **발송 후 배달증명**이다. 즉, 선택등기 서비스는 **전자우편, 익일특급, 발송 후 배달증명, 계약등기**를 부가취급할 수 있다.

03
정답 | ②

② 옳은 설명이다.

📋 오답 피하기

① 착불배달의 경우 500원으로 가장 저렴하다.

③ 전자우편서비스 중 소형 봉함식은 편지, 안내문, 고지서 등의 안내문(최대 6장)을 편지형태로 인쇄하여 규격봉투에 넣어 발송하는 우편서비스이다.

④ 재출력의 대상이 된다. 유효기간이 경과한 경우 30일 이내에 재출력을 신청하면 사용이 가능하다.

04
정답 | ③

③ 옳은 설명이다.

📋 오답 피하기

① 우편물이 접수국에서 국제우체국으로 발송하기 전 접수국에 있는 경우, 수수료를 받지 않는다.

〈수취인 주소·성명 변경청구와 우편물 반환청구 수수료〉

구분	청구 수수료
접수우체국 발송 전	무료
접수우체국 발송 후	국내등기취급수수료

② 후단의 설명은 맞지만, **국제우편물의 반환청구**는 해당 우편물을 접수한 우체국에서만 가능하다. (2022년에 새롭게 들어온 내용이다.)

④ 기록취급하지 않는 우편물의 경우 외부 기록사항을 변경·정정 또는 반환청구는 '접수국 발송 전'인 경우에 한하여 가능하다.

05
정답 | ③

③ 60 + 10 + 80 = 150이다.

▶ 통상우편물의 감액과 광고 (정육점/서니텐/삼팔광땡)
① **정기간행물** – 광고가 앞·뒤 표지 포함 전 지면의 ㉠ 60%를 초과하는 경우 감액 대상에서 제외
② **서적** – 상품의 선전 및 광고가 전 지면의 ㉡10%를 초과하는 것은 감액대상에서 제외
③ **상품안내서** – 봉함된 우편물 전체의 내용은 광고가 ㉢80% 이상이어야 함

06
정답 | ③

③ 보험취급수수료는 보험가액 최초 65.34 SDR 또는 최초 114,300원까지는 2,800원, 보험가액 65.34 SDR 또는 114,300원 추가마다 550원이 추가된다. 따라서 내용품의 객관적인 가액은 150,000원이므로 보험취급수수료는 2,800원에 추가 수수료 550이 추가된다. 그리고 보험가액은 주소기표지 보험가액란에 'OOO원'으로 기재하고 보험

취급수수료는 별도 기재 없이 요금에 포함하여 기재하므로 보험가액 150,000에 보험취급수수료 3,350원을 더하면 153,350원이 된다.

07
정답 | ①

① 무인우편물 보관함에 배달할 수 없는 우편물은 ㉠, ㉣, ㉾, ◎ 4개이다.

> ▶ 서비스 제외 우편물
> (1) 보험취급, 특별송달, 계약등기(회신, 본인지정)우편물 등 우정사업본부 고시 제2022-32호에서 규정한 무인우편물 보관함에 배달할 수 없는 우편물
> (2) 국제우편물(국제통상 · 국제등기 · 국제소포 · EMS 등)

08
정답 | ①

① 옳은 것은 ㉣ 1개이다.
㉣ 서류도 통관의 대상이 된다.

> ▶ 통관대행불가
> ◦ 세관계류 시 수취인이 직접 통관
> − 통관으로 인한 배달지연에 대한 손해배상 불가함
> ◦ 서류도 통관대상
> ※ 현지국 사정에 따라 통관대행이 발생할 수 있음(수수료 부과가능)

오답 피하기

㉠ 전자제품(특히, 컴퓨터 및 노트북은 약간의 충격에도 파손의 우려가 크며, 외관에 이상은 없으나 기능 ㆍ작동에 따른 대형 민원이 제기 되므로 접수 지양하도록 중중히 안내하고, 부득이하게 접수하여야 하는 경우는 우편물 내부와 외부의 견고한 포장을 확인하여 접수한다. 보험취급을 할 수 없을 뿐이다.
㉡ 우편번호가 아니라 전화번호를 반드시 기재해야 한다.
㉢ 프랑스행 EMS(비서류) 접수 시 개인물품, 상업물품 모두 면세한도와 관계없이 Invoice를 반드시 작성해야 한다.
㉤ 유학서류 및 선하증권이 포함된 우편물은 EMS로 접수할 수는 없고, EMS프리미엄으로 접수한다.

09
정답 | ④

④ 옳은 내용이다.

오답 피하기

① 순서가 바뀌었다. 즉, 도착집중국 2자리와 배달국 3자리는 기본값으로 확정이 되어 있으나 집배팀 2자리와 집배구 2자리는 배달국에서 배달환경에 맞게 부여할 수 있게 되어 있으며 탄력적으로 운용이 가능하다.
② 집배코드의 집배구 부여는 단순히 집배원당 하나의 집배구를 부여하는 것이 아니라 배달 환경에 따라 1명의 집배원에게 여러 개의 집배구를 할당하거나 또는 배달단위별로 부여 가능하다.
③ 통상우편물 감액을 받기 위해서는 집배코드별로 구분하여 제출하여야 한다.

10
정답 | ①

① 옳은 내용이다.

오답 피하기

② 전단의 설명은 맞지만 열람 수수료도 열람 당시의 내용증명 취급수수료의 반액에 해당하는 수수료를 징수한다.
③ 내용증명우편물의 반환청구 시 일반적인 방법에 의해 처리하되, 발송인이 아닌 접수국으로 반송하여야 한다.
④ 내용문서의 원본이나 등본의 장수가 2장 이상일 때에는 함께 묶은 그 곳에 우편날짜도장으로 간인하거나, 내용문서의 원본 및 등본의 글자를 훼손하지 않도록 빈 곳에 천공기로 간인하여야 하며, 발송인의 인장이나 지장으로 간인하지 않음에 주의해야 한다. (편저 주 – 내용문서를 수정하거나 삭제할 때와 구별해야 한다.!!)

11
정답 | ②

② 옳은 내용이다.

오답 피하기

① 공무원의 각종 신분증은 '습득물송부서'이 따라서 그 발한 기관장 앞으로 일반무료우편물로 송부한다.
③ 우편관서에서 발행한 각종 증서(우편환 증서 등)와 현금을 우체통에서 습득한 경우 반송불능우편물의 취급에 따라 처리한다.
④ 경찰서장 명의로 보낸다.

12
정답 | ②

② 옳은 것은 ㉢ 1가이다.

오답 피하기

㉠ 주소지의 시 · 군 · 구청에 송부서 없이 봉투에 넣어 등기통상우편물로 발송한다.
㉡ 주민등록증 상의 주소지와 주민등록증이 발견된 시 · 군이 동일한 경우에도 요금을 징수한다.
㉣ 봉투표면에는 빨간색으로 '습득주민등록증 송부'라고 표시한다. (편저 주 – 25년에 빨간색 추가됨)
㉤ 요금미납 표시인을 날인한 후 받아야 할 요금을 기록한다.
㉥ 무게에 따라 등기통상 우편요금을 징수한다.
㉦ 발송 당일 동일 지자체에 1건 이상의 습득주민등록증을 발송할 경우 일괄등기번호 부여 후 1건의 등기우편물로 발송한다.

13
정답 | ①

① 옳은 내용이다.

📖 오답 피하기

② 순서가 바뀌었다. 검사책임자는 우편물류과가 편성되어 있는 우체국은 과장, 그 밖의 우체국은 국장으로 지정한다.

③ 재배달 우편물('재조사' 표시)로 분류되었거나 수취인이 재배달 희망일을 지정한 우편물은 해당 재배달일자에 최선편으로 다시 배달하며, 수취인 전화번호가 기록된 우편물은 사전에 전화 등으로 설명한 후 다시 배달한다.

④ 보관기간 종료일이 토·일요일, 공휴일인 경우에는 그 다음 날까지 보관한다.

14
정답 | ②

② 옳은 것은 ㉡, ㉢, ㉣ 3개이다.

📖 오답 피하기

㉠ 국가별 서류 가능 품목은 EMS 프리미엄 홈페이지(www.emspremium.com)확인 또는 EMS프리미엄 업무관련 UPS 담당부서로 전화문의한다.

㉤ 행방조사 접수채널(기관, 방법)은 우체국, 인터넷, 모바일 등이 있다.(전화접수×)

15
정답 | ①

① 옳은 내용이다.

📖 오답 피하기

② 평균송달기간은 평균 7~10일이고, 계약관서는 지방우정청과 총괄우체국이다.

③ 월 이용금액이 1,000만원인 경우 10%의 감액을 해준다.

(단위 : 1개월, 만원)

이용금액 / 구분	400 초과 ~500	500 초과 ~1,000	1,000 초과 ~3,000	3,000 초과 ~5,000
일반계약	9%	10%	12%	13%
일괄계약	4%		5%	

④ K-Packet은 보험 등 부가서비스 이용 불가하다. 즉, K-Packet은 보험 등 부가서비스를 취급할 수 없으므로 해당 사항에 대한 손해 배상은 원천적으로 불가하다. 그리고 K-Packet의 손해배상은 52,500원 범위 내의 실제 발생 손해액이다.

16
정답 | ④

④ 옳은 내용이다.

📖 오답 피하기

① 배달함에 배달한 후 3일 이내에 우편물을 받지 않았을 때에는 '반송'처리하고, 이때 재배달·전송·보관기간 연장은 불가하다..

② 선택등기 우편물은 주거이전 우편물 전송서비스 대상이며, 접수부터 운송·발송·도착 및 배달까지 등기우편물 취급 예에 따라 취급한다.(25년 추가 내용)

③ 반송 또는 전송하는 곳을 관할하는 집배국 앞으로 송금통지서 및 원부를 발행하여 우편물에 넣은 후 반송 또는 전송한다.

17
정답 | ②

② 옳은 내용이다.

📖 오답 피하기

① 보충송달을 하는 경우에 동거인의 나이 제한은 없으나, 법원에서 누구에게 보내는 편지라고 말하여 그 취지를 이해하는 정도(초등학교 5~6학년 이상)이면 가능하다.

③ 유치송달에 대한 설명이다.

④ 법원 소송서류의 대리 수령은 「민사소송법」에서 규정한 송달영수인제도만 허용하고 있으며, 「민법」에서 규정한 대리인의 규정은 적용되지 않는다.

18
정답 | ②

② 옳은 내용이다.

📖 오답 피하기

① 우편집중국에서는 부가취급우편물, 잘못 도착우편물, 반송우편물, 그 밖의 기계로 구분하기 어려운 우편물은 수작업으로 구분한다. (부도반불(어))

③ 집배원별로 구분되지 않은 상태로 배달국에 도착한 우편물은 발착요원 또는 집배원 등이 구분한다.

④ 잘못 도착한 우편물의 경우 우편집중국이나 배달국에서는 도착우편집중국별로 구분한다.

19

옳은 것은 ⓒ 1개이다.

ⓒ 분실된 경우에는 발송인, 파손된 경우에는 발송인이나 수취인이 행방조사를 청구할 수 있으므로 옳은 설명이다.

📖 오답 피하기

㉠ 외국으로 발송 준비 완료 전 발송인이 반환청구를 한 경우 교환국에서는 청구대상 우편물을 '발송인 주소지'로 반송 처리한다.

ⓒ 회신내용이 분실·파손 등 손해배상에 해당되는 경우, 관련 문서(내용) 사본을 첨부하여 서울지방우정청으로 보고하고, 손해배상 처리절차에 따라 처리하고, 서울지방우정청은 분기별로 이를 분석하여 우정사업본부에 보고한다.

㉣ 262,350원과 납부한 우편요금(등기료 제외)을 손해배상으로 하는 것은 등기우편낭배달 인쇄물의 분실, 전부 도난 또는 전부 훼손된 경우이다. 일부 도난 또는 일부 훼손된 경우에는 262,350원 범위내의 실손해액을 손해배상금액으로 한다.

20

① 옳은 내용이다. (편저 주 - 유가물이 아닌 경우 반송불필요우편물 - 1개월 / 반송불능우편물 - 3개월 보관)

📖 오답 피하기

② 다른 우체국에서 보낸 우편물이 도착한 경우에도 도착 등록하여야 한다

③ 배달증명, 특별송달, 민원우편물, 회신우편물은 반송수수료를 받지 않고 교부한다.

④ 반송불능(반송불필요)우편물의 교부·송부·폐기를 할 때에 우편물류시스템에 등록하고, 그날에 처리한 명세를 집계하기 위해 일마감 등록하며, 마감 취소는 취소사유가 발생한 날부터 30일 전까지 가능하다.

제 6 회

01	02	03	04	05	06	07	08	09	10
②	④	④	①	②	③	④	④	④	①
11	12	13	14	15	16	17	18	19	20
④	④	④	②	③	③	③	④	②	③

01

정답 | ②

② 옳은 것은 ㉣, ㉥ 2개이다.

오답 피하기

㉠ 중량이 다른 1통 이상의 우편물이 추가되는 경우에도 별납으로 접수가 가능하다.
㉡ 100만원 이하인 사람이라고 해야 한다.
㉢ 4년간 성실히 납부한 사람은 담보금 전액 면제 대상이 된다.
㉤ 1년(일간신문은 4개월)이 지나야 재계약이 가능하다.

02

정답 | ④

④ 옳은 내용이다.

오답 피하기

① 2,500원이 아니라 2,800원이다.

> ▶ 국제특급 우편의 보험취급한도액 및 수수료
> : 4,000SDR(7,000,000원)
> ① 보험가액 65.34SDR 또는 114,300원까지 : **2,800원**
> ② 보험가액 초과하는 65.34SDR 또는 114,300원 초과마다
> : **550원 추가**

② 후단의 설명은 맞지만, 슬로건은 The Power to Deliver이다. 2022년에도 유사한 문제가 출제되었다.
③ EMS 세관신고서 작성 시 내용품명은 반드시 영문 기재하고, 내용품 가격(물품가)은 종이 기표지 기준으로 미화(USD)로 기재하는데, 이 때 금액은 발송인이 직접 기재한다.

> ▶ 세관신고서 작성
> ◦ 내용품명은 반드시 영문 기재
> ◦ 내용품 가격(물품가)은 미화(USD)로 기재(종이 기표지 기준)
> ◦ 금액은 발송인이 직접 기재
> ◦ 손해배상 시 기재한 금액만큼 배상됨을 안내
> ◦ Sample도 내용품 가격 기재

03

정답 | ④

④ 옳은 내용이다.

〈 발착업무의 범위 (※ 점선 내)〉

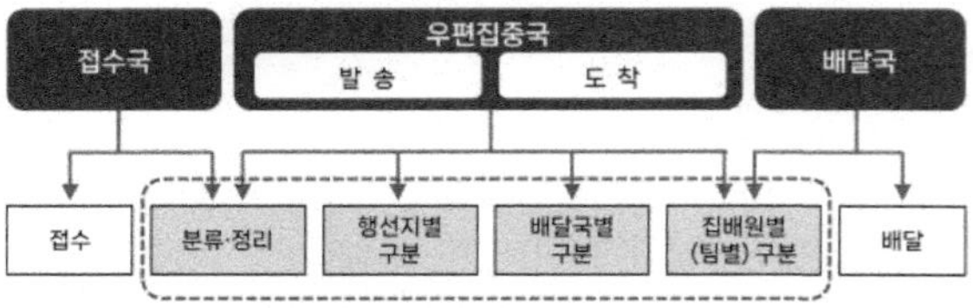

오답 피하기

① 우편물 발착업무의 작업내용은 분류・정리, 구분, 발송, 도착작업으로 구성되어 있다.
② **부가취급우편물**은 규격과 관계없이 수구분우편물로 분류하되, 등기통상구분기가 설치된 우편집중국과 권역국에서는 규격의 소형등기통상(익일특급, 등기우편)우편물에 한해서 기계구분우편물로 분류할 수 있다.
③ 우편물을 접수한 우체국(접수국)을 관할하는 우편집중국은 발송집중국이고, 후단의 설명은 맞다.

> ※ **발송우편집중국(발송집중국)** : 우편물을 접수한 우체국(접수국)을 관할하는 우편집중국으로서 접수된 우편물은 발송집중국으로 운송된다.
> ※ **도착우편집중국(도착집중국)** : 우편물을 배달하는 우체국(배달국)을 관할하는 우편집중국으로서 도착집중국은 우편물을 배달국으로 운송한다.

04

정답 | ①

① 옳은 내용이다.

오답 피하기

② **반송불필요 우편물을 발송인이 보관국(수취인의 배달국)에 방문하여 교부 받는 경우에는 반송수수료를 징수하지 않는다.**(우편집중국 발송 이전용 청구 수수료(25g 통상규격요금)만 징수함)
③ 직원 2명이 참관한다. 그 외 다른 내용은 모두 맞게 설명하였다.
④ 등기통상 별・후납우편물이 아니라 일반통상 별・후납우편물인 경우 원칙적으로 발송인에게 반환(반송)하지 않고 반송불필요처리한다.

05

정답 | ②

② 옳은 내용이다.

오답 피하기

① 수취인이 지정하는 등기우편물 대리수령인은 수취인 주소지와 **같은 집배구 (인접 집배구 가능) 내에 거주**하고 사리를 분별할 수 있는 사람인지를 확인한다.

③ 대리수령인이 이사하였거나 대리수령을 거부하는 경우에는 그 사실을 신고서 빈곳에 적은 뒤 책임자가 확인하고 대리수령인 지정이 **자동해지된 것으로 처리**한다.

④ 대리수령인의 장기부재 등으로 대리수령인에게 배달이 불가능한 경우에는 부전지에 대리수령인에게의 배달이 불가능한 사유를 적어 우편물에 붙이고 **일반적인 등기우편물 배달 방법에 따라 신고인에게 배달**한다.

06
정답 | ③

③ 옳은 내용이다.

오답 피하기

① 3층 이상인 건축물의 소유자나 관리인은 해당 건축물의 출입구에서 가까운 내부의 보기 쉬운 곳에 그 건축물의 주거시설, 사무소, 사업소별로 규격에 맞는 우편수취함을 설치하여야 한다. 즉, <u>의무 규정</u>이다.

② 건물 구조상 한 곳에 전부를 설치하기가 곤란한 경우에는 **3층 이하의 위치에 3개 장소 이내로 분리하여 설치**할 수 있다. 이 경우에는 <u>설치할 수 있다</u>라고 해야 한다.

④ 설치대상 건물로서 <u>1층 출입구, 관리사무소, 경비실 등에 **우편물 접수처가 있는 경우**에는 우편수취함을 설치하지 않을 수 있다.</u>(「우편법 시행규칙」 제131조)

07
정답 | ④

④ 8 + 5 + 9 + 3 = 25

용기종류	우편상자용	소형(1), 중형(2), 대형(3)
	운송용기용	우편운반차(롤팔레트)(4), 상자운반차(트롤리)(5), 우편자루(6), 무용기(7), 우편운반대(평팔레트)(8)
서비스 종류 [25 기출]		일반(1), 등기(2), 국내특급(5), 국제일반(6), 국제등기(7), EMS(8), EMS프리미엄(9)
우편물 종류 (형태)		서장(1), 플랫(2), 패킷(3), 소포(4)

08
정답 | ④

④ 옳은 설명이다. 국제특급우편물(EMS)는 발송 우선순위에서 유일한 1순위이다.

▶ **우편물 발송의 우선순위**
1) 1순위 : <u>EMS</u> [25 기출]
2) 2순위 : 익일특급우편물, 등기소포우편물, 일반등기·선택등기우편물 및 준등기우편물, 국제항공우편물
3) 3순위 : <u>일반소포우편물, 일반통상우편물, 국제선편우편물</u>

오답 피하기

① 국제우편물은 무인우체국으로 배달할 수 없다. 따라서 수취인 주소가 무인우체국으로 되어 있더라도 무인우체국의 배달함에 배달할 수 없다.

▶ **무인우체국 서비스 제외 우편물**
(1) **보험취급, 특별송달, 계약등기(회신, 본인지정)우편물** 등 우정사업본부 고시 제2022-32호에서 규정한 무인우편물 보관함에 배달할 수 없는 우편물
(2) **국제우편물(국제통상·국제등기·국제소포·EMS 등)** [25 기출]

② 국제특급우편물의 배달은 국내특급우편물 배달의 예에 따르지만 도서지역 등 배달이 곤란한 지역일 경우, 국제특급우편물은 국내특급우편물 취급 예에 의하지 아니할 수 있다.

③ 국명표 바코드의 '서비스 종류'를 표시하는 번호에서는 EMS는 8이고, EMS프리미엄은 9이다

서비스 종류 [25 기출]	일반(1), 등기(2), 국내특급(5), 극제일반(6), 국제등기(7), EMS(8), EMS프리미엄(9)

09
정답 | ④

④ 옳은 내용이다.

오답 피하기

① 등기로 취급하는 우편물을 반송할 때는 반송일자, 반송사유, 반송할 때 징수할 요금을 적는다.

② 사서함 사용계약이 해지된 날부터 <u>10일이</u> 지난 우편물과 유효기간이 지난 요금수취인부담 우편물은 반송대상 우편물에 해당한다.

③ 전단의 설명은 맞지만, 반송할 때 <u>모든 우편물을 일반우편물로 취급하는 것은 아니며 다른 법령(지침)에서 정한 대로 반송처리해야 한</u>다.

10
정답 | ①

① 옳은 내용이다.

오답 피하기

② 배달증명, 특별송달, 민원우편물, 회신우편물의 반송수수료는 최초 우편물 접수 시 그 요금에 포함되어 있으므로 반송 배달할 때는 반송료를 징수하지 않는다.

③ 등기우편물의 반송 도중 등기취급수수료에 변동이 있는 경우, <u>반송취급 수수료는 해당 등기우편물의 발송인 주소지 배달우체국에 도착한 날을 기준</u>으로 징수한다.

④ <u>미납이나 부족 요금의 2배에 해당하는 금액을 현금으로 받고</u> 미납부족 우편요금영수증과 해당 우편물을 함께 고부한다.

11

정답 | ④

④ 옳은 내용이다.

오답 피하기

① **세관계류 시**에는 통관 대행이 불가한 경우로 수취인이 직접 통관을 해야 한다.

▶ **통관대행불가**
◦ **세관계류 시** 수취인이 직접 통관
 – 통관으로 인한 배달지연에 대한 손해배상 불가함
◦ **서류도 통관대상**
※ 현지국 사정에 따라 통관대행이 발생할 수 있음(수수료 부과가능)

---

② 등기우편물에는 굵은 문자로 명확하게 등기임을 표시하는 'Registered'를 가능한 한 왼쪽 윗부분 발송인의 주소·성명 아래에 기록하거나 표시한다. Advice of delivery는 **배달통지를 의미한다.**

③ **국제우편요금의 후납**의 **취급우체국**은 후납계약을 맺은 우체국에서 발송(우편취급국 포함)[21기출]한다. 다만, **취급국의 경우 등기취급우편물과 공공기관에서 발송하는 일반우편물에만 허용**한다.

12

정답 | ④

④ 옳은 내용이다.

오답 피하기

① 규격 소형 등기통상우편물(익일특급, 등기통상)은 등기통상구분기가 **설치된 우편집중국에서만** 기계구분을 할 수 있다.

② **부가취급우편물**에 대해서는 **운송용기 묶음 끈으로 묶어 봉함하여 발송한다.**

③ 순로(順路)에 대한 설명으로 25년에 새롭게 추가되었다.

13

정답 | ④

④ 옳은 내용이다.

오답 피하기

① (가) – 용기 종류
② (나) – 서비스종류
③ (다) – 우편물 종류(형태)

14

정답 | ②

② 옳은 내용이다.

오답 피하기

① 가족관계서류 등의 서류 확인 후 동거가족에게 교부할 때에는 수취인에게 유선 확인을 실시하는 등 위임사실을 **필수로 확인**해야 한다.

③ 창구 교부 시 내용증명과 달리 특별송달우편물은 정당한 위임사실이 확인되더라고 대리수령인에게 교부할 수 없는 등기우편물이다.

④ 전송의 개념이다.

15

정답 | ③

③ 옳은 내용이다.

오답 피하기

① 내용품 확인을 위해 쉽게 열어볼 수 있도록 포장하는 것은 소형포장물이다. K-packet은 내용품이 파손되거나 이탈되지 않도록 단단하게 포장하되 사각형태의 상자에 포장하고 액체는 내용물이 새지 않도록 봉하여 외부 압력에 견딜 수 있는 용기에 넣어 포장한다.

② 미국행 K-Packet은 상대국가에서 제공하는 종추적 정보 외의 행방조사, 손해배상 등 기타 청구는 할 수 없다.

④ 전단의 서명은 맞지만, K-Packet은 통상우편물이므로 등기우편물과 동일하게 배상한다.

16

정답 | ③

③ 옳은 내용이다. 모두 무료로 가능한 경우이다.

오답 피하기

① 모두 무료이다. 즉, 발송인의 수취인 주소·성명 변경청구와 우편물 반환청구 수수료 접수우체국에서 발송 전에는 무료이다.

② 시각장애인용 우편물의 접수 시 등기를 접수할 때 등기료는 무료이다.

④ 정가로 판매한 수입인지를 같은 금액의 인지나 다른 종류의 인지로 교환할 경우에는 **무료**이다.

17

정답 | ③

③ 손실보상 청구 시 **지방우정청장**은 필요하다고 인정하는 경우에는 청구인의 출석을 요구하여 질문하거나 관계자료를 제출하도록 할 수 있다. 즉, ⓒ은 지방우정청장이 들어간다. 나머지는 모두 우체국장이 들어간다.

오답 피하기

①, ②, ④ 모두 우체국장이 들어간다.

18
정답 | ④

④ 모두 옳은 내용이다. 실강 수업 시간에 질문 나온 것을 명확하게 구별하기 위해 출제한 것이다. 특히 ㉡과 ㉢은 EMS 접수 시 우편요금은 접수우체국에서, 내용품의 가액은 발송인이 직접 미화(USD)로 기재함을 유의한다.

(편저 주 - 일부러 변형을 가하지 않고 모두 옳은 지문으로 출제한 만큼, 이 파트가 헷갈렸던 수험생분들은 이 문제 자체를 반복해서 반드시 구별하기 바란다.)

19
정답 | ②

② 옳은 내용이다. 우체국이 아니라 관할 경찰서로 반송함을 유의한다.

📋 오답 피하기

① 후단의 설명은 맞지만, 습득물이 핸드폰만 있는 경우에는 '핸드폰 찾기 콜센터'로 송부하고, 카드, 신분증 등이 함께 있는 경우에는 경찰서로 송부한다. 26년 공고에서 추가된 내용이다.
③ 외국인의 여권은 경찰서로 발송한다.
④ 주민등록증의 경우 주소지의 시·군·구청에 송부서 없이 봉투에 넣어 등기통상우편물로 발송한다.

20
정답 | ③

③ 옳은 내용으로 본문 교안에도 나온 내용이라 다시한번 상기시키기 위해 출제하였다. (제28조)

📋 오답 피하기

① 우편업무 규정의 적용에 있어서 별정우체국과 우편취급국에서 행하는 우편업무는 법령에 특별한 규정이 있는 것을 제외하고는 6급 이하 공무원이 장인 우체국에서 행하는 업무로 본다. (제2조)
② 우편창구업무의 취급시간은 오전 9시부터 오후 6시까지로 하며, 특별한 사정이 있는 때에는 우체국장은 필요하다고 인정하는 업무에 대하여 취급시간을 연장할 수 있다. (제3조)
④ 우편물을 접수한 우체국은 우표 또는 요금인면에 3분의 1, 우편물 자체에 3분의 2가 걸치도록 선명하게 소인한다. (제14조)

제 7 회

01	02	03	04	05	06	07	08	09	10
③	②	②	④	③	④	④	④	②	④
11	12	13	14	15	16	17	18	19	20
②	④	③	④	②	④	③	③	③	③

01
정답 | ③

③ 옳은 내용이다.

📖 **오답 피하기**

① 2년 안에 요금납부를 2회 체납한 경우에 해당한다.
② 2년간 금지할 수 있다.
④ 2년 안에 요금납부를 3회 이상 체납한 경우이다.

> ▶ **우편요금을 체납한 때 담보금 제공 면제 취소**
> 가) 담보금 제공을 면제받은 후 2년 안에 요금납부를 2회 체납한 경우
> – 담보금 1/2 면제대상: 담보금제공 면제 취소
> – 담보금 전액 면제대상: 담보금제공 1/2 면제
> 나) 담보금 제공을 면제받은 후 2년 안에 요금납부를 3회 이상 체납한 경우
> – 담보금 전액면제 대상: 담보금 제공 면제취소
> 다) 우체국소포 및 국제특급(EMS) 계약자인 경우
> – 신용보증 및 신용조사 전문기관의 평가 결과가 B등급 미만으로 떨어진 경우
> – 면제 받은 후 납부기준일부터 요금을 1개월 이상 체납한 경우
> – 면제 받은 후 연속 2회 이상 체납하거나, 최근 1년 안에 3회 이상 체납한 경우
> 라) 계약우체국장은 체납을 이유로 면제 취소를 받은 사람에 대해서 담보금 면제 혜택을 2년간 금지할 수 있음

02
정답 | ②

② 옳은 내용이다.

📖 **오답 피하기**

① 결정서가 아니라 손해배상 결정서를 받은 청구인은 **우편물을 받은 날부터 5년 안**에 배상액을 청구할 수 있다.
③ 도와준 사람에게 줄 보수나 손실보상을 청구할 때에는 청구인의 주소, 성명, 청구사유, 청구금액을 적은 청구서를 운송원 등이 **소속하고 있는 우체국장을 거쳐 관할 지방우정청장에게 제출**하여야 한다. 이때에 소속 우체국장은 손실보상의 청구내용에 대한 의견서를 첨부하여야 한다.
④ **이용자 실비지급제도**는 사유가 발생한 날로부터 10일 이내가 아니라 **15일 이내** 신고해야 하고, 무기명 신고자의 경우 접수를 처리하지 않는다.

03
정답 | ②

② 옳은 내용이다.

📖 **오답 피하기**

① 순서가 바뀌었다. 헷갈리기 쉬운 만큼 꼭 구별해야 한다.

> ° **수출신고수리를 받은 물품을 수리일로부터 30일 내에 선(기)적하지 아니한 경우** – 과태료(10만원) 부과와 수출신고수리가 취소될 수 있음.
> ° **수출신고 수리 전에 발송할 경우** – 3년 이하의 징역이나 물품원가 이하에 상당하는 벌금에 처한다'고 규정

③ 항공서간은 아니다. 사전 통관정보의 대상 우편물은 **비서류(국제소포(항공, 선편) 우편물, K–Packet, EMS[비서류], 해상특송우편물[한중, 한일]), EMS(서류), 소형포장물**이다. [22 기출] (편저 주 – 2024년 3차 최종 수정 공고 및 25년 추가 공고에서 변경되었다.)
④ **K–Packe은 EMS와 같은 선택적우편서비스**이며 **평균 송달기간은 7~10일**이다.

04
정답 | ④

④ 옳은 내용이다.

📖 **오답 피하기**

① 우체통 수집시간은 각 관서별 환경을 고려하여 **해당 우체국에서** 결정하며, 수집시간이 기록된 안내문을 우체통에 게시한다.
② 집배책임자는 수집확인증을 조제하여 우체통마다 갖추어 놓고 우편물의 수집상황을 확인한다.
③ **사설우체통은 대규모 시설 이용자 편의를 위해서** 우편관서가 우편물을 직접 수집하도록 설치한 우체통으로서, 이용자와 우체국 간의 계약이 필요하다. 반면, **교통이 불편한 도서지역이나 농어촌지역 또는 과학기술정보통신부장관이 필요하다고 인정하는 지역에는 개별 또는 공동수취함을 설치**하고 우편물을 그 수취함에 배달할 수 있다.

05
정답 | ③

③ ㅂ을 제외하고 모두 바르게 나타내었다. 따라서 옳은 것은 5개이다.

📖 **오답 피하기**

ㅂ 외화 맞춤형 계약등기는 2회 배달, 미배달 시 보관하지 않고 반환(반송)한다.

06

④ 옳은 내용이다.

오답 피하기

① **무인우체국 배달함에 배달 요청된 착불우편물**은 배달 직전까지 착불 요금이 수납 완료된 경우에 배달 가능하다.

② 배달함 부족으로 관할 우체국에 배달한 경우, 무인우체국에 여유 배달함이 생기면 우선적으로 무인우체국 배달함에 배달한다

③ 7일이 아니라 3일 이내이다.

07

정답 | ④

④ 옳은 내용이다.

오답 피하기

① 가족관계서류 등의 서류 확인 후 동거가족에게 교부할 때에는 수취인에게 유선 확인을 실시하는 등 위임사실을 **필수로 확인**해야 한다.

② 창구에서 교부하는 특별송달은 본인에게만 교부할 수 있는 우편물이다.

③ 1차 방문 때라고 해야 한다. (등기우편물은 기본적으로 2회 배달, 4일 보관 후 반송이기 때문)

08

정답 | ④

④ 옳은 내용이다.

오답 피하기

① 해외 전자상거래용 반품서비스의 수취인의 주소·성명란에는 당초 판매물품의 발송 주소와 반송처가 다를 경우 반송처 주소를 표시한다.

② HS코드는 신속한 통관과 정확한 관세율 적용을 위해 입력하는 것으로 사전통관정보가 미제공된 우편물에 대해서는 통관연기, 배달지연, 반송 등의 조치를 취하겠다고 선언하는 것이다.

③ EMS와 달리 EMS프리미엄으로 발송한 우편물이 도착국가에서 주소불명확 등 배달불능 사유로 반송 시 반송료(반착료)를 부과한다.

09

정답 | ②

② 옳은 내용이다. 서신의 비밀 침해 시에도 5년 이하의 징역 또는 5천만원 이하의 벌금에 처해진다.

오답 피하기

① 무게가 350g 이하이고 통상우편요금 10배 이하인 서신과 국가기관이나 지방자치단체에서 보내는 등기 취급 서신은 서신독점권의 대상이 된다.

③ 서신송달업을 하려는 자는 신고서를 관할지방우정청장에게 제출해야 하고, 30일 이상 휴·폐업 또는 휴업 후 재개 시에도 신고서를 제출한다.

④ 서신송달업자와 발송자(서신송달을 위탁한 자) 모두 우체국 요금 별·후납 표시인영을 부정 사용 시 3년 이하의 징역 또는 3천만원 이하의 벌금의 벌칙을 받을 수 있다.

10

정답 | ④

④ 옳은 내용이다.

오답 피하기

① 수취인에게 발송할 내용문서의 원본, 우체국에서 보관할 등본, 발송인에게 교부할 등본에는 우편날짜도장을 걸쳐 찍거나 원본과 등본을 걸쳐서 같은 위치에 구멍을 뚫는(천공) 방식으로 계인한다.

② 내용증명의 재증명은 우편물의 발송인 또는 수취인, 발송인이나 수취인에게서 위임을 받은 사람이 청구할 수 있고, 인터넷우체국으로 신청할 경우, 발송인 및 수취인 본인만 가능하다.

③ 통상우편물 배달증명을 접수할 때에는 일반통상우편요금 + 등기취급수수료 + 배달증명취급수수료 + 배달증명서 송달요금(5g 일반통상우편요금)을 수납한다.

| 일반통상 우편요금 | + | 등기취급 수 수 료 | + | 배달증명 취급 수 수 료 | + | 배달증명서 송달요금 (5g 일반통상우편요금) | = | 수납금액 |

11

정답 | ②

② 옳은 내용이다.

오답 피하기

① 후단의 설명은 맞지만, K-Packet: 2kg 이하 소형물품의 해외배송에 적합한 국제우편서비스이다.

③ 다량 이용자에 따른 요금감액 혜택을 제공한다.

④ EMS, K-packet 등은 발송인의 요청에 따라 우체국에서 발송인을 방문하여 접수 가능하다.

12

정답 | ④

④ 옳은 것은 ㉡, ㉣, ㉤이다.

K-Packet, 등기소형포장물

(단위 : 1가월, 만원)

이용금액 / 구분	50 초과 ~ 100	100 초과 ~ 200	200 초과 ~ 300	300 초과 ~ 400	400 초과 ~ 500	500 초과 ~ 1,000	1,000 초과 ~ 3,000	3,000 초과 ~ 5,000	5,000 초과 ~ 10,000	10,000 초과
일반계약	5%	6%	7%	8%	9%	10%	12%	13%	14%	15%
일괄계약	2%			3%		4%		5%		6%

오답 피하기

㉠ 소형포장물의 무게한계는 2kg이고, 항공으로 가는 소형포장물은 실중량과 부피중량을 두가지 중량을 비교하여 더 큰 중량의 요금을 적용한다. 선편소형포장물은 부피중량의 대상이 아니다.

㉢ 현실적이고 개인적인 통신문과 같은 성질의 그 밖의 서류 동봉이 가능하지만, 그러한 서류는 해당 소형포장물의 발송인이 아닌 다른 발송인이 작성하거나 다른 수취인 앞으로 주소를 쓸 수는 없다.

13
정답 | ③

③ ㉣을 제외하고 모두 옳은 설명이다.

오답 피하기

㉣ 수취인의 청구에 의한 주소 변경(수취인 배달장소 변경 서비스)의 접수채널은 우체국(우편취급국 포함), 인터넷 우체국, 모바일 앱, 배달예고문자이다.(**우편고객만족센터, 전화신청은 불가**) 따라서 전화 신청은 허용되지 않는다.

14
정답 | ④

④ 옳은 내용이다.

> ▶ **대리수령인에게 교부할 수 없는 등기우편물**
> - 특별송달, 맞춤형 계약등기(회신, 본인지정), 내용증명, 보험(물품, 통화, 유가증권)등기, 안심소포우편물
> 【유의사항】
> ◦ 내용증명 · 보험등기 · 안심소포우편물은 우편물의 성격 · 중요성 등의 이유로 인하여 대리수령인에게 교부를 제한하는 것으로, 정당한 위임사실이 서류 등으로 확인된 경우에는 교부가 가능함
> ① 위임장, 위임인의 인감증명서, 대리인 신분증으로 확인
>   * 인감증명서는 본인과 대리발급 모두 가능하며 '본인서명사실확인서'도 가능
>   ※ 위임장은 임의양식이며 위임장에 날인하는 인감은 인감증명서의 인감과 같아야 함
> ② 위임인이 법인인 경우에는 대표자의 위임장, 법인인감증명서, 대리인 신분증 확인
> ③ 외국인인 경우에는 여권 등으로 본인 여부를 확인하고 해외거주자는 위임장, 주재국 영사의 위임사실 확인, 대리인 신분증으로 확인
> ④ 가족관계서류 등의 서류 확인 후 동거가족에게 교부할 때에는 수취인에게 유선 확인을 실시하는 등 위임사실을 필수로 확인해야함

오답 피하기

① 우편물도착안내서에 우편물의 종류, 발송인의 성명, 주 · 야간 교부처 전화번호, 담당집배원 전화번호 등을 기록한다.

② 수취인별로 우편물도착안내서를 발행 후 부착하여 우편물 도착 사실을 안내한다

③ 집배원이 배달을 위하여 우편물을 갖고 출국한 경우에는 내어주는 것이 불가능하다.

15
정답 | ②

② EMS 프리미엄 부가서비스에서 무료인 것은 수출신고서 발급 및 통관대행과 Export 수취인 요금부담 즉, 수출 두 녀석이다.

오답 피하기

①, ③, ④ 모두 옳은 설명이다.

16
정답 | ④

④ 모두 관할 지방우정청장의 권한으로 맞는 내용이다. 따라서 옳은 것은 5개이다.

17
정답 | ③

③ (4)~(6)은 2025년에 수정된 내용이니 꼼꼼하게 챙겨두길 바란다. 옳은 것은 ㉣, ㉤, ㉥, ㉦ 4개이다. 나머지는 아래 내용 참조.

> ✉ **갑돌이의 우체국소포 정리**
> (1) **초소형 특정 요금** : 초소형 계약소포에 대하여 규격 물량 단계별 요금 및 평균요금을 적용하지 않고 본부장 또는 지방우정청장 승인으로 적용하는 요금. 단, 월 평균 ㉠10,000통 이상 발송업체 중 초소형 물량이 ㉡90% 이상인 경우 적용이 가능
> (2) **LMS(Long Message Service) 문자전송 서비스** : ㉢계약소포 발송 전에 「업체명, 내용품, 발송시각, 주소, 이벤트 홍보 문안」 등을 문자로 미리 알려 주는 서비스
> (3) **연합체 발송계약** : 상가나 시장 또는 농장 등을 중심으로 일정한 장소에 유사사업을 목적으로 연합되어 있는 법인, 임의단체의 회원들이 ㉣1개의 우편관서와 계약을 체결하고 한 장소에 집하하여 계약소포를 발송하는 것
> (4) **평균 요금** : 발송물량이 ㉤월 평균 1,000통 이상의 연간 계약자에 한하여 적용 가능
> (5) **일반 계약** : 개인 또는 업체가 ㉥월 평균 100통 이상 계약소포 발송을 위해 우편 관서와 체결하는 일반적인 계약
> (6) **한시적 발송계약** : 각종 행사 등 ㉦1개월 이내에 한시적으로 계약소포를 발송하기 위해 체결하는 계약

18

③ 옳은 설명이다.

📖 오답 피하기

① 공공기관이 발송하는 경우이다. 즉, 음란한 문서, 도화 그 밖의 사회질서에 해가 되는 물건으로서 법령으로 이동, 판매, 반포를 금하는 것으로 법적·행정적 목적으로 <u>공공기관에서 등기우편으로 발송하는 것은 예외로 한다.</u>

② 전단의 설명은 맞지만, 독극물이나 생병원체는 새지 않도록 튼튼하게 포장하고, 우편물 표면에 '위험물'이라고 표시하고, <u>'발송인과 수취인의 자격과 성명'을 모두 적을 필요는 없고, **발송인의 자격과 성명**을 적으면 된다.</u>

④ 산꿀벌 등 일반적으로 혐오성이 <u>없는</u> 살아있는 동물은 튼튼한 병, 상자 기타 적당한 용기에 넣어 완전히 그 탈출 및 배설물의 누출을 방지할 장치를 하여 접수할 수 있다.

19

③ 옳은 것은 ㉡, ㉢ 2개이다.

㉠ 현상도착 표시인 − 7cm×2.5cm
㉡ 우선취급 − 가로 5cm, 세로 2㎝(글씨 크기 : 고딕체 32)
㉢ 반송불필요 − 가로 2.5cm × 세로 0.7cm

📖 오답 피하기

㉠ 현상도착 표시인은 7cm×2.5cm

이 우편물은 아래와 같은 상태로 도착하였습니다. This mail has arrived in following condition(s): □ 파손 / 오손(damaged / spoiled) □ 우표 떨어짐(stamp missing)	○○ 우체국 인(서명)

20

③ 옳은 내용이다. (제40조)

📖 오답 피하기

① 후단의 설명은 맞지만, <u>우편요금 등의 영수증은 국장명의로 발행하되, **그 발행책임자**는 다음과 같다. (5급 이상 공무원이 장인 우체국(총괄국) : 과장 / 5급 또는 6급 이하 공무원이 장인 우체국(관내국) : 국장) (제71조, 72조)</u>

② <u>우편날짜도장의 활자 중 년, 월, 일은 24시를 기준으로 갈아 끼워야 한다.</u> 다만, **기념우편날짜도장 및 관광우편날짜도장은 실제 소인이 필요한 경우에 갈아 끼워야 한다.** 또한 우편날짜도장은 당일 이외의 년, 월, 일 활자로 갈아 끼워서 사용할 수 없다. (제106조)

④ 등기우편물의 등기번호는 중복되지 않게 부여하여야 하고, <u>등기번호는 **우편물의 취급형태에 따라** 구분하여 부여할 수 있다.</u> (제128조)

제 1 회

01	02	03	04	05	06	07	08	09	10
①	②	④	②	③	③	①	③	①	④
11	12	13	14	15	16	17	18	19	20
②	③	①	②	④	②	③	④	②	③

01
정답 | ①

① 옳은 것은 ㉢ 1개이다.

📖 오답 피하기

㉠ 분쟁조정위원회는 **위원장 1명을 포함한 15명 이내의 위원**으로 구성한다.

㉡ 10년 이상의 경력을 요한다. 즉, **분쟁조정위원회의 위원장은 위원 중에서 과학기술정보통신부장관이 지명하며, 위원은 예금·보험 관련 기관·단체 또는 예금·보험사업체에서 심사·분쟁조정 등의 업무에 10년 이상 근무한 경력이 있는 사람을** 과학기술정보통신부장관이 위촉한다.

㉣ 분쟁조정위원회는 해당 분쟁이 회의에 부쳐진 날부터 60일 이내에 이를 심의·조정하여야 한다.

㉤ **분쟁조정위원회의 회의는 공개하지 아니하지만,** 필요하다고 인정될 때에는 **해당 위원회의 의결로** 분쟁당사자 또는 이해관계인이 방청하게 할 수 있다.

02
정답 | ②

② 옳은 내용이다.

📖 오답 피하기

① 신용카드는 현금, 어음·수표에 이어 제3의 화폐라고도 불린다.

③ 폐플라스틱을 재활용한 친환경카드로 MZ고객 니즈를 반영한 상품은 우체국 영리한^{PLUS} 체크카드이다.

④ 행복한 체크카드가 아니라 브라보 체크카드가 들어가야 한다. 우체국 체크카드 발급 당시 최초상태는 해제(해외에서 원화결제 가능)상태이나 우체국 브라보 체크카드, 우체국 BizFit 체크카드, 우체국 공무원연금복지 체크카드, 우체국 어디로든그린 체크카드, 우체국 LUCK-KEY 체크카드, 우체국 어디서나plus 체크카드는 해외원화결제(DCC) 차단 서비스가 기본으로 설정 되어있다.

03
정답 | ④

④ 옳은 내용이다.

📖 오답 피하기

① OTP에 관한 내용이다.

> • **보안카드** – 보안용 비밀번호를 추가로 사용하기 위한 카드로서, 카드에 30개 또는 50개의 코드번호와 해당 비밀번호가 수록되어 있어 거래 시마다 무작위로 임의의 코드번호에 해당하는 비밀번호를 입력
> • OTP(One Time Password) – 전자금융거래의 인증을 위하여 이용고객에게 제공되는 일회용 비밀번호 생성 보안매체이다.

② 사전에 금융기관에 신청하여 무매체 거래용 고유승인번호 부여 받은 후 이용 가능하다.

③ 일명 '보이스피싱' 사건의 증가로 인한 피해를 최소화하기 위하여 최근 1년간 CD/ATM을 통한 계좌이체 실적이 없는 고객에 한하여 1일 및 1회 이체한도를 각각 70만원으로 축소하였다.

04
정답 | ②

② 옳은 내용은 ㉣ 1개이다.

㉣ 추심명령은 전부명령처럼 채권의 이전이 없으므로 추심채권자에게 지급함에 있어서는 그 확정여부의 확인이 필요 없다.

📖 오답 피하기

㉠ 실무상 압류와 환가처분으로서의 전부명령이나 추심명령을 따로 내리는 경우는 거의 없으며, 대체로 압류 및 전부명령이나 압류 및 추심명령의 형식으로 행해짐이 일반적이다.

㉡ 추심명령에 대한 설명이다.

㉢ 추심명령은 전부명령의 경우와는 달리 제3채무자에 대한 송달로서 그 효력이 생긴다.

㉤ 즉시항고 없이 법정기간이 지나거나 즉시항고가 각하 또는 기각되어야 즉시항고는 확정되고 전부명령은 그 효력이 생긴다.

㉥ 전부명령의 실체적 효력인 전부채권자에 대한 채권이전 및 채무자의 채무변제효력은 그 전부명령이 확정되면 전부명령이 제3채무자에게 송달된 때 소급해서 생긴다.

05
정답 | ③

③ 옳은 것은 ⓒ, ⓓ, ⓑ 3개이다.

- 자산의 ㉠60% 이상을 주식에 투자하면 주식형펀드, 채권에 ㉡60% 이상 투자하면 채권형 펀드, 주식 및 채권 투자 비율이 각각 ㉢50% 미만이면 혼합형 펀드이다.
- 사모형펀드에서 전문투자자만으로는 ㉣100인까지 구성 가능하다.
- 고액거래자용(최초 납입금액 20억원 이상) 전용 펀드를 ㉤이클래스라고 한다.
- 재간접펀드는 동일 자산운용사가 운용하는 펀드들에 대한 투자는 펀드자산 총액의 ㉥50%를 초과할 수 없고 같은 펀드에 대해서는 자산총액의 ㉦20%를 초과할 수 없도록 규제하고 있다.

06
정답 | ③

③ 옳은 설명이다.

📋 오답 피하기
① 채권의 특성으로 ㉠ 확정이자부증권, ㉡ 기한부증권, ㉢ 장기증권을 들 수 있다.
② 일반적으로 **만기가 긴 채권일수록** 수익률은 높으나 유동성이 떨어지고 채무불이행 확률도 증가한다.
④ 후단의 설명은 맞지만 이자가 선급되는 효과가 있는 채권은 할인채이다.

07
정답 | ①

① 아래 내용을 참조하면 1억원 + 1억원 + 5천만원 = 2억 5천만원이다.

> ▶ 이차돌의 자산 상황
> (1) A 은행 동대문 지점 정기예금 1억원 + 이자 300만원 → 1억원까지 보호
> (2) 새마을금고 노량진동 지점 정기적금 3천만원 + 이자 300만원 → 예금자보호법 적용 대상 X
> (3) 우체국 삼성동 지점 듬뿍우대저축 3천만원 → 예금자보호법 적용 대상 X
> (4) 개인형퇴직연금 8,000만원 → (5)와 합산하여 1억원까지 보호
> (5) 중소기업퇴직연금기금 3,000만원 → (4)와 합산하여 1억원까지 보호
> (6) 연금저축보험 5,000만원 → 예금과 별도로 5천만원 모두 보호
> (7) 우체국든든한종신보험의 사고 보험금 3,000만원 → 예금자보호법 적용 대상 X
> (8) B증권회사 신림동 지점 CMA 4,000만원 → 증권회사에서 취급하는 CMA는 예금자보호 대상 X

08
정답 | ③

실제 문제가 이렇게 출제되는 것이 아니라 정리한 내용을 다시 한 번 읽어보라는 의미에서 출제한 것이다. ㉥을 제외하고 바르게 정리하였다. 따라서 옳은 것은 6개이다.

㉥ 정부구매 : 법인형 카드에서 유일하게 현금카드 기능이 없는 것 / only 해외겸용 기능도 있음

09
정답 | ①

① 옳은 내용이다. (편저 주 – 하이브리드 글로벌 기업은 어디서나 행복을 다드립니다.!! 브라보!)

상품명
우체국 행복한 하이브리드 카드 우체국 다드림 하이브리드 카드, 우체국 어디서나^{PLUS} 하이브리드 카드, 우체국 go캐시백 글로벌 하이브리드 카드, 우체국 브라보 하이브리드 카드

📋 오답 피하기
② 빠른등록 서비스는 실물 체크카드를 등기우편으로 수령 전에 간편결제 플랫폼에 등록하여 이용할 수 있는 서비스로서 이용 대상은 개인 체크카드(**후불하이패스 제외**) 신규 발급·재발급·갱신 발급 그객이다.
③ 전단의 설명은 맞지만, **적든 가입기간 6개월 이상인 경우**에만 해당 우대이율을 적용한다.
④ **우체국 다드림통장**에 대한 설명이다.

10
정답 | ④

④ **우체국 지역사랑 상품권은 14세 이상 발급이 가능하지만, 우체국 동행 카드는 18세 이상 발급이 가능**하므로 옳은 내용이다.

📋 오답 피하기
① 전단의 설명은 맞지만, 예금주의 총 자녀수(태아포함)에 따라 우대이율 제공하는 것은 우체국 마미든든 적금이다.
② 6개 모두 국내 전용카드이다. (편저 주 – 우리동네ㅈ 역화폐는 후불이라 해외에선 안되고 나라에도 도움이 안 되지만 국민행복하네!!)
③ 모두 발급 당시 최초상태는 해외원화결제(DCC) 차단 서비스가 기본으로 설정되어있다. 즉, 우체국 체크카드 발급 당시 최초상태는 해제(해외에서 원화결제 가능)상태이나 우체국 브라보 체크카드 우체국 BizFit 체크카드, 우체국 공무원연금복지 체크카드, 우체국 어디로든그린 체크카드, 우체국 LUCK-KEY 체크카드, 우체국 어디서나^{plus} 체크카드는 해외원화결제(DCC) 차단 서비스가 기본으로 설정되어있다. (편저 주 – 공무원 비즈핏 브라보 / 이번에 갱신된 것 3개는 차단!!)

11
정답 | ②

② 옳은 내용이다. **우체국 다드림통장**은 예금, 보험, 우편 등 우체국 이용고객 모두에게 혜택을 제공하는 상품으로 거래 실적별 포인트 제공과 패키지별 우대금리 및 수수료 면제 등 다양한 우대서비스를 제공하는 우체국 대표 입출금이 자유로운 예금이다.

📋 오답 피하기

① 국고예금에 대한 설명이다. 우체국 정부보관금 통장과 구별을 요한다.

③ 듬뿍우대저축예금은 개인 MMDA 상품이다.

④ 후단의 설명은 맞지만, 회전주기(1개월, 3개월, 6개월) 적용을 통해 고객의 탄력적인 목돈운용이 가능한 것은 우체국 파트너든든 정기예금이다.

12
정답 | ③

③ 모두 공익형 예금이지만, 압류장지 전용통장은 아니므로 옳은 내용이다.

📋 오답 피하기

① 모두 압류방지통장에 해당한다.

② 하도급지킴이통장은 공익형 예금이 아니다.

④ 우체국 마미든든 적금은 공익형 예금이 아니다.

13
정답 | ①

① 옳지 않은 것은 ㄹ, ㅁ 2개이다.

📋 오답 피하기

우편 계약고객(우체국 소포, EMS, 우체국쇼핑 공급업체)으로 확인되는 경우는 우체국 파트너든든 정기예금의 우대조건이고, 중소기업중앙회가 운영하는 노란우산을 보유한 경우 우체국 소상공인 정기예금의 우대조건이다.

ㄹ 우체국 소상공인 정기예금 – 가입자가 소상공인·소기업 대표자일 경우, 중소기업중앙회가 운영하는 노란우산을 보유한 경우, 우체국 수시입출식 예금에서 노란우산 자동이체 실적이 있는 경우, 우체국 수시입출식 예금 평균잔액 200만원 이상 시

ㅁ 우체국 파트너든든 정기예금 – 우편 계약고객(우체국 소포, EMS, 우체국쇼핑 공급업체)으로 확인되는 경우, 우체국 예금 우수고객일 경우

14
정답 | ②

② 우체국 가치모아 적금에 대한 우대이율 제공 조건이다.

15
정답 | ④

④ (4)는 우체국 아이LOVE 적금의 우대이율이다. 나머지는 모두 바르게 연결되었다. 따라서 옳은 것은 4개이다.

16
정답 | ②

② 저축예금은 가계우대성 상품, 정기예탁금은 조합원·준조합원 또는 회원을 대상으로(참조 : 만 18세 이상), 주택청약종합저축은 주택소유·세대주 여부, 연령 등에 관계없이 누구나 가입 가능하므로 모두 개인을 가입 대상으로 한다는 점에서 공통점이다.

📋 오답 피하기

① 저축예금, 정기예탁금은 예금자보호법의 적용 대상이지만, 주택청약종합저축은 예금자보호법의 적용 대상이 아니라 주택도시기금의 재원으로 정부가 관리하여 보호된다.

③ 정기예탁금은 상호금융, 신용협동조합, 새마을금고 등 신용협동기구에서 취급하고, 주택청약종합저축은 은행에서 취급한다.

④ 저축예금은 단기자금을 운용하는데 적합하나, 정기예탁금과 주택청약종합저축은 장기상품으로 보는 것이 옳다.

17
정답 | ③

③ 옳은 내용이다. 인터넷뱅킹의 기본등급을 위해서는 우체국이 정한 인증서로 충분한데, 여기에는 우체국 간편인증서(PIN), 공동인증서, 금융인증서 등이 있기 때문이다.

📋 오답 피하기

① 모바일뱅킹의 일반등급의 거래이용수단이다.

② 폰뱅킹으로 안전등급을 위해서는 OTP(디지털 OTP 포함)＋이체비밀번호의 조합이 필요하다.

④ 법인은 관할지방우정청장과 별도의 계약을 체결하여 안전등급에 대한 거래이용수단을 활용하면 1일 무제한으로 자금이체가 가능한 것은 폰뱅킹이 아니라, 인터넷뱅킹, 모바일뱅킹인 경우이다.

18
정답 | ④

④ 옳은 내용이다.

📋 오답 피하기

① MoneyGram 특급송금은 우체국창구, 인터넷뱅킹, 스마트뱅킹을 통한 송금은 가능하지만, CD/ATM을 이용할 수는 없다.

② **간편 해외송금**은 **핀테크 해외송금**으로, **수수료가 저렴**하며 타 송금서비스 대비 고객에게 유리한 환율로 우체국 방문 없이 간편하게 송금하는 서비스이다.

③ 하나은행이 아니라 신한은행이 들어가야 한다. 23년 기출 지문이기도 하다.

19
정답 | ②

수출 증가와 수입감소로 인하여 외화의 공급이 증가하고, 외화의 수요가 감소하여 경상수지가 개선될 것이다. 이것은 환율 하락 요인이다. 따라서 환율의 하락이 지속될 때의 효과를 찾으면 된다.

② 원화 가치의 상승으로 한국인의 미국 여행의 부담은 적어져서 한국인의 미국 여행은 증가한다.

오답 피하기

① 원/달러 환율이 하락하면 자국 화폐인 원화의 가치는 상승한다.

③ 원화의 가치 상승으로 외채 상환 부담이 감소한다.

④ 원화 가치의 상승이 지속된다고 하였으므로 달러로 환전하는 것을 서두르기 보다는 미루는 것이 바람직하다.

20
정답 | ③

③ 옳은 설명이다. 23년 기출지문이기도 하다. 법률 제24조

오답 피하기

① 예금원부는 **우정정보관리원의 장**이 기록하고 관리한다. 시행규칙 제10조. 25년 추가공고에서 수정된 내용

② 업무용 부동산에서 영업시설이란 **연면적의 100분의 10 이상을 우정사업에 직접 사용하는 시설만 해당**한다. 시행령 제3조의 2

④ **잔액이 1만원 이상인 경우에는 등기우편**으로 한다. 시행규칙 제22조 제2항

제 2 회

01	02	03	04	05	06	07	08	09	10
③	②	④	④	③	④	③	④	④	②
11	12	13	14	15	16	17	18	19	20
④	②	②	②	④	③	②	①	②	③

01

정답 | ③

③ 옳은 설명이다. 자기 자금 40만원과 대출자금 60만원 등 총 투자액 100만원에 대한 손실액은 10만원이지만, 자기 자금 40만원에 대한 투자수익률은 -10만원$\div 40$만원 $\times 100\% = -25\%$가 된다.

📖 오답 피하기

① 투자의 기대수익률은 무위험수익률에 리스크 프리미엄을 합한 값과 같다.

기대수익률 = 무위험수익률 + 리스크 프리미엄

② 투자레버리지 = 총 투자액 / 자기 자본이므로 총 투자금액 200만원$\div 150$만원 = 1.333배가 된다.

④ 전단의 설명은 맞지만, 체계적 위험은 분산 불가능한 위험이므로 포트폴리오를 구성함으로서 줄일 수 있는 위험이 아니다.

[정리] ▶ 분산투자와 투자위험
① 비체계적 위험(분산가능 위험)
  ㉠ 경영자의 횡령, 산업재해, 근로자의 파업 등 특정 기업이나 산업의 가치에만 고유하게 미치는 위험
  ㉡ 자산을 분산함으로써 회피하거나 그 크기를 상쇄시킬 수 있음
② 체계적 위험(분산불가능 위험)
  ㉠ 세계 경제위기나 천재지변, 전쟁 등과 같이 모든 자산이나 투자 대상의 가치에 영향을 미치는 위험
  ㉡ 분산투자로도 그 크기를 줄일 수 없는 부분

02

정답 | ②

② 일반적으로 금리가 상승하는 것은 ㉡, ㉣, ㉤ 3개이다.

㉠ (X) 돈에 대한 수요가 증가하거나 공급이 감소하는 경우 금리가 상승
㉡ (O) 기업의 투자가 증가할 경우 → 수요의 증가로 금리 상승
㉢ (X) 가계의 소득이 증가하는 경우 → 공급의 증가로 금리 하락
㉣ (O) 가계의 소비가 증가하는 경우 → 공급의 감소로 금리 상승

㉤ (O) 돈을 빌려주는 사람 입장에서 물가가 오를 것으로 예상되는 경우 → 실질 가치가 떨어지는 것을 막기 위해 더 높은 금리를 요구하게 되어 금리는 상승
㉥ (X) 신용이 좋은 사람에게 빌려줄 때 → 금리는 하락

03

정답 | ④

④ 옳은 설명이다.

▶ **기준금액 산정 시 제외거래**
 – 1백만원 이하의 원화송금(무통장입금 포함) 금액
 – 1백만원 이하에 해당하는 외국통화 매입·매각 금액
 – 「금융실명법」상 실명확인 생략 가능한 각종 공과금의 수납·지출 금액
 – 법원공탁금, 정부보관금, 송달료를 지출한 금액
 – 은행지로장표에 의하여 수납한 금액
 – 1백만원 이하의 선불카드 금액

📖 오답 피하기

① 금융감독원이 아니라 금융정보분석원에 의무적으로 보고를 하여야 한다.
② 순서가 바뀌었다. (죄질이 나쁘면 징역, 덜 나쁘면 과태료!!) 의심거래보고를 허위보고 하는 경우 1년 이하의 징역 또는 1천만원 이하의 벌금, 미보고하는 경우 3천만원 이하의 과태료 부과도 가능하다. (편저 주 – 허위보고와 미보고의 처벌규정 구별할 것(2023 추가된 내용)
③ 금융기관은 계좌의 신규개설이나 1천만원(미화 1만 불)이상의 일회성 금융 거래 시 고객의 신원을 확인해야 한다. (2023년 2차 수정공고에서 2천만원 이상에서 1천만원 이상으로 수정된 내용)

04

정답 | ④

④ 옳은 설명이다. 신청일로부터 3 영업일에서 10 영업일 이내로 지정 할 수 있음을 유의하고, 외화 환전 예약서비스는 10개 통화인 것과 비교하고 앞선 4개국과 동일하다.

📖 오답 피하기

① 외화환전 예약서비스는 우체국 창구 방문 신청 또는 인터넷뱅킹·스마트뱅킹을 이용[12 기출](편저 주 – 방문 신청에 한하는 것X)하여 환전(원화를 외화로 바꾸는 업무) 거래와 대금 지급을 완료하고, 원하는 수령일자(환전예약 신청 당일 수령은 불가) 및 장소를 선택하여 지정한 날짜에 외화실물을 직접 수령하는 서비스이다.
② 러시아루블(RUB)이 아니다. 외화환전 예약서비스의 환전가능 금액은 건당 1백만원 이내이고 환전가능 통화는 미국달러(USD), 유럽유로(EUR), 일본엔(JPY), 중국위안(CNY), 캐나다달러(CAD), 호주달러(AUD), 홍콩달러(HKD), 태국

바트(THB), 싱가폴달러(SGD), 영국파운드(GBP) 등 총 10
종이다.
③ 외화배달 서비스는 우체국 인터넷뱅킹 또는 스마트뱅킹
등 비대면 채널을 통하여(우체국 창구 접수는 불가) 환전거
래와 대금 지급을 완료하고, 고객이 직접 날짜와 장소를
지정하면 우편서비스를 이용하여 접수 된 외화 실물을 직
접 배달해 주는 서비스이다.

05
정답 | ③

③ 옳은 내용이다.

① 둘다 국내 전용 카드이다.(편저 주 – 우리동네 지역화폐는 후불이
라 해외에선 안되고 나라에도 도움이 안 되지만 국민행복하네!!)
② 우체국 새출발 자유적금에 대한 설명이다.
④ 아파트관리비 자동납부 서비스는 우체국 체크카드 개인형
상품에 한하여 신청이 가능하고 법인카드, 후불 하이패스,
e-나라도움, 국민행복 바우처 전용카드는 신청이 불가하
다. 즉, 우체국 우리동네plus 체크카드가 아니라 국민행복
바우처 전용카드가 들어가야 한다.

06
정답 | ④

④ 우체국 동행 카드가 아니라 우체국 브라보 카드가 들어가
야 한다. (편저 주 – 하이브리드 글로벌 기업은 어디서나 행복을 다드
립니다!! 브라보!) [우체국 행복한 하이브리드 카드, 우체국
다드림 하이브리드 카드, 우체국 어디서나plus 하이브리드
카드, 우체국 go캐시백글로벌 하이브리드 카드, 우체국 브
라보 하이브리드 카드]

07
정답 | ③

③ 옳은 내용이다.

① 2040+α 자유적금 – 개인, 개인사업자, 단체, 법인(금융
기관 제외)
② e-Postbank 정기예금 – 가입대상은 실명의 개인이며 인
터넷뱅킹, 스마트뱅킹으로 가입이 가능한 온라인 전용상
품이고, e-Postbank 예금은 스마트뱅킹 또는 우체국 창구
를 통해 가입하는 상품이다.
④ 우체국 소상공인 정기예금 – 실명의 개인 또는 개인사업자
인 소상공인 · 소기업 대표자를 대상이며, 반면 우체국 파
트너든든 정기예금의 가입대상은 개인, 개인사업자, 법인
(금융기관 제외)이다.

08
정답 | ④

④ 옳은 것은 ㉠, ㉢, ㉣, ㉤, ㉥ 5개이다.

㉡, ㉦ 기초생활수급자 가정, 장애인, 한부모가족지원보호대상
자 가정, 소년소녀가정, 새터민 가정, 결혼이민자 가정, 다자
녀 가정과 학교(초 · 중 · 고), 유치원, 어린이집을 통한 단체
신규 가입은 우체국 아이LOVE 적금의 우대조건이다.

09
정답 | ④

④ 신규 가입 시 타인의 추천번호를 입력하거나 본인의 추천
번호를 타인이 가입 시 입력한 경우는 우체국 매일코아
e적금의 우대조건이다.

10
정답 | ②

② 우체국 생활든든 통장은 우체국 라이프+ 플러스 체크카
드', '행福한 체크카드', '하이브리드여행 체크카드' 중 1가
지 이상 이용 실적이 있는 경우 연 0.3%p의 우대이율을
제공하므로 go캐시백글로벌 체크카드는 아니다.

11
정답 | ④

④ 옳은 내용이다. 개인 또는 개인사업자를 대상으로 함을 유
의한다.

① 우체국 페이든든+ 통장 – 개인 통장은 최고 연 0.9%p, 사
업자 통장은 최고 연 0.5%p의 우대이율을 제공한다.
② 다른 설명은 모두 맞지만, 우체국 청년미래든든통장은 입
출금이 자유로운 예금이다.
③ 우체국창구, 전자금융, 자동화기기 등을 통한 출금은 불가
한 상품은 우체국 하도급지킴이통장이다.

12
정답 | ②

② 옳은 설명이다.

① 자유적금은 가계우대성 상품이 아니다. 가계 우대성 상품
은 저축예금이다.
③ 양도성예금증서는 할인식으로 발행되는 특성상 만기 후에
는 별도의 이자 없이 액면금액만을 지급받게 되며, 예금자
보호 대상에서 제외된다.
④ 주가지수연동 정기예금(ELD)은 예금자보호 대상이다.

13
정답 | ②

이 부분은 2024년에 새롭게 추가된 파트이다.

② 옳은 설명이다

📋 **오답 피하기**

① MMF는 <u>수시입출금</u>이 가능하며, 환매수수료가 없고, 입출금이나 투자금의 제한이 없다.

③ 후단의 설명은 맞지만, 채권혼합형 펀드란 집합투자재산의 <u>50% 미만을 주식에 투자</u>하는 펀드이다.

④ 전단의 설명이 틀렸다. 채권혼합형 펀드는 채권과 주식이 혼합되어 운용되나, **채권에의 투자 비중이 더 많아** 채권의 안정성과 주식의 수익성을 기대하는 펀드이다.

14
정답 | ②

우정사업정보센터에서 25년 추가 공고에서 우정정보관리원으로 명칭이 변경되었다.

② 우체국에 개설된 제휴회사의 계좌로 무통장 입금한다라고 해야 한다.

> CMS는 ㉠<u>고객</u>이 ㉡<u>우체국에 개설된 제휴회사의 계좌로 무통장 입금</u>하고 그 입금 내역을 ㉢<u>우정정보관리원(우체국금융 IT운영 담당)</u>에서 입금회사로 실시간 전송하는 시스템이며, 입금된 자금은 ㉣<u>우정정보관리원</u>에서 회사가 지정한 정산계좌로 일괄 입금 처리한다.

15
정답 | ④

④ 옳은 내용이다. 상속인은 상속이 개시된 날로부터가 아니라 <u>상속개시있음을 안 날로부터 3월내에 단순승인이나 한정승인 또는 포기를 할 수 있다.</u>

📋 **오답 피하기**

① 소비대차에 관한 규정을 준용한다.

> **민법 제702조(소비임치)** 수치인이 계약에 의하여 임치물을 소비할 수 있는 경우에는 소비대차에 관한 규정을 준용한다. 그러나 반환시기의 약정이 없는 때에는 임차인은 언제든지 그 반환을 청구할 수 있다.

② 상속은 사망으로 인하여 개시된다.

> **〈민법〉**
> **제997조(상속개시의 원인)** 상속은 사망으로 인하여 개시된다.
> **제1005조(상속과 포괄적 권리의무의 승계)** 상속인은 상속개시된 때로부터 피상속인의 재산에 관한 포괄적 권리의무를 승계한다. 그러나 피상속인의 일신에 전속한 것은 그러하지 아니하다.

③ 조합이 아니라 **조합원의 합유**로 한다. 다른 법학 시험에서는 자주 나오는 지문이다.

> **〈민법〉**
> **제703조(조합의 의의)** ① 조합은 2인 이상이 상호출자하여 공동사업을 경영할 것을 약정함으로써 그 효력이 생긴다.
> **제704조(조합재산의 합유)** 조합원의 출자 기타 조합재산은 조합원의 합유로 한다.

16
정답 | ③

③ 옳은 내용이다.

📋 **오답 피하기**

① 전단의 설명은 맞지만, **실효금리**는 실제로 지급받거나 부담하게 되는 금리[18 기출]를 뜻하므로, **표면금리**가 동일한 예금이라도 복리·단리 등의 이자계산 방법이나 이자에 대한 세금의 부과 여부 등에 따라 **실효금리**(편저주 - 명목금리 X)는 달라진다.

② 일반적으로 **기준 금리를 내리면** 시중에 돈이 풀려 가계나 기업은 투자처를 찾게 되고, 또 은행 차입비용이 내려가 소비와 투자가 활성화돼 침체된 **경기가 회복되고 물가가 상승**한다. **기준금리를 올리면** 반대로 **시중에 돈이 마르고** 은행 차입비용이 올라가 과도한 투자나 물가상승이 억제되어 과열된 **경기가 진정되고 물가가 하락**한다. [24 기출]

④ 단기금리는 만기 3년이 아니라 <u>1년 이내</u>의 금융시장에서 결정되는 이자율이다.

17
정답 | ②

② 옳은 내용이다. 최근 기출에도 나온 만큼 각각을 구분해서 정리하고 암기해야 한다.

> **제15조의2(증권 매입비율 등)** ① 법 제18조제1항제3호에 따라 「자본시장과 금융투자업에 관한 법률」에 따른 증권을 매입하는 때에는 같은 법 제4조제2항제2호에 따른 **지분증권의 취득가액 총액**을 예금자금 총액의 100분의 20 이내로 한다.
> ② 법 제18조제1항제4호에 따른 **금융기관에의 대여금액 총액**은 예금자금 총액의 100분의 5 이내로 한다.
> ③ 법 제18조제1항제5호에 따른 파생상품 거래 중 **장내파생상품을 거래하기 위한 위탁증거금 총액**은 예금자금 총액의 100분의 1.5 이내로 한다.[21 기출]
> ④ 법 제18조제1항제5호에 따른 파생상품의 거래 중 **장외파생상품을 거래하기 위한 기초자산의 취득 가액 총액**은 예금자금 총액의 100분의 20 이내로 한다.
> ⑤ 법 제18조제1항제6호에 따른 **업무용 부동산의 보유한도는 자기자본의 100분의 60 이내로** 한다.

📋 **오답 피하기**

① <u>100분의 5 이내</u>로 한다.

③ 우체국 예금자금을 금융기관 또는 재정자금에 예탁하지만, 1인당 2천만원 이내의 개인 신용대출 등의 방법으로도

운용하지는 않는다. (위의 법률 제18조 참조) – 202?년 기출지문이기도 하다.

> **제18조(예금자금의 운용)**[21 기출] ① 과학기술정보통신부장관은 예금(이자를 포함한다)의 지급에 지장이 없는 범위에서 예금자금을 다음 각 호의 방법으로 운용한다.
> 1. 금융기관에 예탁(預託)[21 기출]
> 2. 재정자금에 예탁[21 기출]
> 3. 「자본시장과 금융투자업에 관한 법률」에 따른 증권의 매매 및 대여
> 4. 「자본시장과 금융투자업에 관한 법률」 제355조에 따른 자금중개회사를 통한 금융기관에 대여(편저 주 – 개인 신용 대출 X)
> 5. 「자본시장과 금융투자업에 관한 법률」 제5조에 따른 파생상품의 거래
> 6. 대통령령으로 정하는 업무용 부동산의 취득·처분 및 임대[21 기출]
>
> ② 제1항제3호에 따른 증권의 매입, 같은 항 제4호에 따른 금융기관에의 대여, 같은 항 제5호에 따른 파생상품 거래의 각 총액이 예금자금에서 차지하는 비율과 같은 항 제6호에 따른 업무용 부동산의 보유한도는 예금의 안정을 해치지 아니하는 범위에서 과학기술정보통신부령으로 정한다.
>
> **시행령 제3조의2(업무용 부동산의 범위)** 「우체국예금·보험에 관한 법률」(이하 "법"이라 한다) 제18조제1항제6호에서 "대통령령으로 정하는 업무용 부동산"이란 다음 각 호의 어느 하나에 해당하는 부동산을 말한다.
> 1. 영업시설(연면적의 100분의 10 이상을 우정사업에 직접 사용하는 시설만 해당[21 기출]한다)
> 2. 연수시설
> 3. 복리후생시설
> 4. 제1호부터 제3호까지의 용도로 사용할 토지·건물 및 그 부대시설

④ 우체국 예금자금으로 「자본시장과 금융투자업에 관한 법률」에 따른 파생상품 거래 시 장내파생상품 거래를 위한 위탁증거금 총액은 예금자금 총액의 100분의 1.5 이내로 한다. 반면 장외파생상품의 경우 100분의 20 이내로 한다. – 2021년 기출지문이기도 하다.

18
정답 | ①

① 옳은 설명이다.

🔖 **오답 피하기**

② 자금시장보다 자본시장의 유동성이 더 낮다. 장기금융시장은 위험성이 크기 때문에 현금화가 쉽지 않다.

③ 채권시장과 주식시장은 장기금융시장이므로 단기금융시장 상품인 표지어음이나 통화안정증권보다는 금리 수준이 높다.

④ 자금시장은 자본시장에 비해 일반적으로 가격변동폭이 낮다.

구분	만기구분	거래규모	유동성	가격변동폭	금리수준	주요 금융상품
단기 금융 시장 (자금 시장)	1년 만기 미만	대규모	높음	낮음	낮음	콜, 기업어음, CD, RP, 표지어음, 통화안정 증권
장기 금융 시장 (자본 시장)	1년 이상 장기	소규모	낮음	높음	높음	채권시장, 주식시장, 자산유동화 증권시장

19
정답 | ②

② 옳은 내용이다.

🔖 **오답 피하기**

① 은행이 예금자의 예금을 받아서 기업에 대출을 해주는 것과는 달리 증권회사는 자금수요 기업과 금융투자자 사이에 **직접금융을 중개**한다는 점에서 은행과는 업무성격이 다르다.

③ 자산운용회사에 대한 설명이다.

④ 금융투자회사가 아닌 자의 투자광고 금지를 두고 있다.

20
정답 | ③

③ 옳은 설명이다. 후단의 설명이 25년 추가 공고에서 추가된 내용이다. 신규상장의 주식에 대해서 변동폭이 확대됨을 유의한다.

🔖 **오답 피하기**

① 대체거래소의 운영시간은 Pre마켓과 After마켓을 추가로 운영하여 오전 8시~저녁 8시(08:00~20:00)이다.

② 오전 8시 30분부터 동시호가어 주문을 내는 것이 가능하고 여기에서 제시된 가격과 수량을 통해 오전 9시에 단일가로 매매가 체결되면서 시초가가 결정된다.

④ 일반적으로 유가증권시장의 주식매매 단위는 1주인데, 최소호가 단위 즉 최소 가격 변동폭(minimum tick)은 주가 수준에 따라 차이가 있어 2천원 미만 1원, 5천원 미만 5원, 2만원 미만 10원, 5만원 미만 50원, 20만원 미만 100원, 50만원 미만 500원, 50만원 이상 1,000원이다. (25년 추가 공고에서 수정된 내용으로 기존 1천원, 1만원, 10만원이 각각 2천원, 2만원, 20만원으로 변경되었다.)

제 3 회

01	02	03	04	05	06	07	08	09	10
②	②	④	④	③	③	③	①	①	③
11	12	13	14	15	16	17	18	19	20
③	③	①	④	④	①	④	①	④	④

01

정답 | ②

② ㉠ → ㉢ → ㉤ → ㉡ → ㉣의 순서이다. 아래 내용 참조.

> ㉠ 은행에서 자체 본·지점 간에 온라인망을 구축하여 그동안 수작업으로 처리하던 송금업무나 자금정산업무 등을 전산으로 처리할 수 있게 됨 – **제 1 단계 : PC기반 금융업무 자동화**
>
> ㉡ 모바일 기반 디지털금융 혁신화 – 은행, 증권, 카드업계에서 스마트 기기를 적극 활용한 스마트 금융서비스 시대가 시작 – **제 4 단계 : 모바일 기반 디지털금융 혁신화**
>
> ㉢ 네트워크 기반 금융전산 공동망화 – 금융기관들이 구축한 자동화된 업무시스템을 상호 연결하여 금융 네트워크(금융공동망)를 형성하여 공동망 서비스를 제공 – **제 2 단계 : 네트워크 기반 금융전산 공동망화**
>
> ㉣ 신기술 기반 금융IT 융합화 – 스타트업, 대형 ICT기업 등을 중심으로 비금융기업들의 금융서비스 진출이라는 큰 변화를 가져오고, 새로운 금융서비스와 전자지급 모델을 개발 – **제 5 단계 : 신기술 기반 금융IT 융합화**
>
> ㉤ 금융기관과 고객이 기존 영업점 창구에서 대면하지 않고 인터넷 공간에서 실시간으로 입출금거래, 주식매매, 청약, 대출 등의 금융거래를 수행함으로써 편의성과 효율성이 크게 제고됨 – **제 3 단계 : 인터넷 기반 금융서비스 다양화**

02

정답 | ②

② 옳은 설명이다. 취소가 아니라 무효임을 유의한다.

📖 오답 피하기

① 내용을 이해시킬 필요는 없고, 고객이 인지할 가능성을 부여하면 족하다.

③ **약관**은 기업측에는 유리하고 고객의 입장에서는 내용의 변경을 요구할 수 없는 등 불리한 경향이 있으므로 **일반적인 계약의 해석과는 다른 해석원칙이 적용**되고 있다.

> ▶ **약관 해석의 원칙** – 일반계약과는 다른 해석 要(∵기업에게 유리, 고객에게는 불리)
> ① **객관적·통일적 해석의 원칙**
> ② **작성자불이익의 원칙** – 약관의 **의미 불명확하면 기업에게 불리하게 해석**됨.
> ③ **개별약정우선의 원칙** – 기업과 고객이 **약관과 다른 내용을 합의하면 당해 합의사항을 우선적으로 적용**.

④ 전단의 설영이 틀렸다. 동일한 약관 내용이 아니라, 동일한 약관 체계를 가지고 있는 것이다.

03

정답 | ④

④ 옳은 설명이다. 우체국 행복한 체크카드와 우체국 공무원 연금복지 체크카드는 모두 그린 플랫폼 서비스 제공 상품이기 때문이다.

📖 오답 피하기

① 기획재정부에서 운영하는 디지털 예산회계 시스템(D–Brain)에서 신청 가능한 상품은 <u>우체국 정부구매 체크카드</u>이다.

② **우체국 성공파트너 체크카드는 법인 전용 상품**이다.

③ 우체국 지역사랑 상품권은 지역사랑상품권 가맹점에서 사용 시 충전금액을 우선 차감하며, 충전금액 소진 또는 지역사랑상품권 가맹점이 아닌 곳에서 결제 시 체크카드 결제 계좌에서 출금된다.

04

정답 | ④

④ 옳은 설명이다. 체크카드의 카드명과 주요 특징은 반드시 정리해두어야 한다.

📖 오답 피하기

① 후단의 설명은 맞지만, 우체국 라이프+플러스 체크카드는 <u>액티브 시니어 대상</u> 행복한 라이프를 위한 카드이다.

② 우체국 건설올패스카드는 <u>건설근로자가 건설현장에서 설치된 단말기에 태그하여 출퇴근 기록을 남길 수 있는 기능과 체크카드 기능이 합쳐진 통합 카드</u>이다.

③ 우체국 e–나라도움 체크카드(법인)와 우체국 e–나라도움 체크카드(개인)는 <u>모두 별도 캐시백 및 포인트 등의 부가서비스는 제공되지 않는다.</u>

05

정답 | ③

③ 옳은 내용이다.

📖 오답 피하기

① 헌혈자, 입양자, 농어촌 읍면단위 거주자는 새출발 행복 패키지에 가입할 수 있고, 소년소녀가장은 새출발 희망 패키지에 가입할 수 있다.

패키지 구분	새출발 희망	새출발 행복
가입 대상자	기초생활수급자, 근로장려금수급자, 장애인 연금·장애인수당·장애아동수당수급자, 한부모가족지원보호대상자, 소년소녀가장, 북한이탈주민, 결혼이민자	헌혈자, 입양자, 장기·골수기증자, 다자녀가정, 부모봉양자, 농어촌 읍면단위 거주자, 개인신용평점 상위92% 초과 개인, 협동조합종사자, 소상공인

② 공익형 적립식 예금이지만, 압류방지통장은 아니다. 〈압류 방지통장은 입출금이 자유로운 통장에 한해 인정된다.〉

④ 각종 이체 실적 보유 고객, 장기거래 등 주거래 이용 실적이 많을수록 우대 혜택이 커지는 예금은 우체국 다드림 적금이다.

06
정답 | ③

③ 옳은 설명이다.

📋 오답 피하기

① 우체국 마미든든 적금은 우체국 수시입출식 예금에서 이 적금으로 월 30만원 이상 자동이체약정 시 부가서비스로 우체국 쇼핑 할인쿠폰을 제공한다.

② 달달하이(high) 적금은 1개월 또는 2개월의 초단기로 가입하며 단기간의 소액이지만 높은 금리를 제공하는 스마트뱅킹 전용 적립식 예금이다.

④ 우체국 지역사랑 상품권은 지자체 행정구역 내에서 사용하는 카드형 상품권이다. 그 외 설명은 모두 맞다.

07
정답 | ③

③ ㅂ, ㅅ은 우체국 아이LOVE 적금의 우대조건이 아니다. 나머지는 모두 옳다.

📋 오답 피하기

ㅂ 예금주가 혼인한 여성이면서 경제활동 사실이 있는 경우 – 우체국 마미든든 적금

ㅅ 신규 가입 시 타인의 추천번호를 입력하거나 본인의 추천번호를 타인이 가입 시 입력한 경우 – 우체국 매일모아 e적금

08
정답 | ①

① 1.3 + 0.5 + 0.5 + 0.3 = 2.6이다.

> ° 이 예금의 상품 우대이율은 매 결산기간 중 평균잔액 200만원 이하의 금액에 대해 다음에서 정하는 조건을 충족하는 경우 최고 연 1.3%p를 제공
> – 기초연금 : 0.5%p
> – 급여 또는 용돈 : 0.5%p
> – '라이프+플러스 체크카드', '행福한 체크카드', '하이브리드여행 체크카드' 중 1가지 이상 이용 실적 : 0.3%p

09
정답 | ①

① 우체국 파트너든든 정기예금은 고객의 탄력적인 목돈운용이 가능하며 우편 계약 고객(우체국택배, EMS, 우체국쇼핑 공급업체) 및 예금 거래 고객을 우대하는 상품이다. 보험거래 고객은 아니다.

📋 오답 피하기

②, ③, ④ 모두 옳은 내용이다.

10
정답 | ③

③ 옳은 설명이다.

📋 오답 피하기

① 단기금융상품펀드(MMF)은 유동성 위험 최소화 위해 운용자산 전체 가중평균 잔존 만기(듀레이션)를 제한하고 있다.

② 전단의 설명은 맞지만, 무이자인 일반 당좌예금과는 달리 이자가 지급되는 가계 우대성 요구불 계좌이다.

④ 시장금리부 수시입출금식예금은 주로 증권사, 종합금융회사의 어음관리계좌(CMA), 자산운용회사의 단기금융상품펀드(MMF) 등과 경쟁하는 상품이다.

11
정답 | ③

③ 예금자 보호대상이 되는 것은 주가지수연동 정기예금(ELD), 정기예탁금, 주택청약종합저축 3개이다. 특히 주택청약종합저축은 예금자보호법의 적용 대상은 아니지만, 자체 기금 등에 의해 보호됨을 유의한다.

> ▶ 예금 보호대상이 아닌 것
> – 단기금융상품펀드(MMF), 어음관리계좌(CMA)
> – 양도성예금증서(CD), 환매조건부채권(RP)
> 주의) 어음관리계좌는 증권회사의 경우에만 비보호

12
정답 | ③

③ 옳은 설명이다

📋 오답 피하기

① 채권형 펀드의 수익은 이자수익과 자본수익으로 구성되며, 금리, 듀레이션, 신용등급의 영향에 따라 수익률이 변동한다.

② 금리하락기에는 편입채권의 가격이 상승하여 수익이 커지고, 금리상승기에는 편입채권의 가격이 하락하여 수익이 작아진다. (편저 주 – 이는 주식과 마찬가지로 금리가 상승하면 예금쪽으로 투자가 몰리면서 상대적으로 주식과 채권에 대한 수요가 감소하여 수익이 작아진다고 생각하면 좋을 듯 하다.)

④ MMF는 투자대상이 단기채권, CP(기업어음), CD(양도성예금증서) 등 단기금융상품에 투자하는 펀드를 말한다. '단기'는 투자대상 자산의 만기가 단기라는 의미가 아니라 잔존만기가 단기라는 의미다

13
정답 | ①

① 옳은 내용이다.

오답 피하기

② 전단의 설명이 틀렸다. 우체국 계좌 연결 후 계좌이체를 통해 선불 충전한 포인트를 말한다. 충전한도는 **건당 30만 원, 1일 50만원이며 총 보유한도는 200만원**이다.

③ 이러한 제한이 있는 것은 선물포인트이다.

④ 적립포인트에 해당한다.

▶ **우체국 포인트 한도 정리** (각 포인트 비교가 핵심!)
(1) 적립포인트
   한도 제한 X
(2) 충전포인트
   충전한도는 건당 30만원, 1일 50만원이며 총 보유한도는 200만원
(3) 선물포인트
   선물 한도는 건당 10만원, 1일 30만원, 월 50만원이며, **받은 선물 포인트는 재선물이 불가**
(4) 전환포인트
   한도 제한 X. 통합멤버십 가입 전 보유한 포인트는 멤버십 가입 후 **익일**에 일괄하여 통합멤버십 포인트로 전환

14
정답 | ④

④ 옳은 내용이다.

오답 피하기

① 법인이 별도계약을 통해 한도 초과 약정을 하고자 할 경우 **안전등급의 거래이용수단을 이용하고 관할 지방우정청장의 승인**을 받아야 한다. (편저 주 – 예금에서 관할 지방우정청장이 나오는 유일한 경우라고 생각하면 된다.!!)

② 인터넷·모바일의 1일 자금이체한도는 합산하여 처리된다.

③ **인터넷뱅킹의 기본등급은 본인거래(본인 우체국계좌 거래, 공과금 납부 등)에 한하여 적용**된다.

15
정답 | ④

④ 옳은 설명이다.

■ 질권설정된 예금채권의 변제기는 이르렀으나 피담보채권의 변제기가 도래하지 않은 경우
⇒ 질권자는 제3채무자에게 그 변제금액의 공탁을 청구할 수 있고, 이 경우 질권은 그 공탁금 위에 계속 존속
■ 피담보채권의 변제기는 도래했으나 질권설정된 예금채권의 변제기는 도래하지 않은 경우
⇒ 질권자는 질권설정된 예금채권의 변제기까지 기다려야 함.

오답 피하기

① 질권은 지급금지의 효력이 있으므로 피담보채권이 변제 등의 사유로 소멸하여 **질권자로부터 질권해지의 통지를 받은 경우에는 그 예금을 예금주에게 지급할 수 있다.**

② 질권자는 그 예금에 대한 계약당사자가 아니므로 **중도해지권이 없다.**

③ 질권설정된 예금을 기한 갱신하는 경우에는 특별한 사정이 없는 한 두 예금채권 사이에는 동일성이 인정되므로 종전 예금채권에 설정한 담보권은 당연히 새로 성립하는 예금채권에도 미친다.

16
정답 | ①

① 옳은 설명이다.

오답 피하기

② 우체국 창구에서 제휴은행 통장 신규발행(재발행) 및 해지 불가하다. 그러나 <u>우체국 창구에서 통장정리는 가능하다.</u> ①과 구별한다.

③ 신용카드와 지로/공과금/대학등록금, 보험서비스도 우체국 자동화기기(CD/ATM) 서비스로 이용 가능하다.

④ 최근 보급이 확대되고 있는 지능형 자동화기기인 "우체국 스마트 ATM"에서는 수시입출식예금, 저축성예금을 모두 개설할 수 있다.

17
정답 | ④

④ 옳은 내용이다. (제4조)

오답 피하기

① 예금자가 저축성예금의 월부금을 납입하려는 경우 <u>가입국 외의 체신관서에서도 예입할 수 있다.</u> (제24조 제2항)

② 15일 이내이다. (제6조 제3항)

③ 1만원 미만 1년 이상, 5만원 미만 2년 이상 계속하여 거래가 없을 경우 거래중지계좌에 편입할 수 있다.

제20조(거래중지계좌에의 편입) ① 체신관서는 요구불예금 계좌가 다음 각 호의 어느 하나에 해당될 때에는 **거래중지계좌에 이를 편입**할 수 있다.
1. <u>잔고가 1만원 미만으로서 1년 이상 계속하여 거래가 없을 때</u>
2. <u>잔고가 5만원 미만으로서 2년 이상 계속하여 거래가 없을 때</u>
3. <u>잔고가 5만원 이상 10만원 미만으로서 3년 이상 계속하여 거래가 없을 때</u> (편저 주 – 2022 공고에서 추가됨)

② 제1항에 따른 <u>거래중지계좌에의 편입은 **매년 2회** 하며, 상반기에는 5월 마지막 일요일에 편입하고 하반기에는 11월 마지막 일요일에 편입한다.</u> (편저 주 – 2022 공고에서 수정 및 추가된 부분, 기존의 정리계좌에 대한 이자 미지급은 삭제됨!!)

18

① 옳은 내용이다.

📖 **오답 피하기**

② 금융은 여유자금을 가진 사람에게는 투자의 수단을 제공하고 자금이 필요한 사람에게는 자금을 공급해주는데, 이러한 금융의 역할은 <u>자금의 효율적인 배분</u>이다.

③ **지출**은 소득에 비해 <u>대체로 일정하게 이루어진다.</u> 이러한 소득과 지출의 차이는 금융을 통해 해소될 수 있다.

④ <u>금융경제 분야에서 위험(risk)은 경제현상이나 투자결과 등이 기대와 달라지는 정도</u>를 말하며 **불확실성 또는 변동성**이라고도 한다. 금융은 그런 불확실성이나 위험을 적절히 분산시키거나 해소할 수 있는 수단을 제공한다.

19

④ 옳은 설명이다. 국내 주식 시장의 Pre마켓과 After마켓을 추가 운영으로 주식거래 시간 <u>12시간으로 확대</u>되었으며, <u>한국거래소(KRX)와 공통으로 운영하는 정규 거래시간 전·후로, 08시~08시50분의 Pre마켓과 15시 30분 ~ 20시의 After마켓을 추가로 운영한다.</u> 또한, <u>현재 국내 증시에서 제공하는 시장가와 4가지 지정가 외 중간 호가, 스톱지정 호가 추가</u>된다

📖 **오답 피하기**

① **한국거래소(KRX)와 공통으로 운영**하는 <u>정규 거래시간 전·후로, 08시~08시50분의 Pre마켓과 15시 30분~20시의 After마켓을 추가로 운영한다.</u>

② 넥스트레이드에서는 한국거래소에서 거래되는 종목 중 코스피200과 코스닥150지수 구성 종목, 시가총액 및 거래대금 상위종목 등 650여개 종목을 거래할 수 있다.

③ 기업공개(IPO)종목의 경우, **상장 첫날에는 한국거래소에서만 거래가 가능**하다.

20

④ 옳은 내용이다.

📖 **오답 피하기**

① 신용보강을 통해 발행사 신용등급보다 높은 신용등급의 사채 발행으로 <u>자금조달비용을 절감</u>할 수 있다.

② 교환사채에 대한 설명이다.

③ 순서가 바뀌었다. 조기상환권부채권은 그렇지 않은 채권에 비해 <u>높은</u> 금리로 발행되지만, 조기변제요구권부채권은 그렇지 않은 채권에 비해 <u>낮은</u> 금리로 발행될 수 있다.

제 4 회

01	02	03	04	05	06	07	08	09	10
④	③	②	④	③	②	①	④	③	④
11	12	13	14	15	16	17	18	19	20
③	②	④	②	④	③	④	②	③	①

01
정답 | ④

④ 옳은 내용이다.

📖 오답 피하기

① 원칙적으로 예금수령의 권한을 갖고 있는 금융회사 종사자라 할지라도 그 권한은 영업장내에서의 권한이지, 영업점 외에까지 그 권한이 미치는 것은 아니다.
② 추심위임설의 입장이다.
③ 듬뿍우대저축은 수시입출금식 예금이다. 입출금이 자유로운 예금은 동의를 받더라도 질권 설정을 할 수 없으므로 틀린 지문이다. 2016년 기출지문이기도 하다.

02
정답 | ③

③ 나만의 소망 · 목표를 '나무이름 정하기'를 통해서 등록할 경우는 달달하이(high) 적금의 우대조건이다. 반면, **초록별 사랑 정기예금**의 우대조건은 친환경 실천 가입확인서 제출, 우체국공익재단 협약기관에(사단법인 한국백혈병소아암 협회) 기부 신청 및 기부금 (1천원~1백만원)을 1회 이체한 경우, 우체국 창구에서 신규 가입 시 '통장 미 발행'을 선택하거나 인터넷 · 스마트뱅킹을 통해 이 예금을 가입하는 경우이다.

📖 오답 피하기

①, ②, ④ 모두 바르게 연결되었다.

03
정답 | ②

② 옳은 설명이다. **주당순자산**은 기업 청산 시 장부상으로 주주가 가져갈 수 있는 몫을 나타내며 **PBR이 낮을수록 투자자는 낮은 가격에 주당순자산을 확보하게 되고**, PBR이 1보다 작다면 해당 기업이 지금의 장부 가치로 청산한다고 해도 보통주 1주에 귀속되는 몫이 현재 주가보다 많다는 의미이다.

📖 오답 피하기

① 후단의 설명이 틀렸다. 분모와 분자의 순서가 바뀌었다.

총자산이익률(ROA) = 순이익 ÷ 총자산

③ 유동성지표가 높을수록 단기부채를 상환하기 위한 유동자산 또는 당좌자산이 충분하다는 것을 뜻하지만 이 비율이 지나치게 높으면 불필요하게 많은 자금을 수익성이 낮은 현금성 자산으로 운용하고 있다는 의미도 있다.
④ 자기자본이익률(ROE; Return on Equity)에 대한 설명이다. 즉, 자기자본이익률은 주주의 몫인 자기자본을 얼마나 효율적으로 활용하여 이익을 창출하였는지를 보여주는 지표로 주주의 부를 극대화한다는 측면에서 주식시장에서 가장 중요한 재무비율 지표로 인식된다.

04
정답 | ④

④ 옳은 내용이다.

📖 오답 피하기

① 한국은행은 경기가 과열양상을 보이면 기준금리를 인상하고, 반대로 경기침체 양상이 나타나면 기준금리를 인하하게 된다.
② 채권가격이 오르면 채권수익률은 떨어지고 반대로 채권가격이 떨어지면 채권수익률은 올라가게 된다.
③ 영업행위 감독에 대한 설명이다.

> ▶ **금융 감독**
> ① **시스템 감독**
> - 경제 전반에 걸친 금융혼란에 대비하여 금융시스템의 안정성을 확보하는 데 주력하는 것
> - 건전성 및 영업행위 감독보다 넓은 개념
> ② **건전성 감독**
> - 개별 금융회사의 재무제표의 건전성, 자본적 정성 및 각종 건전성 지표를 통해 금융회사의 건전성을 감독하는 것
> ③ **영업행위 감독**
> - 금융회사가 소비자들과의 거래에서 공시(公示), 정직, 성실 및 공정한 영업 관행을 유지하고 있는지 감독하는 것으로 소비자 보호 측면에 중점을 둔 것

05
정답 | ③

③ 옳은 설명이다.

📖 오답 피하기

① KRX100지수는 유가증권시장 90개, 코스닥시장 10개 등 총 100개 종목으로 구성된다. 동 지수 역시 최대주주지분, 자기주식, 정부지분 등을 제외한 유동주식만의 시가총액을 합산하여 계산하며, 상장지수펀드(ETF), 인덱스펀드 등 다양한 상품에 이용된다.
② 나스닥지수는 나스닥 증권시장에 등록돼 있는 5,000여개 주식을 가중평균하여 구한 지수이다.
④ 다우존스 산업평균지수(DJIA; Dow Jones Industrial Average)는 경제 전반에 걸쳐 대표적인 **30개 대형 제조업 기업**들의 주식들로 구성되어 있다.

06
정답 | ②

② 옳은 설명이다.

오답 피하기

① 확정기여형, 개인형 퇴직연금제도 및 중소기업퇴직연금기금 편입 금융상품 중 예금보호 대상으로 운용되는 금융상품은 합산하여 1억원까지 별도 보호된다.

③ 사고보험금이라고 해야 한다. 즉, 보험 계약의 사고보험금 및 연금저축(신탁·보험)도 각각 1인당 1억원(세전)까지 다른 예금과 별도로 보호하고 있다.

④ 예금보험공사로부터 보호받지 못한 나머지 예금은 파산한 금융회사가 선순위채권을 변제하고 남는 재산이 있는 경우 이를 다른 채권자들과 함께 채권액에 비례하여 분배받음으로써 그 전부 또는 일부를 돌려받을 수 있다. [23 기출]

07
정답 | ①

① 우체국 동행 카드에 대한 설명이다.

08
정답 | ④

④ 옳은 설명이다.

오답 피하기

① 후단의 설명은 맞지만, 우체국 영리한PLUS 체크카드는 폐플라스틱을 재활용한 친환경카드로 MZ고객 니즈를 반영한 상품이다. 또한 의료 특화 카드는 우체국 행복한 체크카드이다.

② 다드림 체크카드는 Oh! point 가맹점에서 우체국 포인트와 Oh! point를 합산하여 사용가능하다.

③ 영리한plus 카드에 대한 설명이다.

09
정답 | ③

③ 옳은 것은 ㉡, ㉢, ㉣ 3개이다.

- 주니어 패키지 : 최고 연 0.4%p
- 직장인 패키지 : 최고 연 0.6%p
- 사업자 패키지 : 최고 연 0.6%p
- 실버 패키지 : 최고 연 0.6%p
- 베이직 패키지 : 최고 연 0.15%p

10
정답 | ④

④ 옳은 설명이다. 실명의 개인으로 가입하는 개인통장과 개인사업자, 법인으로 가입하는 사업자 통장으로 구분하는 것은 우체국 페이든든+통장이고, 개인 통장 : 최고 연 0.9%p, 사업자 통장 : 최고 연 0.9%p의 우대금리를 제공하는 것까지 알아둔다.

오답 피하기

① 우체국 퇴직연금정기예금은 우정사업본부와 퇴직연금사업자의 사전 협약에 의해 가입이 가능하며, 우정 사업본부가 정한 우체국에 한해 취급이 가능한 상품이다.

② 전단의 설명은 맞지만, 예금, 보험, 우편 등 우체국 이용고객 모두에게 혜택을 제공하는 입출금기 자유로운 상품은 우체국 다드림통장이다.

③ 우체국 선거비관리통장은 선거기간을 전후로 일정기간 동안 거래 수수료 면제 서비스를 제공하는 입출금이 자유로운 예금이다.

11
정답 | ③

③ 2040+α 정기예금의 가입대상은 실명의 개인, 개인사업자, 단체, 법인(금융기관 제외)이며, 가입 나이에 제한이 있는 상품이 아니다.

오답 피하기

① 우체국 생활든든통장 - 50세 이상
② 우체국 아이LOVE 적금 - 19세 미만
④ 우체국 청년미래든든 통장 - 18세 이상~35세 이하

12
정답 | ②

② 2.2 + 0.5 + 0.2 = 2.9이다.

- 새출발 희망 패키지 : 최고 연 ㉠2.2%p
- 새출발 행복 패키지 : 최고 연 ㉡0.5%p
- 패키지 구분별 가입대상자 조건에 해당할 경우 : 새출발 희망과 행복 모두 ㉢0.2%p

13
정답 | ④

최고 연 이율은 다 외우기가 어렵지만 위 상품 정도는 외워두었으면 좋을 듯 하다. (적어도 달달하이(high) 적금 - 최고 연 3.2%p / 우체국 럭키+ CU 적금 - 최고 연 3.0%p)

④ 우체국 럭키+ CU 적금은 최고 연 3.0%p로 두 번째로 우대이율이 높은 상품이다.

오답 피하기

① 달달하이(high) 적금 - 최고 연 3.2%p
② 우체국 마미든든 적금 - 최고 연 1.4%p
③ 우체국 매일모아 e적금 - 최고 연 1.1%p

14

② 옳은 설명이다. 증권회사에서도 유통됨을 유의한다.

📖 오답 피하기

① 일정기간 경과후 입금 한도로 계약기간 2/3 경과시 기적립 액의 1/20내의 입금이 가능하도록 제한을 두는 것은 저축 예금이 아니라 <u>자유적금</u>이다. 자유적금에 입금의 제한을 두는 이유는 계약성립시와 다르게 중도에 금리가 낮아졌 음에도 불구하고 처음에는 소액을, 이후에 많은 금액을 입 금하여 혜택 보는 것을 방지하기 위해서이다.

③ 유동성 위험을 최소화하기 위하여 운용자산 전체 가중평 균 잔존 만기(듀레이션)를 제한하는 것은 <u>단기금융상품펀 드(MMF)</u>이다.

④ 정기예금의 취급기관으로 우체국, 은행, 상호저축은행 뿐 만 아니라 <u>상호금융, 신용협동조합, 새마을금고 등이 추가 되었다.(2016 공고)</u>

15

④ 옳은 설명이다.

📖 오답 피하기

① <u>압류의 효력발생시기</u>는 <u>압류통지서가 은행(우체국)에 송 달된 때</u>이다.

② <u>체납처분압류</u>는 압류목적채권의 <u>지급금지 · 처분금지 및 추심권의 효력까지 있으므로</u> 마치 민사집행법상의 <u>압류명 령과 추심명령을 합한 것과 같다.</u> (편저 주 – 압류명령과 전부명령 을 합한 것 X)

③ <u>국세징수법에 의한 압류(체납처분절차)가 경합된 경우</u>에 는 국세징수법에 의한 압류(체납처분절차)는 압류선착주 의에 의해 <u>먼저 송달된 기관에 우선권이 있다.</u>

16

③ 비대면 실명확인 적용 대상자는 <u>명의자 본인에 한정하고 대리인은 제외</u>되므로 옳은 설명이다.

📖 오답 피하기

① 개인의 경우에는 <u>주민등록증</u>이 원칙이다.

② <u>대리인을 통하여 계좌개설을 할 경우 본인 및 대리인 모두 의 실명확인증표</u>와 <u>첨부된 위임장의 진위여부 확인을 위 한 인감증명서 및 본인서명사실확인서</u>를 제시받아 실명 확인을 한다.

④ <u>동시에 다수의 계좌를 개설하는 경우 기 실명확인된 실명 확인증표 재사용 가능하다.</u>

17

④ 옳은 설명이다. (제15조)

📖 오답 피하기

① <u>이율 게시기간은 15일이 아니라 1개월</u>이다.

제9조(이자)

① 이자는 10원을 단위로(10원 미만 절사) 약정한 예치기간 또는 제7조에 따라 예금이 된 날(자기앞수표 · 가계수표 는 입금일)로부터 지급일 전날까지의 기간에 대하여 과 학기술정보통신부장관이 정한 이율로 계산한다.

② 우체국은 예금종류별 이율표를 창구 또는 인터넷 홈페 이지에 비치 · 게시하고, 이율을 바꾼 때는 그 바꾼 내용 을 창구 또는 인터넷 홈페이지에 1개월 동안 게시한다.

③ 제2항에 따라 이율을 바꾼 때에는 입출금이 자유로운 예금은 바꾼 날로부터 바꾼 이율을 적용하며, 거치식 · 적립식예금은 계약 당시의 이율을 적용함을 원칙으로 하되, 변동금리가 적용되는 예금은 금리를 바꾼 날로부 터 바꾼 이율을 적용한다.

④ 변동금리를 적용하는 거치식 · 적립식 예금은 최초 거래 시 이율적용 방법을 통장에 표시하며, 또한 변동이율을 적용하는 적립식예금은 이율을 바꾼 때마다 바뀐 이율 을 통장에 기록하여 안내한다.

⑤ 예금주가 실제 받는 이자는 제1항에 따라 계산한 이자에 서 소득세법 등 관계법령에 따라 원천징수한 세액을 뺀 금액이다.

② 이율이 바뀐 경우 입출금이 자유로운 예금은 지문대로 바 꾼 날로부터 바꾼 이율을 적용하지만, 거치식 · 적립식 예 금은 계약 당시의 이율을 적용함을 원칙으로 하되, 변동금 리가 적용되는 예금의 경우에는 금리를 바꾼 날로부터 바 꾼 이율을 적용한다. 즉 변동금리가 적용되는 경우에만 바 꾼 이율을 적용함을 유의한다.. (제9조 제3항)

③ 예금이 된 날로부터 지급일 전날까지의 기간에 대하여 이 율로 계산한다. (제9조 제1항)

18

② 옳은 설명이다.

📖 오답 피하기

① 위의 설명은 <u>하향식 분석</u>에 대한 것이다.

③ 위의 설명은 <u>상향식 분석</u>에 대한 것이다.

④ 기술적 분석은 주로 과거 주가흐름을 보여주는 주가 차트 (chart)를 분석하여 <u>단기적인 매매 타이밍</u>을 잡는데 이용 된다.

▶ 하향식 분석과 상향식 분석
(1) 하향식 분석
① 일반 경제를 검토하는 것에서 시작하여 특정산업으로, 최종적으로는 기업자체를 검토하는 분석방법

② 밀물 때가 되면 모든 배가 뜬다는 것을 가정

③ 호황기에는 강한 기업이나 약한 기업 모두 높은 실적을 거두지만 불황기에는 강한 기업까지도 번창하기 어렵기 마련

④ 호경기 때 약한 기업의 주식에 투자하는 것이 불경기 때 좋은 주식에 투자하는 것보다 성과가 좋을 수 있음

(2) 상향식 분석

① 투자 가망 회사에 초점을 두고 개별 기업의 사업, 재무, 가치 등 투자자가 선호할 만한 것들을 보유한 기업을 선택한 후 산업과 시장에 대해 그 기업을 비교

② 재가치보다 저평가된 주식을 찾아 장기적으로 보유하고 있으면 언젠가는 적정 가치를 찾아가리라는 믿음을 갖고 투자하는 방법

19   정답 | ③

③ 옳은 설명이다.

📋 오답 피하기

① 후단의 설명은 맞지만, 가계는 생산이 아니라 생산 요소의 공급 주체이다.

② **기업의 투자와 가계의 소비 지출이 증가하면 지출 국민 소득이 증가하고, 그 결과 생산 국민 소득도 증가하여 GDP는 증가**한다. (3면 등기의 원칙)

④ 생산물이 아니라 생산요소의 특징이다. 즉, 생산요소의 특징은 어느 생산과정에 투입된 후에도 소멸되지 않고 다음 회차의 생산과정에 다시 재투입될 수 있다는 점에서(**비소멸성**), 원재료(raw material)나 중간재(intermediate goods)와는 다르다.

20   정답 | ①

① 배당세액공제는 아래 ㉮, ㉯ 중 적은 금액이므로 3,255,000원이 된다.

㉮ 배당가산액 : 30,000,000×11% = 3,300,000

㉯ 위 종합소득 산출세액(18,230,000) − 위 분리과세방식 산출세액(14,975,000) = 3,255,000원

제 5 회

01	02	03	04	05	06	07	08	09	10
③	①	④	③	③	②	④	②	④	④
11	12	13	14	15	16	17	18	19	20
④	②	③	④	④	③	③	③	④	③

01
정답 | ③

서로 유사한 것끼리 이렇게 한번에 정리하자는 의미에서 단원별 문제집의 내용을 문제 형식만 변형하여 다시 출제하였다. ◎을 제외하고 모두 맞는 설명이다.
◎ 은행발행채권과 저축은행 발행채권은 모두 보호대상이 아니다.

02
정답 | ①

① 옳은 설명이다.

오답 피하기

② 우체국 후불하이패스 체크카드는 국내 전용 카드로 우체국 하이브리드카드 발급고객에 한하여 발급이 가능하며, 최초 발급 시 발급수수료 5천원을 징구하지만, 우수고객은 발급수수료를 면제한다.
③ 우체국 다드림 체크카드는 포인트 적립 카드로 전 가맹점 0.3%, 우체국 5%, 알뜰폰 통신료 10% 우체국 포인트 적립 및 Oh! Point 가맹점 이용 시 Oh! Point 적립되는 체크카드이다.
④ 우체국 e-나라도움 체크카드(개인)는 별도 캐시백 및 포인트 등의 부가서비스는 제공되지 않는다.

03
정답 | ④

④ 신규 가입 시 우체국 예금 우수고객일 경우 우대이율을 제공하는 것은 우체국 파트너든든 정기예금이다.

04
정답 | ③

③ ⓜ, ⓞ, ⓧ, ⓟ 4개를 제외한 10개가 공익형 예금이다.

공익형 예금상품의 종류(편저 주 - 희망지킴이통장, 우체국취업이룸통장이 25년에 빠짐)			
구분	요구불예금(6종)	적립식 예금(2종)	거치식 예금(2종)
10종	행복지킴이통장, 국민연금안심통장, 공무원연금평생안심통장, 호국보훈지킴이통장, 청년미래든든통장, 건설하나로통장	새출발 자유적금, 장병내일 준비적금	이웃사랑 정기예금, 소상공인 정기예금

05
정답 | ③

③ 옳은 설명이다. (온/자/체)

오답 피하기

① 우체국 가치모아 적금에 대한 설명이다.
② 예금주의 총 자녀수(태아 포함)에 따라 우대이율을 제공하는 것은 우체국 마미든든 적금이다.
④ 챔피언정기예금에 대한 설명이다.

06
정답 | ②

② 우체국 청년미래든든통장의 가입대상은 18세 이상~35세 이하 실명의 개인이므로 19세인 철수에게 추천이 가능하다.

오답 피하기

① 우체국 아이LOVE 적금 - 19세 미만
③ 우체국 퇴직연금 정기예금 - 퇴직연금사업자
④ 우체국 하도급지킴이통장 - 가입대상은 법인 및 사업자등록증을 소지한 개인사업자, 고유번호(또는 납세번호)를 부여받은 단체

07
정답 | ④

④ 모두 옳으므로 4개이다. 이 정도는 충분히 암기할 수 있는 것이므로 암기하고 시험장에 들어가자.

- 주니어 패키지 - 결산기 평균 잔액 50만원 이상
- 직장인 패키지 - 결산기 평균 잔액 100만원 이상
- 사업자 패키지 - 결산기 평균 잔액 500만원 이상
- 실버 패키지 - 결산기 평균 잔액 100만원 이상

08
정답 | ②

② 우체국 생활든든 통장에 대한 우대이율 제공 조건이다. 시니어 싱글벙글 정기예금과 구별하기를 바란다.

09
정답 | ④

④ 달달하이(high) 적금에 대한 우대이율 제공 조건이다.

10
정답 | ④

④ 옳은 내용이다.

오답 피하기

① 정기예탁금은 은행의 정기예금과 유사한 상품으로 상호금융, 새마을금고, 신용협동조합 등의 신용협동기구들이 취급한다.
② 환매조건부채권(RP)은 금융회사가 보유하고 있는 국공채 등 채권을 고객이 매입하면 일정 기간이 지난 뒤 이자를

가산하여 고객으로부터 다시 매입하겠다는 조건으로 운용되는 단기 금융상품이다.

③ 주가지수연동 정기예금(ELD)에 대한 설명이다.

11
정답 | ④

④ 옳은 설명이다.

> **[정리 - 편저 주] 실명확인 가능 여부**
> - **실명확인자**
> ① 실제로 고객의 실명을 확인한 금융회사의 직원
> ② 영업점(본부의 영업부서 포함) 직원(계약직, 시간제 근무자, 도급직 포함)
> ③ 본부부서 근무직원이 실명확인 관련 업무를 처리하도록 지시 또는 명령받은 경우
> - **실명확인 불가능 자**
> ① 후선 부서 직원(본부직원, 서무원, 청원경찰 등)
> ② 업무수탁자(대출모집인, 카드모집인, 보험모집인, 공제모집인 등) 등

오답 피하기

① 재예치 등 계좌가 새로 개설되는 경우는 계속거래가 아니다. 따라서 이 경우에는 실명확인의 생략이 가능한 경우가 아니다.

② 가족대리시 징구하는 가족관계확인서류의 유효기간은 발급일로부터 3개월이다.

③ 비대면 실명확인 대상 금융거래는 계좌개설에 한정되는 것은 아니며 금융실명법상 실명확인 의무가 적용되는 모든 거래에 적용된다.

12
정답 | ②

② 옳은 설명이다.

오답 피하기

① 국내 금융회사들은 **매년 정기적으로** 상대국 거주자 보유 계좌정보를 **국세청**(편저 주 - 금융정보분석원 (X))에 제출하고 있다.

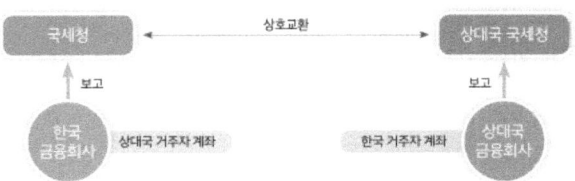

③ **국세청**은 2017년부터는 매년 6월 국내 금융거래회사등으로부터 금융정보를 수집하여 9월에 상호교환하고 있다. (편저 주 - 25년 추가된 내용)

④ **순보험료가** 위험보험료만으로 구성되는 보험계약은 현금가치보험계약에서 제외된다.

13
정답 | ③

③ 옳은 설명이다.

오답 피하기

① 5회가 아니라 10회이다.

> ▶ **전자금융 서비스 제한**
> ① 계좌 비밀번호, 보안카드 비밀변호, 폰뱅킹 이체비밀번호, 모바일 인증서에 등록한 PIN, 패턴, 생체인증 정브, OTP(디지털 OTP 포함) 인증번호 등을 **연속 5회 이상** 잘못 입력한 경우
> ② OTP는 **전 금융기관을 통합하여 연속 10회 이상** 잘못 입력한 경우
> ③ 기타 예금거래 기본약관 등에서 정한 거래 제한 사유가 발생한 경우

② **우체국 인터넷뱅킹을 해지하면 우체국뱅킹은 자동 해지되나 우체국뱅킹을 해지하더라도 인터넷뱅킹 이용 자격은 계속 유지**된다.

④ **우체국페이**에 대한 설명이다.

14
정답 | ④

④ 옳은 설명이다.

오답 피하기

① 안전등급을 위한 보안매체에서 OTP + 이체비밀번호가 필요한 것은 폰뱅킹이다.

② 전단의 설명은 맞지만, 법인의 경우 안전등급으로만 거래할 수 있다.

③ 보안등급에 따른 보안매체수단은 추후 변경 가능하며 추가 지정할 수 있다.

15
정답 | ④

④ 옳은 설명이다. (아래 조문 참조)

오답 피하기

① 사전 통지와 동의를 통해 예금에 대해 양도하거나 질권설정을 할 수는 있지만, 그것이 법령으로 금지되는 경우에는 양도나 질권설정을 할 수 없다.

② 주소, 전화번호 등의 변경 시에는 우체국이 정한 방법에 따라 **전산통신기기를 이용하여 변경할 수 있다.**

③ 원권리자는 국고귀속된 휴면예금을 같은 법 제24조의2에 따라 지급청구할 수 있다.

> **제9조의 2(휴면예금 및 국고귀속)**
> ① 우체국은 예금이 각 호에 해당할 때에는 예금채권의 **소멸시효가 완성**된(이하 "휴면예금"이라 한다)으로 본다.
>   1. **입출금이 자유로운 예금**은 이자지급을 포함한 최종 거래일로부터 **10년** 이상 경과한 예금

2. **거치식, 적립식 예금**은 만기일 또는 이자지급을 포함한 최종거래일로부터 <u>10년</u> 이상 경과한 예금

② 제1항에 따른 휴면예금은 우체국 예금·보험에 관한 법률 제24조에 따라 <u>국고귀속</u> 될 수 있으며, 원권리자는 국고귀속된 휴면예금을 같은 법 제24조의2에 따라 지급청구할 수 있다.

③ 예금계약은 예금이 제1항 각호에 따라 휴면예금에 해당하게 된 시점에 **자동 종료**하며, 해당 계좌는 **더 이상 이용이 불가**하다. **잔액이 0원으로 된 예금**이 제1항 각호에 해당하게 된 경우도 같다.

16
정답 | ③

③ 甲은 실제 25%의 수익률을, 乙은 20%의 수익률을 얻었으므로 甲의 수익률이 더 높다.

📋 오답 피하기

① 甲이 1년 만기 국채를 10,000원에 구입한 후 만기 때 이자 5,000원과 원금 10,000을 합해 총 15,000원을 받는다면 이 채권의 기대수익률은 50%가 된다. (5,000원/10,000원 ×100% = 50%)

② 지인 乙은 매입대금으로 12,500원을 지불하고 1년 후 15,000원을 받게 되었으므로 실제 수익은 2,500원, 채권수익률은 20%가 된다. (2,500원/12,500원×100% = 20%)

④ 채권 구입가격이 10,000원 일 때는 채권의 기대수익률이 50%였으나 채권 구입가격이 12,500원으로 상승하자 채권의 기대수익률은 20%가 되었다. 즉 채권가격이 상승하면 채권수익률은 하락하고 채권가격이 하락하면 채권수익률은 상승하게 되는 것이다.

17
정답 | ③

③ 옳은 내용은 ©, ⑩ 2개이다.
© 옳은 내용이다.
⑩ 옳은 내용이다. 2024년에 새롭게 추가된 내용이다.

📋 오답 피하기

㉠ **직접투자**는 투자자가 주식, 채권, 부동산, 파생상품 등에 대한 <u>투자정보를 스스로 수집·판단하여 투자</u>를 하고, 또한 본인의 한정된 자금만으로 투자하기 때문에 분산투자가 어려워 투자위험이 높다. 반면, **간접투자**는 자산운용 전문가인 제3자에게 자금을 위탁하여 운용할 뿐만 아니라 여러 사람으로부터 모은 <u>대규모 자금으로 분산투자</u>하여 투자위험을 줄일 수 있다.

㉡ 투자자금 즉, 수익증권을 판매한 대금은 펀드를 설정하고 운용하는 자산운용회사로 들어가는 것이 아니라 **자산보관회사가 별도로 관리**하기 때문에 혹시 자산운용회사가 파산하더라도 펀드에 투자한 자금은 보호받을 수 있다.

㉢ 펀드는 환매가 가능한 **개방형펀드**와 환매가 원칙적으로 불가능한 **폐쇄형펀드**, 추가입금이 가능한 **추가형펀드**와 추가입금이 불가능한 **단위형펀드**로 구분할 수 있다.

㉣ 선·후취 판매수수료가 모두 징구되는 펀드는 D클래스이고, C클래스는 선·후취 판매수수료가 없다.

18
정답 | ③

③ 학습자료에 나온 그대로를 소개했지만, 출제된다면 숫자가 바뀌어서 나올 가능성이 높다. 기본적으로 계산 방법을 아는 것이 중요하므로 문제를 보고 연습을 해야 한다. 이 문제의 종합소득산출세액은 12,616,000원이다.

(1) 종합과세되는 금융소득금액
 ① 종합과세되는 금융소득금액 : 60,000,000원

(2) 종합소득 산출세액의 계산
 ① 금융소득을 기본세율로 과세 시 산출세액
   (2천만원 초과금액 + 사업소득금액 − 종합소득공제)× 기본세율 + 2천만원×14%
   = (40,000,000 + 30,000,000 − 5,100,000)×기본세율 + 20,000,000×14%
   = (64,900,000×24% − 5,760,000) + 2,800,000
   = 12,616,000원

 ② 금융소득을 원천징수세율로 과세 시 산출세액
   금융소득금액×14% + (사업소득금액 − 종합소득공제)×기본세율
   = 60,000,000×14% + (30,000,000 − 5,100,000)×기본세율
   = 8,400,000 + (24,900,000×15% − 1,260,000)
   = 10,875,000원

 ③ 종합소득산출세액은 ①과 ② 중 큰 금액인 12,616,000원이 된다.

19
정답 | ④

④ 옳은 설명이다.

📋 오답 피하기

① 우체국 인터넷뱅킹 또는 스마트뱅킹 등 **비대면 채널을 통하여**(우체국 창구 접수는 불가) 환전거래와 대금 지급을 완료하고, 고객이 직접 날짜와 장소를 지정하면 우편서비스를 이용하여 접수 된 외화 실물을 직접 배달해 주는 서비스이다.

② **외화 수령일 지정**은 <u>신청일로부터 3 영업일에서 10 영업일 이내</u>로 지정 할 수 있다.

③ 외화 배달서비스 신청이 가능한 취급 통화는 <u>미국달러(USD), 유럽유로(EUR), 일본엔(JPY), 중국위안(CNY) 총 4개 통화로 한정</u>한다.

20

③ 옳은 설명이다. 금융기관의 동의를 얻을 필요없이 철회할 수 있다. 즉, 계좌송금은 위임계약이므로 입금의뢰인은 수임인인 수납 금융기관 및 수납 금융기관의 위임을 받은 예금 금융기관이 위임사무를 종료하기 전에는 **언제든지 위임계약을 해지하고 계좌송금 철회를 할 수 있다.**

📖 오답 피하기

① **직원이 입금조작을 잘못하여 착오계좌에 입금하고 정당계좌에 자금부족이 발생한 경우에는 금융회사의 과실에 의한 채무불이행으로 되어 그 손해를 배상하여야 한다.** 이후 잘못된 입금은 착오에 기인한 것이므로 착오계좌 예금주의 동의 없이 취소하여(민법 제109조) 정당계좌에 입금할 수 있다고 하더라도 그것은 차후의 문제이고, 금융기관으로서는 의무이행을 다하지 못했으므로 손해배상의 책임을 진다.

② 입금인이 입회하지 않은 상태에서 입금의뢰액 보다 실제 확인된 금액이 적은 경우에는 입금 외뢰액대로 예금계약이 성립함을 주장하기 위해서는 입금자가 그 입금 의뢰액을 입증할 책임을 부담한다. 왜냐하면 예금계약은 금융기관이 고객으로부터 교부받은 금액을 확인한 때 성립하기 때문이다. (편저주 - 우편 상식과 금융상식에서 유일하게 고객이 입증책임을 부담하는 경우!!)

④ 특정횡선수표에 대한 설명이다. **일반 횡선수표**인 경우에는 입금인이 우체국과 계속적인 거래가 있는 거래처인지 여부를 확인하고, **특정횡선수표**인 경우에는 그 특정된 금융회사가 우체국인지 여부를 확인한다.

제 6 회

01	02	03	04	05	06	07	08	09	10
④	①	①	③	③	④	④	②	①	①
11	12	13	14	15	16	17	18	19	20
③	③	④	③	④	①	④	①	③	③

01

정답 | ④

④ 옳은 내용이다. 모두 국내 전용 카드들이다. (편저 주 − 우리 동네 지역화폐는 후불이라 해외에선 안되고 나라에도 도움이 안 되지만 국민행복하네!!)

▌ 오답 피하기

① 빠른등록 서비스는 등기우편으로 수령 전에 간편결제 플랫폼에 등록하여 이용할 수 있는 서비스이다.

② 후불하이패스카드는 후불교통카드 기능과 점자카드 기능은 있으나 현금카드 기능은 없다.

③ 개인사업자 및 소상공인 대상 맞춤형 상품은 우체국 Biz플러스 체크카드에 대한 설명이다.

02

정답 | ①

① 옳은 내용이다.

▌ 오답 피하기

② 우체국 영리한PLUS 체크카드와 우체국 go캐시백글로벌 체크카드는 모두 해외원화결제(DCC) 차단 서비스가 기본으로 설정되어있는 것이 아니다. 우체국 브라보 체크카드, 우체국 BizFit 체크카드, 우체국 공무원연금복지 체크카드, 우체국 어디로든그린 체크카드, 우체국 LUCK−KEY 체크카드, 우체국 어디서나plus 체크카드는 해외원화결제(DCC) 차단 서비스가 기본으로 설정되어있다.
(편저 주 − 공무원 비즈핏 브라보는 차단!!+26년에 새롭게 들어온 두녀석과 리뉴얼 된 한 녀석!!)

③ 전단의 설명은 맞지만, 우체국 건설올패스 전자카드는 병・의원 및 약국・통신료 5%, 음식점・편의점・숙박업 3%, 우체국 10% 캐시백을 제공한다. 반면, 별도 캐시백 및 포인트 등의 부가서비스가 제공되지 않는 것은 우체국 e−나라도움 체크카드(개인, 법인)이다.

④ 전단의 설명은 맞지만, 우체국 정부구매 체크카드는 해외 겸용 기능만 가능한 상품이다.

03

정답 | ①

① 옳은 내용이다.

▌ 오답 피하기

② 달달하이(high) 적금에서 청년고객 (19세 이상 34세 이하) 고객인 경우 연 0.5%p의 우대이율을 적용한다.

③ 우체국 다드림적금에서 우체국예금 3년 이상 장기거래 고객에 대하여 연 0.1%p의 우대이율을 적용한다.

④ 우체국 가치모아적금에서 우체국 상품・서비스 마케팅 동의한 경우 연 0.1%p의 우대이율을 적용한다.

04

정답 | ③

③ 우체국 아이LOVE 적금은 대표가족의 스마트뱅킹 이체 거래가 15회 이상인 경우 연 0.1%p의 우대이율을 제공한다. 그 외 모두 옳은 설명이다.

> ⊙ 우체국 아이LOVE 적금 − 대표가족의 스마트뱅킹 이체 거래가 15회 이상인 경우 연 0.1%p
>
> ⓛ 우체국 마미든든 적금 − 신규 가입 시 예금주가 결혼이민여성, 한부모 가정의 여성, 여성 장애인 중 하나에 해당할 경우 연 0.1%p
>
> ⓒ 우체국 가치모아적금 − 우체국 상품・서비스 마케팅 동의한 경우 연 0.1%p
>
> ⓔ 우체국 장병내일준비적금 − 신규 가입일 현재 우체국예금 첫 거래 고객 연 0.2%p
>
> ⓜ 우체국 럭키+ CU 적금 − 최근 1년 이내 스마트뱅킹을 통한 적립식 예금의 가입, 유지, 해지가 없는 경우 연 1.5%p

05

정답 | ③

③ 옳은 내용이다.

▌ 오답 피하기

① 우체국 개이득 체크카드는 아니다. 우체국 브라보 체크카드, 우체국 BizFit 체크카드, 우체국 공무원연금복지 체크카드, 우체국 어디로든그린 체크카드, 우체국 LUCK−KEY 체크카드, 우체국 어디서나plus 체크카드는 해외원화결제(DCC) 차단 서비스가 기본으로 설정 되어있다.

② 빠른등록 서비스의 이용 대상은 개인 체크카드(후불하이패스 제외) 신규발급・재발급・갱신 발급 고객이다.

④ 우체국 라이프 플러스 체크카드는 국내외 겸용(VISA)이다.

06

26년에 추가 및 수정된 내용으로 문제를 구성하였다.
④ 옳은 내용이다.

📋 오답 피하기

① 우체국 폰뱅킹 서비스로 펀드 잔액 및 거래내역조회는 가능하지만, 펀드매매는 할 수 없다.
② 현재 우체국예금은 어플리케이션 기반의 스마트폰뱅킹인 "우체국뱅킹"과 "우체국페이" 두 가지 모바일뱅킹 서비스를 제공하고 있다.
③ 우체국뱅킹 로그인은 공동인증서, 금융인증서, 간편인증(개인인증번호, 패턴인증, 지문/얼굴 등 생체인증), PASS 인증 등을 통해서 가능하나, PASS 인증은 이체 등 금융거래가 불가하며 단순 조회만 가능하다.

07
정답 | ④

④ 봉순이는 북한 이탈주민으로 새출발 희망 패키지 구분별 가입대상자 조건에 해당하므로 연 0.2%p의 우대이율을 받고, 우체국 수시입출식 계좌에서 이 적금으로 자동이체로 25만원씩 하고 있으므로 연 2.0%p의 우대이율을 제공받는다. 따라서 0.2+2.0=2.2%p이다.

(연 %p)

우대조건		우대이율	
		새출발 희망	새출발 행복
패키지 구분별 가입대상자 조건에 해당할 경우		0.2 [16 기출]	
우체국 수시입출식 계좌에서 이 적금으로 자동이체 (적금 자동이체 월 평균 금액대별 우대이율 제공)	1만원 이상 10만원 미만	1.0	0.1
	10만원 이상 20만원 미만	1.5	0.2
	20만원 이상 30만원 이하	2.0	0.3

08
정답 | ②

② 옳은 내용이다.

📋 오답 피하기

① 경제주체 중 금융기관 이외의 최종적인 차입자가 발행하는 금융자산을 본원적 증권이라고 하며, 주식·사채·어음·채무증서 등이 이에 해당한다.
③ 중앙은행의 통화정책은 일차적으로 단기금융시장 금리에 영향을 미치며 이어서 장기금융시장 금리 및 주가 등에 파급되어 최종적으로 기업 투자 및 가계 소비에 영향을 미친다.
④ 발행시장에서 증권의 발행은 그 방식에 따라 직접발행과 간접발행으로 구분되는데 간접발행의 경우에는 인수기관(underwriting institution)이 중심적인 역할을 수행한다.

09
정답 | ①

① 옳은 내용이다. 후단의 설명에 유의한다.

📋 오답 피하기

② 신용카드, 시설대여(리스), 할부금융 그리고 신기술사업 금융업의 여신을 전문으로 하는 금융회사들인 기타금융회사에 대한 설명이다. 금융유관기관이란 금융거래에 직접 참여하기보다 금융제도의 원활한 작동에 필요한 여건을 제공하는 업무를 주로 하는 기관들을 말한다.
③ 시스템 감독은 경제 전반에 걸친 금융혼란에 대비하여 금융시스템의 안정성을 확보하는 데 주력하는 것으로 건전성 및 영업행위 감독보다 넓은 개념이다.
④ 분쟁조정 절차를 담당하여 금융소비자를 보호하는 기능도 수행하고 있는 것은 금융감독원이고, 그 외 한국거래소도 거래소시장 내의 매매거래와 관련하여 발생하는 분쟁조정 등을 담당하고 있다.

10
정답 | ①

① 옳은 내용이다.

📋 오답 피하기

② 후단의 설명은 맞지만, 양도성예금증서는 할인식으로 발행되는 특성상 만기 후에는 별도의 이자 없이 액면금액만을 지급받게 된다.
③ 국민주택의 경우 해당 지역에 거주하는 무주택 세대의 구성원으로서 1세대 당 1주택이다.
④ 자유적금에서 원래 저축한도에는 원칙적으로 제한이 없으나, 계약기간 2/3 경과 시 기적립액의 1/2 이내의 금액만 입금할 수 있는 등의 제한을 두고 있다.

11
정답 | ③

③ 옳은 내용이다.

📋 오답 피하기

① 신규상장 주식의 경우 상장일 당일 공모가 기준 60~400%까지 가격변동폭을 제한하고 있다.
② 자금조달을 위해 기업이 유상증자를 할 경우 원활한 신주 매각을 위해 일반적으로 20~30% 할인하여 발행한다.
④ K-OTC시장은 한국장외시장(Korea Over-The-Counter)의 약칭으로, 유가증권시장·코스닥·코넥스에서 거래되지 못하는 비상장주식 가운데 일정 요건을 갖추어 지정된 주식의 매매를 위해 한국금융투자협회가 개설·운영하는 제도화·조직화된 장외시장이다.

12
정답 | ③

③ 옳은 내용이다.(투자 레버리지 = 총 투자액 / 자기자본)

오답 피하기

① 경영자의 횡령과 산업재해는 <u>모두 분산투자를 통해서 위험을 줄일 수 있는 비체계적 위험</u>이다.
② <u>저축기간과 금리와의 관계를 설명하는 '72의 법칙'</u>이라는 것이 있는데, 복리로 계산하여 원금이 두 배가 되는 시기를 쉽게 알아볼 수 있다.
④ 한 종목에만 투자하지 않고 포트폴리오를 구성하게 되면 여러 금융상품이나 자산에 돈을 분산시키는 효과가 발생하여 <u>리스크가 감소</u>한다.

13
정답 | ④

④ 모두 하향식 분석으로 옳은 설명이다.

오답 피하기

① 후단의 내용도 기술적 분석에 대한 설명이다.
② 상향식 분석에 대한 설명이다.
③ 기술적 분석에 대한 설명이다.

14
정답 | ③

③ 신용카드가 아니라 체크카드가 들어가야 한다.

오답 피하기

①, ②, ④ 모두 옳은 설명이다.
<u>예금은 장관이, 보험은 우정사업본부장이 정하여 고시함을 유의한다.</u>

15
정답 | ④

④ 옳은 내용이다.

오답 피하기

① 채권의 발행자격을 갖춘 기관은 법으로 정해져 있는데 발행자격이 있더라도 발행을 위해서는 <u>정부로부터 별도의 승인을 얻어야 한다.</u>
② 발행물량이 적고 유통시장이 발달되지 못한 채권의 경우에는 현금화하기 어려운 <u>유동성 위험</u>이 존재할 수도 있다.
③ 전단의 설명은 맞지만, 후단의 설명은 할인채이다. 즉, 할인채에는 <u>통화안정증권, 산금채 일부가 여기에 해당하며 대부분 1년 미만의 잔존만기를 갖는다.</u>

16
정답 | ①

생산요소의 공급자는 가계이므로 A는 가계, B는 기업이다.
④ 교육, 문화, 관광 등 정신적 욕망을 채워주는 행위를 용역(서비스)라고 하고, 용역(서비스)는 생산물에 해당하므로 생산물 시장인 (가) 시장에서 거래되는 것이 맞다.

오답 피하기

① ㉠에는 노동에 대한 화폐의 흐름인 임금이 들어갈 수 있고, ㉡에는 기업이 공급하는 재화와 서비스가 들어갈 수 있다.
② 기업은 생산의 주체로서 노동, 자본, 토지라는 생산요소를 투입하여 재화와 용역(서비스)을 생산한다.
③ 노동은 본원적 생산요소이다. 노동은 생산요소이므로 가계가 제공하는 것은 맞다.

17
정답 | ④

④ 옳은 내용이다.

오답 피하기

① 전단의 설명은 맞지만, 약관은 기업 측에는 유리하고 고객의 입장에서는 내용의 변경을 요구할 수 없는 등 불리한 경향이 있으므로 <u>일반적인 계약의 해석과는 다르게 적용</u>되고 있다.
② 대한민국내의 모든 금융회사는 <u>동일한 약관체계</u>를 가지고 있다(단, 우체국의 경우 시중은행과의 근거법 및 제도운영상 차이로 인하여 일부분에 있어 차이가 존재한다)
③ 기업과 고객이 약관에서 정하고 있는 사항에 대하여 명시적 또는 묵시적으로 약관의 내용과 다르게 합의한 사항이 있는 경우에는 <u>당해 합의사항을 약관에 우선하여 적용</u>한다. 이를 개별약정우선의 원칙이라고 한다.

18
정답 | ①

① 이 적금을 만기일로부터 1년 이내 재가입한 경우는 우체국 <u>가치모아적금의 우대조건으로 연0.1%p의 우대금리를</u> 제공한다.

(연 %p)

우대조건	우대이율
우체국예금 3년 이상 장기거래 고객	0.1
우체국 예금 우수고객 [25 기출]	0.1∼0.15
이 적금을 3년으로 가입하고 만기해지 시	0.2
우체국 급여성 이체 기준 실적, 연금수령, 공과금 자동이체, 다드림 적금 월 납부금 자동이체 중 매월 2가지 이상 실적 해당 시	0.4
다드림 통장 또는 다드림 체크카드 중 1가지 이상의 실적 해당 시	0.2

구 분	실적기준
다드림통장	월 평균잔액이 100만원 이상인 경우
다드림체크카드	결제실적이 월 10만원 이상인 경우

19

정답 | ③

③ 옳은 내용이다.

오답 피하기

① 업무수탁자(대출모집인, 카드모집인, 보험모집인, 공제모집인 등) 등도 실명확인을 할 수 없다.
② 보험 공제거래, 여신거래는 실명거래대상에서 제외된다.
④ 과세자료의 제공, 금융회사 내부 또는 금융회사 상호간의 정보제공의 경우에는 **기록·관리의무가 면제**된다.

20

정답 | ③

③ B의 사망으로 A는 B의 전재산 3억원을 단독으로 상속하게 된다. C는 B와 사실혼 관계이므로 상속권이 없고, 사실혼 배우자와의 사이에서 임신한 D은 인지절차를 거치지 않았으므로 역시 D의 상속권도 없기 때문이다. 따라서 A는 B의 상속 제2순위이지만, 단독으로 상속하게 되는 상속인의 지위에서 자신의 상속분의 1/3을 유류분으로 청구할 수 있으므로 유류분으로 1억원을 청구할 수 있다.

제 7 회

01	02	03	04	05	06	07	08	09	10
③	①	②	③	①	④	④	③	②	③
11	12	13	14	15	16	17	18	19	20
④	①	②	③	④	①	④	④	①	③

01
정답 | ③

③ 옳은 내용이다. 12세 이상이 아닌 것들은 따로 정리해둔다.

📋 오답 피하기

① 해외 및 온라인 소비에 특화된 것은 우체국 go캐시백글로 벌 체크카드이다.

② 우체국 라이프 플러스 체크카드는 액티브 시니어의 라이 프 스타일을 반영한 맞춤형 카드이다.

④ 우체국 후불 하이패스 카드는 최초 발급 시 발급수수료 5천원을 징구하지만, 우수고객은 발급수수료를 면제한다.

02
정답 | ①

① 옳은 내용이다.

- 복지카드 기능 – (영/어/브/라) 영리한PLUS/ 어디서나(일 반/하이브리드) / 브라보(일반/하이브리드) / 라이프⁺플 러스
- 선불과 후불 기능 모두 있는 것 – (선불 후불 행복 다드 림!!) 행복한(일반/하이브리드) / 다드림(일반/하이브리 드) [25 기출] (편저 주 – 26년에 어디서나가 리뉴얼 되면서 선불 기 능이 빠짐)

📋 오답 피하기

② 전단의 설명은 맞지만, 국가바우처를 한 장의 카드로 이용 가능한 상품은 우체국 국민행복 체크카드이다.

③ 우체국 Biz플러스 체크카드는 사업자등록증 등 관련서류 지참 후 우체국 창구에서 발급하지만, 우체국 정부구매 체 크카드는 기획재정부에서 운영하는 디지털예산회계시스 템(D–Brain)에서 신청 가능하다.

④ 후단의 설명은 맞지만, 우체국 건설올패스 전자카드는 12 세 이상 발급이 가능하다.

03
정답 | ②

② (ㄴ)에서 동행이 아니라 지역사랑 상품권이 들어가야 한다. 그 외에는 모두 바르게 정리하였다.

> **(ㄱ) 점자카드**
> – (개인형) 공무원연금복지 빼고 모두 점자 기능 있음
> – (법인형) Biz플러스와 BizFit(개인사업자)만 있음
>   (bi bi 형제만 점자기능 있음)
>
> **(ㄴ) 해외겸용**
> – (개인형) 국민행복 / 우리동네plus / 후불하이패스 / e– 나라도움(개인) / 지역사랑상품권 빼고 모두 있음 → 국 내 전용
> – (법인형) e–나라도움(법인) 빼고 모두 있음
>
> **(ㄷ) 그린 플랫폼 서비스 제공 상품**
> – (공무원이 행복하면 우리동네 국민도 행복하그린!!) 공무 원연금복지 / 행복한(일반/하이브리드) / 우리동네plus / 국민행복 / 어디로든 그린)
>
> **(ㄹ) 하이브리드 기능 부가**
> – (편저 주 – 하이브리드 글로벌 기업은 어디서나 행복을 다드립니다.!! 브라보!) [25 기출]
>
> | 상품명 |
> |---|
> | 우체국 행복한 하이브리드 카드, 우체국 다드림 하이브리드 카드, 우체국 어디서나 하이브리드 카드, 우체국 go캐시백글로벌 하이브리드 카드, 우체국 브라보 하이브리드 카드 |

04
정답 | ③

각 우체국 적립식 예금 상품의 우대조건은 우대이율보다 더 중요해보인다.

③ ⑩에서 신규 가입 시 타인의 추천번호를 입력하거나 본인 의 추천번호를 타인이 가입 시 입력한 경우는 우체국 매일 모아 e적금의 우대조건이다.

> **▶ 우체국 가치모아적금의 우대조건**
> ㉠ 동일한 모임추천번호를 등록하여 우체국 가치모아적금 에 가입한 인원이 3명 이상 5명 이하인 경우
> ㉡ 목표저축액을 설정하고 달성한 경우
> ㉢ 우체국 상품·서비스 마케팅 동의한 경우
> ㉣ 우체국 여행특화 체크카드 ('우체국 드림플러스 아시아 나 체크카드' 또는 '우체국 하이브리드 체크카드') 이용 실적이 있는 경우
> ㉤ 이 적금을 인터넷뱅킹 또는 스마트뱅킹을 통해 가입한 경우
> ㉥ 이 적금을 만기일로부터 1년 이내 재가입한 경우
> ㉦ 우체국 수시입출식 예금에서 이 적금으로 자동이체 약 정 (최대 10명)을 하고 자동 이체 실적 횟수를 달성한 인원수에 따라 제공

05

① 옳은 내용이다.

오답 피하기

② 지역사랑상품권 가맹점에서 사용 시 충전금액을 우선 차감하며, 충전금액 소진 또는 지역사랑상품권 가맹점이 아닌 곳에서 결제 시 체크카드 결제계좌에서 출금한다.

③ 전단의 설명은 맞지만, 기획재정부에서 운영하는 디지털 예산회계시스템(D-Brain)에서 신청 가능한 것은 우체국 정부구매 체크카드이다.

④ 한국장애인고용공단의 '중증장애인 근로자 교통비 지원 대상자' 외 일반 고객 발급 시, 별도 교통비 지원 없다.

06

④ 철수는 청년고객 (19세 이상 34세 이하) 고객에 해당하여 0.5, 나만의 소망·목표를 '나무이름 정하기'를 통해서 등록하여 0.5, 가입기간(재예치 기간) 2개월 동안 40회 이상 적립하여 2.0, 마지막으로 만기 후 재예치 또는 재가입 우대에 의해 0.2%p가 제공되므로 최대로 받을 수 있는 연 3.2%p를 제공받을 수 있다.

◦ 신규 가입 시 타인의 추천번호를 입력
⇒ 우체국 매일모아 e적금에서 연 0.2%p

(연 %p)

우대조건				우대이율
청년고객 (19세 이상 34세 이하) 고객인 경우 [25 기출]				0.5
나만의 소망·목표를 '나무이름 정하기'를 통해서 등록할 경우				0.5
가입기간(재예치 기간)별 저축 우대				1.0~2.0
가입기간(재예치 기간) 1개월		가입기간(재예치 기간) 2개월		
적립횟수	우대이율	적립횟수	우대이율	
5회 이상 10회 미만	1.0	10회 이상 20회 미만	1.0	
10회 이상 20회 미만	1.5	20회 이상 40회 미만	1.5	
20회 이상	2.0	40회 이상	2.0	
만기 후 재예치 또는 재가입 우대 (고객별 1회만 적용)				0.2

07

④ 달달하이(high) 적금 - 나만의 소망·목표를 '나무이름 정하기'를 통해서 등록할 경우 연 0.5%p의 우대이율을 제공한다.

오답 피하기

① 우체국 매일모아 e적금 - '매일 자동이체' 약정을 하고 가입기간 동안 '매일 자동이체'로 납입한 합계액이 100만원 이상인 경우 ⇒ 0.2

② 우체국 장병내일준비적금 - 우체국 수시입출식 예금에서 이 적금으로 월 1만원 이상 자동이체 약정을 하고 자동이체 납입 횟수가 계약기간(신규 가입일~만기일) 개월수의 50% 이상인 경우 ⇒ 0.4

③ 우체국 마미든든 적금 - 신규 가입 시 예금주가 결혼이민 여성, 한부모 가정의 여성, 여성 장애인 중 하나에 해당할 경우 ⇒ 0.4

08

③ 옳은 내용이다.

오답 피하기

① 자금의 대출과 유가증권 또는 채무증서 발행은 모두 고유업무에 해당한다.

② 종합금융회사에 대한 설명이다. 2026년 공고에서 새롭게 추가된 내용이다.

④ 특수은행에 대해서는 설립근거법에 의거해 일부 또는 모든 업무에서 「한국은행법」 및 「은행법」의 적용을 배제하고 있다.

09

② 옳은 내용이다.

오답 피하기

① 기업공개(IPO)종목의 경우, 상장 첫날에는 한국거래소에서만 거래가 가능하다.

③ 넥스트레이드 출범으로 가장 큰 변화는 주식 거래시간 변화와 호가유형의 다양화이다.

④ 국내 주식 시장의 Pre마켓과 After마켓을 추가 운영으로 주식거래 시간 12시간으로 확대되어 08:00부터 20:00까지 운영하고 있다.

10

③ 옳은 내용이다.

> **오답 피하기**

① 전단의 설명은 맞지만, 대월한도를 초과하여 발행하게 되면 거래정지처분을 받을 수 있다.
② 금리연동형 정기예금은 은행에서 취급하며, 동일유형의 상품으로 증권회사의 ELS(주가지수연계증권)와 자산운용회사의 ELF(주가지수연계펀드)가 있는 것은 주가지수연동 정기예금(ELD)이다.
④ 후단의 설명은 맞지만, CMA는 종합금융회사나 증권회사가 취급한다.

11

④ 옳은 내용이다.

> **오답 피하기**

① 선물계약과 선도계약은 장래의 일정 시점에 일정 품질의 물품 또는 금융상품을 일정 가격에 인수·인도하기로 계약한다는 점에서는 동일하다. 반면, 선도계약은 거래당사자들이 자유롭게 계약내용을 정하고 장소에 구애받지 않고 거래할 수 있는 데 반해 선물계약은 계약내용이 표준화되어 있고 공식적인 거래소를 통해 거래가 이루어진다는 점에 차이가 있다.
② 콜옵션에 대한 설명이다.
③ 전단의 설명은 맞지만, 옵션거래는 매도자만 증거금을 위탁한다.

12

① 옳은 내용이다.

> **오답 피하기**

② 후단의 설명은 맞지만, 신의성실의무는 금소법상 6대 판매원칙에 해당하지 않는다.
③ 표준투자권유준칙에는 없지만 투자자는 금융투자상품을 구매한 후에도 정기적으로 상품의 성과, 현황 및 자신의 상황(자신의 가치관, 재정상황, 가족 등)을 고려하여 계속 투자할지 여부를 판단해야 한다.
④ 투자자가 원하는 경우를 제외하고 방문·전화 등에 의한 투자권유 금지하고 있다.

13

② 옳은 내용이다. 철강, 자동차, 조선과 같이 자본집약적 산업은 자산회전율이 낮은 경향이 있다. 또한 이자보상배율이 1보다 작다면 영업이익으로 이자비용도 감당하지 못한다는 의미로 기업이 심각한 재무적 곤경에 처해 있다고 볼 수 있다.

> **오답 피하기**

① 부채비율이 아니라 유동성지표에 대한 설명이다.
③ 자기자본이익률에 대한 설명이다.
④ 후단의 설명이 틀렸다. 즉, 일반적인 부채비율은 총자산 대비 총부채로 측정하지만 종종 자기자본 대비 총부채의 비중으로 측정되기도 한다. 즉, 부채비율 = 총부채 ÷ 자기자본이다.

14

갑과 을은 환율 상승을, 병은 환율 하락에 대한 설명이다. 따라서 A는 환율 상승에 해당한다.
ㄴ. 우리나라 외환 시장에서 해외로부터의 상품이나 서비스 수입의 증가는 외화의 수요 증가 요인이고, 이를 통해 환율은 상승하므로 A의 요인에 해당한다.
ㄷ. 정도 환율 상승에 대한 설명이 들어가야 하므로 (가)에는 '항공회사처럼 외화표시 부채가 많은 기업들의 상환부담이 높아질 수도 있습니다.'가 들어갈 수 있다.

> **오답 피하기**

ㄱ. A는 환율 상승이므로 달러화 대비 원화 가치의 하락을 의미한다.
ㄹ. ㉠에 해당하는 학생은 병이다.

15

④ 옳은 내용이다.

> **오답 피하기**

① 신주인수권부사채는 전환사채와 달리 발행된 채권은 그대로 존속하는 상태에서 부가적으로 신주인수권이라는 옵션이 부여되어 있다.
② 전환사채의 경우에는 전환을 통해 발행회사의 주식을 보유하게 되는 반면에 교환사채의 경우는 발행회사가 보유 중인 타 회사의 주식을 보유하게 된다는 점에서 차이가 있다.
③ 조기변제요구권부채권에 대한 설명이다. 반면, 조기상환권부채권(callable bond)은 발행 당시에 비해 금리가 하락한 경우에 발행회사가 기존의 고금리 채권을 상환하고 새로 저금리로 채권을 발행할 목적으로 주로 활용된다.

16

① 옳은 내용이다.

오답 피하기

② 예금주가 예금을 양도하거나 질권설정 하려면 사전에 우체국에 통지하고 동의를 받아야하지만, 입출금이 자유로운 예금은 질권설정을 할 수 없다.

③ 전단의 설명은 맞지만, 낙성계약설에 의하면 예금의 성립시기 문제를 예금반환청구권의 성립시기 문제로 다루게 된다.

④ 지점장(우체국장) 또는 대리권을 수여받은 자 등이 금전을 수령하고 이를 확인한 때에는 즉시 예금 계약이 성립하는 것으로 본다.

17

④ 옳은 내용이다.

오답 피하기

① 미성년자와 피성년후견인은 원칙적으로 행위능력이 없지만, 피한정후견인은 원칙적으로 행위능력이 있다.

② 대리란 타인이 본인의 이름으로 법률행위를 하거나 의사표시를 수령함으로써 그 법률효과가 직접 본인에 관하여 생기는 제도이다.

③ 그 예금의 귀속관계는 조합원 전원의 준합유에 속하게 된다.

18

④ 옳은 내용이다. '25년 이후 발생한 5만원 이상 1억원 이하 착오송금을 신청대상으로 한다는 것이 26년 수정공고에서 추가되었다.

오답 피하기

① 입금인이 입회하지 않은 상태에서 입금 의뢰액과 확인액 사이에 차이가 발생한 경우에는 문제가 된다. 예컨대 입금 의뢰액 보다 실제 확인된 금액이 적은 경우에 입금 의뢰액 대로 예금계약이 성립함을 주장하기 위해서는 입금자가 그 입금 의뢰액을 입증할 책임을 부담한다. (편저 주 – 예금일반에서 유일하게 입금자(고객)가 입증책임을 부담하는 경우)

② 전단의 설명은 맞지만, 직원이 입금조작을 잘못하여 착오계좌에 입금하고 정당계좌에 자금부족이 발생한 경우에는 금융회사의 과실에 의한 채무불이행으로 되어 그 손해를 배상하여야 한다.

③ 계좌송금은 법적 성질이 위임이므로 위임사무가 종료한 때에 금융회사는 위임인에게 위임사무 처리결과를 통지하여야 하는 바(민법 제683조), 입금의뢰인의 주소 · 전화번호 등을 반드시 기재해 놓아야 한다.

19

① 옳은 내용이다. 26년에 새롭게 추가된 내용이다.

오답 피하기

② 순서가 바뀌었다. 즉, 전자형 OTP는 실물형 OTP와 다르게 발급받은 금융기관에서만 사용이 가능하다.

③ 후단의 설명은 맞지만, 국내외에서 일시불 이용만 가능하다.

④ 선불카드의 유효기간은 대부분 발행일로부터 5년이고 연회비는 없지만, 개인 신용카드로 구매 및 충전할 수 있는 이용한도는 1인당 월 최대 100만원(선불카드 금액과 상품권 금액 합산)이다.

20

③ 금융소득을 기본세율로 과세 시 산출세액은

(2천만원 초과금액 – 종합소득공제)×기본세율 + 2천만원 ×14%

= (80,000,000 − 5,100,000)×기본세율 − 누진공제 + (20,000,000×14%)

= (74,900,000×24% − 5,760,000) + 2,800,000

= 12,216,000 + 2,800,000 = 15,016,000원

제 1 회

01	02	03	04	05	06	07	08	09	10
①	③	①	③	①	①	②	①	③	②

11	12	13	14	15	16	17	18	19	20
③	④	①	②	③	①	③	①	③	①

01
정답 | ①

① 옳은 것은 © 1개이다.
© 제3보험과 생명보험은 피보험이익이 원칙적으로 인정되지 않는다. 손해보험은 피보험이익이 인정되는 것과 구별된다.

구 분	제3보험	생명보험	손해보험
보험사고대상 (조건)	신체의 상해, 질병, 간병	사람의 생존 또는 사망	피보험자 재산상의 손해
보험기간	단기, 장기 모두 존재	장기	단기
피보험이익	원칙적으로 불인정	원칙적으로 불인정	인정
피보험자 (보험대상자)	보험사고 대상	보험사고 대상	손해에 대한 보상받을 권리를 가진 자
보상방법	정액보상, 실손보상	정액보상	실손보상

오답 피하기

⊙ 우리나라에서는 2003년 8월 보험업법 개정을 통해서 최초로 제3보험이 제정되었다.
© 제3보험의 경우 생명보험의 약정된 정액보상적 특성과 손해보험의 실손보상적 특성을 모두 가지는 보험을 의미하게 된다.
② 우리나라에서는 질병보험을 건강보험이라고도 한다.
◎ 암보험의 경우 도덕적 해이 발생 방지를 위해서 일정기간 이후부터 보장이 개시되도록 하고 가입 후 일정시점(보통 1년)을 기준으로 보험금이 차등하게 책정된다.

02
정답 | ③

③ 옳은 내용이다. 1회 이상임을 유의한다.

오답 피하기

① 1인당 저축원금이 5천만원 이하인 대통령령으로 정하는 저축이다.

② 비과세종합저축은 만 65세 이상 또는 장애인 등을 가입대상으로 하며, 여기서 발생한 이자소득은 전액 비과세한다.
④ 전단의 설명은 맞지만, 세금우대종합저축에 가입한 거주자로 그 계약을 유지하고 있는 대상은 5천만원에서 세금우대종합저축 계약금액 총액을 뺀 금액을 상한으로 한다.

03
정답 | ①

① 옳은 내용이다. 보험자의 보험약관설명의무는 보험계약자 측을 보호하기 위한 것으로 선의계약성과는 관계가 없다.

오답 피하기

② 보험계약에서는 선의계약성 실현을 위해 고지의무, 위험 변경·증가의 통지의무, 고의나 중과실 사고에 대한 보험자면책, 사기로 인한 초과보험 무효, 손해방지의무, 보험자대위 등의 규정을 두고 있다.
③ 보험자의 보험금 지급책임은 다른 약정이 없는 한 보험계약자로부터 최초의 보험료(제1회 보험료)를 받은 때(자동이체납입 및 신용카드납입의 경우에는 자동이체 신청 및 신용카드 매출승인에 필요한 정보를 제공 한 때, 다만 계약자의 귀책사유로 보험료 납입 및 승인이 불가한 경우에는 그러하지 아니함)로부터 시작된다.
④ 강행법규에 대한 설명이다.

04
정답 | ③

③ 옳은 것은 ©, ©, ◎ 3개이다.
© 옳은 설명이다. 시행규칙 제27조 제2항
© 옳은 설명이다. 시행규칙 제36조 제1항 (보험의 한도액은 우정사업본부장이 정한다.!!)
◎ 옳은 설명으로 법령 뿐만 아니라 교재의 내용에도 있는 것이니 구별해야 한다. (시행규칙 제36조 제2항, 3항)

오답 피하기

⊙ 보험수익자 또는 보험계약자의 생계유지에 필요하다고 인정하여 대통령령으로 정하는 금액은 압류할 수 없는데, 대통령령에서는 400만원을 규정하고 있다. (제3조의 3)
② 보장성보험 중 우체국보험사업을 관장하는 기관의 장이 「국가공무원법」 제52조에 따라 그 소속 공무원의 후생·복지를 위하여 실시하는 단체보험상품의 경우에는 계약보험금의 한도는 2억원으로 한다
⊕ 보험료 납입 시 직불카드로 납입하는 방법과 직불전자지급수단으로 납입하는 방법으로 보험료를 납입할 수 있는 우체국보험의 종류 및 보험료 납입방법 등은 우정사업본부장이 정하여 고시한다. (시행규칙 제47조 제3항)
◇ 보험계약자는 5명 이상의 단체를 구성하여 보험료의 단체납입을 청구할 수 있다. (시행규칙 제49조 제1항)

05

정답 | ①

① 옳은 내용이다.

📋 **오답 피하기**

② 이 경우 **보험자는 해약환급금을 지급한다.**

③ 후단의 설명이 틀렸다. 고지의무자는 보험계약자, 피보험자 및 이들의 대리인이며, 보험수익자는 고지의무자가 아니다.

④ **보험자는 계약을 체결한 날부터 3년**이 지난 경우에는 고지의무 위반으로 인한 계약해지를 할 수 없다.

> ▶ **고지의무위반에 대해 해지할 수 없는 경우**
> ① 보험자가 계약 당시에 고지의무 위반사실을 **알았거나 과실로 알지 못한** 경우
> ② 보험자가 고지의무 위반사실을 **안 날로부터 1개월 이상** 지났거나[18 기출] **보장개시일부터 보험금 지급사유가 발생하지 않고 2년 이상** 지났을 때
> ③ **계약을 체결한 날부터 3년**이 지났을 때
> ④ **보험을 모집한 자**(이하 "모집자 등"이라 함)가 계약자 또는 피보험자에게 **고지할 기회를 주지 않았거나** 계약자 또는 피보험자 사실대로 고지하는 것을 방해한 경우, 계약자 또는 피보험자에게 사실대로 고지하지 않게 하였거나 부실한 고지를 권유했을 때 다만, 모집자 등의 행위가 없었다 하더라도 계약자 또는 피보험자가 사실대로 고지하지 않거나 부실한 고지를 했다고 인정되는 경우에는 계약을 해지하거나 보장을 제한할 수 있음

06

정답 | ①

① 옳은 내용이다.

▶ **우체국과 공영보험**

구 분	우체국보험	공영보험[1] [14 기출]
가입의무	자유가입	의무가입
납입료 대비 수혜 비례성	비례함 (수익자 부담)	비례성 약함 (소득재분배 및 사회 정책적 기능)

주1) (공영보험) 건강보험, 국민연금, 고용보험, 산재보험 등

📋 **오답 피하기**

② 우체국보험은 감독 기관이 금융감독원이 아니라 그 상부 기관인 과학기술정보통신부이다. 이는 일반 사보험과의 차이점이다.

③ 우체국에서는 변액보험과 퇴직연금과 손해보험을 취급하지 않는 것은 맞지만, 우체국보험사업의 운영에 필요한 경비는 기획재정부와 협의, 국회의 심의를 거쳐 정부예산으로 편성하고, 예산집행 내역 및 결산 결과를 국회 및 감사원에 보고한다. (편저 주 – 일반적인 예산 집행 절차를 따름)

④ 후단의 설명은 맞지만, 가입자당 5천만원까지 지급보장되는 것은 민영보험이고, 우체국보험은 국가가 전액 보장한다.

07

정답 ②

② 옳은 설명이다. 다른 급여실손의료비보험과 비교해야 한다.

📋 **오답 피하기**

① 무배당 우체국든든한건강종신보험 2506의 해약환급금 50%지급형 상품은 1종(해약환급금 50%지급형)의 계약이 보험료 납입기간 중 해지될 경우의 해약환급금은 2종(표준형) 예정해약환급금의 50%에 해당하는 금액에 플러스적립금을 더한 금액으로 한다.

③ 전단의 설명은 맞지만, 무배당 우체국암케어보험 2504는 암 진단시가 아니라 50% 이상 장해 진단시 보험료 납입면제로 보험료 부담을 완화한 상품이다.

④ 무배당 우체국하나로OK건강종신보험 2504는 주계약 사망보험금을 통한 유족보장과 특약 가입을 통한 건강, 상해, 중대질병·수술, 3대질병을 보장하는 상품이다. 후단의 설명은 맞다.

08

정답 | ①

① 옳은 것은 ㄷ 1개이다.

ㄷ. 옳은 내용이다.

📋 **오답 피하기**

ㄱ. 장애인전용보험전환특약 2007의 경우 계약자가 증빙서류(장애인증명서, 국가유공자 확인서, 장애인등록증 등 확인서류 등)를 제출하고, 특약 가입 신청을 해야 한다.

ㄴ. 지정대리청구서비스특약 2109에서 지정대리 청구인은 피보험자의 가족관계등록부상의 배우자 또는 3촌 이나의 친족이다.

ㄹ. 이륜자동차 운전 및 탑승중 재해부담보특약 2109의 이륜자동차 운전(탑승 포함) 중에 발생한 재해로 인하여 주계약 및 특약에서 정한 보험금 지급사유 또는 보험료 납입면제 사유가 발생한 경우에 보험금을 지급하지 않으며, 보험료 납입을 면제하지 않는다.

ㅁ. 장애인전용보험전환특약 2007은 **피보험자 또는 수익자가** 소득세법상 장애인인 계약을 대상으로 하며, 증빙 서류를 제출하고 특약가입을 신청하면 장애인전용보험으로 **전환된 이후 납입된 보험료부터** 장애인전용 보장성보험료로 처리한다.

09

정답 | ③

③ 90 + 10 + 3 + 12 = 115이다.

- 재가입과 관련하여 직전 계약과 동일한 조건으로 자동 연장된 경우 계약자는 그 연장된 날로부터 ㉠90일 이내에 그 계약을 취소할 수 있으며, 체신관서는 연장된 날 이후 계약자가 납입한 보험료 전액을 환급한다.
- 보험금 지급 실적이 없는 경우 보험료 할인에 관한 사항(무사고할인)에서 갱신(또는 재가입) 직전 '무사고 할인판정기간' 동안 보험금 지급 실적이 없는 계약을 대상으로 갱신일부터 차기 보험기간 1년 동안 보험료의 ㉡10%를 할인한다.
- 비급여실손의료비특약 보험료 할인·할증에 관한 사항('24.7월 이후 갱신계약 적용)에서 '요율상대도 판정기간'은 갱신일이 속한 달의 ㉢3개월 전 해당월의 말일을 기준으로 ㉣12개월 이내로 하며, 최초계약으로부터 1회차 갱신계약은 예외로 한다.

10

정답 | ②

② 옳은 설명이다.

📖 오답 피하기

① 순서가 바뀌었다. 무배당 만원의행복보험 2504의 개별 보험계약자는 1년 만기의 경우 1만원, 3년 만기의 경우 3만원의 보험료를 납입하며, 나머지 보험료는 과학기술정보통신부장관이 납입한다.

③ 생활보장 가입 시 12대성인질환을 보장한다.

④ 무배당 우체국온라인어린이보험 2504의 주계약은 임신사실이 확인된 태아를 포함하여 0~15세까지 가입이 가능한 30세 만기 상품이다.

11

정답 | ③

③ 옳은 설명이다.

📖 오답 피하기

① 무배당 우체국나르미안전보험 2504는 1년 만기 상품으로 나이에 상관없이 성별에 따라 1회 보험료 납입으로 보장이 가능한 운송업종사자 전용 공익형 교통상해보험이다.

② 생존기간 6개월 이내 판단시 사망보험금의 60%를 선지급하는 상품은 무배당 우체국온라인정기보험 2504이다.

④ 무배당 내가만든희망보험 2504는 20세부터 60세까지 가입 가능한 건강보험이다.

12

정답 | ④

④ 옳은 설명이다. 즉, 무배당 우체국단체보장보험 2501은 과학기술정보통신부 소속 공무원 및 산하기관 직원을 대상으로 한 단체보험으로 보험료 지원 대상 아니다.

📖 오답 피하기

① 무료이다.

② 무배당 우체국나르미안전보험 2504는 보험료의 50%를 각 개별 보험계약자가 납입하며, 나머지 보험료는 과학기술정보통신부장관이 납입한다.

③ 무배당 우체국대한민국엄마보험 2504는 별도의 조건 없이 체신관서가 보험료 전액을 지원한다.

13

정답 | ①

① 공동보험계약자는 엄마 만원만 2개이다. 즉 ㄴ, ㄹ이다.

📖 오답 피하기

ㄱ. 무배당 어깨동무보험 2504는 1종(생활보장형)의 경우, "계약자 = 주피보험자"이고, 1종(생활보장형) "장애인생활안정자금"의 보험수익자는 장애인으로 한정되며, 변경 불가하다.

ㄷ. 무배당 우체국나르미안전보험 2504는 개별 보험계약자가 단독으로 계약하고 보험료의 50%를 과기부장관으로부터 지원받을 뿐이다.

ㅁ. 무배당 청소년꿈보험 2504의 보험계약자는 과학기술정보통신부장관으로 한다.

ㅂ. 무배당 우체국단체보장보험 2504는 과학기술정보통신부 소속 공무원 및 산하기관 직원을 대상으로 할 뿐 공동보험계약자가 아니다.

14

정답 | ②

② 옳은 설명이다.

📖 오답 피하기

① 6년은 아니다. 보험기간을 2, 3, 4, 5, 7, 10년으로 다양화한 상품이다.

③ 무배당 그린보너스저축보험플러스 2504는 일반형과 비과세종합저축으로 구분되고, 무배당 파워적립보험 2109는 1종(만기목돈형)과 2종(이자지급형)으로 구분된다.

④ 후단의 설명은 맞지만, 무배당 우체국온라인저축보험 2504는 가입 1개월 유지 후 언제든지 해약해도 납입보험료의 100% 이상을 보장하는 신개념 저축보험이다.

15

정답 | ③

③ 옳은 설명이다.

📋 **오답 피하기**

① 제1보험기간이라고 해야 한다. 즉, **계약자는 계약일 이후 1년이 지난 후부터 제1보험기간 중 보험년도 기준 연 12회에 한하여 적립금액의 일부를 인출할 수 있다.**

② 후단의 설명은 맞지만, **해약환급금의 50%를 초과할 수 없다.**

④ 연간기본보험료가 되어야 하고, 30%가 되어야 한다. 즉, **적립금액의 일부를 인출하기 위해서는 인출 후 적립금액 (다만, 환급금대출의 원금과 이자를 차감한 금액)이 월납계약의 경우 연간 기본보험료(기본보험료의 12배) 이상, 일시납 계약의 경우 기본보험료의 30% 이상이어야 한다.**

16

정답 | ①

이러한 문제는 상품을 비교하면서 한 번에 정리해야 한다. 특히 저축성보험은 5개 밖에 되지 않으므로 한 번에 정리하자.
① 옳은 설명이다.

📋 **오답 피하기**

② 일시납과 월납 모두 가능하다.
③ 월납만 가능하다.
④ 월납만 가능하다.

17

정답 | ③

② 옳은 것은 ⓒ, ⓔ, ⓜ, ⓗ, ⓢ 5개이다.

> ㉠ 피보험자의 직업 및 거주지 위험 – 환경적 언더라이팅
> ㉡ 가족병력 – 신체적 언더라이팅
> ㉢ 과거 및 현재 병력 – 신체적 언더라이팅
> ㉣ 보장의 적정성 여부 – 재정적 언더라이팅
> ㉤ 생활환경·소득수준 – 재정적 언더라이팅
> ㉥ 보험사기, 보험범죄 – 도덕적 언더라이팅
> ㉦ 태만, 과실, 부주의 – 도덕적 언더라이팅

18

정답 | ①

① 옳은 것은 ⓔ 1거이다.

> ◦ 보험계약자는 보험가입증서(보험증권)를 받은 날부터 15일 이내에 청약을 ㉠철회할 수 있다.
> ◦ 보험자가 보험약관의 교부·명시의무에 위반한 경우 보험계약자는 보험계약이 성립한 날부터 3개월 이내에 보험계약을 ㉡취소할 수 있다.
> ◦ 보험계약 당시에 보험사고가 이미 발생하였거나 또는 발생할 수 없는 것인 때 당사자 쌍방과 피보험자가 이를 알지 못한 때에는 그 보험계약은 ㉢유효이(하)다.
> ◦ 만 15세 미만자, 심신상실자 또는 심신박약자의 사망을 보험사고로 하는 보험계약은 ㉣무효로 한다.
> ◦ 보험계약자가 별도의 약정 없이 계약 성립 후 2월이 지나도록 그 보험료를 납입하지 않을 때 보험계약은 ㉤해제된 (한) 것으로 본다.

19

정답 | ③

③ 옳은 내용이다. 부득이한 사유로 인한 연금 외 수령이 인정되는 경우에는 연금소득세(지방소득세 포함 3.3~5.5%)를 부과하기 때문이다.

📋 **오답 피하기**

① 연금저축보험을 중도에 해지하는 경우에는 분리과세를 적용한다.

② 연금저축보험을 중도에 해지하는 경우 일반 연금 외 수령으로 기타소득세(지방소득세 포함 16.5%)가 부과되고, 만약 부득이한 사유로 인한 연금 외 수령이 인정되는 경우에는 연금소득세(지방소득세 포함 3.3~5.5%)를 부과한다.

④ 연간 연금액이 연금수령한도를 초과하는 경우, 그 초과금액은 연금외소득으로 간주하여 기타소득세(지방소득세 포함 16.5%)를 부과한다.

20

정답 | ①

① 옳은 설명이다.

📋 **오답 피하기**

② 3대질병 진단(최대 3,000만원), 중증수술(최대 500만원) 및 중증재해장해(최대 2,000만원)으로 보장이 제공되는 상품은 무배당 우체국New건강클리닉보험 2509이다.

③ 무배당 우체국간편건강보험(355)(20년갱신형) 2504는 주계약에서 재해사망보험금만을 보장한다.

④ 전단의 설명은 맞지만, 무배당 내가만든희망보험 2504는 3대질병보장 가입시 3대질병 진단 최대 2,000만원 및 뇌경색증진단 최대 500만원을 보장한다.

제 2 회

01	02	03	04	05	06	07	08	09	10
③	②	②	①	③	③	③	③	③	③
11	12	13	14	15	16	17	18	19	20
②	②	③	①	④	③	③	①	①	③

01

정답 | ③

③ 옳은 내용이다. (법 제 44조)

📋 오답 피하기

① 재보험(再保險)의 가입한도는 사고 보장을 위한 보험료의 100분의 80 이내로 한다.. (시행규칙 제60조의 2)
② 보험의 종류별 명칭의 변경은 보험계약의 효력이 발생한 후 2년이 지나야 한다. (시행규칙 제45조 제1항)
④ 연금보험의 최초 연금액은 피보험자 1인당 1년에 900만원 이하로 한다. (시행규칙 제36조 제2항)

02

정답 | ②

② 옳은 내용이다. 생명보험상품의 특징으로 ① 무형의 상품, ② 미래지향적·비동시성 상품, ③ 장기성이며 비자발적 상품을 들 수 있다.

📋 오답 피하기

① 연생보험이란 피보험자 2인 중 1인의 사망을 보험사고로 하여 다른 1인이 보험금액을 지급받기로 하는 생명보험이 대표적인 예이다.
③ 보험계약자가 아니라 피보험자의 수에 따라 개인보험과 단체보험으로 구분된다.
④ 적립부분이 아니라 보장부분에 관한 설명이다.

□ 보장부분 : 위험보험료를 예정이율로 부리 하여 피보험자가 사망 또는 장해를 당했을 때 보험금을 지급하는 부분
□ 적립부분 : 저축보험료를 일정 이율로 부리 하여 만기 또는 중도 생존시 적립된 금액을 지급하는 부분

03

정답 | ②

② 옳은 것은 ㉠, ㉢ 2개이다.

◦ 최초 납입일로부터 납입기간이 5년 이상인 월적립식 보험계약
◦ 최초 납입일로부터 매월 납입 기본보험료가 균등하고 기본보험료 선납기간이 6개월 이내(최초 계약 기본보험료의 1배 이내로 기본보험료를 증액하는 경우 포함)

◦ 계약자 1인당 매월 납입 보험료 합계액이 150만원 이하 ('17년 4월 1일 이후 가입한 보험계약에 한해 적용)
◦ 최초로 보험료를 납입한 날부터 만기일 또는 중도해지일 까지의 기간이 10년 이상인 보험계약

04

정답 | ①

① 옳은 내용이다.

📋 오답 피하기

② 보험계약법은 보험계약자등의 불이익변경금지원칙과 같은 상대적 강행법규를 많이 정하여 둠으로써 약자인 보험계약자를 보호하도록 이루어져 있다
③ 보험계약은 특별한 방식을 요구하지 않는 불요식의 낙성계약이므로 보험계약자의 청약에 대하여 보험자가 승낙한 때에 성립한다.
④ 보험계약자는 보험계약이 성립한 날부터 3개월 이내에 그 계약을 취소할 수 있을 뿐이지, 무효인 것은 아니다.

05

정답 | ③

③ 옳은 내용이다. 장기요양보험금(1~4등급) 지급사유 발생 전과 후 모두 사망에 대하여 사망보험금이 지급됨을 알아 둔다.

📋 오답 피하기

① 10% 할인이 적용된다. 2022년 기출 지문이기도 하다.
② 4촌 이내의 방계혈족은 청구인이 될 수 없다. 즉 피보험자의 가족관계등록부상의 배우자 또는 3촌 이내의 친족이어야 한다.
④ 무배당 우체국더간편건강보험(갱신형) 2504에서 (무)더간편암진단특약(갱신형) 2504, (무)더간편암입원수술특약(갱신형) 2504는 주계약 암보장형에 한하여 부가 가능하다.

06

정답 | ③

③ 옳은 내용이다.

📋 오답 피하기

① 무배당 우체국보너스팡팡연금보험 2511의 연금 개시 나이는 기본형과 연금강화형 모두 45세부터이다.
② 무배당 우체국연금저축보험(이전형) 2504는 일시납과 월납이 있다.
④ 전단의 설명은 맞지만, 어깨동무연금보험 2504의 경우 2 제2보험기간에만 생존연금을 지급하고, 제1보험기간에는 보험금을 지급하지 않는다.

07

③ 옳은 내용이다. 3대질병 진단의 경우 최대 2,000만원까지 보장함을 유의한다.

📋 오답 피하기

① 무배당 우체국예금제휴보험 2504는 무료로 가입하는 상품이지만, 공익형 보험은 아니다.
② 청약일부터 3개월 이내가 아니라 <u>계약일로부터 3개월 이내</u>이다.
④ 전단의 설명은 맞지만, 무배당 우체국더간편건강보험(갱신형) 2504의 경우 <u>15년만기 생존시마다 건강관리자금을 지급</u>한다.

> ▶ 건강관리자금 지급
> ① **무배당 우체국건강클리닉보험(갱신형) 2509** – <u>10년 만기</u> 생존 시마다 건강관리자금
> ② **무배당 어깨동무보험 2504** – <u>상해보장형의 경우, 매 2년마다</u> 건강관리자금 지급(1종, 2종은 만기보험금)
> ③ **무배당 우체국더간편건강보험(갱신형) 2504** – <u>15년만기</u> 생존시마다 건강관리자금 지급(주계약)
> ④ **무배당 내가만든희망보험 2504** – 보험기간 중 <u>매10년마다</u> 생존 시 건강관리자금 지급

08

모두 2024년 공고에서 새롭게 들어온 내용이다.
③ 옳은 내용이다.

📋 오답 피하기

① 고객센터를 통한 보험료 납입의 경우 초회보험료에 대한 즉시이체는 허용되지 않는다.
② 계속보험료의 실시간이체 대상 보험료는 1·2연체 보험료 및 당월분 보험료이며, <u>선납보험료는 납입이 불가</u>하다.
④ 전단의 설명은 맞지만, 증명서류는 Fax로도 제출이 가능하며, 피보험자의 수급권 자격만 확인하기 때문에 누구나 대신 제출이 가능하므로 별도의 위임서류 및 신분증 등이 필요 없다.

09

③ 우선 태아는 상속에 있어서 출생한 것으로 인정하므로 X는 자신의 몫인 2/7를 상속받게 된다. 14억원의 2/7는 4억원이 되는데, 정기예금의 경우 순금융재산금액으로 2천만원 초과 시 <u>순금융재산가액의 20% 또는 2천만원 중 큰 금액</u>이 공제가 되므로 4억원의 20%인 8천만원을 공제받게 된다. 따라서 X의 상속세의 대상이 되는 것은 3억 2천만원이고, 3억 2천만원은 아래 상속세율 적용 중 두 번째 구간이므로 1천만원 + 2억 2천만원×20/100 = 5천 4백만원이 된다.

▶ 상속 및 증여세율

과세표준	세율
1억원 이하	과세표준의 10%
1억원 초과 5억원 이하	1천만원 + (1억원을 초과하는 금액의 20%)
5억원 초과 10억원 이하	9천만원 + (5억원을 초과하는 금액의 30%)
10억원 초과 30억원 이하	2억 4천만원 + (10억원을 초과하는 금액의 40%)
30억원 초과	10억 4천만원 + (30억원을 초과하는 금액의 50%)

10

③ 무배당 우체국더간편건강보험(갱신형) 2504는 다른 것과 달리 15년 만기 생존시마다 건강관리자금을 지급(주계약)한다.

📋 오답 피하기

①, ②, ④ 모두 옳은 설명이다.

> ▶ 건강관리자금 지급
> ① **무배당 우체국건강클리닉보험(갱신형) 2509** – <u>10년 만기</u> 생존 시마다 건강관리자금
> ② **무배당 어깨동무보험 2504** – <u>상해보장형의 경우, 매 2년마다</u> 건강관리자금 지급(1종, 2종은 만기보험금)
> ③ **무배당 우체국더간편건강보험(갱신형) 2504** – <u>15년만기</u> 생존시마다 건강관리자금 지급(주계약)
> ④ **무배당 내가만든희망보험 2504** – 보험기간 중 <u>매10년마다</u> 생존 시 건강관리자금 지급

11

② 보험리스크에 대한 설명이다. 신용리스크는 채무자의 부도, 거래 상대방의 **채무불이행** 등으로 인하여 손실이 발생할 리스크를 말한다.

📋 오답 피하기

①, ③, ④ 모두 옳은 설명이다.

리스크 유형		내용
재무 리스크	시장 리스크	• 시장가격(주가, 이자율, 환율 등)의 변동에 따른 자산가치 변화로 손실이 발생할 리스크
	신용 리스크	• 채무자의 부도, 거래 상대방의 **채무불이행** 등으로 인하여 손실이 발생할 리스크
	금리 리스크	• 금리 변동에 따른 순자산가치의 하락 등으로 재무상태에 부정적인 영향을 미칠 리스크
	유동성 리스크	• **자금의 조달, 운영기간의 불일치, 예기치 않은 자금 유출 등**으로 지급불능상태에 직면할 리스크

리스크 유형		내 용
	보험 리스크	• 예상하지 못한 손해율 증가 등으로 손실이 발생할 리스크
비재무 리스크	운영 리스크	• 부적절하거나 잘못된 **내부의 업무 절차, 인력 및 시스템 또는 외부의 사건으로부터 초래**될 수 있는 손실이 발생할 리스크

12
정답 | ②

② 옳은 내용이다. 재해가 아닌 질병으로 인한 경우 계약일이 아니라 그날을 포함하여 1년이 지난 날의 다음날이 보장개시일이다.

■ 오답 피하기

① 장기요양상태 보장개시일은 계약일[부활(효력회복)일]부터 그 날을 포함하여 180일이 지난 날의 다음 날로 한다.
③ 피보험자가 15세 미만인 경우에는 암보험의 보장개시일은 계약일(부활일)이 된다.
④ 만 15세 미만인 경우가 아니라 재해를 직접적인 원인으로 보철치료를 받은 경우 보철치료보장개시일은 계약일(부활일)로 한다.

13
정답 | ③

③ 옳은 설명이다.

■ 오답 피하기

① 보험자는 보험계약자 측의 계속보험료 미지급, 고지의무 위반, 통지의무 위반 등의 경우에 보험계약을 취소가 아니라 해지할 수 있다. (편저 주 – 취소는 계약성립 당시 하자가 있는 경우이고, 해지는 유효하게 성립한 계약에 대하여 이후 계약상 의무를 위반했을 때 해지권을 행사하는 것이다.)
② 파산선고 후 3월을 경과한 때 계약은 당연히 효력을 상실한다.
④ 사기로 인한 초과보험(손해보험), 사기로 인한 중복보험의 경우에는 **그 보험계약 전체를 무효**로 한다.

14
정답 | ①

① **무배당 우체국통합건강보험 2504에서 지정대리청구인 지정에 관한 사항은 무배당 중증치매간병비특약 2504에 한한다.**

15
정답 | ④

④ 옳은 설명이다.

■ 오답 피하기

① 전단의 설명은 맞지만, 고객기반 보장 설계가 가능하도록 일반형과 실속형으로 구성된 상품은 무배당 우체국New건강클리닉보험 2509이다.

② 무배당 우체국단체보장보험 2501은 주계약과 특약 모두 만 15세 이상 가입이 가능하고, 세액공제 대상이 아니다.
③ 전단의 설명은 맞지만, 주계약 암진단형 가입 시 우체국보험 암진단보험금 최고액 보장으로 암진단시 최대 4,000만 원까지 보장한다.

16
정답 | ③

③ 후단의 설명은 맞지만, 무배당 우체국든든한건강종신보험 2506은 주계약에서 3대질병 진단 시 사망보험금 100%를 선지급한다.

■ 오답 피하기

①, ②, ④ 모두 옳은 설명이다.

17
정답 | ③

③ 옳은 설명이다.

■ 오답 피하기

① 갱신 직전 '요율상대도 판정기간' 동안의 비급여특약에 따른 보험금 지급 실적을 고려하여 보험료 갱신시 순보험료(비급여특약의 순보험료 총액을 대상)에 요율 상대도(할인·할증요율)를 적용한다.
② '요율상대도 판정기간'은 갱신일이 속한 달의 3개월전 해당월의 말일을 기준으로 12개월 이내로 하며, 최초계약으로부터 1회차 갱신계약은 예외로 한다.
④ 요율상대도 계산을 위해 계약자 또는 피보험자(보험대상자)에게 증빙자료의 제출을 요구할 수 있으며, 요율 상대도 계산을 위한 증빙자료 지연제출로 인해 발생한 보험료 차액에 대해서는 이자를 더하여 지급하지 않는다.

18
정답 | ①

① 옳은 설명이다. (편저 주 – 보험계약 체결 당시에 이미 보험사고가 발생한 경우가 무효인 것과 구별하기!!)

■ 오답 피하기

② 보험계약자는 보험사고가 발생하기 전에는 언제든지 계약의 전부 또는 일부를 해지 할 수 있다.
③ 이미 소멸하고 없는 계약을 취소할 수는 없는 것이다. 보험계약에서 정한 보험사고가 발생하지 않고 보험기간이 끝난 경우, 보험기간의 만료로 보험계약은 소멸한다
④ 보험자가 파산선고를 받으면 보험계약자는 계약을 해지할 수 있으나 보험계약자가 해지하지 않으면 파산선고 후 3월을 경과한 때 계약은 당연히 효력을 상실한다

19

① 옳은 내용이다.

📋 오답 피하기

② 보험사고가 발생한 후라도 보험자가 제650조, 제651조, 제652조 및 제653조에 따라 <u>계약을 해지하였을 때에는 보험금을 지급할 책임이 없고 이미 지급한 보험금의 반환을 청구할 수 있다.</u> (편저 주 - 제650조는 고지의무위반으로 인한 계약해지)

③ <u>보험계약자가 보험사고의 발생 전에 보험계약의 전부 또는 일부를 해지한 경우 보험자는 다른 약정이 없으면 미경과보험료를 반환하여야 할 의무를 진다.</u>

④ 보험사고 발생 불확정성은 손해보험으로서 제3보험의 특성에 해당한다.

20

2024년에 새롭게 추가된 파트이다.

③ 옳은 것은 ㉠, ㉣, ㉻ 3개이다.

구분	가입한도	한도적용 제외 대상
㉠저축성 보험 (㉡연금보험 포함)	㉢20억원 (보험가입 금액 기준)	• ㉣계약자가 법인인 경우 • 2008.8.4 제도시행 전 가입계약 중 알찬전환특약으로 만기자금 재유치, 기존 계약자와 동일하게 저축성 보험(연금보험 포함)으로 만기도래 후 ㉤3개월 이내 가입 • ㉻우체국 즉시연금보험

제 3 회

01	02	03	04	05	06	07	08	09	10
①	①	④	③	④	③	②	①	②	③
11	12	13	14	15	16	17	18	19	20
③	③	②	②	②	④	③	④	③	④

01
정답 | ①

① 옳은 내용이다. 상법 제638조의2

> **오답 피하기**

② 보험사고가 **전쟁 기타의 변란**으로 인하여 생긴 때에는 당사자 간에 다른 약정이 없으면 보험자는 보험금액을 지급할 책임이 없다
③ 타인을 위한 보험의 경우 보험계약자는 그 타인의 동의를 얻지 아니하거나 보험증권을 소지하지 아니하면 그 계약을 해지하지 못한다. (상법 제 649조의 규정)
④ 3월이 아니라 **2월** 경과하면 해제된 것으로 본다.

02
정답 | ①

① 옳은 설명이다.

> **오답 피하기**

② 무배당 산모보장특약 2504의 가입나이는 17~45세(임신 23주 이내 산모)이므로 임신 24주인 산모는 가입할 수 없다.
③ 후단의 설명은 맞지만, 무배당 우체국하나로OK보험은 만 15세부터 가입이 가능한 상품이다.
④ 후단의 설명은 맞지만, 무배당 우체국실속정기보험 2504의 1종(일반가입)과 2종(간편가입) 모두 순수형과 환급형이 있다.

03
정답 | ④

우체국 저축성보험은 한번에 정리하고 주요 특징을 잘 알아두어야 한다.
④ 옳은 설명이다.

> **오답 피하기**

① 과기부장관이 단독으로 보험계약자이다. 만원의 행복보험의 경우 공동으로 보험계약자가 됨을 유의한다.
② 무배당 그린보너스저축보험플러스에 대한 설명이다.
③ 무배당 우체국온라인저축보험에 대한 설명이다.

04
정답 | ③

③ 옳은 내용이다.

▶ **보험금 지급예정일 30일 초과사유**

구분	초과 사유
1	소송제기
2	분쟁조정신청
3	수사기관의 조사
4	해외에서 발생한 보험사고에 대한 조사
5	체신관서의 조사요청에 대한 동의 거부 등 계약자, 피보험자 또는 보험수익자의 책임 있는 사유로 보험금 지급사유의 조사와 확인이 지연되는 경우
6	보험금 지급사유 등에 대해 제3자의 의견에 따르기로 한 경우

> **오답 피하기**

① 사망보험금 선지급제도란 종합병원의 전문의 자격을 가진 자가 실시한 진단결과 피보험자의 남은 생존기간이 6개월 이내라고 판단한 경우에 체신관서가 정한 방법에 따라 사망보험금액의 60%를 선지급사망보험금으로 피보험자에게 지급하는 제도이다
② 사망보험금이 아니라 생존보험금이 들어가야 한다. 사망보험금은 즉시지급의 대상이 아니다.
④ 보험료 청구권이 아니라 보험료 반환 청구권이 들어가야 한다. 즉, 보험금청구권, 보험료 반환청구권, 해약환급금청구권 및 책임준비금 반환청구권은 3년간 행사하지 않으면 소멸시효가 완성된다. 계약자가 청구하는 것을 생각하면 된다.

05
정답 | ④

④ 옳은 설명이다.

> **오답 피하기**

① 보험수익자가 아니라 보험계약자가 들어가야 한다. "환급금대출"이라 함은 보험계약이 해지될 경우에 보험계약자에게 환급할 수 있는 금액 (이하 해약환급금)의 범위 내에서 보험계약자의 요구에 따라 대출하는 제도이다. 대출자격은 유효한 보험계약을 보유하고 있는 우체국보험 계약자로 한다.
② 순수보장성보험 등 보험상품의 종류에 따라 대출을 제한할 수 있으며, 연금보험의 경우 연금개시 후에는 환급금대출을 제한한다.
③ 연금 보험을 포함한 저축성 보험은 해약환급금의 최대 95%이내에서 대출을 받을 수 있다. 반면, 보장성 보험은 해약환급금의 최대 85%이내(실손보험 및 교육보험은 최대 80%이내)이다.

06

정답 | ③

③ 옳은 내용이다.

오답 피하기

① 보험계약의 변경 중 보험가입금액 감액의 경우 그 감액된 부분은 해지된 것으로 보며, 이 경우 <u>해약환급금을 계약자</u>에게 지급한다.

② 보험수익자를 변경하고자 할 경우에는 <u>보험금의 지급사유가 발생하기 전에 피보험자가 서면으로 동의</u>하여야 한다.

④ 순서가 바뀌었다. 즉, 부부형 보험계약(백년연금보험, 암치료보험)에서 배우자(종피보험자)와 이혼 후, 타인과 재혼 시 종피보험자 변경이 <u>가능</u>하며, 종피보험자가 사망하거나 1급 장해 시에는 변경이 <u>불가</u>하다.

07

정답 | ②

② 옳은 것은 ㉠, ㉡ 2개이다.

오답 피하기

㉢ <u>부담보조건 인수로 보험가입대상은 확대</u>된다. 즉, 부담보조건의 계약을 인수하고 가입이후 해당 질병으로 보험금 지급사유가 발생하여도 보험금을 지급하지 않지만, 그 외의 질병에 대해서는 보상하도록 하여 보험가입 대상을 확대할 수 있도록 하고 있다.

㉣ <u>암보험상품</u>의 <u>보험기간은 10년 이상</u>으로서 가입 가능연령은 <u>0세 이상(사망보장의 경우 만 15세 이상)</u>이다.

㉤ 상해사고는 발생하였으나 그에 따른 질병으로 사망한 경우에는 우연한 상해사고가 질병의 직접적인 원인에 해당한다면 이를 <u>상해사고</u>로 본다.

08

정답 | ①

① 옳은 내용이다.

오답 피하기

② <u>보험료 상당액의 전부 또는 일부의 지급이 있어야 승낙의 제가 인정</u>된다.

> **상법 제638조의2 (보험계약의 성립)** ① 보험자가 보험계약자로부터 <u>보험계약의 청약과 함께 보험료 상당액의 전부 또는 일부의 지급을 받은 때</u>에는 다른 약정이 없으면 <u>30일 이내</u>에 그 상대방에 대하여 낙부의 통지를 발송하여야 한다. 그러나 인보험계약의 피보험자가 신체검사를 받아야 하는 경우에는 그 기간은 <u>신체검사를 받은 날부터 기산</u>한다.
> ② 보험자가 제1항의 규정에 의한 기간내에 <u>낙부의 통지를 해태한 때에는 승낙한 것으로 본다.</u>

③ 장애인을 보험금수취인으로 하는 보험 가입시, 장애인이 수령하는 보험금에 대해서는 <u>연간 4,000만원을 한도로 증여세가 비과세</u> 된다.

④ 진단계약, 보험기간이 <u>90일 미만인 계약 또는 전문보험계약자가 체결한 계약은 청약을 철회할 수 없다.</u>

09

정답 | ②

② 옳은 설명이다.

오답 피하기

① '보험모집'이란 우체국과 보험계약이 체결될 수 있도록 중개하는 모든 행위(계약체결의 승낙은 제외)를 의미한다.

③ 실손의료보험계약에 대해서 규정하고 있다.

④ 보험설계사에 대한 설명이다.

> ▶ **보험모집의 자격이 있는 자**
> □ **보험설계사** : 보험회사, 보험대리점 또는 보험중개사에 <u>소속</u>되어 보험계약 체결을 중개하는 자
> □ **보험대리점** : 보험회사를 위하여 보험계약의 체결을 대리하는 자
> □ **보험중개사** : <u>독립적</u>으로 보험계약의 체결을 중개하는 자
> □ 보험회사의 임직원(대표이사, 사외이사, 감사 및 감사위원은 제외)

10

정답 | ③

③ 취소사유에 해당하는 것은 ㉠, ㉡, ㉢, ㉣이고, 무효사유에 해당하는 것은 ㉤이다. 그리고 보험계약자의 사기로 인한 고지의무위반의 경우는 보험계약을 해지하거나 취소할 수 있도록 규정하고 있다. (편저 주 – 이는 사기에 의한 의사표시 규정인 민법이 적용되는 경우라고 생각하면 된다.)

▶ **보험계약 무효와 취소**

구 분	보험계약 무효	보험계약 취소
요건	• <u>사기에 의한 초과, 중복보험</u> • <u>기발생 사고</u> • <u>피보험자의 자격미달</u> 　<u>(사망보험의 경우)</u>	• 보험자의 법률 위반이 존재할 때 • '3대기본지키기'를 미이행 했을 때 　1) 고객 자필 서명 　2) 청약서 부본 전달 　3) 약관 설명 및 교부
효력	• <u>보험금 지급사유가 발생하더라도 보험금 지급을 하지 않음</u>	• 보험자는 납입한 보험료에 일정 이자를 합한 금액을 계약자에게 반환

11
정답 | ③

③ 옳은 내용이다. 주계약의 보장 내용은 **재해장해보험금** 하나뿐이다. 그리고 이 화상과 식충은 10세까지임을 유의한다.

오답 피하기

① 둘 다 선택적으로 부가할 수 있는 특약이다.
② 무배당 우체국대한민국엄마보험 2504는 **별도의 조건 없이** 체신관서가 보험료 전액을 지원하는 공익보험이다.
④ 4일 이상 입원하였을 때 지급된다.

12
정답 | ③

③ 옳은 내용이다. 반면, **노후실손과 간편실손은 보장내용 변경주기가 3년이므로 최대 2회까지 갱신이 가능하다.**

오답 피하기

① 노후실손보험에 대한 설명이다.
② 순서가 바뀌었다. **우체국급여실손의료비보험(갱신형), 계약전환·단체개인전환·개인중지재개용의 경우 종합형만 가입할 수 있다.**
④ 우체국급여실손의료비보험(갱신형)의 최초계약 가입 나이는 0~60세이고, 노후실손 2504의 최초계약 가입 나이는 61~90세이다.

13
정답 | ②

② 옳은 것은 ㉣, ㉤ 2개이다.

> ▶ 내부신고제도의 신고 대상 행위
> ○ 횡령, 배임, 공갈, 절도, 뇌물수수 등 범죄 혐의가 있는 행위
> ○ 업무와 관련하여 금품, 향응 등을 요구하거나 수수하는 행위
> ○ 업무와 관련된 상사의 위법 또는 부당한 지시행위
> ○ 기타 위법 또는 부당한 업무처리로 판단되는 일체의 행위

오답 피하기

㉠ 저축성 보험이 아니라 **변액보험**에 대해서는 **분기별 1회 이상** 제공해야 한다.
㉡ 보험회사는 **저축성보험**에 대해 **판매시점의 공시이율을 적용한 경과기간별 해지환급금을 보험소비자에게 안내하고, 해지환급금 및 적립금을 공시기준에 따라 공시해야 한다.**

> ▶ 정리
> ㉠ 변액보험 – 분기별 1회 이상 보험계약 관리내용 제공
> ㉡ 저축성 보험 – 공시이율 적용한 해지환급금 및 적립금 공시
> ㉢ 의무보험 – 보험기간 만료 전 계약 갱신 등 안내

㉢ 보험회사는 보험상품에 대한 판매광고 시, 보험협회의 상품광고 사전심의 대상이 되는 보험상품에 대해서는 **보험협회로부터 심의필**을 받아야 한다.

14
정답 | ②

② 옳은 설명이다.

오답 피하기

① 무배당 내가만든희망보험 2504는 **3대질병보장, 생활보장, 상해보장 모두 가입 후 매10년마다 계약해당일에 살아 있을 때** 건강관리자금을 지급한다.
③ 제1회 보험료는 할인에서 제외된다.
④ 무배당 우체국단체보장보험 2501에서 주계약, 무배당 단체재해사망특약 2501 및 무배당 단체질병사망특약 2501의 가입한도는 과학기술정보통신부 산하기관의 경우 4,000만원으로 한다.

15
정답 | ②

② 옳은 것은 ㉤, ㉥, ㉯ 3개이다.

> ○ 갱신(또는 재가입) 직전 '무사고 할인판정기간' 동안 보험금 지급 실적[급여 의료비 중 본인부담금 및 4대 중증질환(암, 뇌혈관질환, 심장질환, 희귀난치성질환)으로 인한 비급여의료비에 대한 보험금은 제외]이 없는 계약을 대상으로 갱신일(또는 재가입일)부터 차기 보험기간 ㉠1년 동안 보험료의 ㉡10%를 할인
> ○ '무사고 할인판정기간'은 갱신일(또는 재가입일)이 속한 달의 ㉢3개월 전 해당월의 말일을 기준으로 직전 ㉣2년을 적용하며, 최초계약으로부터 ㉤2회차 갱신계약은 예외
> ※ ㉥2회차 갱신계약부터 적용하며, 주계약만 가입한 계약은 할인대상에서 ㉯제외

16
정답 | ④

④ 옳은 내용이다.

오답 피하기

① 보험료지급은 **원칙적으로 지참채무**이지만 당사자의 합의나 보험모집인의 관행을 통하여 추심채무로 될 수 있다.
② 보험사고가 보험계약자, 피보험자, 보험수익자 등 보험계약자 측의 **고의 또는 중과실**로 생긴 경우 보험자는 보험금 지급책임을 면한다
③ **보험사고가 발생하기 전**에는 보험계약자는 언제든지 계약의 전부 또는 일부를 해지할 수 있다.

17

정답 | ③

③ 옳은 설명이다.

📖 **오답 피하기**

① 전단의 설명은 맞지만, 주계약 또는 특약의 보험금 지급사유에 해당하는 보험금 등은 해당금액에서 제외된다.

② 무배당 우체국당뇨안심보험 2504는 주계약에서 당뇨진단부터 인슐린치료, 장해, 사망까지 보장하는 종합보장보험이다.

④ 장기요양 1~2등급으로 진단 확정되고, 매년 생존시 최대 10년동안 간병자금을 매월 지급하는 상품이다.

18

정답 | ④

④ 옳은 내용이다. (상법제657조 제2항)

📖 **오답 피하기**

① 실제 보험실무에서는 보험계약청약시에 보험료의 전부 또는 제1회 보험료를 선납부하는 관행이 행해지고 있으나 원칙적으로 보험계약자는 계약체결 후 지체없이 보험료의 전부 또는 제1회 보험료를 납부하여야 한다.(상법650조 제1항)

② 보험자가 서면으로 질문한 사항은 중요한 사항으로 추정한다. (상법 제 651조의 2)

③ 보험기간 중에 보험계약자, 피보험자 또는 보험수익자의 고의 또는 중대한 과실로 인하여 사고발생의 위험이 현저하게 변경 또는 증가된 때에는 보험자는 그 사실을 안 날로부터 1월 내에 보험료 증액을 청구하거나 계약을 해지할 수 있다.(상법 제 653조)

19

정답 | ③

③ 옳은 설명이다.

📖 **오답 피하기**

① 무배당 청소년꿈보험 2504의 보험료 납입은 일시납만 가능하고 월납은 불가하다.

② 무배당 그린보너스저축보험플러스 2504의 주계약은 상품유형에 관계없이 모두 월납과 일시납이 가능하다.

④ 무배당 우체국온라인저축보험 2504의 주계약의 보험료 납입은 월납만 가능하다.

20

정답 | ④

④ 옳은 설명이다.

📖 **오답 피하기**

① 전단의 설명은 맞지만, **무배당 으체국연금저축보험(이전형) 2504**의 추가납입보험료는 "월납계약"과 함께 가입할 경우에 한하여 납입 가능하다.

② 기본보험료는 월납과 일시납이 므두 가능하며, 일시납으 경우 납입한도액의 제한이 없는 것은 **무배당 우체국연금저축보험(이전형) 2504**이다. 반면, **무배당 우체국온라인연금저축보험 2504**는 월납만 가능하다.

③ **무배당 우체국개인연금보험(이전형) 2504**의 기본보험료는 일시납만 가능하다.

제 4 회

01	02	03	04	05	06	07	08	09	10
③	③	①	②	②	①	②	①	①	④
11	12	13	14	15	16	17	18	19	20
②	④	②	①	④	②	③	④	④	③

01
정답 | ③

③ 옳은 내용이다.

오답 피하기

① 배우자의 연령에 대한 조건은 없지만, 연간 100만원 이하여야 하므로 세액공제를 받을 수 없다.
② 세액공제는 납부일이 속하는 과세기간에 적용되므로 **미납분 보험료의 경우 실제 납부한 과세 기간에 공제 가능**하므로 2021년의 근로소득에 대하여 세액공제가 가능하다.
④ 기본공제대상자가 장애인일 경우 연령에 상관없이 소득금액 요건만 충족 시 세액공제가 가능하다.

▶ 기본공제대상자 요건

보험료 납입인	피보험자	소득금액 요건	연령 요건	세액공제 여부
본인	부모	연간 100만원 이하	만 60세 이상 가능	가능
본인	배우자	연간 100만원 이하	나이 상관없음	가능
본인	자녀	연간 100만원 이하	만 20세 이하	가능
본인	형제자매	연간 100만원 이하	만 20세 이하 또는 만 60세 이상 가능	가능

02
정답 | ③

③ 옳은 내용이다.

오답 피하기

① 과거에는 차상위계층 등에 대하여 보험료의 50%를 공익재원으로 지원해 주었으나, 2022년 공고에서부터는 **모든 보험계약자에 대하여 보험료의 50%를 체신관서가 공익재원으로 지원한다.**
② 무배당 우체국치아보험(갱신형) 2504는 최초계약 시 15~65세까지 가입이 가능하고, 보험기간은 10년 만기 갱신형 상품으로 **피보험자의 79세 계약해당일까지 갱신가능**하다. (과거 55세까지 가입 가능, 5년 만기, 60세 초과의 경우 갱신할 수 없었던 것과 비교하기 위해 출제한 것이다.(2020년 수정))

④ 교통재해 **사망** 시 **최고 2억원**을 보장하고, 교통재해 **장해** 시 **최고 1억원**을 보장한다.

03
정답 | ①

① 옳은 설명이다.

오답 피하기

② **단체보험의 경우 1단계를 적용하지 아니한다.** 따라서 가입설계서, 상품설명서를 제공할 필요가 없다.
③ 우정인재개발원장이 실시하는 보험 관련 교육을 3일 이상 이수한 자이면 된다.
④ 우체국보험 계약체결의 **중개는 가능**하지만 **계약 체결을 위탁할 수 없다.**

04
정답 | ②

② 옳은 설명이다. 창구 업무시간은 우정사업본부장이 정함을 유의한다. (시행규칙 제6조)

오답 피하기

① 보험계약 부활의 효력은 체신관서가 그 청구를 승낙한 때부터 발생한다. (법률 제39조 제2항)
③ 체신관서는 천재지변, 전쟁, 그 밖의 변란(變亂)으로 인한 보험사고가 발생하여 보험금 계산의 기초에 중대한 영향을 미칠 우려가 있을 때에는 그 보험금을 감액하여 지급할 수 있다. (법 제44조 제1항)
④ 무료로 취급하는 우편물에 해당한다.

> 제5조(우편물의 무료취급) 법 제9조에 따라 **무료로 취급**하는 우편물은 다음 각 호와 같다.
> 1. 예금·보험업무의 취급을 위하여 체신관서에서 발송하는 우편물
> 2. 예금·보험업무의 취급을 위하여 체신관서의 의뢰에 따라 체신관서로 발송되는 우편물

05
정답 | ②

② 옳은 내용이다. 이는 **우연히 발생한 보험사고**의 피해를 부풀려 실제 발생한 손해 이상의 과다한 보험금을 청구하는 행위로 연성사기에 해당한다.

오답 피하기

① 의도적으로 각색 또는 조작하는 행위로서 경성사기에 해당하므로 모두 경성사기에 해당한다.
③ 사기적 보험계약 체결 예시에 해당한다.
④ 보험범죄가 형법적 처벌대상으로서의 구체적인 범법행위로 나타난 결과만을 가리켜 이르는 반면, 보험사기는 보험 가입시 악의성을 포함하는 점에서 **보험범죄보다 더 넓은 개념이다.**

06

① 보험사고 발생 불확정성은 손해보험으로서 제3보험의 특징을 나타낸 것이고, 나머지는 모두 생명보험으로서 제3보험의 특징을 나타낸 것이다.

구분	특성
생명보험으로서 제3보험	• 피보험자의 동의 필요 • 피보험이익 평가불가 • 보험자 대위 금지 • 15세 미만 계약 허용 • 중과실 담보
손해보험으로서 제3보험	• 실손보상의 원칙 • 보험사고 발생 불확정성

07

② 옳은 내용이다.

📋 오답 피하기

① 무배당 우체국대한민국엄마보험 2504의 경우 보험계약자는 개별 보험계약자와 과학기술정보통신부장관을 공동 보험계약자로 하며, 개별 보험계약자를 대표자로 한다.

③ 무배당 우체국개인연금보험(이전형) 2504는 계약이전 받기 전 계약과 계약이전 받은 후 계약의 총 보험료 납입기간은 10년 이상이어야 한다.

④ 1종, 2종은 50세 이상 가입자의 경우 80세 만기 5년납에 한하므로 생활보장형과 암보장형이 여기에 해당한다.

08

① 옳은 내용이다. 일시납의 경우 납입한도액에 제한이 없는 상품임을 유의한다. (이전받는 것임을 생각!!)

📋 오답 피하기

② 둘다 세액공제 상품이다.

③ 무배당 우체국치매요양간병보험 2509의 주계약은 30세 이상부터 가입이 가능하고, 1종(일반심사)[해약환급금 미지급형, 표준형], 2종(간편심사)[해약환급금 미지급형, 표준형]으로 구성되어 있다.

④ 1종(일반가입)은 만 15세부터 가입이 가능하고, 2종(간편가입)은 30세부터 가입이 가능하다. (편저 주 - ③과 비교하기)

09

① 친구 사이에서는 증여와 관련하여 공제 금액이 없으므로 10억원 전액이 과세 대상이 되고, 10억원의 경우 3번째 구간이 적용되므로 9천만원 + 5억원×30/100 = 2억 4천만원이 된다.

▶ 상속 및 증여세율

과세표준	세 율
1억원 이하	과세표준의 10%
1억원 초과 5억원 이하	1천만원 + (1억원을 초과하는 금액의 20%)
5억원 초과 10억원 이하	9천만원 + (5억원을 초과하는 금액의 30%)
10억원 초과 30억원 이하	2억 4천만원 + (10억원을 초과하는 금액의 40%)
30억원 초과	10억 4천만원 + (30억원을 초과하는 금액의 50%)

10

④ 옳은 내용이다. FC를 희망하는 자는 우체국장과 계약을 체결함을 유의한다.

📋 오답 피하기

① 우편취급국 직원도 우체국 보험 모집자이다. 과거 상시집배원이 포함되었는데, 2023년 공고에서는 우편취급국 직원이 추가되었다.

▶ 우체국보험 모집자

구분	보험모집자
1	우정사업본부 소속 공무원·별정우체국직원·상시집배원, 우편취급국장 및 우편취급국 직원
2	우체국FC, 우체국TMFC, 그 밖에 우정사업본부장이 인정한 자

② 위의 자격증이 있으면 별도 교육을 이수할 필요가 없다.

▶ 직원의 보험모집 자격요건 (2023 공고에서 교육원장 → 우정인재개발원장, 그리고 5번이 추가됨)

구분	자격 요건
1	우정인재개발원장이 실시하는 보험 관련 교육을 3일 이상 이수한 자
2	우정인재개발원장이 실시하는 보험모집희망자 교육과정(사이버교육)을 이수하고 우정사업본부장, 지방우정청장 또는 우체국장이 실시하는 보험 관련 집합교육을 20시간 이상 이수한 자
3	교육훈련 인증제에 따른 금융분야 인증시험에 합격한 자
4	종합자산관리사(IFP), 재무설계사(AFPK), 국제재무설계사(CFP) 등 금융분야 자격증을 취득한 자
5	우정개발원장이 실시하는 보험모집희망자 교육과정(사이버교육)을 이수하고, 우체국보험 모집인 자격 평가시험에서 70점 이상을 받아 합격한 자

③ 70점 이상을 받아 합격해야 한다. (2023년 새롭게 추가된 내용)

11
정답 | ②

② 옳은 내용이다.

오답 피하기

① 보험료 미납으로 실효(해지)될 상태에 있는 보험계약에 대하여 계약자의 신청이 있는 경우 해약환급금 범위내에서 자동대출(환급금대출)하여 보험료를 납입할 수 있다.
③ 평생OK보험의 경우 환급금대출은 가능하나 자동대출납입 신청은 불가하다.
④ 무배당 우체국통합건강보험 2504는 주계약에서 사망보험금만 보장하는 순수보장성 상품이므로 보험료 자동대출 납입제도를 신청할 수 없다.

12
정답 | ④

④ 옳은 내용이다.

오답 피하기

① 무배당 청소년꿈보험 2504는 추가납입이 가능하지 않고 절세형 상품이 아니다. 그러나 생존학자금과 입원보험금을 보장하는 것은 맞다.

보험상품	추가납입	절세형 상품
무배당 청소년꿈보험	X	X
무배당 그린보너스저축보험플러스	X	O
무배당 파워적립보험	O (수시납)	O
무배당 우체국온라인저축보험	O (수시납)	O
무배당 알찬전환특약	X	X

② 3.0%의 보너스 금리를 제공한다.

3년 만기	5년 만기	10년 만기
1.0%	1.5%	3.0%

③ 1회에 인출할 수 있는 최고 한도는 인출 당시 해약환급금의 80%(편저 주 - 인출 당시의 보험료 납입액의 80% (X))를 초과할 수 없다.

13
정답 | ②

ㄱ. 옳은 설명이다.
ㄷ. 옳은 설명이다. 정태적 위험은 손실만을 발생시키는 순수위험적 성격을 가지고 있으며, 사회적인 것이 아닌 개인적인 위험으로 개별적 사건 발생은 우연적·불규칙적이나, 집단적으로 관찰 시 일정한 확률을 가지기 때문에 예측이 가능하여 대부분 보험의 대상이 된다.

오답 피하기

ㄴ. 주식투자, 복권, 도박 등은 투기적 위험에 해당하지만, 원칙적으로 순수위험이 보험 상품의 대상이 된다.
ㄹ. 고의적인 사기·방화는 동태적 위험이 아니라 정태적 위험에 해당한다. 그 외에는 모두 옳은 설명이다.

▶ **[정리- 편저 주] 정태적 위험과 동태적 위험**
① **정태적 위험**
 i) 시간에 따른 사회·경제적 변화와 관계없이 발생
 ii) 손실만을 발생시키는 순수위험적 성격
 iii) 개인적인 위험
 iv) 예측이 가능하여 대부분 보험의 대상이 됨.
 ex) 자연재해, 인적원인에 의한 화재·상해 등, 그리고 고의적인 사기·방화 등
② **동태적 위험**
 i) 시간경과에 따른 사회·경제적 변화와 관계가 있는 위험
 ii) 사회의 동적 변화에 따라 발생할 수 있는 불확실성
 iii) 위험의 영향이 광범위하며 발생 확률을 통계적으로 측정하기 어려움.
 iv) 경제적 손실을 발생시킬 가능성과 동시에 이익을 창출할 기회, 사업기회 등을 제공
 ⇒ 투기성 위험과 함께 보험의 대상이 되기 어려운 특성을 가짐.
 ex) 산업구조 변화, 물가변동, 생활양식 변화, 소비자 기호 변화, 정치적 요인 등

14
정답 | ①

① 옳은 내용이다.

오답 피하기

② 다자녀가구 할인은 두 자녀 이상을 둔 가구의 미성년(만19세 미만) 자녀가 피보험자인 계약에 한하여, 판매중인 보장성보험(2011. 1. 1. 이후 신규가입분부터 적용)에 가입하여 보험료의 자동이체 납입시 할인하는 제도이다.
③ 6개월이 아니라 3개월분 이상이다.
④ 무배당 win-win 단체플랜보험 2504 가입 시에 단체별 피보험자 수에 따라 주계약 보험료(특약보험료 포함)에 대해서 1~2%의 할인율을 적용하고 있다.

④ 옳은 내용이다.

📋 오답 피하기

① 순서가 바뀌었다. 지체없이 정하고 정한 다음에 10일 이내에 지급한다.

> **상법 제658조(보험금액의 지급)**
> 보험자는 보험금액의 지급에 관하여 **약정기간이 있는 경우**에는 **그 기간내에** 약정기간이 없는 경우에는 제657조제1항의 통지를 받은 후 **지체없이** 지급할 보험금액을 정하고 그 정하여진 날부터 **10일내**에 피보험자 또는 보험수익자에게 보험금액을 지급하여야 한다. 〈전문개정 1991. 12. 31.〉

② 보험계약의 부활에서도 고지의무와 승낙의제 및 승낙 전 사고담보는 동일하게 적용된다.

③ **실효된 이후 시점부터 부활될 때까지의 기간에 발생한 보험사고**에 대하여는 **보험자는 책임을 지지 않는다.**

16 정답 | ②

② 옳은 내용이다.

📋 오답 피하기

① 대상포진 및 통풍 등 **생활형 질병을 보장해주는 것은 무배당 우체국통합건강보험**임을 꼭 기억하자.

③ 우체국단체보장보험 2301의 **주계약, 무배당 단체재해사망특약 2501 및 무배당 단체질병사망특약 2501의 가입한도는 과학기술정보통신부 산하기관의 경우 4,000만원**으로 하지만, **무배당 단체입원의료비보장특약 2501, 무배당 단체통원의료비보장특약 2501의 가입한도는 그대로 1,000만원**이다.

④ **1종(일반가입)과 2종(간편가입)의 중복가입은 불가**하며, 다만, 순수형 및 환급형의 중복가입은 가입금액 이내에서 가능하다.

17 정답 | ③

③ 30, 15가 차례대로 들어간다.

> • 보험기간 만료일 ㉠30일 전까지 계약자에게 서면 또는 전화(음성녹음) 안내 (보험료 등 변경 내용) → 보험기간 만료일 ㉡15일 전까지 계약자의 별도 의사표시가 없으면 자동갱신

18 정답 | ④

④ 옳은 내용이다.

보험상품	가입나기
무배당 청소년꿈보험	만6~17세
무배당 그린보너스저축보험플러스	0세 이상
무배당 파워적립보험	0세 이상
무배당 우체국온라인저축보험	만19세~65세
무배당 알찬전환특약	0세 이상

19 정답 | ④

④ 옳은 설명이다.

📋 오답 피하기

① 계약자가 보장내용 **변경주기 종료일 전일(비영업일인 경우 전 영업일)**까지 재가입 의사를 표시 한 때에는 재가입 시점에서 체신관서가 판매하는 실손의료보험 상품으로 재가입이 가능하다.

② 재가입 전 계약의 보험료가 정상적으로 납입완료 되었을 때에만 재가입이 가능하다.

③ 계약자로부터 재가입 의사를 확인 하지 못한 경우에는 직전계약과 동일한 조건으로 보험계약을 자동 연장한다.

20 정답 | ③

③ 옳은 설명이다. (편저 주 - 든든한 하나 해약환급금 50% 지급형)

📋 오답 피하기

① 재해로 장해지급률 3~80% 미만 발생시 재해장해보험금이 지급되므로 재해장해보험금이 지급된다. 반면 사망보험금은 사망 또는 80% 이상 장해 발생시 지급된다.

② 180일 이상의 기간이라고 해야 한다.

④ 무배당 우체국나르미안전보험 2504는 개별 보험계약자가 단독으로 계약하고 보험료의 50%를 과기부장관으르부터 지원받을 뿐이다.

제 5 회

01	02	03	04	05	06	07	08	09	10
③	②	②	④	③	③	④	④	②	③
11	12	13	14	15	16	17	18	19	20
③	②	③	③	①	③	①	③	②	①

01
정답 | ③

③ 옳은 내용이다. 보장성보험이나 연금보험이 아닌 저축성 보험에 대한 공시의무가 있음을 유의한다.

📋 **오답 피하기**

① 순서가 바뀌었다. 모집종사자는 보험소비자에게 **보험계약 체결 권유 단계에 상품설명서를 제공**해야 하며, **보험계약 청약 단계에 보험계약청약서 부본 및 보험약관을 제공**해야 한다.

② 보험회사는 1년 이상 유지된 계약에 대해 보험계약관리내용을 연 1회 이상 보험소비자에게 제공해야 하며, 변액보험에 대해서는 분기별 1회 이상 제공해야 한다.

④ 가장 악의적인 보험범죄 유형으로 고의적인 살인·방화·자해 등으로 사고를 유발하여 보험금을 부정 편취하는 행위를 말한다.

> ▶ **정리**
> ㉠ 변액보험 – 분기별 1회 이상 보험계약 관리내용 제공
> ㉡ 저축성 보험 – 공시이율 적용한 해지환급금 및 적립금 공시
> ㉢ 의무보험 – 보험기간 만료 전 계약 갱신 등 안내

02
정답 | ②

② 옳은 내용이다.

▶ **예금자보호법에 의한 보험계약 보장(예금보험공사)**

구분	주요 내용
지급 사유	• 보험금 지급정지, 보험회사의 인가취소·해산·파산·제3자 계약이전 시 계약이전에서 제외된 경우
보호 대상	• 예금자(개인 및 **법인 포함**)
보장 금액	• 1인당 최고 1억원(원금 및 소정의 이자 합산) • 동일한 금융기관내에서 보호받을 수 있는 **총 합산 금액임**
산출 기준	• 해지환급금(사고보험금, 만기보험금)과 기타 제지급금의 합산금액 • 대출 채무가 있는 경우 이를 먼저 상환하고 남은 금액

구분	주요 내용
보험 상품별 보호 여부	• **보호상품** : 개인이 가입한 보험계약, 퇴직보험, 변액보험계약 특약 및 최저보증금, 예금자보호대상 금융상품으로 운용되는 확정기여형 퇴직연금제도 및 개인형 퇴직연금제도의 적립금, 원본이 보전되는 금전신탁 등 • **비보호상품** : 보험계약자 및 보험료납부자가 법인인 보험계약, 보증보험계약, 재보험계약, 변액보험계약 주계약, 확정급여형 퇴직연금제도의 적립금 등

📋 **오답 피하기**

① 생명보험 광고에 대한 심의를 받아야 하며, 「금융 소비자 보호에 관한 법률」에 따라 반드시 안내해야 하는 필수안내사항 및 금지사항 등을 준수해야 하는 것은 생명보험회사에 대한 것이다. 이와 달리 정부기관, 곧 우체국보험을 포함한 우정사업본부의 광고는 「정부기관 및 공공 법인 등의 광고시행에 관한 법률」에 따라 기본계획을 수립하고, 광고를 동법 시행령 제6조 (업무의 위탁)에 따라 정부광고 업무를 수탁한 한국언론진흥재단의 정부광고통합시스템에 의뢰하며 해당 시스템을 통해 소요경비를 지출한다.

③ 보험계약자와 피보험자, 그리고 보험수익자가 동일한 본인을 위한 보험상품의 경우에 인정된다. 보험금을 수령하기 위해서는 본인이 직접 보험금을 청구해야 하지만 치매 등 보험사고 발생으로 본인이 의식불명상태 등 스스로 보험금 청구가 현실적으로 어려운 상황이 발생할 수 있기 때문이다.

④ 자필서명 미이행은 부당행위의 유형으로 분류할 수 있다.

주요 유형	세부 유형
불완전 판매 (불/청/불/변)	• 약관 및 청약서 부본 미교부 • 고객불만 야기 및 부적절한 고객불만 처리 • 고객의 니즈에 부합하지 않는 상품을 변칙 판매
부당행위	• 자필서명 미이행 • 적합성원칙 등 계약권유준칙 미이행 • 약관상 중요 내용에 대한 설명 불충분 및 설명의무 위반 • 고객의 계약 전 알릴 의무 방해 및 위반 유도 • 대리진단 유도 및 묵인 • 약관과 다른 내용의 보험안내자료 제작 및 사용 • 특별이익 제공 또는 제공을 약속 • 보험료, 보험금 등을 횡령 및 유용 • 개인신용정보관리 및 보호 관련 중요사항 위반 • 보험료 대납, 무자격자 모집 또는 경유계약

03

정답 | ②

② 옳은 내용이다. 상해의 원인이 외래적인 것이라면 상해 자체가 신체의 내부나 외부 어디에서 발생하든 상관없기 때문이다.

오답 피하기

① 보험회사가 생명보험업이나 손해보험업에 해당하는 전 종목에 관하여 허가를 받았을 때는 제3보험업에 대해서도 허가를 받은 것으로 본다.
③ 상품당 2억원이 아니라 개인당 2억원이다. 손해보험회사에서 판매하는 질병사망 특약의 보험 기간은 80세 만기, 보험금액 한도는 개인당 2억원 이내로 부가할 수 있으며, 만기시 지급하는 환급금이 납입보험료 합계액 범위 내여야 하는 요건이 충족하는 경우 겸영이 가능하 다.
④ 급격성에 해당한다. 급격성이란 질병 또는 전신쇠약 등의 원인을 상해에서 제외하기 위한 개념이다.

04

정답 | ④

④ 옳은 내용이다. 피보험자가 150명인 경우 101인 이상이므로 2.0%의 할인율이 적용되므로 옳은 지문이다.

피보험자수	5인~20인	21인~100인	101인 이상
할인율	1%	1.5%	2.0%

오답 피하기

① 어린이 전용 종합의료보험이다.
② 당뇨보장개시일은 계약일[부활(효력회복)일]부터 그 날을 포함하여 1년이 지난 날의 다음 날로 한다.
③ 무배당 우체국암케어보험 2504는 주계약 암진단형 가입 시 우체국보험 암진단보험금 최고액 보장으로 암진단시 최대 4,000만원까지 보장해준다.

05

정답 | ③

③ 옳은 내용이다. [아래 정리 자료 참조]
▶ **사망보험금 선지급 비교**

> ① 무배당 우체국든든한건강종신보험 2506 - 주계약에서 3대질병 진단 시 사망보험금 100%를 선지급하여 치료자금 지원
> ② 무배당 우체국온라인정기보험 2504 - 생존기간 6개월 이내 판단시 사망보험금의 60%를 선지급

06

정답 | ③

③ 옳은 설명이다.

오답 피하기

① 과실에 의한 경우는 보험금 지급 면책 사유가 아니다. 중과실의 경우에도 마찬가지이다. 고의에 의한 사망의 경우에만 면책됨을 유의한다.
② 보험수익자 또는 보험계약자로부터 지급청구가 있는 경우 지급사유에 따라 즉시지급과 심사지급으로 구분한다.
④ 보험금 가지급제도라고 한다.

07

정답 | ④

④ 옳은 설명이다. 소비자가 설명을 원하지 않는 경우에는 설명의무가 면제될 수 있다.

오답 피하기

① 보험설계사 뿐만 아니라 보험회사의 임직원도 보험모집의 자격이 있다.
② 보험중개사는 보험대리점과 달리 계약체결권, 고지수령권, 보험료 수령권에 대한 권한이 없다.
③ 투자성 상품의 경우 금융소비자로부터 계약의 체결권유를 해줄 것을 요청받지 아니하고 방문·전화 등 실시간 대화의 방법을 이용하는 행위는 금지된다고 규정하고 있다

08

정답 | ④

④ 옳은 설명이다.

오답 피하기

① "환급금대출"이라 함은 보험계약이 차지될 경우에 계약자에게 환급할 수 있는 금액(이하 해약환급금)의 범위 내에서 계약자의 요구에 따라 대출하는 제도이다.
② 자동화기기(CD, ATM 등)에 의해 연체분 납입은 물론 선납도 가능하고, 환급금대출의 지급, 상환, 이자납입도 가능하다.
③ 무배당 우체국안전벨트보험 2504는 보장성 보험이므로 해약환급금의 최대 85% 이내에서 만원 단위로 대출이 가능하다.
▶ **보험종류별 대출금액**

구분	대출금액
1	연금 보험을 포함한 저축성 보험은 해약환급금의 최대 95% 이내 (즉시연금보험 및 우체국연금보험 1증은 최대 85% 이내)
2	보장성 보험은 해약환급금의 최대 85%이내 (실손보험 및 교육보험은 최대 80%이내)

09

정답 | ②

2021년에 기출된 내용이다. 한번에 조문을 암기하여야 하는 문제이다.

② 옳은 설명이다. 시행규칙 제15조의2

📖 **오답 피하기**

① 증권을 매입하는 때에는 예금자금 총액의 100분의 20 이내이다.

③ 장내파생상품을 거래하기 위한 위탁증거금 총액은 예금자금 총액의 100분의 1.5 이내이고, 장외파생상품을 거래하기 위한 기초자산의 취득가액 총액은 예금자금 총액의 100분의 20 이내로 한다.

④ 업무용 부동산의 보유한도는 자기자본의 100분의 60 이내로 한다.

> **제15조의2(증권 매입비율 등)** ① 법 제18조제1항제3호에 따라 「자본시장과 금융투자업에 관한 법률」에 따른 **증권을 매입하는 때에는** 같은 법 제4조제2항제2호에 따른 지분증권의 취득가액 총액을 예금자금 총액의 100분의 20 이내로 한다.
> ② 법 제18조제1항제4호에 따른 **금융기관에의 대여금액 총액**은 예금자금 총액의 100분의 5 이내로 한다.
> ③ 법 제18조제1항제5호에 따른 파생상품 거래 중 **장내파생상품**을 거래하기 위한 위탁증거금 총액은 예금자금 총액의 100분의 1.5 이내로 한다.
> ④ 법 제18조제1항제5호에 따른 파생상품의 거래 중 **장외파생상품**을 거래하기 위한 기초자산의 취득가액 총액은 예금자금 총액의 100분의 20 이내로 한다.
> ⑤ 법 제18조제1항제6호에 따른 **업무용 부동산의 보유한도**는 자기자본의 100분의 60 이내로 한다.

10

정답 | ③

모두 2024년에 새롭게 들어온 내용이다.

③ 옳은 내용이다.

📖 **오답 피하기**

① **신청기한**은 보험료 납입유예기간이 끝나는 날의 전 영업일까지이다.(편저 주 - 보험료 납입유예기간이 끝나는 날의 영업일까지 X) - 2024년에 새롭게 들어온 내용이다.

② 초회보험료(1회)를 제외한다.

④ 고객센터에 의할 경우 초회보험료를 납부할 수 없다.

11

정답 | ③

보험의 대상이 되는 불확실성(위험)의 조건으로 ① 다수의 동질적 위험단위, ② 우연적이고 고의성 없는 위험, ③ 한정적 측정가능 손실, ④ 측정 가능한 손실확률, ⑤ 비재난적 손실, ⑥ 경제적으로 부담 가능한 보험료 수준을 들 수 있다.

③ 보험회사 혹은 인수집단의 능력으로 보상이 가능한 규모의 손실이어야 한다는 것은 비재난적 손실에 대한 내용이다. 다만, 위험분산기법 발달, 보험사의 대규모화 등으로 전가 가능 위험의 범위가 확대되는 추세이다.

12

정답 | ②

② 옳은 설명이다. 甲은 근로소득을 포함한 종합소득이 5,000만원이므로 연금저축계좌에 납입한 금액 600만원 한도에서 12%의 연금계좌 세액공제를 받는다.

▶ **연금계좌 세액공제 납입한도 및 공제율**

종합소득금액 (근로소득만 있는 경우 총급여액)	세액공제 대상 납입한도 (퇴직연금 합산시)	공제율 (지방소득세 미포함)
4천 500만원 이하 (5천 500만원 이하)	600만원 (900만원)	15%
4천 500만원 초과 (5천 500만원 초과)		12%

📖 **오답 피하기**

① 일용근로자를 제외한 근로소득자가 기본공제대상자를 피보험자로 하는 일반 보장성보험에 가입한 경우 과세 기간에 납입한 보험료(100만원 한도)의 12%(지방소득세 별도)에 해당되는 금액을 종합소득산출세액에서 공제받을 수 있다.

③ 태아는 기본공제대상자에 해당하지 않는다.

④ 최초 연금지급개시 이후 사망일 전에 중도 해지할 수 없는 계약이어야 한다.

13

정답 | ③

③ 옳은 내용이다. 후단의 설명은 2022년 기출지문이기도 하다.

📖 **오답 피하기**

① **비영업일을 포함**하여 가입설계일로부터 10일 이내에 한하여 전자청약을 할 수 있다. 비영업일을 포함한다는 점이 특이한 경우임을 유의한다. 2022년 기출지문이기도 하다.

② 보험계약자가 아니라 모집자의 태블릿 PC를 통해 One-Stop으로 편리하게 보험계약을 체결할 수 있는 서비스이다.

④ 태블릿청약서비스가 이용 가능한 계약은 **계약자가 성인**이어야 한다.

14

③ 옳은 내용이다. 2017년 5월 18일 이전 계약은 <u>갱신 직전 보험기간동안</u> 보험금이 지급되지 않은 경우 적용된다.

오답 피하기

① 계약 유지업무의 <u>좁은 의미로는</u> 넓은 의미의 계약유지업무에서 <u>청약업무와 (사고)보험금 지급업무를 제외한</u> 즉시지급(해약, 만기, 중도금), 환급금대출, 보험료 수금, 계약사항 변경·정정, 납입 최고(실효예고안내) 등 일부사무를 뜻한다.

② 전단의 설명은 맞지만, 그 이후의 기간에 대한 보험료의 자동대출 납입을 위해서는 재신청을 하여야 하며, <u>별도의 의사표시가 없다고 자동 연장되는 것은 아니다.</u>

④ <u>승낙이 아니라 청약할 날까지의 연체 보험료와 이자를 납입</u>해야 한다.

15

① 옳은 설명이다.

오답 피하기

② 무배당 우체국간편실손의료비보험(갱신형) 2504는 <u>5세부터 90세까지</u> 가입이 가능한 상품이다. 후단의 설명은 맞다.

③ 전단의 설명은 맞지만, 무배당 임신질환진단특약 2504의 가입 나이는 <u>17~45세(임신 22주 이내) 산모</u>이다.

④ 전단의 설명은 맞지만, 무배당 win-win단체플랜보험 2504는 주계약에서 <u>재해장해보험금만을 보장</u>하므로 어린이 단체를 위한 화상, 식중독, 깁스 등은 별도의 특약에서 보장한다.

16

③ 30 + 30 + 15 + 30 + 45 + 3 = 153이다.

- 체신관서는 계약의 청약을 받고, 제1회 보험료를 받은 경우에 청약일로부터 ㉠30일 이내에 계약을 승낙 또는 거절하여야 한다.
- 만일 ㉡30일 이내에 승낙 또는 거절의 통지를 하지 않으면 계약은 승낙된 것으로 본다.
- 보험계약자는 보험가입증서(보험증권)를 받은 날부터 ㉢15일 이내에 그 청약을 철회할 수 있다.
- 다만, 전문보험계약자가 체결한 계약과 청약한 날부터 ㉣30일이 초과되거나 전화를 통해 가입하는 계약 중 계약자의 나이가 만 65세 이상인 경우에는 ㉤45일이 초과된 계약은 청약을 철회할 수 없다.
- 보험계약자가 청약을 철회한 때에는 체신관서는 청약의 철회를 접수한 날부터 ㉥3일 이내에 납입한 보험료를 반환한다

17

① 옳은 것은 ㉠이다. 아래 표 참조

구분	1단계 (할인)	2단계 (유지)	3단계 (할증)	4단계 (할증)	5단계 (할증)
보험료 갱신 전 12개월 이내 기간 동안 보험금 지급실적(원)	0원 (보험금 지급 실적 없음)	㉠0 초과 ~ 100만 미만	㉡100만 0 상 ~ 150만 미만	㉢150만 이상 ~ 300만 미만	㉣300만 이상
요율 상대도	할인	100%	200%	300%	400%

18

③ 주계약이 암보장형, 2대질병보장형으로 구성된 것은 무배당 우체국더간편건강보험(갱신형) 2504이다.

19

② 옳은 내용이다. 상법 제654조

오답 피하기

① 일반단체 계약과 모든 순수보장성 보험은 보험료 자동대출 납입제도의 신청이 불가한 대상이다.

③ 계속보험료 실시간이체는 <u>자동이체 약정여부에 관계없이</u> 처리가 가능하며, 계약 상태가 정상인 계약만 가능하다.

④ 전단의 설명은 맞지만, 보험계약자 1인당 가입한도는 <u>저축성보험종류(연금보험 포함)</u>에 한하여 실시한다.

20

① 옳은 설명이다. <u>이 화상아, 이식충아는 0~10세이다.</u>

오답 피하기

②, ③, ④ 무배당 단체골절치료특약 2504, 무배당 단체재해입원특약 2504, 무배당 단체깁스치료특약 2504는 모두 가입 나이가 0~70세이다.

제 6 회

01	02	03	04	05	06	07	08	09	10
③	④	②	④	②	④	①	②	③	①
11	12	13	14	15	16	17	18	19	20
①	①	④	③	④	③	①	④	②	④

01
정답 | ③

ⓛ, ⓒ, ⓔ 옳은 내용이다.

오답 피하기

㉠ 태블릿청약서비스가 이용 가능한 계약은 보험계약자가 성인이어야 한다. 단, 이전형 상품, 종피보험자가 있는 상품, 일부 공익형 상품은 태블릿청약이 불가하다.

02
정답 | ④

④ 옳은 내용이다.

오답 피하기

① 보험계약의 변경 중 보험가입금액 감액의 경우 그 감액된 부분은 해지된 것으로 보며, 이 경우 해약환급금을 계약자에게 지급한다.

② 세제혜택이 있는 세제적격 연금저축보험의 가입자 사망 시 배우자(상속인)가 상속을 통해 계약을 유지할 수 있으며, 가입자가 사망한 날이 속하는 달의 말일부터 6개월 이내 신청해야 한다.

③ 보험계약자는 언제든지 보험수익자 변경이 가능하며, 타인의 생명보험(계약자≠피보험자)인 경우 보험수익자 변경 시에는 피보험자의 동의가 필요하다.

03
정답 | ②

② 옳은 내용이다.

오답 피하기

① 사망을 보험금 지급 사유로 하는 계약에서 서면으로 동의를 한 피보험자는 계약의 효력이 유지되는 기간에는 언제든지 서면동의를 장래를 향하여 철회할 수 있다.

③ 보험사고 발생 후 보험수익자를 변경한 경우 보험금은 변경 전 보험수익자에게 지급하여야 한다.

④ 보험계약자, 피보험자 또는 보험수익자가 고의로 보험금 지급사유를 발생시킨 경우 체신관서는 그 사실을 안 날부터 1개월 이내에 계약을 해지할 수 있다.

04
정답 | ④

④ 옳은 내용이다.

오답 피하기

① 무배당 청소년꿈보험 2504는 일시납만 존재한다.

② 일반형과 비과세종합저축형 모두 예치형과 월납형이 존재한다.

③ 무배당 파워적립보험 2504는 1종(만기목돈형)은 3년, 5년, 10년 만기로 구성되고, 2종(이자지급형)은 10년 만기로 구성된다.

05
정답 | ②

② 불공정영업행위의 금지(제20조) 행위에 해당하는 것은 ㉠, ㉢, ㉣ 3개이다.

오답 피하기

ⓛ, ⓒ 부당권유행위 금지(제21조) 행위에 해당한다.

▶ **부당권유행위 금지(제21조)**
- 불확실한 사항에 대하여 단정적 판단을 제공하거나 확실하다고 오인하게 할 소지가 있는 내용을 알리는 행위
- 금융상품의 내용을 사실과 다르게 알리는 행위
- 금융상품의 가치에 중대한 영향을 미치는 사항을 미리 알고 있으면서 금융소비자에게 알리지 아니하는 행위
- 금융상품 내용의 일부에 대하여 비교대상 및 기준을 밝히지 아니하거나 객관적인 근거 없이 다른 금융상품과 비교하여 해당 금융상품이 우수하거나 유리하다고 알리는 행위
- 금융소비자가 보장성 상품 계약의 중요한 사항을 금융상품직접판매업자에게 알리는 것을 방해하거나 알리지 아니할 것을 권유하는 행위
- 금융소비자가 보장성 상품 계약의 중요한 사항에 대하여 부실하게 금융상품직접판매업자에게 알릴 것을 권유하는 행위
- 내부통제기준에 따른 직무수행 교육을 받지 않은 자로 하여금 계약체결 권유와 관련된 업무를 하게하는 행위
- 적합성 원칙에 따라 파악한 일반금융소비자의 정보를 조작하여 권유하는 행위
7. 그 밖에 금융소비자 보호 또는 건전한 거래질서를 해칠 우려가 있는 행위로서 대통령령으로 정하는 행위

06
정답 | ④

④ 옳은 내용이다.

오답 피하기

① 연금저축보험을 중도에 해지하는 경우에는 분리과세를 적용한다.

② 연간 연금액이 1,500만원 이하인 경우에는 분리과세 할 수 있고, 1,500만원을 초과하면 종합과세를 또는 15% 분리과세를 선택할 수 있다.

③ 연간 연금액이 연금수령한도를 초과하는 경우, 그 초과금액은 연금 외 소득으로 간주하여 기타소득세(지방소득세 포함 16.5%)를 부과한다.

07

① 옳은 내용이다.

오답 피하기

② 보험안내자료 준수사항은 방송·영화·연설 그 밖의 방법으로 모집을 위하여 우체국보험의 자산 및 부채에 관한 사항과 장래의 이익의 배당 또는 잉여금의 분배에 대한 예상에 관한 사항을 불특정인에게 알리는 경우에 이를 준용한다.

③ 보험계약 체결을 권유하는 경우 계약의 취소 및 무효에 관한 사항을 설명하여야 한다.

④ 우체국보험계약을 체결한 실적이 있는 보험계약자 또는 피보험자(통신수단을 이용한 모집당시 보험계약이 유효한 자에 한함)는 통신수단을 이용하여 모집할 수 있는 대상자에 해당한다.

08
정답 | ②

② 옳은 내용이다.

오답 피하기

① 단체보험계약자는 전문보험계약자로서 전문보험계약자가 체결한 계약은 청약을 철회할 수 없다.

③ 모집자가 청약시 3대 기본지키기를 이행하지 않았을 경우에는 계약자는 취소권을 행사할 수 있다. 외형상 계약은 성립되어있으나 법률상 그 효력이 처음부터 발생하지 않는 것은 무효이다.

> **▶ 3대 기본 지키기**
> ① 보험계약자 및 피보험자의 자필서명
> ② 약관 및 청약서 부본 전달
> ③ 약관의 주요 내용 설명

④ 보험계약자가 청약을 철회한 때에는 체신관서는 청약의 철회를 접수한 날부터 3일 이내에 납입한 보험료를 반환한다.

09
정답 | ③

③ 옳은 내용이다.

오답 피하기

① 우체국보험 계약유지는 보험계약이 장기성이라는 특성을 가지기 때문에 중요한 의미를 가진다. 장기의 보험기간 동안 고객에게 생기는 여러 가지 사정의 변경에 대해 보험회사가 적절히 대응하여 고객을 돌볼 때, 생명보험 본래의 목적을 달성할 수 있다. 따라서, 보험계약 유지기간 동안 고객의 사정 변경에 대응하여 고객의 니즈를 충족시키기 위해서 계약유지업무가 필요하다.

② 좁은 의미로는 넓은 의미의 계약유지업무에서 **청약업무와 (사고)보험금 지급업무를 제외**한 즉시지급(해약, 만기, 중도금), 보험료수납, 계약사항 변경·정정, 납입 초고(실효예고안내) 등 일부사무를 뜻한다.

④ 자동화기기(CD, ATM 등)에 의한 보험료를 납입할 경우 연체분 납입은 물론 선납도 가능하다.

10
정답 | ①

① 옳은 내용이다.

오답 피하기

② 즉시지급 대상 보험금에는 생존보험금, 해약환급금, 연금, 학자금, 계약자배당금 등이 있다. 즉 계약자배당금은 즉시지급의 대상이 된다.

③ 후단의 설명은 맞지만, 체신관서가 보험금 청구서류를 접수한 때에는 접수증을 교부하고 휴대전화 문자메세지 또는 전자우편 등으로도 송부하며, 그 서류를 접수한 날부터 3영업일 이내에 보험금을 지급하거나 보험료 납입을 면제한다.

④ 피보험자가 심신상실 등으로 자유로운 의사결정을 할 수 없는 상태에서 자신을 해친 경우나 계약의 보장개시일(부활(효력회복)계약의 경우는 부활(효력회복)청약일)부터 2년이 지난 후에 자살한 경우에는 보험금을 지급하거나 보험료 납입을 면제한다.

11
정답 | ⊙

① 옳은 내용이다.

오답 피하기

② 보험계약은 보험계약자의 청약과 동시에 최초보험료를 미리 납부하는 것이 보험거래의 관행이므로 보험계약은 요물계약처럼 운용되고 있다. 그러나 보험계약은 본질적으로 낙성계약이므로, 보험료의 선납이 없어도 보험계약은 유효하게 성립된다. 다만 최초보험료의 납부 없이는 보험자의 책임이 개시하지 않는다.

③ 보험계약에서는 선의계약성 실현을 위해 고지의무, 위험변경·증가의 통지의무, 고의나 중과실 사고에 대한 보험자면책, 사기로 인한 초과보험 무효, 손해방지의무, 보험자대위 등의 규정을 두고 있다. 그러나 보험자의 보험약관설명의무는 보험계약자측을 보호하기 위한 것으로 선의계약성과는 관계가 없다.

④ 보험기간과 보험료 납입기간이 일치하는 경우를 전기납, 보험료 납입기간이 보험기간보다 짧은 경우를 단기납이라고 한다.

12

정답 | ①

① 순서대로 ㉠ 승환계약 금지, ㉡ 경유계약 금지라고 해야 한다.

> ▶ 「생명보험 공정경쟁질서 유지에 관한 협정」에서 정한 준수사항
>
> □ 작성계약 금지
> ◦ 보험회사는 보험계약자의 청약이 없음에도 보험모집자가 계약자 또는 피보험자의 명의를 가명·도명·차명으로 보험계약 청약서를 임의로 작성하여 성립시키는 계약을 하지 못하도록 하여야 한다.
>
> □ 경유계약 금지
> ◦ 보험회사는 보험모집자 본인이 모집한 계약을 타인의 명의로 처리하지 못하도록 하여야 한다.
>
> □ 승환계약 금지
> ◦ 기존 보험계약을 부당하게 소멸시킴으로써 새로운 보험계약을 청약하게 하거나, 새로운 보험계약을 청약하게 함으로써 기존 보험계약을 부당하게 소멸시키는 행위, 그 밖에 부당하게 보험계약을 청약하게 하는 행위를 하여서는 아니된다.

13

정답 | ④

④ 옳은 내용이다.(법률 제33조 제1항, 2항)

오답 피하기

① 체신관서는 천재지변, 전쟁, 그 밖의 변란(變亂)으로 인한 보험사고가 발생한 경우 보험금의 감액지급률은 지급하여야 할 보험금의 100분의 50의 범위에서 보험사고의 발생률 등을 고려하여 우정사업본부장이 정한다. (시행규칙 제55조 제2항)

② 과학기술정보통신부장관은 보험계약자 등의 복지증진을 위하여 의료·휴양 등에 필요한 시설을 설치할 수 있으며, 이에 따른 시설은 보험계약자 등 외의 자에게도 이용하게 할 수 있다. (법률 제47조 제1항)

③ 보험계약자등이 보험계약 체결 당시 이미 보험사고가 발생하였거나 발생할 수 없는 것임을 알고 한 보험계약은 무효로 한다. (법률 제36조)

14

정답 | ③

③ 보험기간 만기일이 비영업일인 경우는 그 다음 업무 개시 영업일까지 가능하며 계약해지(효력상실) 후 3년 이내라도 만기일이 경과하면 부활이 불가능하다.

오답 피하기

①, ②, ④ 모두 옳은 내용이다.

15

정답 | ④

④ 옳은 내용이다.

오답 피하기

① 납입중지 상태에서도 신규·추가 환급금대출 및 원리금 상환은 가능하다.

② 모두 보험료 자동대출 납입제도의 신청을 할 수 없는 경우이다.

▶ 보험료 자동대출 납입 신청불가 대상

종류	대상
1	모든 순수보장성 보험, 어깨동무보험 3종(상해보장형), 평생OK보험* * 평생OK보험의 경우 환급금대출은 가능하나 자동대출납입 신청은 불가
2	실효(보험료납입 연체로 인한 계약 해지)계약, 납입완료(면제)계약, 환급금대출(이자) 기연체자
3	계약내용 변경/정정, 사고지급 등 계류 중인 계약
4	일반단체 계약

③ 환급금대출이 있는 계약은 대출이자(최종상환일로부터 부활신청일까지) 납부 후 부활 청약이 가능하다.

16

정답 | ③

③ 옳은 내용이다. 무배당 우체국온라인저축보험 2504는 1년납, 3년납, 5년납, 10년납 모두 최저 금액이 1만원이다.

오답 피하기

① 무배당 그린보너스저축보험플러스 2504의 적립형의 최소금액은 10만원이다.

② 무배당 파워적립보험 2504의 적립형의 최소금액은 5만원이다.

④ 무배당 알찬전환특약 2504는 일시납만 존재한다.

17

정답 | ①

① 암보장형과 2대질병보장형으로 구분 + 2가지 간편고지인 것은 무배당 우체국더간편건강보험(갱신형) 2504이다.

18 정답 | ④

④ 옳은 내용이다.

① 전단의 설명은 맞지만, 중증 뇌심(뇌출혈, 급성심근경색증) 진단 보장 및 일반적인 질병·재해로 인한 입원·수술까지 보장하는 것은 일반형이다.
② 후단의 설명은 맞지만, 무배당 우체국든든한건강종신보험 2506은 주계약에서 3대질병 진단 시 사망보험금 100%를 선지급하여 치료자금을 지원한다.
③ 고객기반 설계가 가능하도록 중증부터 경증질환까지 보장을 강화한 1종(보장강화형)과 기본 보장하는 형태의 2종(기본보장형)으로 이원화한 상품은 무배당 우체국뇌심케어보험 2506이다.

19 정답 | ②

㉠, ㉢, ㉣ 모두 옳은 내용이다.

㉡ 무배당 더든든한우체국자녀지킴이보험 2504에서 무배당 선천이상특약Ⅱ 2504, 무배당 신생아보장특약 2504는 의무부가 but 무배당 산모보장특약 2504는 선택부가한다.

> ▶ 의무적으로 부가해야 하는 특약
> (1) **무배당 우체국암케어보험 2406** - 무배당 소액암진단특약Ⅳ 2504는 주계약 암진단형 가입 또는 무배당 암진단특약Ⅳ 2406 가입시 부가 가능(의무부가)
> ◦ **무배당 더든든한우체국자녀지킴이보험 2504** - 무배당 선천이상특약Ⅱ 2504, 무배당 신생아보장특약 2504는 의무부가 but 무배당 산모보장특약 2504는 선택부가
> ◦ **무배당 우체국급여실손의료비보험(갱신형) 2504** - 무배당 비급여실손의료비특약(갱신형) 2504[상해형, 질병형, 3대비급여형](의무부가)
> ◦ **무배당 우체국실손의료비보험(계약전환·단체개인전환·개인중지재개용)(갱신형) 2504** - 무배당 비급여실손의료비특약(계약전환·단체개인전환·개인중지재개용)(갱신형) 2504[상해형, 질병형, 3대비급여형] (의무부가)
> ◦ **무배당 우체국간병비보험 2504** - 주계약 가입시 (무)입원간병인사용특약(10년갱신형) 2504를 의무부가 함 / 주계약 가입시 (무)입원간병인미사용특약(10년갱신형) 2504를 의무부가 함 (다만, 1종은 1종끼리, 2종은 2종끼리 의무부가)
> ◦ **무배당 우체국온라인어린이보험 2504** - 무배당 선천이상특약Ⅱ 2504 (의무부가)

20 정답 | ④

④ 옳은 내용이다.

① 무배당 우체국보너스팡팡연금보험 2511의 가입 나이는 기본형의 경우 일시납과 월납 모두 0세부터 가입이 가능하지만, 연금강화형은 일시납의 경우 10세부터 가능하지만, 월납의 경우 40세부터 가입이 가능하다.

구분	가입나이
기본형	일시납 : 0~(A-5)세
	월납 : 0~(A-10)세
연금강화형	일시납 : 10~(A-5)세
	월납 : 40~(A-10)세

② 무배당 우체국보너스팡팡연금보험 2511은 제1보험기간에는 재해장해보험금을 보장하고, 제2보험기간에 생존연금을 지급한다.
③ 전단의 설명은 맞지만, 5년납의 경우 기본보험료가 30만원보다 클 경우 기본보험료 30만원 초과분의 1.5%를 적립한다.

제 7 회

01	02	03	04	05	06	07	08	09	10
③	③	③	①	①	③	②	④	④	④
11	12	13	14	15	16	17	18	19	20
④	①	③	④	③	②	②	②	②	①

01
정답 | ③

③ 전자청약이 불가한 경우는 ㉠, ㉡, ㉢, ㉣, ㉤ 5개이다. **타인계약**(보험계약자와 피보험자가 다른 경우 또는 피보험자와 보험수익자가 다른 경우), 계약관계자가 미성년자인 계약, 첨부서류 제출이 필수인 계약, 다자녀할인 및 법인계약은 전자청약이 불가하다. 반면, **태블릿청약서비스**가 이용 가능한 계약은 보험계약자가 성인이어야 한다. 단, 이전형 상품, 종피보험자가 있는 상품, 일부 공익형 상품은 태블릿청약이 불가하다. (이/종/공)

02
정답 | ③

③ 옳은 내용이다.

📑 **오답 피하기**

① 계약유지업무는 보험계약의 보험기간의 장기성(長期性)으로 인해 필요한 것이다.
② 보험료의 납입기간에 따라 전기납, 단기납으로 분류된다. 반면, 연납, 월납, 일시납은 보험료 납입주기에 따른 것이다.
④ 우체국보험의 보험료 카드납부 취급대상은 TM, 온라인(인터넷, 모바일)을 통해 가입한 보장성 보험계약 및 2021년 이후 신규 출시한 대면채널의 보장성 보험계약에 한해 처리가 가능하다.

03
정답 | ③

③ 옳은 내용이다. 1종의 10년 만기 상품에 납입기간이 5년과 전기납이 있고, 2종은 10년 만기이면서 납입기간이 5년이기 때문이다. 과거 유사한 문제가 어렵게 출제되었다.

📑 **오답 피하기**

① 보험계약자는 과학기술정보통신부장관으로 한다.
② 전단의 설명은 맞지만, 후단의 설명이 틀렸다. 10년 만기 상품은 전기납 뿐만 아니라 5년납도 존재한다.
④ 무배당 우체국온라인저축보험 2504의 보험기간은 1, 3, 5, 10년 만기 상품으로 구성되어 있으며 모두 전기납이 있다.

04
정답 | ①

① 금융상품판매업자등 또는 그 임직원이 업무와 관련하여 편익을 요구하거나 제공받는 행위는 불공정영업행위의 금지로 규정된 내용이고, 나머지는 모두 부당권유행위 금지(제21조)에 해당한다.

> ▶ **불공정영업행위의 금지(제20조)**
> – 금융소비자의 의사에 반하여 다른 금융상품의 계약체결을 강요하는 행위
> – 부당하게 담보를 요구하거나 보증을 요구하는 행위
> – 금융상품판매업자등 또는 그 임직원이 업무와 관련하여 편익을 요구하거나 제공받는 행위
> – 연계·제휴서비스등이 있는 경우 연계·제휴서비스 등을 부당하게 축소하거나 변경하는 행위.
> – 그 밖에 금융상품판매업자등이 우월적 지위를 이용하여 금융소비자의 권익을 침해하는 행위

05
정답 | ①

① 옳은 내용이다. 직계 존·비속 이외 4촌 이내의 혈족, 3촌 이내의 인척은 1,000만원으로 26년 공고에서 변경되었으므로 직계 존·비속 이외 6촌인 경우에는 공제가 없다.

📑 **오답 피하기**

② 순금융재산금액이 2천만원 초과인 경우 금융재산 상속공제액은 순금융재산가액의 20% 또는 2천만원 중 큰 금액으로 한도는 2억원이다.
③ 「상속세 및 증여세법 제46조(비과세되는 증여재산)」에 의한 장애인을 보험금수취인으로 하는 보험 가입시, 장애인이 수령하는 보험금에 대해서는 연간 4,000만원을 한도로 증여세가 비과세된다.
④ 상속재산의 과세표준이 6억원인 경우 상속세는 1억원까지 10%이므로 1천만원, 1억원 초과 5억원까지는 20%이므로 8천만원, 5억원 초과 6억원까지는 30%이므로 3천만원이다. 따라서 1억 2천만원이다.

06
정답 | ③

③ 옳은 내용이다. (불/청/불/변)

📑 **오답 피하기**

① 분쟁조정 신청일 이후 30일 이내로 합의가 이루어지지 않는 경우 금융감독원장은 지체없이 이를 금융분쟁조정위원회로 회부해야 한다. 금융분쟁조정위원회는 조정 회부로부터 60일 이내 이를 심의하여 조정안을 마련해야 한다.
② 집종사자는 보험소비자에게 **보험계약 체결 권유 단계에** 상품설명서를 제공해야 하며, **보험계약 청약 단계에** 보험계약청약서 부본 및 보험약관을 제공해야 한다.

④ 보험가입 내역은 보험가입조회제도를 통해 생명보험과 손해보험에 대해 확인이 가능하나 우체국, 새마을금고 등 공제보험의 가입내역은 조회할 수 없다.

07
정답 | ②

② 옳은 내용이다. 교육과정(사이버교육)을 이수하고 우정사업본부장, 지방우정청장 또는 우체국장이 실시하는 보험관련 집합교육을 20시간 이상 이수한 자는 자격 요건을 부여한다.

🗐 오답 피하기

① 우체국장은 우체국FC에게 우체국보험 계약체결의 중개업무를 위탁한다.
③ 직원 중 보험모집 자격요건을 충족한 자의 경우라도 최근 1년간 보험모집 신계약 실적이 없는 자는 직원의 보험모집을 제한하여야 한다.
④ 보험모집 등과 관련하여 법령, 규정 및 준수사항 등을 위반하여 보험모집 자격을 상실한 후 3년이 경과되지 아니한 자는 우체국FC 등록 제한자에 해당한다.

08
정답 | ④

④ 옳은 내용이다.

🗐 오답 피하기

① 보험사가 위험을 선택하는 것은 발생위험의 개연성이 높은 사람일수록 보험가입에 대한 선호도가 높고 보험에 가입하고자 하는 성향이 높기 때문이다.
② 보험계약자가 후견인일 경우에는 후견인란의 자필서명 생략이 가능하다.
③ 피보험자 담보별 가입한도 제도는 보장내용에 따라 피보험자 1인당 과도한 가입을 제한하여 역선택을 예방함으로써 우체국 보험사업의 건전성을 도모하가 위한 것이다.

09
정답 | ④

④ 옳은 설명이다.

🗐 오답 피하기

① 창구로 납부하는 경우에는 모두 가능하다.
② TM으로는 초회보험료 납부만 가능하고, 계속보험료를 납부할 수는 없다.
③ 반대로 서술되어 있다. 고객센터를 통해서는 초회보험료 납부를 제외한 계속보험료를 납부가 가능하다.

채널 구분		초회 보험료 (즉시 이체)	계속보험료		자동이체 (신청·변경·해지)
			즉시이체(1회성)		
			납부	취소 (당일)	
대면	창구	○	○	○	○
비대면	TM	○	X	X	X
	온라인	○	○	X	○
	고객센터	X	○	○	○

10
정답 | ④

④ 옳은 내용이다. 취소와 무효의 사유를 구별한다.

🗐 오답 피하기

① 보험 계약이 무효가 된 경우 보험 계약자·피보험자·보험수익자가 선의이며 중과실이 없을 경우 보험료의 전부 또는 일부의 반환을 청구할 수 있다. 즉 과실이 있는 경우에도 보험료의 전부 또는 일부를 반환받을 수 있다.
② 만 15세 미만자, 심신상실자 또는 심신박약자의 사망을 보험사고로 하는 보험계약은 무효로 한다. 이들의 서면에 의한 동의를 받아도 역시 무효이다. 다만, 심신박약자가 보험계약을 체결하거나 소속 단체의 규약에 따라 단체보험의 피보험자가 될 때 의사능력이 있는 경우에는 무효가 아닌 것으로 한다.
③ 보험사고의 발생으로 손해가 발생하고 보험금액의 전부를 지급한 경우 원칙적으로 보험계약은 목적의 달성에 의하여 소멸할 뿐이지 보험계약이 무효인 것은 아니다.

11
정답 | ④

④ 옳은 내용이다. 26년 공고에서 추가된 내용이다.

🗐 오답 피하기

① 연생보험이란 피보험자 2인 중 1인의 사망을 보험사고로 하여 다른 1인이 보험금액을 지급받기로 하는 생경보험이 대표적인 예이다.
② 질병 또는 전신쇠약 등의 원인을 상해에서 제외하기 위한 개념은 상해사고에서 '급격성'이다.
③ 실손의료보험은 피보험자가 질병·상해로 입원(또는 통원) 치료를 하게 될 경우 실제 부담하게 되는 의료비('국민건강보험 급여 항목 중 본인부담액' + '비급여 항목'의 합계액)의 일부를 보험회사가 보상하는 상품이다.

12
정답 | ①

① 옳은 내용이다.(시행규칙 제60조의2)

오답 피하기

② 보험의 종류별 명칭의 변경은 보험계약의 효력이 발생한 후 2년이 지나야 한다.(시행규칙 제45조)

③ 우정사업본부장은 보험계약자가 한꺼번에 3개월분 이상 의 보험료를 선납(先納)하는 경우에는 그 보험료를 할인할 수 있다.(시행규칙 제48조 제1항)

④ 보험료 납입 유예기간은 해당 월분 보험료의 납입기일부터 납입기일이 속하는 달의 다음 다음 달의 말일까지로 한다. 다만, 유예기간의 만료일이 공휴일인 경우에는 그 다음 날까지로 한다. (시행규칙 제50조)

13
정답 | ③

③ 옳은 내용이다.

오답 피하기

① 전단의 설명은 맞지만, 무배당 우체국하나로OK건강종신 보험 2504는 간편가입형을 운영하고 있지 않다.

② 무배당 우체국급여실손의료비보험(갱신형) 2504는 입원·통원 합산 5천만원, 통원(외래 및 처방 합산) 회당 20만원 까지 보장하는 의료비 전문보험이다.

④ 무배당 우체국더든든한자녀지킴이보험 2504는 장해, 골절, 깁스 등 재해관련 일상생활 위험을 주계약에서 기본적으로 보장한다.

14
정답 | ④

④ 옳은 내용이다.

오답 피하기

① 체신관서는 보험계약자 또는 피보험자가 약관 및 상법상의 "고지의무"에도 불구하고, 고의 또는 중대한 과실로 중요한 사항에 대하여 사실과 다르게 알린 경우에는 체신관서가 별도로 정하는 방법에 따라 계약을 해지하거나 보장을 제한할 수 있다.

② 계약을 체결한 날부터 3년이 지났을 때에는 고지의무 위반을 이유로 보험계약을 해지하지 못한다.

③ 고지의무를 위반한 사실이 보험금지급사유 발생에 영향을 미쳤음을 보험자가 증명하지 못하는 경우에는 해당보험금을 지급한다.

15
정답 | ③

③ 옳은 내용이다.

오답 피하기

① 보험료의 납입방법과 보험계약자 변경은 계약내용의 변경 대상이 되지만, 보험종목 및 보험료 납입기간 변경은 불가하다.

> ▶ 계약내용의 변경
> ① 보험료의 납입방법
> ② 보험가입금액의 감액 (편저 주 – 증액 X)
> ③ 보험계약자
> ④ 기타 계약의 내용(단, 보험종목 및 보험료 납입기간의 변경은 제외)

② 2001.1.1. 이후 체결된 연금저축 계약(세제혜택이 있는 세제적격 연금저축보험)의 가입자 사망 시 배우자(상속인)가 상속을 통해 계약을 유지할 수 있으며, 가입자가 사망한 날이 속하는 달의 말일부터 6개월 이내 신청해야 한다.

④ 보험계약자는 언제든지 보험수익자 변경이 가능하며, 타인의 생명보험(계약자≠피보험자)인 경우 보험수익자 변경 시에는 피보험자의 동의가 필요하다.

16
정답 | ②

② 3+0.5+1.0+6+3=13.5이다.

> ◦ 체신관서가 보험금 청구서류를 접수한 때에는 접수증을 교부하고 휴대전화 문자메세지 또는 전자우편 등으로도 송부하며, 그 서류를 접수한 날부터 ㉠3영업일 이내에 보험금을 지급하거나 보험료 납입을 면제한다.
> ◦ 다자녀가구 할인의 경우 할인율은 두 자녀 ㉡0.5%, 세 자녀 이상 ㉢1.0%로 차등 적용되며, 자동이체 할인과 중복할인이 가능하다.
> ◦ 사망보험금 선지급은 해당 약관 〈선지급서비스특칙〉에 의거 보험기간 중에 「의료법 제3조(의료기관) 제2항」에서 정한 종합병원의 전문의 자격을 가진 자가 실시한 진단결과 피보험자의 남은 생존기간이 ㉣6개월 이내라고 판단한 경우에 체신관서가 정한 방법에 따라 사망보험금액의 60%를 선지급사망보험금으로 피보험자에게 지급하는 제도이다.
> ◦ 보험금청구권, 보험료 반환청구권, 해약환급금청구권 및 책임준비금 반환청구권은 ㉤3년간 행사하지 않으면 소멸시효가 완성된다.

17

정답 | ②

26년에 많은 내용이 추가되고 수정되었지만, 위의 문제 정도는 최소 숙지하면 될 듯 하다.

② 옳은 내용이다.

▣ 오답 피하기

① 우체국폰뱅킹 약정자에 한하여 가능한 것은 폰뱅킹, 디지털ARS로 대출을 신청하는 경우이다.

③ 자동화기기에 의한 한도는 카드 각각이 아니라 카드통합별(인별)로 합산한 것을 기준으로 한다.

④ 대리인을 통한 신청이 가능한 것은 우체국 창구를 통한 대출 신청이다.

18

정답 | ②

② 우체국 저축성 보험 상품 중 중도인출 및 보험료 추가 납입이 가능한 상품은 무배당 파워적립보험 2504와 무배당 우체국온라인저축보험 2504이다.

19

정답 | ②

② 무배당 우체국나르미안전보험 2504는 개별 보험계약자가 단독으로 계약하고 보험료의 50%를 과기부장관으로부터 지원받을 뿐이다.

▣ 오답 피하기

①, ③, ④ 모두 옳은 설명이다.

20

정답 | ①

㉠, ㉣ 옳은 설명이다.

▣ 오답 피하기

㉡ 무배당 우체국간병비보험 2504는 장기요양간병비 특약Ⅱ 가입시 장기요양 1~2등급으로 진단 확정되고, 매년 생존 시 최대 10년동안 간병자금을 매월 지급한다.

㉢ 무배당 우체국New건강클리닉보험 2509는 단 하나의 주계약으로 각종 질병과 사고 종합 보장하는 상품이다.

2026 9급 계리직 공무원
우편·예금·보험일반 **파이널 동형 모의고사(7회차)**

2026년 3월 30일 초판 발행

저   자   하종화
발 행 인   김은영
발 행 처   오스틴북스
주   소   경기도 고양시 일산동구 백석동 1351번지
전   화   070)4123-5716
팩   스   031)902-5716
등록번호   제396-2010-000009호
e - m a i l   ssung7805@hanmail.net
홈페이지   www.austinbooks.co.kr

I S B N   979-11-24051-53-5 (13030)
정   가   18,000원